ミャンマー
上座仏教史伝

သာသနာလင်္ကာရစာတမ်း

『タータナー・
リンガーヤ・サーダン』を読む

Masataka Ikeda
池田正隆［訳］

法藏館

▶シュエジーゴンパゴダ（パガン）アノーヤター王により一〇五八年頃建立に着手され、三代目チャンジッタ王の時代に落成した。ブッダの鎖骨・仏歯などを祀る国民的な仏塔

◀長老僧への供養食を持参し、挨拶する若いティラシン（尼僧）

▲カウン・フムードー・パゴダ境内のナガーヨン仏

▲マハーパラッカマ長老（兄）入寂の僧院

▲ アノーヤター王に仏教を伝えたシン・アラハンの像　アーナンダ・パゴダ内陣に安置されている

▲ ミャンマーの地母神・ワスンダレー（パガン時代後期作）

▲ ミャゼーディ碑文　最古のビルマ語碑文，1112年建立。ピュー語解読の「ロゼッタ・ストーン」の役割を果たした

▲ ジャータカ・テラコッタ
（タトン・シュエザヤン・パゴダ展示館）

刊行に寄せて

大阪外国語大学名誉教授 **大野　徹**

歴史学とは，言うまでもなく過去を明らかにする学問である。同時代史という分野もなくはないが，歴史学では一般に過去の出来事を研究対象とする。その場合過去の出来事を証明する資料がすべて現存している訳ではない。歴史的資料は，時間の推移と共に散逸したり消滅したりする。資料の断片しか残存していない場合も少なくない。残された稀少な資料を丹念に読み解き，相互間の脈絡を明らかにし，事象の全体像を再構成する。歴史学者の腕の振い所はそこにある。だが歴史を再構成する場合，そこに個人の視点や主観が加わる事は避けられない。自由な発想，豊かな想像力，斬新な着眼点等は当事者の個性を示す重要な要素ではあるが，それは時には歴史学を歴史小説へと移行させてしまう事にも繋がる。先人達が書き残した文献は，その隙間を埋めてくれる。

『タータナー・リンガーヤ・サーダン』は，現在，国名を「ミャンマー」と称する「ビルマ」の仏教史を研究する場合に不可欠の文献である。本書の訳者は，ビルマ語研究者ではない。パーリ語文献を読みこなす原始仏教学者である。ビルマ仏教史を研究するためには語学の知識が欠かせないと考えて大阪外国語大学に国内留学，ビルマ語の基礎を学んだ上で『タータナー・リンガーヤ・サーダン』の邦訳に取組んだ。それからおよそ20年の歳月が経つ。本書は息の長い作業の結果誕生した。ビルマ語文献からの翻訳としては本邦初である。この本によってビルマの仏教史がわが国に紹介される意義は極めて大きい。

一般にわが国では，東南アジア諸国の「南方上座部仏教」（テーラワーダ仏教）を大乗仏教に対比する「小乗仏教」として捉える人が多い。その場合，「大乗」「小乗」「上座部」といった言葉の本来の意味を正確に理解した上で使用しているのかどうか甚だ疑わしい。そうした疑問は，本書を一読する事によって多少なりとも払拭されるのではなかろうか。それに，ビルマの宗教は最初の統一国家とされる「バガン王朝」以来一貫して純粋の「南方上座部仏教」だった訳ではない。国内各地から発掘された遺品の中には，バラモン教，ヒンドゥー教系の神像もあれば，大乗仏教の菩薩像もある。それに何回かにわたるセイロン（現スリランカ）との交流によって「南方上座部仏教」に収斂していった様子が，本書の記述から窺える。先入観を捨てて虚心坦懐に本書をひもとけば，ビルマ仏教史の全体像が自ずと浮かび上がってくるように私は思う。

2009年９月

訳者まえがき――解説にかえて――

この訳書の原本である『タータナー・リンガーヤ・サーダン *Thathanalinkara-sadan* 教法荘厳文書』は，私がミャンマー（ビルマ）に留学僧として滞在していた際に(1)，現地の比丘僧がよく参照しているのを見かけた書物であった。帰国後に，たまたま故ウェープッラ長老(2)からお借りしてコピーしたのが，私がこの書物を手にした最初であった。

同長老は，1958（昭和33）年北九州市門司区に建立された世界平和パゴダ護持とビルマ上座仏教布教のため，政府仏教会から派遣されて滞在中で，度重なる面倒な私の質問にも親切に応答してくださり，このビルマ語原書を読む手ほどきをしてくださったのだった。

ミャンマー（ビルマ）で上座仏教史を学ぶときには，パーリ語による『サーサナヴァンサ Sāsanavaṃsa 教史』を正史として参照する。日本でもすでに生野善應博士により和訳が『ビルマ上座部仏教史――「サーサナヴァンサ」の研究――』として山喜房仏書林から1980年に出版されている。私がここに翻訳したものは，そのパーリ語による『サーサナヴァンサ』が編まれる以前に，ビルマ語により編述され記録されていた古文書の『タータナー・リンガーヤ・サーダン』である。

現在刊本となっているこの古文書サーダン〔sadan（ビ），ないしは cātam（パ）〕は，19世紀バジドー王の治世，緬暦1193（1831A.D.）年ナヨン月20日に勅令で，枢密顧問官ミンジー・ティリマハーナンダティンジャンより，王室顧問官マハーダマティンジャンへ仏教史に関する質問が提出され，それに応答するべく準備されたものが記録されてサーダン文書となったものである。そのことは本書の序文中にも明記されており，応答場所は王都アマラプーラであった。したがって，それは個人的なものではなく，王を始めとするミャンマーの人々の面前にて発表することを前提とした，いわゆる公的（public）な性質をもった文書であった。

このように，王朝の業務とでもいうべき著述に携わった王室顧問官マハーダマティンジャンなる人物こそ，当時の名声高きマウンダウン Maung Daung 長老（緬暦1115-94〈1753-1832A.D.〉年，初代マウンダウン長老）であった。彼は，その時すでに僧ではなく還俗していたが，マハーダマティンジャンなる称号を許され，王の顧問官となっていた。

同長老は，マウンダウン村に生まれ，13歳にして沙弥となり，シン・ニャーナ Shin Ñana と命名された。その後勉学に励み７安居(あんご)(3)を経ると比丘具足戒を受けた。比丘名はシン・ニャーナビウンタ Shin Ñānabhivaṃsa であった。緬暦1143（1781A.D.）年ボードーパヤー王の招請によりマウンダウン村より従者，学僧，85人と共に王都インワに上った。緬暦1148（1786A.D.）年にはタータナーバイン〔僧伽主・教主・法主〕となり，緬暦1174（1812A.D.）年59歳で還俗，ミンタインピン・アマッジー〔王室顧問官〕に任命されている。

若くしてパーリ語仏教聖典に親しみ，博識でサンスクリットも習得した長老は，非常に多くの書物を編述して後世に残した(4)。

『サーサナヴァンサ』と本書の原典『タータナー・リンガーヤ・サーダン』との関係・両書の出版や研究史などについては，生野善應博士の上記『ビルマ上座部仏教史』に詳細な説明もなされており，それを参照していただくこともできるので，ここではできるだけ重複を避け，関連典籍についてのみ，簡潔に整理して紹介する。

1．『タータナー・リンガーヤ・サーダン *Thathanalinkara-sadan*』

　マハーダマティンジャン（初代マウンダウン長老還俗後の名称）編述。緬暦1193（1831）年，ビルマ語。ただしパーリ語仏典からの引用も多い。本書和訳の定本（ハンタワディー書店刊行）。

2．『タータナウンタッパディーピカー *Sāsanavaṃsappadīpikā*』

　上記１．を基に第３代マウンダウン長老パンニャサーミ Paññasāmi 比丘が翻案，パーリ語に改訳して編纂した書物。緬暦1285（1861）年，ビルマ文字によるパーリ語にて完成。本書略符号で，生野・ビ上座部佛史，または *Sās.* 生野訳とした底本。

3.『サーサナヴァンサ *Sāsanavaṃsa* 教史』

上記2．の Sinhalese（スリランカ文字，British Museum Collection）の貝多羅葉2種を基にしてローマナイズ（170頁），それに英語による簡潔なビルマ仏教と仏教史家についての紹介（60頁）を付す。1897年にロンドンの Pali Text Society から出版，編者は Mabel Bode, Ph. D.

また，この『サーサナヴァンサ *Sāsanavaṃsa*』は，上記のようにローマナイズで読み易かったため，学会においても，その呼称で知られるようになったが，同長老のつけた書籍の正式題名はパーリ語で，『*Sāsanavaṃsappadīpikā* サーサナヴァンサッパディーピカー（パーリ語読み）：タータナウンタッパディーピカー（ビルマ語読み）』であった。本書略符号は *Sās.* P 版

4.『*The History of the Buddha's Religion*（*Sāsanavaṃsa*）』SBB シリーズ 17

『サーサナヴァンサ Sāsanavaṃsa 教史』の英語による訳書。

上記3．を定本に Bimala Churn Law が1952年に英訳。上記シンハリース文字をもとにしたローマナイズ版を底本にしたこともあり，現地ビルマ語固有名詞表記に，ずれが出たり統一がとれず，問題が指摘され，ビルマ文字版の存在が重要視されている(5)。本書略符号は *Sās.* SBB.

ところで，このビルマ語による『タータナー・リンガーヤ・サーダン』が，スリランカの仏教徒も理解できるようにと，パーリ語をもって『タータナウンタッパディーピカー』に改訳したパンニャサーミ長老の意図については，先に触れた生野善應氏の和訳冒頭の詩に示されているので明らかだが，当時の仏教徒の国際交流の一端として，以下のような動きのあったことも同書中に記録されている(6)。

ボードーパヤー王の治世，緬暦1162（1800A.D.）年にセイロン島（スリランカ）から仏教僧のグループが，比丘具足戒を受けるべく海を渡ってやってきた。この年に訪れたのはアンバガハパティッサ Ambagahapatissa という長老沙弥に引率された6人の沙弥(7)の一団で低いカーストの者たちであり，ミャンマーの法主ニャーナビウンタ（パタマ・マウンダウン長老）の学識と名声に惹かれてのことだともいわれる。彼ら一行は，ニャーナビウンタ法主自らによる授戒の

目的を達成でき，1802年にスリランカ（セイロン島）の法主あての親書と５人の比丘を伴い，多くの仏教聖典を持って帰国する。一行は帰国後，さらに自国の者にも具足戒を授け，伝道活動に専念した。こうして今日に至るまでアマラプーラ派 Amarapura saṃgha（Buramagāma とも呼ばれた）の名により知られる最初の一派が成立する。

それは上記パーリ語仏教史書『タータナウンタパッディーピカー』成立（1861A.D.）の半世紀以上も前のことであったが，パンニャターミ長老はその国際的な交流についても記しており，長老の海をへだてたスリランカの上座仏教徒に対する慈愛の念が，決して一時的なものではなかったことがわかる。

スリランカとミャンマーとの両上座部仏教国の友好交流の絆は，時に断絶したことがあっても，連綿と続いてきた歴史があり，それは私がビルマに滞在していた50年前も，現在も，少しも変わってはいない。先師の編んだ『タータナー・リンガーヤ・サーダン』をセイロン島の比丘や信者たちには理解できないであろうから，私はそれを根本語すなわちパーリ語に改編する(8)として，自身の学識や調査により，その内容を精査して翻案，パーリ語に編み直し『タータナウンタパディーピカー』を著述した第３代マウンダウン長老パンニャターミについては，すでに記した。

第２代マウンダウン長老（緬暦1161-1227〈1799-1865〉年）もターヤワディ王の治世，緬暦1201（1839）年には称号も授けられ，タータナバイン（法主）になられた長老である。緬暦1215（1853）年にはミンドン大法王より，第２回目の法主に任じられており，著書も13書ないし16書程が挙げられている(9)。そしてこの長老の弟子が『サーサナヴァンサ』の編者パンニャサーミ・第３代マウンダウン長老であった。

さて，ビルマ語の『タータナー・リンガーヤ・サーダン』とパーリ語の『タータナウンタッパディーピカー』両者の構成を概観してみると，前者は内容を81章，あるいは81節に分けているのみであり，自国内の仏教伝播事情に主要な関心を払いつつ説明している部分が多い。一方，後者『タータナウンタッパディーピカー』は，上座仏教地域を10章に分けると同時に，各章に小事項による節を設け，合計96項，ないしは節というような各主題について，それぞれ精査，整理して記述している。

『タータナー・リンガーヤ・サーダン』は，王の勅令によって，上座部仏教史について，その源泉にまで迫ろうとしている。第１章から14章までの前半は，パーリ語仏典および諸註釈書を主な資料として，各種「王統史」や『ディーパヴァンサ 島史』，『マハーヴァンサ 大史』などスリランカの史書類，さらにミャンマー（ビルマ）のタマイン（歴史・伝承），モーグン（記録詩），タンバイン（史詩），エージン（史謡），チャウサー（碑文）などを参考に，古代インドの原始仏教時代にまでさかのぼって，各地の仏教興起と伝播の事情を説き明かそうとする。

第15章「ラーマニャ国へご教法が降来したこと」から以後，第79章までは，ミャンマーの地に仏教が伝播した経緯，たとえば，ブッダがミャンマー国へおいで下さったこと（第18章）まで語られ，現地の人々に固く信じられている。その語り方は純朴とでもいうか，当時の仏教信仰者の心情まで彷彿とさせるものが感じられる。

第23章には，「ご教法5000年という時代のこと」という章があり，阿羅漢つまり聖僧から堕落僧の様態まで伺わせ，上座仏教の未来を憂う長老の末法観まで垣間見ることが可能と思われる。さらに，教団の分裂，サンガ（僧伽）の浄化への試みがどうであったのか，また，最後には「ご教法衰退滅亡の５要因について」なる興味深い章が設けられており，王朝と仏教サンガとの交渉過程，英国植民地下という過酷な時代における上座仏教界の動向にまで触れることができる。

最後に，この書物のカタカナ表記を「タータナー・リンガーヤ・サーダン」としたことについて一言述べておきたい。この本はビルマ語で書かれているので，主にビルマ語読みのカタカナ書きを採用したが，ミャンマーの学識をそなえた方，例えば比丘や長老僧の方からは，「サーサナーランカーラ（あるいは「タータナー・リンカーラ」）・サーダン」と読み，そう書くべきだという助言もいただいた。つまりビルマ語であってもパーリ語起源の語であり，そのパーリ語音を尊重して自らも日常そのように読んでいる，というのである。しかし最終的に私は本書においては，より一般的なビルマ語読み，そのカタカナ表記として上記を採用することにしたことをお断りしておく。

註

（1） 昭和32（1957）から35（60）年。ビルマ政府佛教会招請・日本釈尊正法会派遣留学僧として3か年，第6回仏典結集直後のミャンマーに滞在。

（2） アッガマハーパンデタ・ウー・ウェープッラ Aggamahāpaṇḍita U Vepulla長老，昭和32（1957）年ビルマ政府佛教会派遣僧として来日，平成5（1994）年まで36年間北九州市門司区の世界平和パゴダに滞在，日本国における南方上座部仏教の布教，パーリ語およびパーリ仏典の教授に36年間尽力，平成5（1993）年帰国した。その後ヤンゴンのシュエダゴン東門辺に日本人寄進の寺院を建立し，多くの子弟を支援し育てるも，2004年89歳にて他界。

（3） 安居（>vassa（パ））雨季の3か月間，南方仏教徒の特殊な過ごし方，すなわち殺生をおそれ一定所に住して，もっぱら研究修養に努めることをいう。また僧侶（比丘，比丘尼）になってからの年数は，この安居の回数によって数えられ，法臘をおえるごとに法歳が加わるのである。

（4） マウンダウン長老の生涯については，およそ本文にて略記した。また，同長老には多くの著作があり，それについては本書の§69に紹介されている。したがって私が付け加える必要はないのだが，ミャンマーの百科事典『Swesaungyan』第9巻 p. 262–63には42書が挙げられていること。さらに『ガンタウィン・ポウゴウジョミャ *Gan-htwin*』には，これら意外の書物にまで言及していることを付け加えておきたい。

なお『百科事典』に記載されている書物については，

①医薬書（hsei-gyan）／約5冊，②物語〔watthu〕／約4冊，③パゴダ由来記（thamain）／約4冊，④パーリ語仏典のネイタヤ（nissaya），アッタカター（aṭṭha-kathā），ディーガー（ṭīkā）／約7冊，⑤サンスクリット・パーリ辞書類／4冊，⑥サンスクリット・パーリ語文法書／2冊，⑦天文学・占星術書／約8冊，⑧問答書／1冊，その他，『タータナー・リンガーヤ・サーダン *Thathanalinkara-sadan*』（本書の底本），『アリヤウンタ・リンガーヤ・ジャン *Ariyawansālaṅkāra-gyan*』，『タータナウンタ・サーダン *Sāsanawaṃsa-sadan*』などがある。

（5） 生野善應氏は，「サーサナヴァンサの厳正な校訂には，ビルマ版を用いるのが当然である」と言っている。生野・ビ上座部佛史 p. 2

（6） 同上書 p. 27参照。

（7） 6人の沙弥：アンバガハパティッサ Ampagahapatissa，マハーダンパ Mahād-ampa，コッチャゴーダ Kocchagodha，ブラーフマナヴァッタ Brahmanavatta，ボーガヴァッタ Bhogahavatta，ヴァートゥラガンマ Vāturagamma. なお，生野・ビ上座部佛史 p. 278, *Sas.* B版 p. 150，橘堂正弘著「上座仏教の存在形態（2）——アマラプラ派とラーマンニャ派——」（前田專學編『現代スリランカの上座仏教』所収 pp. 55〜57，など参照のこと。

（8） 生野・ビ上座部佛史 p. 1序詩，参照。

（9） *Gantawin* p. 88では，13書，*Swesaunkyan* p. 263では，16書を挙げている。

目　次

刊行に寄せて　大阪外国語大学名誉教授 大野　徹 ………………………… i

訳者まえがき――解説にかえて―― ……………………………………… iii

訳出にあたっての基本と表記 ……………………………………… xviii

文献略符号表 ………………………………………………………… xxi

ハンターワディー書店版　序言 ……………………………………… 3

王の勅令による質問に答えるよう推挙されたこと――序文 … 5

§1．アーシーサプッバカガンターラッバ序偈 ………………19
趣旨了解

§2．第1回仏典結集挙行についての要約………………………24

§3．第2回仏典結集挙行についての要約………………………29

§4．第3回仏典結集挙行についての要約………………………35
尊者モッガリプッタティッサ教説浄化のこと

§5．9国・9か所へ宣教師派遣のこと …………………………39

§6．ミャンマー国へ伝道師到来のこと …………………………41
アパランタ国／トゥナーパランタ国とアパランタ国／トゥウンナボンミ国／ミャンマー国3か所／ミャンマー国へブッダがおいで下さったこと／タプッサとバッリカのこと

§7．尊者ウパーリより伝承の師資相承次第 ……………………51
ジャンブディーパ〔閻浮提・インド〕師資〔相承〕5代／セイロン島〔スリランカ〕への教法降来故事／諮問したこと／セイロン島〔スリランカ〕師資〔相承〕27代

§8．三蔵を暗誦のみにより伝持してきたこと ……………58

§9．第4回仏典結集が挙行されねばならなかったことについての要約 ……………62

§10．セイロン島〔スリランカ〕における漸次分派のこと …64

大派―4派／ダンマヴァーディー〔正法説者〕とアダンマヴァーディー〔非法説者〕／ダンマヴァーディー〔正法説者〕隆盛時代／アダンマヴァーディー〔非法説者〕隆盛時代／国王による教法奨励／ビルマ・タイ〔両〕国僧伽を招来したこと

§11．ナーガセーナ尊者とミリンダ王のこと ……………70

授記〔ブッダの遺された予言〕のこと／ミリンダ王が阿羅漢になられたこと／註釈書をマーガダ〔パーリ〕語に書き写した折〔のこと〕／セイロン島〔スリランカ〕へ仏歯〔牙〕到着のこと

§12．尊者ブッダゴーサ大長老のこと ……………75

セイロン〔スリランカ〕へ三蔵を書写するために行ったこと／三蔵を書写する許可を得たこと／セイロン〔スリランカ〕へ三蔵を書写するために行ったこと／比較して示すこと〔両資料より明らかになること〕

§13．セイロン島〔スリランカ〕における教法光輝〔興隆〕についての要約 ……………82

阿羅漢〔聖者〕になるものが多くなったこと／三蔵を護持なされたこと／仏典を編纂なされたこと

§14．師資相承次第 ……………90

有恥僧〔羞恥心ある比丘〕のみで教法を護持したこと／無恥〔破戒〕僧たち教法破壊のこと／部派分裂のこと／第1回仏典結集師資相承／第2回仏典結集師資相承／第3回仏典結集師資相承／セイロン島〔スリランカ〕典籍編纂師資相承

§15．ラーマニャ国へご教法が降来したこと ……………97

最初のご教法の系譜／第2回目のご教法の系譜／尊者ガウンパティご宣教のこと／第3回目のご教法の系譜／尊者

ソーナ，尊者ウッタラご宣教のこと／第４回目のご教法の系譜／アシン・ウッタラージーワとアシン・サッパダ／アシン・サッパダがパガンへ帰られたこと／パガンの比丘僧とは別に羯磨儀式を行ったこと／ダラへのアシン・ダマウィラータの宣教／第５回目のご教法の系譜／第６回目のご教法の系譜／第７回目のご教法の系譜／ラーマーディパティ王教法〔浄化〕問題につき協議のこと／大長老22人のセイロン島〔スリランカ〕派遣／セイロン島〔スリランカ〕の諸長老が新たに学処を授けたこと／ブヴァネカバーフ王が称号を授けたこと／帰る途中に船が沈み陸路帰り着いたこと／セイロン島帰りの長老方の宣教／ミャンマー王国への教法の繋がり〔伝播〕／ラーマニャ国の典籍編纂をした諸長老

§16.　ヨーナカ国へご教法が降来したこと ……………………………118

最初のご教法の系譜／第２回目のご教法の系譜／第３回目のご教法の系譜／第４回目のご教法の系譜／第５回目のご教法の系譜／第６回目のご教法の系譜／第７回目のご教法の系譜／ヨーナカ国の神通力を得た方々／ヨーナカ国の典籍編纂諸長老

§17.　ミャンマー〔ビルマ〕国へご教法が降来したこと ……129

最初のご教法の系譜／第２回目のご教法の系譜／「アッギカンドーパマ〔火蘊喩〕経」により帰依させたこと／第３回目のご教法の系譜／シン・アラハンのこと／シン・アラハンとアノーヤター王／アノーヤター王がお嘆きになったこと／シン・アラハンへゼータウン〔祇園〕寺を寄進したこと／アリー僧の経文を焚焼したこと／シン・アラハンがパガン王国へ行き宣教のこと／伝承の検討から明らかになること／三蔵のために戦争をしたこと／戦争をして三蔵を持ってきたこと／第４回目のご教法の系譜／マヌハ仏寺とマヌハ碑文／第５回目のご教法の系譜／ウッタラージーワ大長老の宣教／第６回目のご教法の系譜／『クッダティッカ〔小学（律）〕』編纂のアシン・ラーフラ／２派への分裂／３派への分裂／プリマ〔前〕・サンガとピッシマ〔後〕・サンガ／第７回目のご教法の系譜／ティホーとティンゴー／第８回目のご教法の系譜／マハーターミ長老がセイロンへ行かれたこと／タッダマサーリー長老が閻浮提洲へおいで下さったこと／第９回目のご教法の系譜／酒についての論争

§18. ブッダ20安居を経てミャンマー国へおいで下さったこと ……164

§19. 3眼あったドゥッタパウン王のこと ……166

§20. ヒマラヤ・ガンダマーダナ山よりおいで下さった阿羅漢方のこと ……168

§21. ンガスエシン，パウンラウンシン，シン・スメーダー〔長老方〕のこと ……172

ンガスエシンがセイロン渡航を考えたこと／朝臣トゥリンガピッスィーの招きによりご帰還になられたこと／ンガスエシンと呼称された理由／パウンラウンシンと呼称された理由／シン・スメーダー

§22. スメーダー沙弥とテッテージー，テッテーゲのこと …177

禅定〔静慮〕，神通を得た方々／ナッが助けたテッテージーとテッテーゲ

§23. ご教法5000年という時代のこと ……180

§24. 法典編纂とシン・アッガパンディタ方のこと ……183

セイロン〔スリランカ〕とパガンの比丘が文法能力を競い合ったこと

§25. 仏典を編纂した諸師のこと ……185

サッパダとサッパドー／仏典編纂師と諸典籍／チャズワー王のこと／ディターパーモッカのウー・ジーブエ

§26. パガンのチョーズワー王を廃しミンザインにて即位した兄弟王3人のこと ……194

§27. ダズィーシン・ティーハトゥーの治世に偽僧アリーが多数いたこと ……196

§28. ウザナー大王がサガー七僧院を寄進したこと ……198

サガー僧院の比丘たちがプエ・チャウン・ガーマワーティーになったこと／偽僧アリーと無恥破戒僧との区別

§29. ウザナー大王の御弟チョーズワー即位のこと …………202

スィンビュー・ンガーズィーシン〔白象五頭所有王〕／ンガーズィーシン〔王〕の治世に善僧悪僧が同数ほどいたこと

§30. ミンガウンジー治世の拳闘士僧ティンガヤーザーのこと …205

§31. スードゥインピッ長老のこと ……………………………207

刺ある藪に放り出された小僧／スードゥインピッ長老となったこと／ピンヤの典籍編纂長老

§32. タドーミンビャーの治世に無恥僧たちが悪行を為しえなかったこと ……………………………………………211

§33. ミンチースワーソーケーの治世における有名な大長老3人のこと ………………………………………………213

『ローカターラ・ソンマザー〔世間の真髄・教訓書〕』を編纂した長老／ダジャーミン〔帝釈天〕逝去と太鼓を打ち鳴らしたシン・ケーマサーラ／王子を足蹴りにした師僧

§34. ヤーザダリッ〔王〕アヴァへ〔河を〕攻め上がってきたが，サジョー・トーミャにより阻止され退却したこと ……………………………………………………217

§35. モーフニン・ミンタヤー〔法王〕が暦を改めたこと …219

§36. トゥーパヨン仏塔施主ナラパティジー即位のこと ……221

§37. イェンゴン大和尚とシン・マハーアリヤウンタ，シン・タッダマキッティ方のこと ……………………222

典籍通達者となるも，それを知らなかった大長老／3日授業に出たのみで師が典籍を編纂させたこと／誤り2か所を示し褒美を得た僧のこと／シン・マハーアリヤウンタの編纂した諸典籍／シン・タッダマキッティ

§38. ミンガウン2世の治世にタウンドゥインジーへシン・マハーティーラウンタが到来したこと ……………228

§39. ピョ，カビャー，リンガーをブッダが禁止なさったこと ……230

§40. ミンガウン２世の治世に結戒処設置のときシン・マハーティーラウンタ，シン・ラッタターラ大長老２人を入れなかったこと ……232

§41. シュエナンチョウシンの治世におけるシン・タッダマキッティ，シン・マハートゥドージー方のこと ……233

トーハンボァーがアヴァにて即位のこと／シン・タッダマキッティ方がタウングーへ出られたこと

§42. シン・ティタータナダザのこと ……236

シン・オウタマジョーの許で修学したこと／大王に〔珍珠〕を豚の結石と証明して見せたこと

§43. 比丘衆がダウチャー帽，多羅椰子の扇を使用したこと …240

§44. 御弟タドーミンソーを大守に任命したこと ……242

§45. 大地震のためシュエターリャウン・パゴダ崩壊のこと …244

§46. アヴァ都の２回目の建設をしニャウンヤン法王が統治したこと ……245

§47. 皇太子が改めて善行功徳を積まれたこと ……246

シン・マハーラーマへ四重楼閣僧院を寄進したこと／バーメ，バータモなどモン族の長老方／ジードー〔ナツメ林〕師僧

§48. 僧正２，３人のこと ……251

シン・カラヴィカ／タウンビーラ・ポウゴジョー／アヴァの著名な比丘僧とピェーの著名な比丘僧

§49. タールン・ミンタヤー〔法王〕が第２代王位につく灌頂をお受けになられたこと ……255

§50. 王子アミン・ミョウザー〔領主〕シン・タヨッのこと …257

大法王をサンガの僧たちが守護してあげたこと／イェネーのナッセヤウン／幸せもお盆一杯，不幸でもしゃもじ一杯／大僧院４か寺

§51. タードゥミンイェヤンダミッ〔ピンダレー〕王治世に中国軍が侵攻してきたこと……263

§52. 御弟ピーミン〔王〕の治世における王宮寺院長老お２人のこと……265

§53. タードー・ナヤーワラ王の治世に還俗しようとしたある若い比丘のこと……268

§54. パカンジー市のシュエウミン長老系統のこと……272

§55. 御弟ヤメティン大王ミンイェチョウティンの治世におけるミャウナン〔北宮〕僧院長老方のこと……275

§56. イェネー長老の指導で行われた祭典にパッターナ〔発趣論〕法が説かれたこと……276

§57. 偏袒派と通肩派に分裂しはじめた事情……277

§58. スィンビューシン王の治世に偏袒派，通肩派が完全に分裂したこと……280

§59. 通肩派チョアウンサンダー長老と偏袒派シン・パータンタ長老のこと……282

§60. ナラパティスィードゥ〔王〕からの先祖代々の系譜のこと……284

§61. ヤダナーティンカとヤダナーティンガという２種のこと……285

§62. タウンドゥインジー・ポウゴジョーについて……287

§63. ンガスィングー王の治世における偏祖右肩派が律蔵

に合致しないと謝ったこと……………………………289
通肩派が勝利したこと
§64. サガイン大法王〔ボードーパヤー〕の治世に正法に奉仕し見守ったこと ……………………………292
偏袒派がそろって誤りを認めたこと／マウンダウン長老へ称号・徽章を贈呈したこと
§65. 埋蔵予告・授記・前兆や流行り言葉をもとにアマラプーラを創建したこと ……………………………296
灌頂式の威光により得られた至福／長老方へ称号・徽章を授与したこと
§66. 4人のサンガ主を任用して仏教浄化をなさったこと…300
§67. 仏教浄化委員12人を任命して仏教浄化をなさったこと…303
§68. サンガ主長老が誓願をなさったこと ……………………306
§69. サンガ主長老がビルマ語訳した典籍類のリスト ………307
§70. 『スーラガンディ』なる書籍は根拠がないということ…311
§71. 「ウッキンタ〔即位式〕」の意義を詳しく説明すること…314
§72. タドーミンビャー〔王〕の夢をパトゥージー僧伽主が解き明かしたこと ……………………………316
§73. ヤダナープーラ黄金インワ大都を改建し〔バジードー〕王が灌頂を受けたこと……………………………318
§74. 仏教典籍に通達し，勇気があり，表現能力のある長老方に，寺院を建立し寄進したこと ……………………320
§75. マハータチャティーハなる称号のついた銅像を鋳造したこと ……………………………………………323
§76. 宝石10種中に入っている大きな大理石を4軍で運び込んだこと ……………………………………………325

§77. 仏歯40本，犬（牙）歯４本に関する判定のこと ………327

§78. 寺領地や僧園寄進物に関するご下問５つにご返答のこと ……………………………………………………………333

第１のご下問とご返答／第２のご下問とご返答／第３のご下問とご返答／第４のご下問とご返答／第５のご下問とご返答

§79. 師資相承次第を簡略に抜粋して明示すること …………340

§80. ご教法衰退滅亡の５要因について ……………………347

教法習得 Pariyattisāsanā 滅亡の様態／修行実践 Paṭipatti-sāsanā 滅亡の様態／証悟の法 Paṭivedasāsanā 滅亡の様態／僧の形相 Liṅga 滅亡の様態／仏舎利の滅亡

§81. ご教説を宣布浄化すべきこと……………………………356

結びの言葉 ……………………………………………………359

ミャンマー（ビルマ）略地図 ……………………………362

訳者あとがき ………………………………………………364

索　引…………………………………………………………366

訳出にあたっての基本と表記

1．訳出に使用したテキストは，ヤンゴン（旧 Rangoon）市のハンターワディー Hanthawati 三蔵出版書店，1956年出版のビルマ語による『タータナー・リンガーヤ・サーダン *Thathanalinkara sadan*（*Sāsanālaṅkāra cātam*）』である。

2．ビルマ語のローマ字表記については，原則として JOHN OKELL 著 *A GUIDE TO THE ROMANIZATION OF BURMESE*,（James G. Forlong Fund Vol. XXⅦ）p. 65に示されている7. 1. 2 Table 5 に従った Standard phonetic transcription and standard conventional transcription with script equivalents. を採用した。ただし声調符号は省略。

パーリ語およびパーリ語文引用箇所は，第6回仏典結集版に付記されている文字表 "The Pali Alphabet in Burmese and Roman Characters" にしたがってローマナイズした。

3．ビルマ語とパーリ語の綴りの両者を同時に示した箇所もあるが，その際両者を区別するため，パーリ語のほうに（　）を付けた。また，そのビルマ語がパーリ語起源である場合には，それを示すため，かっこ中に＞を入れて（＞　　）で示した語彙もある。

例　thim（sīmā），nithidaing（＞nisīdana）

4．ビルマ語をカタカナで表記するにあたっては，ウー・ペーマウンティン著，大野徹監訳『ビルマ文学史』（井村文化事業社，勁草書房）の「凡例」（同書 p. vi）に倣い，以下の通則を採用することにした。

・無声音と有声音の区別は，清音文字と濁音文字の使い分けによる。

例　カ／ガ　タ／ダ　サ／ザ　パ／バ等

・無声無気音と有気音との区別は，カナでは行わない。

例　カ／カ　チャ／チャ等

・側音と無声化側音，鼻音と無声化鼻音は，ラ行文字，ナ行文字，マ行文字の前にカタカナのフを付けて区別する。

例　ラ／フラ　ナ／フナ　マ／フマ　ンガ／フンガ

・軟口蓋鼻音は，ガ行文字の前にカタカナのン字をつけて表す。

例　ンガ　ンゴ

・短母音の表記には，ア，イ，ウ，エ，オの5文字を用いる。

・狭気音と広気音の2種があるエ母音，円唇母音，広口母音の2種があるオ母音については，これを区別しない。

例　エージン，モーグン，ボードー

・閉音節に現われる二重母音は，アイ，アウ，エイ，オウ，の4種とする。

・声門閉鎖音は，カタカナの小さなッで表す。

例　ダマタッ，タッピンニュ

・声調は，第一声調高短型を無符号とする。

例　ピョ，ヤドゥ等

第二声調低平型と第三声調高平型とは長母音符号で表示する。

例　ポウパー，ハンターワディー

5．ミャンマー（ビルマ）の地名，人名をカタカナで表記する場合は，ビルマ語読み（発音）にすることを原則とした。一方，インドやスリランカなどの地名や人名など従来日本仏教徒の慣用でパーリ語読みで通用してきた語については，パーリ語読みを使用し，あえてビルマ語読みに直すことをしていない語のあることをお断わりしておく。

例：ススナーガ（Susunāga「トゥトゥナーガ」とはしていない）

カーラアソーカ（Kālāsoka「カーラートーカ」とはしていない）

6．ミャンマーでは上座部僧のパーリ語名は，ビルマ語読みで発音され通用している。したがって本書においてもビルマ人僧侶のパーリ語名についてはビルマ語読み発音によりカナ表記し，初出の際その後にローマナイズしたパーリ語名を記入することにした。

例：ウッタラージーワ　Uttarājīva

タッダマサーリー　Saddhammacārī

7．パーリ語の発音については，日本の仏教学者が通常使用し，国際的にも通用している発音によるカタカナ表記を用いることを原則とした。ただし，ビルマ語式発音を常用している語，およびビルマ語化してしまった語については，パーリ語発音に戻さずそのままカタカナ表記した語彙，あるいは両者を併用した語彙もある。なお，原語のローマナイズされたアルファベットの後につけた（パ）は，その語がパーリ語であること，（ビ）はビルマ語であることを示す。

8．訳出に当たっては，できるだけ文脈を生かす逐語あるいは逐語句訳を試みたが，意訳せざるを得なかった箇所もあった。また，省略箇所，原文の誤植など必要と考えた箇所には，註記をして補うようにした。

9．訳文中の【　】に，原本である上記『タータナー・リンガーヤ・サーダン *Thathanalinkara-sadan*（*Sāsanālaṅkara cātam*）』（1956年版）の頁数を記し，翻訳箇所が明確に分かるようにした。

10．訳文中における〔　〕のなかの日本語は，訳者の補った言葉，言い換え，あるいは説明的言葉である。

11．原本中にある註記，および訳者による註記も，すべて各§ごとの文末に記入した。

12．典籍（書）名については，訳文中にローマナイズして記すと共に，書名を日本語に試訳して『　』内に記載した。その際に漢訳名の定着している典籍は，その漢訳名を使用した。

13．宗教上の身分や職分を示す用語については，以下のように訳すことを原則とした。

・出家者，僧への敬称として使われるビルマ語の「シン shin」，ないし「アシン ashin」が使われている場合。

①仏弟子および広義の原始仏教時代や南伝上座仏教において，伝統的に「尊者」なる呼称で，日本の仏典にもよく登場する聖者については，「尊者」とする。

②ビルマ人の長老僧など個人名の前に付けられてきて，すでに固有名詞化している場合，および「出家僧」への敬称として比丘名などの冒頭に付けられている場合には，そのままカタカナで「シン・〜」「アシン・〜」とする。

・パーリ語の「テーラ thera」は「長老」ないし「長老僧」，ビルマ語の「サヤドー hsayado」は，比丘となってから法臘（安居数）20年以上の長老僧を指し，「和尚」「住職」「僧正」を指す場合もあるが，多くの場合「長老」ないし「師僧」と訳出した。

14. 本書における和訳内容は，すでに『仏教研究』第9，10，11，13，16，18，22，27，30，32号（国際仏教徒協会，浜松市鴨江寺）に掲載の「サーサナーランカーラ・サーダン（SĀSANĀLAṄKĀRA CĀTAM: ）——ビルマの仏教史に関する伝承の記録——」〔1〕〜〔10〕に発表した内容と同様であるが，今回それらを集録するにあたって，訳文を見直して改めた箇所，補完したり訂正した箇所のあることをあらかじめお断りしておきたい。

文献略符号表

Bode → *The Pali Literature of Burma*, by Marbl Haynes Bode, R. A. S. 1909.

BRS. → Burma Reseach Society（ed.).

Childers Dic. → *Dictionary of Pali Language*, by R. C. Childers.

Ganhtawin → *Ganhtawin Puggoulkyomya* : by Hlathamin, Hamsawati, 1961.（ビルマ語）

G. P. C. → *The Glass Palace Chronicle of the Kings of Burma*, by Pe Maung Tin and G. H. Luce, Rangoon, 1923.（*Hmannan* の英訳）

Harvey → *History of Burma*, by G. E. Harvey, London 1925.

Hall → *A History of South East Asia*, 3 rd ed. by D. G. E. Hall.

Hmannan → *Hmannan maharajawindogyi*（=*Hmannan Mahayazawindawgyi* フマンナンマハーヤーザウインドーヂー・玻璃宮大御年代記）by Pyigyimaindain Pitaka Ponhnitai, 1967.（ビルマ語）

Housin P-B Dic. → *Pāli-Myanmā Abhidhān*, by U : Housin.

J. B. R. S. → *Journal of the Burma Research Society*. 1910年に創立されたミャンマーの人文科学全分野に及ぶ学問研究を扱った定期刊行誌。現在も発刊続行中。

Judson's Dic. → *Judson's Burmese-English Dictionary*.

J. Okell, Romanization → *A guide to the Romanization of Burmese*, by Johon Okell, London 1971.

K. Insc. I. A. → *A Preminary Study of the KALIYANI Inscriptions of Dhammacheti*, 1476 A. D., by Taw Sein Ko, The Indian Antiquary, XXII, XXIII : 1893–94.

K. Insc. B. → *The KALIYANI INSCRIPTIONS*, erected by King Dhammaceti at Pegu in 1476 A. D., by Taw Sein Ko, Bangkok, 1925.

Law → *A History of Pali literature*, by Bimala Churn Law（in two volumes）Varanasi, 1933;1974

Luce → *Old Burma Early Pagan*, by Gordon H.Luce Vol. I, II, III, New York, 1969.

Mal. Dic. → *Dictionary of Pali Proper Names*, by Malalasekera Vol. I, II.

Phayre → *History of Burma*, by Sir Arther P. Phayre, Repr. 1969.

Piṭakatdothamaing → *Piṭakat 3-pouṃ cātam hko Piṭakatdothamaing*, by Piṭakatdo-oup U Yan, Hanthawadi, 1959.（ビルマ語）

PTS. → Pali Text Society（ed.). パーリ聖典協会。英国ロンドンでT・W・リス・デヴィズにより1882年に創立されたパーリ語原典を刊行するための協会。

PTS Dic. → *The Pali Text Society's Pali-English Dictionary.*

Ray → *Theravada Buddhism in Burma*, by Niharranjan Ray, Univ. of Culcutta 1946.

Samant. P版 → *Samantapāsādikā*（一切善見律註序), Pāli Text Society, Vol. I～VIII, 1924–76.

Samant. SBB → *Inception of Discipline and Vinaya Nidana*, Sacred Books of the BUDDHISTS Vol. XXI, by N. A. Jayavickrama, London, 1962.

Sās. B版 → *Sāsanavaṃsappadīpikā*, by Maung Daung Hsayado, Mandalay, 1923.（パーリ語）

Sās. P版 → *Sāsanavaṃsa*, edited by Mabel Bode, Pali Text Society, London 1897.

Sās. SBB → *The History of the Buddha's Religion (Sāsanavaṃsa)*, S B B 17, by B. C. Law, 1952.

Skt. → Sanskrit　梵語

Swesaunkyan → Myanma. Swesaungyan (Encyclopedia Birmanica) Rangoon.（ビルマ語）

S. & D. B-E Dic. → *A Burmese English Dictionary*, Part1–5, compiled by J. A. Stewart and C. W. Dunn etc.

Tha. sadan → *Thathanalinkara-sadan*（*Sāsanālaṅkāra cātam*）by Mahadhammathingyan（= Pathama Maung Daung Hsayado), Hanthawati Piṭaka Pounhnitai, Yangon,1956.〔本書の底本（ビルマ語)〕

T. P-M Dic. → *Tipitaka Pāli-Myanma Abhidhan*, by Buddhasāsana Press, vol. 1～18.（未完）

Upasak Dic. → *Dictionary of Early Buddhist Monastic Terms*, by C. S. Upasak.

VINAYAMUKHA → *The Entrance to the Vinaya VINAYAMUKHA* vol. 1, 2 Bangkok, 1969.

Vin. P版 → *Vinayapiṭaka,* Pali Text Society 版。

AN. → *Aṅguttaranikāya* アングッタラニカーヤ（増支部経典）

DN. → *Dīghanikāya* ディーガニカーヤ（長部経典）

KhN. → *Khuddakanikāya* クッダカニカーヤ（小部経典）

MN. → *Majjhimanikāya* マッジマニカーヤ（中部経典）

SN. → *Saṃyuttanikāya* サンユッタニカーヤ（相応部経典）

Cv. → *Cūlavaṃsa* チューラヴァンサ（小王統史）
Dv. → *Dīpavaṃsa* ディーパヴァンサ（島王統史）
Gv. → *Gandhavaṃsa* ガンダヴァンサ（書史）
Mv. → *Mahāvaṃsa* マハーヴァンサ（大王統史）

赤沼印仏固辞 → 赤沼智善著『印度仏教固有名詞辞典』，法藏館，1931年。
生野・ビ上座部佛史 あるいは，*Sās.* 生野訳 → 生野善應著『ビルマ上座部佛教史』，山喜房佛書林，1980年。
ウェープッラ南方儀式 → ウ・ウェープッラ著『南方上座部仏教儀式集』，中山書房仏書林，1986年。
ウェープッラ南基聖 → ウ・ウェープッラ著『南方仏教基本聖典』，中山書房仏書林，1978年。
大野ビ辞 → 大野徹著『ビルマ（ミャンマー）語辞典』，大学書林，2000年。
雲井巴和辞 → 雲井昭善著『巴和小辞典』，法藏館，1960年。
雲井パーリ佛辞 → 雲井昭善著『パーリ語佛教大辞典』，山喜房佛書林，1997年。
Sās. 福田訳 →「サーサナヴァンサ」の和訳（1）〜（6），福田孝雄訳，駒澤大学宗教学論集第4輯〜第9輯。
第6結集版 → ビルマ（ミャンマー）国宗教省発行，第6回仏典結集版。
長井南方所伝 → 長井真琴著『南方所伝仏典の研究』，国書刊行会，1937・1975年。
南伝 → 南伝大蔵経
原田・大野，ビ辞 → 原田正春・大野徹共著『ビルマ語辞典』，日本ミャンマー友好協会，1979年初版。
ビ緬仏伝 → 赤沼智善訳『ビガンデー氏緬甸佛傳』，無我山房，1914年および畑中俊應著『ビルマ遊記』第2編，pp. 71－536，甲子社書房，1929年。
ビ地名要覧 →『ビルマ地名要覧』，東亜研究所，1942年。
ビ文学史 → 原本は，ウー・ペーマウンティン著『ミャンマー・サーペー・タマイン *Myanma sapei thamaing*』1987年版，訳本は『ビルマ文学史』，大野徹監訳，池田・コウンニュン・堀田・原田分担翻訳，井村文化事業社発行，勁草書房，1992年。
マンナン荻原訳 → 荻原弘明訳「マンナン・ヤーザウィン第5部〜第13部」鹿児島大学文理学部文科報告第10号，史学編第7集第27号。
水野パ辞 → 水野弘元著『パーリ語辞典』，春秋社，1968年。
模緬華辞 → 陳儒性編『模範緬華大辞典』，復刻版東洋文庫，1970年。

タータナー・リンガーヤ・サーダン

သာသနာလင်္ကာရစာတမ်း

教法荘厳文書

ハンターワディー書店版　序言

正等覚者にして全世界の中心にある唯一無二の鏡の如き法王・最勝尊者・一切知者たる世尊の八重に驚愕すべき正法が，この世にあらわれ出たことの全意義をすべての仏教徒が知ることこそ最も大事なことである。

そのため，マッジマデーサと呼ばれるインド，シーハラディーパと呼ばれるセイロン島〔スリランカ〕における正法興起の事情は，仏典，アッタカターやティーカーの註釈書類，大史，島書などに出ており，見たい人には容易に見ることができるようになっている。

ミャンマー国にあっては，王統史，タマイン〔歴史・伝承〕，モーグン〔記録詩〕，タンバイン〔史詩〕，エージン〔史謡〕，チャウサー〔碑文〕などに〔正法興起の事情が〕記載されているだけで，その事情はよく整理されておらず順序〔年代〕に混乱をきたしていて，理解が困難になりつつある。

それゆえに，ミャンマー国において現われ出た正法伝持の様相と共に，師資相承次第のことを，糸に玉を通すように順番に並べて正しく知りたいとの願いを抱いたインワの第４次都宮造大法王は，枢密院尚書長官ソー領主のティリマハーナンダティンジャン卿から推挙された枢密院顧問官マハーダマティンジャン卿に編纂させた。彼は稀有なる三蔵本や上記のような諸資料を参照して，ミャンマーの「サーサナヴァンサ」と呼ばれるこの「タータナー・リンガーヤ・サーダン」を著し提示したのである。

ハンターワディー書店の意図　仏教を信じ清浄な人になろうとする善男善女たちへ――法を信じ如何なる物をも施与することを願い，知識を胸中に蓄えるに大図書館のごとくなることを目指し，それのみ心に止めおいて必要なときに良書を探し出し良き智慧を導き出すためであり，金銭を目指すものではない。不死の聖なる涅槃への道を示す仏法の太鼓を，教えの智慧により打ち鳴らさんとするものである。したがって，出版については，明瞭にして正確に整理し，章句の付加や削除もせず，区切りを確かめ，パーリ語の権威者であるウー・キンソーティリーパワヤ・ダマサリヤの監修のもとにハンターワディーのパーリ語に精通した職員が，最上の準備と訂正をして出版するものである。

1956年７月29日

ハンターワディー

かの世尊・応供・正等覚者に帰命し奉る

王の勅令による質問に答えるよう推挙されたこと――序文

【p. 1】〔仏〕教〔の歴〕史(1)の系譜〔師資相承次第〕は，途切れることなく〔伝えられて〕きていますが，一つの章にまとめられてはいません。各人の記憶をもとにした記録があるのみです。〔それ以外に〕残されていることを明確に知るために，枢密院尚書長官ソー領主ティリマハーナンダティンジャン卿は，枢密院顧問官マハーダマティンジャン卿に質問しました。

王のご勅令を頭上に載せて運ぶことができるように〔王の命令に従って真摯に〕枢密院顧問官ティリマハーナンダティンジャン卿が，緬暦(2)1193(1831A. D.) 年ナヨン(3)の満月過ぎ第5日に尋ねた質問は，――〔次のようなものです。〕

善法 kusaladhamma，不善法 akusaladhamma，無記法 abyākatādhamma などにより善業，悪業の原因と，涅槃の諸果をお説きになられた世尊ゴータマ最勝仏が，般涅槃なされた後4か月目にラージャガハ〔王舎城〕のア【p. 2】ジャータサットゥ Ajātasat(4)〔阿闍世〕王に協力してもらって，尊者(5)マハーカッサパ Mahākassapa(6)〔摩訶迦葉〕を上座とする阿羅漢500人が第1回仏典結集をなさいました。

その後100年経た時に，ヴェサーリー Vesālī〔毘舎離〕国カーラアソーカ Kālāsoka〔迦羅由伽〕王に協力してもらって，尊者ヤサ Yasa〔耶舎〕長老を上座とする阿羅漢700人が，第2回仏典結集をなさいました。ブッダの般涅槃なされた後，仏暦(7)紀元235（309B. C.）年になった時，パータリプッタ Pāṭaliput (Pāṭaliputta)〔波羅利弗多羅〕国ティリーダマ・アソーカ Sirīdhammāsoka〔阿育〕王に協力してもらって阿羅漢1000人が第3回仏典結集をなさいました。

仏典結集を済ませた後，お説きになられたご教説一連〔一切経〕を明白にし普及させることにより，すべての有情に帰依信仰する心を生じさせるために考慮して，尊者モッガリプッタティッサ Moggaliputtatissa 長老は，

マッジャンティカ Majjhantika 長老をカシミール・ガンダーラ Kasmīra Gandhāra 国，

マハーレーヴァ〔タ〕Mahārewa(8)（>Mahārevata）長老をマヒンサカ Mahiṃsaka 国，

ラッキタ Rakkhita 長老をワナワーティ Vanavāsī 国，

ヨーナカダンマラッキタ Yonakadhammarakkhita 長老をアパランタ Aparanta 国，

マハーダンマラッキタ Mahādhammarakkhita 長老をマハーラッタ Mahāraṭṭha 国，

マハーラッキタ Mahārakkhita 長老をヨーナカ Yonaka 国，

マッジマ Majjhima 長老をヒマワンタ Himavanta 国，

ソーナ Soṇa 長老，ウッタラ Uttara 長老をトゥウンナボンミ Suvaṇṇabhūmi 国，

マヒンダ Mahinda 長老，イッティヤ Iṭṭiya 長老，ウッティヤ Uttiya 長老，バッダサーラ Bhaddhasāla 長老，サンバラ Sambala 長老，スマナ Sumana 沙弥，バンドゥカ Baṇḍuka 優婆塞の７人をセイロン Thihou 島へ，教説の伝道のために派遣したことはパーラジカ・アッタカター〔律蔵波羅夷品註釈書〕(9)中に述べられています。マハーヴァンサ〔大史〕聖典(10)の師資相承次第〔師伝〕等にも述べられています(11)。

ブッダがご在世中の時，トゥナーパランタ Sunāparanta 国の人・尊者プンナ Puṇṇa 長老は，最勝仏のご教説を受持するため阿羅漢の位に到達なさいました。そのプンナ長老は，トゥナーパランタ国へ帰られてあらゆる有情を教え導きました。男性500人，女性500人も三宝に帰依したということがプンナヴァーダ経(12)に明らかに出ています。

トゥナーパランタ Sunāparanta 国(13)，タンバディーパ Tambadīpa 国(14)と述べているのも，尊師方や私たちの住んでいるわが国のことです。尊者プ

ンナ長老〔と〕み教え〔に〕如何なる継承があるのでしょうか。如何なる【p. 3】継承もないの〔でしょう〕か。如何なる時に，如何なる中断があったか，中断がなかったかを知りたいのです。

コンバウン〔の〕都〔を〕造〔れる〕大法王(15)の師アトゥラヤサマハーダママラージャグル Atulayasamahādhammarājaguru(16)〔へ〕継承されてきた教えは，緬暦804（1442A. D.）年，トゥパーヨン〔仏塔の〕施主ナラパティ Narapati 王(17)の王子ミンチースワー(18)の時代に，ピー〔Prome〕の都へセイロンから来られた尊者タッダマサーリー Saddhammacārī〔という〕セイロンのマハーヴィハーラ〔大寺派〕の師たちの系統でした。〔すなわち〕タッダマサーリーの弟子はマハーターミ Mahāsāmi，その弟子はアトゥラウンタ Atulavaṃsa，その弟子はダマターミ Dhammasāmi，その弟子はアビサンケータ Abhisaṅketa，その弟子はティピダカーリンガーヤ Tipiṭakālaṅkāra〔三蔵荘厳〕という称号のあるタウンビーラ Taunbhīla〔長老という〕お方，その弟子はサーリン Hsalin(19)〔町の〕アリヤダザ Ariyadhaja，その弟子は尊者グナービリンガーヤ Guṇābhilaṅkāra というトゥン Toun(20)〔村の〕師，その弟子はピンニャーラーマ Paññārama，その弟子はコンバウンの都宮造大法王の治世に教えの伝道をなさっておられる尊者アトゥラヤサマハーダマラージャグルに至るまで，順序に従って〔継続して〕11代，〔すなわち〕緬暦1122年，仏暦2304（1760A. D.）年までに〔11代〕あった，といわれます。

その後ンガスィングー(21)の治世にソンター Hsountha 大僧正が継続して書いておかれたところの〔11代〕の師資相承文書，ボードー大法王(22)〔の〕治世に，師が継続して書いておかれたところの師資相承文書がある，と聞きました。〔しかし，実際に〕見てはいません。

み教えを常に損わず高揚護持なされる優れた人々の〔師資〕相承次第が，まさに確実に存在することにより，後に来る〔世代の〕人々は記憶し尊敬すること，〔また〕将来に連綿と続いてみ教えの存在する限り，智慧あるよき人々は，その文書を基にして継続して書き伝え広めていくことができるように，というわけでした。

コンバウン都宮造大法王の師〔アトゥラヤサマハーダマラージャグル〕が述

べられた師資相承〔には,〕タイェキッタヤ Tharekhettayrā国都[23]において,〔緬暦〕804（1442A. D.）年セイロンから尊者タッダマサーリーの到着した系統から続いてきて11代のみ，と述べています。

パーラジカ・アッタカター，マハーヴァンサ聖典などには，モッガリプッタティッサ長老が仏暦235年に，ソーナ長老，ウッタラ長老たちをトゥウンナボ【p. 4】ンミへ派遣したこと，さらにこのほか各々の国へ伝道使を派遣したことなども記されています。

ピー〔Prome〕の都へタッダマサーリーが到着した年〔と〕，尊者マヒンダ長老がセイロンへ伝道に行かれた年とを数えると，〔その間に〕500年以上の遙かな隔たりがあります。〔その間には,〕スワンナブーミ〔＝トゥウンナボンミ金地国〕というところのトゥダマワティー・タトン Suddhammavati Thahtoun国[24]へ派遣したソーナ長老，ウッタラ長老たちの系統の一連の継承があったでしょう。

尊者ブッダダッタ Buddhadatta 長老は，トゥダマワティー・タトン国〔から〕仏暦930年，ゴーザー Goza 暦[25]308（386A. D.）年に至った時にセイロンへ三蔵を写しに行かれました。〔ブッダダッタ長老が〕到着してセイロンの長老たちと討論口述してジナーランカーラ Jinālaṅkāra[26]〔勝者荘厳〕本文，および復註ṭīkā〔類〕を編纂しました。セイロンの僧正方は，この師が世間 loka〔のことと〕，法 Dhamma のこととの２つのうちで世間のことを多く述べ，〔それらを見聞し，その〕述べるところと，〔この師の〕器量を斟酌して，〔三蔵の筆写を許可しませんでした。それでブッダダッタ長老は〕三蔵を写すことができず，〔むなしく〕セイロンから帰り着いたのでした。

その後尊者ブッダゴーサ Buddhaghosa 長老は，三蔵を写して持ち帰る〔ために,〕セイロンへ仏暦930（386A. D.）年に往来しました[27]。セイロンのマハーヴィハーラ Mahāvihāra〔大寺〕に住していた大僧正方と討論口述して，“戒において住立した者 Sīle patiṭṭhāyanaro”〔という言葉〕で始まる『ヴィスッディマッガ *Visuddhimagga*〔清浄道論〕』聖典を編纂しました。セイロンの僧正方は，〔この聖典を〕気に入って〔歓迎して〕，三蔵を写しとることを許可しました。

経蔵〔三蔵の納められていた建物〕は，鉄の網で安全堅固に覆われていましたが，尊者ブッダゴーサ師が，“善逝　善逝　Sugataṃ sugataṃ”〔という言葉〕で始まるマハーナマッカーラ Mahānamakkāra(28)を読誦朗唱しますと，それを覆っていた鉄の網は，自ずから開きました。〔師は〕三蔵〔の〕セイロン語〔文字〕をビルマ語〔文字〕へ写しとって(29)，トゥダマワティー・タトン国へ帰りました。

尊者モッガリプッタティッサ長老が，ソーナ長老，ウッタラ長老，マヒンダ長老方を遣わした仏暦236（308B. C.）年と，尊者ブッダゴーサがセイロンへ行かれた年との隔たりを数えると694年離れています。

トゥダマワティー・タトン国において，以前に伝道〔に〕派遣されたソーナ【p. 5】長老，ウッタラ長老方の大弟子は，ソービタ Sobhita 長老〔です〕。その弟子はソーマダッタ Somadatta 長老，その弟子はスマナティッサ Sumanatissa 長老，その弟子はソーパーカ Sopāka 長老，その弟子はソーマダッタ Somadatta 長老，その弟子はアノーマダッシー Anomadassī 長老で，７代目がブッダゴーサ長老に当たります。

〔こうした色々な〕事情を問い尋ねることは，まったく楽しい〔興味のある〕ことであり，その当時はみ教えが明らかとなり栄えていました。その時には，王と妃が三蔵を頂礼してお運びになられ，宮殿の真正面に安置した，と述べています。〔しかしその〕タトン王の名前は伝えられていません。パガン国は，８代目の王であるドゥーリッ王(30)の治世に当たります。

〔その当時〕タトン国にいた人は，アノーマダッシー〔長老〕で，その弟子はアディシーラ Adhisīla，その弟子はピャーナダッシー Pyāṇadassī，その弟子はアディシーラカーラ Adhisīlakāla，その弟子はアラハン Arhaṁと４代存続しました。

パガン Pugan 国において，アノーヤター王 Norahtaminso(31)の治世に王は，崇拝していたアリー僧 Ari rahan(32)たちを信ずることができなくなりました。そのアリー僧たちは〔自分たちの〕信仰していること，信仰の理由を述べたてましたが，〔アノーヤター王は〕信じません。それで〔彼らは〕非常に大きな樹木の〔幹の〕空洞に，自分たちの固持してきた信念〔について〕の文書を記して，〔それを〕入れておきました。３年ほど経つと，その樹の〔文書を入れた〕空洞は，樹皮が盛り上がってきて〔その表面は〕閉じられてしまいましたが，そうしておいて，三蔵がこの樹の空洞の中にあるという夢を見たようだ，と言いふらすので，アノーヤター王がその樹を叩き切ってみると，〔樹の〕中に文書を見出しました。〔その文書の内容は〕彼らの教義や信念と相違することはありませんでしたので，〔王は，それに〕火をつけて焼いてしまいました。そのため現在に至るまで，タイェキッタヤにおける火攻めの丘といわれて明らかになっています。[(33)]

三蔵見出せり——という有名な噂を聞いて，シン・アラハン Shin Arahan[(34)] は，タトン Thahtoun 国からやって来ました。〔途中で〕田舎の猟師に出会い，〔その猟師はシン・アラハンを〕アノーヤター王のところへ送り込みました。アノーヤター王は，その人の機根〔感覚知覚などの能力〕，態度を注意深く観察し，質問に対する〔応答の〕言葉を聞いてお気に召され，〔シン・アラハンを〕お信じになられました。シン・アラハンは，タトン国に三蔵があるということを話しました。〔アノーヤター王は〕タトン王[(35)]へ〔使節を〕を遣わし，〔三【p. 6】蔵を〕求めました。〔しかし〕与えてもらえなかったため，タトン国を攻め，〔タトンの〕王と共に三蔵30セット[(36)]，比丘僧500人などを招来し持参して緬暦419（1057A. D.）年に，〔パガン王〕国へ到着しました。

その時，シン・アラハンと共に伝道した側〔同僚〕は，尊者ニャーナ Ñāṇa というお方，尊者アーナンダー Ānanda，尊者シーラブッディ Sīlabuddhi〔です〕。その４人がみ教えを頭に載せてお運びになられ〔護持し存続なさっておられ〕たのでした。

その４人の中で，アシン・アラハン Ashin Arahan の弟子は尊者アリヤウンタ Ariyavaṃsa，その弟子は尊者ウッタラージーワ Uttarājīva です。そのウッタラージーワは緬暦532（1170A. D.）年にミンインナラティンカ Minyinnarathinhka 王[(37)]の治世に，セイロンへ学識ある僧伽〔僧衆〕10人と一緒に行きました。〔セイロンに〕到着すると，連れていった僧衆10人の中に，サッパダ〔Hsappada（ビ）＞Chappada（パ）〕という沙弥ひとりが入っていました。セイロンのマハーヴィハーラヴァーシー〔大寺〕派の長老たちと快く話し合いがなされ，〔その結果〕サッパダ沙弥を大戒壇 Mahathim（＞Mahāsīmā）において，〔具足戒を授け〕比丘にしました。

ウッタラージーワとセイロンの長老方は，〔仏〕法についての話をなさいました。セイロンの長老方は，「私たちの系統は，〔あなた方の系統と〕別なものではない。尊者モッガリプッタティッサ長老が伝道に派遣した尊者マヒンダの系列なのです。あなた方も最初にトゥウンナボンミへ尊者モッガリプッタティッサが派遣した尊者ソーナ長老，ウッタラ長老の系統の弟子僧伽に間違いないのです。あなた方と私たちの師の系統において，最初となったお方は，尊者マヒンダ長老，ソーナ長老，ウッタラ長老たちの師モッガリプッタティッサ長老です。その師はシッガヴァ Siggava〔と〕，チャンダヴァッジー Candavajjī，その２人の師はソーナカ Soṇaka，その師は尊者ダーサカ Dāsaka，その師は尊者ウパーリ Upāli その人である」と言いました。その後尊者ウッタラージーワはパガン国へ帰ってきました。

サッパダ長老は，セイロンに17年住んでから，パガンへ帰りましたが，その時に〔セイロンの長老より〕ティマリッディ Temaliddhi(38) 村の人ティーワリ Sīvali 長老，カンボーザ Kamboja(39) 市民のターマリンダ Tāmalinda 長老，カンチプラ Kañcipura(40) 市民のアーナンダー Ānandā 長老，アヌラーダ Anurādha(41) 市民のラーフラ Rāhula 長老方を授けられて〔委託されて〕，〔それらの長老たちを一緒に連れて帰途につき，〕緬暦543（1181 A. D.）年，ナラパティスィードゥ王(42)の治世に，パガン国へ到着しました(43)。（サッパダ長老が到着した年に，ウッタラージーワ長老はお亡くなりになりました(44)。）

サッパダ〔長老〕に伴われてきた比丘４人の中で，尊者ラーフラは，ナラパ【p. 7】ティスィードゥ大王の祭礼中に踊り子の女性ひとりを見て心が動転し，還俗したくなったためにマッラーユ島 Mallāyu Kyun〔マライ半島〕へ行きました。マッラーユ〔の〕王が律（Vinaya）を知りたいと言われたのに対して，〔ラーフラ長老は，〕クッダシッカー Khuddasikkhā(45)〔小学処〕律典を註釈書と一緒に教え，〔王が〕紅玉〔ルビー〕の〔一杯に入っている托鉢用の〕１鉢を贈った際に，還俗し，結婚しました。

アーナンダー，ターマリンダ，ティーワリの３人については，ナラパティスィードゥ大王が象を献上したのを受けとられ，そのうち２人の師は，〔象を〕森の中へ放してやりました。アーナンダーはというと，〔象を〕親類の居る所へ送りました。２人の師はそれを快く思わず，アーナンダー〔長老〕と宗派が分かれました。その後ティーワリ〔長老〕とターマリンダ〔長老〕２人も意見が合わなくなりました。〔戒律に関して〕身表示 Kāyawinyat（＞Kāyaviññatti），語表示 waciwinyat（＞vācīviññatti），２か所において，身表示によってのみ受納すべきである，語表示によって受納すべきではない[46]，〔このような〕論争があって２派に分かれました。

その後パガン国においては，

（１）シン・アラハン――前サーサナ１派

（２）ウッタラージーワ，サッパダ――後サーサナ１派

（３）サッパダ[47]の同伴したティーワリ１派

（４）尊者アーナンダー１派

（５）尊者ターマリンダ１派

このように，５派に分かれていました。

パガン国に到着した５派から，如何なる派の系統が，ピンヤ，サガイン，ヤダナープーラ〔アワ〕都などへ到着したのかを知りたく思います。

王族の系統に関しても，マハーサンマタ Mahāsammata[48] より継承して王朝史中に述べられています。み教えの〔師資〕相承についても，ブッダ〔ご在世〕時代の尊者ウパーリ長老より始めて，み教え〔の相承次第〕を順々に述べるのが適当でしょう。

上に述べたところのパガン国からウッタラージーワ，サッパダ方と共に僧伽10人がセイロンへ行って，セイロンのマハーヴィハーラヴァーシー〔派の〕長老方と語り合いましたが，その話し合いの中でセイロンの長老方の言われる〔師資〕相承次第は，

尊者ウパーリ Upāli，その弟子はダーサカ Dāsaka，その弟子はソーナカ Soṇaka，その弟子はチャンダヴァッジー Candavajjī，その弟子はモッガリプッタティッサ Moggaliputtatissa，その弟子はソーナ Soṇa 大長老，ウッタ【p. 8】ラ Uttara 大長老，その弟子はソービタ Sobhita 大長老，その弟子はソーマダッタ Somadatta，その弟子はスマナティッサ Sumanatissa，その弟子はソーパカ Sopaka，その弟子はアノーマダッシー Anomadassī，その弟子はア

ディシーラ Adhisīla，その弟子はプラーナダッシー Prāṇadassī，その弟子はアディシーラカーラ Adhisīlakāla，その弟子はアラハン Arahaṃ，その弟子はアリヤウンタ Ariyavaṃsa，その弟子はウッタラージーワ Uttarajīva，その弟子はサッパダ Chappada,

合計して19代のみ，確実に受け継がれています。

その後のトゥダマターミ Sudhammasāmi という師は，シン・アラハン派[(49)]の系統〔の人〕といわれます。その師も，ピンヤのウザナー Ujanā 大法王[(50)]の治世緬暦702（1340A. D.）年に宣教の仕事をする大僧正のサガー樹寺本院[(51)]に住していた，といわれていて，〔そのことは〕『師資相承系譜文書 *Asariyawantha-ahsekanwesa*』，『サガー樹寺本院由来記』などに載っています。

トゥダマターミという師の弟子はマハーマヒンダ Mahāmahinda，その弟子はケーマーターラ Khemāsāra，その弟子はターラダッティー Sāradassī というお方〔合計して〕４人が出ています。ピンヤからターラダッティー師は，ピー〔プローム〕市へ下ったと，「師資相承系譜文書」の中に出ています。

タイェキッタヤ〔時代〕から〔の〕タッダマサーリー Saddhammacāri というお方の系統は，アトゥラ師 Atulahsarā[(52)]の註に入れてある通りに，〔そのタッダマサーリーの系統の〕師資相承と受けとることができるでしょうか。〔あるいは〕それとは異なるタトン，パガン国からの系統と受けとることもできる〔でしょうが，その〕ことを区別して説明していただきたいのです。

このことを，「プンナヴァーダ・スッタ *Puṇṇovāda-sut* 教富楼那経[(53)]」からの言葉，『パーラジカ・アッタカター』，『マハーヴァンサ』から，『カリヤーニー碑文[(54)]』，『アーチャリヤヴァンサ』，『ブッダゴースッパッティ文書[(55)]』から，『ソンター Hsounhta 僧正師資相承次第』，大法王 Mintarāgyī の治世の師資相承の諸継承などを比較調査し尽くして，最勝仏に親しかった弟子尊者ウパーリ師より始まり，常に断絶することなく，〔順序よく〕数珠玉に糸が通っているように，緬暦1193，仏暦2375（1831A. D.）年に，系図を書き残しておくため，み教えを護持なさって下さる大僧正がたの実行力，有能さ，〔さらに〕わが国のみ教えに奉仕する王と共に，師資相承

〔次第〕を明確にお書きおきいただきたいのです。先生。
〔以上で〕質問は終わります。

註

（1） 原文 sāsanawaṃsa（＝sāsanavaṃsa），ただしここではパーリ聖典中の書物名「サーサナヴァンサ」を指すのではなく，“王統史”という語が一般的に歴代の王の系統史を指し示すように，“教史”は仏教教団中における師資相承の次第順序を主な内容とする師から弟子への教えの継承史を指している。

（2） 現在も使用中のビルマの暦，すなわち緬暦 Sakkaraj（＞サンスクリット）は，西暦紀元（A. D.）と対比すると638年の差がある。

（3） Nayon. ビルマ暦の第3月で，太陽暦の6月頃に相当する。laprañkyō は黒分第5日。

（4） Pāḷi Ajātasattu, Skt. Ajātaśatru 阿闍世（王）。

（5） shin（＞arahanta). この「シン」は，僧侶に対する尊称であり，もともとは阿羅漢を意味した。

（6） 使用テキストの原文は，Mahākapassapa と綴っているが，これは誤植。

（7） ビルマにおける仏暦 Sāsana hni は，西暦紀元前544年をもって始まる。したがって仏暦235年は309B. C. に相当する。

（8） Mahārewa となっているが，パーリ語で Mahārevata のこと。パーリ語がビルマ語に言い換えられる際に，ときどき ta は欠落することがある。

（9） *Samant.* P 版 Vol. I pp. 64, 69–70，南伝第65巻 pp. 81, 88，長井訳1936年 pp. 131, 138, SBB Vol. XXI pp. 55, 62–63, 181, 187 etc. 参照。

（10） *Mv.* p.82

（11） 上記『マハーヴァンサ』では，まずマヒンダ長老とイッティヤ，ウッティヤ，サンバラ，バッダサーラ長老の計5人の長老比丘がセイロン Laṅkā 島にモッガリプッタティッサ長老により派遣されたと記されている。

（12） 「*Puṇṇovāda-sutta* 教富楼那経」. *MN.* 145, PTS Vol. Ⅲ pp. 267–70，南伝第11巻下 pp. 380–85。

（13） ビルマの人々は，「Sunāparanta」を「トゥナーパランタ」とビルマ語読みにしてパガン近辺のイラワジ河の右岸（西側）に位置する国土を指すものと見做していた。*Mal. Dic.* p. 1211 ; *Sās.* P 版 p. 9 ; *Sās.* 福田訳（1）pp. 61, 63参照。

（14） ビルマの人々は，これも古くからビルマ人の居住する地域名と見做していたようである。*T. P-M Dic.* Vol. 9 p. 269には，以下の諸説を紹介している。

（a）イラワジ河の西側を指し，その土が赤いため Tambadīpa と呼ぶとする説と，この国の人たちは赤銅の塊を多く持っていたためとする説。

（b）イラワジ河の東南側の岸辺にある領域の名称。

（c）パガン，ピンヤ，インワ，マンダレーなどの大国の位置するイラワジ河の東側の地方の名称。

（d）ウ・カラーの『王統史』では，仏在世中のパガン国の名称であったとしている。

(15)　コンバウン・シュエボー王朝〈アラウンパヤー王朝〉を創建したアラウンパヤー王（在位1753-60A. D.）を指す。

(16)　アトゥラ Atula とも略して呼ばれるこの長老は，アラウンパヤー王の教誡師であったばかりでなく，saṅgharājā にも任命されている。また，熱烈なエーカンシカ Ekaṃsika（偏袒右肩派）つまり進歩的改革派であった。アラウンパヤーをはじめとして５人の王の王師であり続けたこともあって，アトゥラ長老は，エーカンシカの僧風隆盛に大いに力があった。*Ray* p. 226 etc.

(17)　ナラパティ王（在位1443-69 A. D.)。『マンナン・ヤーザウィン』中，緬暦805年の項に，トゥパヨン・パゴダ造営の記事があり（マンナン荻原訳第９部〈１〉p. ５），また807年の項にも同様な記事（同 p. ７）が載っている。

(18)　『マンナン・ヤーザウィン』の緬暦807年の項に，ナラパティ王より王子ミンチースワーにピー（Prome）城市が与えられたとの記述が見られる。（マンナン荻原訳，同上 p. ６）

(19)　チンドゥイン河沿い，モンユワー Mounyua（＝モニワ）の南方にある現在のサリンジー Hsalingyi を指すものと思われる。

(20)　『マンナン・ヤーザウィン』は，アノーラタ王の命令により築かれた43の町の名をあげているが，その中にみられる Toun（*G. P. C.* p. 97では Taon）が，それではないかと考えられる。それに相違なければ，パコック県のミンゲー河の南側，メッカヤの北西にある村落。(*Luce* Vol. 1 pp. 35, 38 etc.)

(21)　ンガスィンクーサは，後にスィングー王と名乗った。治世すなわち在位期間は，1776-81A. D.

(22)　ボードーパヤー王。在位1781-1819A. D.

(23)　Skt. Śrikṣetra. １世紀頃より832年に南詔によって滅亡するまで，現在のピー（＝旧プローム）市近くに存在したピュー Pyu（驃）族国家。

(24)　原本に以下の註記がある。Thahtounpyikou Suvaṇṇabhummi-Sudhammavatī hu hkohsougyadi.（タトン国をトゥウンナボンミ・トゥダマワティーと呼びます）

ビルマにおいては，Suvaṇṇbhūmi をパーリ語発音は「スヴァンナブーミ」だが，ビルマ語読みで「トゥウンナボンミ」と発音して昔から一般的に現在のタトン Thahtoun 市近くにあった都 Sudhammapura を中心とする下ビルマ沿岸一帯を指す，と信じられてきた。

(25)　原文は Gozā Sakkarāj. 仏暦930年は西暦386年であり，その年はピュー暦で308年に相当する。Sakkarāj は，暦の意味であるが，もともとは Thumondri が西暦78年より始めたピュー暦 Prome Era のことを意味したという。

(26)　*Gandhavaṁsa* によれば，「Saṅghapāla 長老の要請で Buddhadatta 師によって著された」（片山一良訳「パーリ語文献史」和訳・索引，『仏教研究』第４号 p. 119）との記述がある。

なお，『サーサナヴァンサ』でも語り方は異なるが，同長老の著としている。（P版 p. 29，英訳 p. 33，福田訳〈３〉，p. 122）

(27)　Mālālankāra-vatthu の訳とされる，ビガンデー氏「緬甸仏伝」は，仏滅943年摩訶那摩王の世に錫欄に渡った，という。（赤沼訳 p. 499，畑中訳 p. 532）『マンナン・

ヤーザウィン』では，仏滅946年に当たり，カリヤーニー碑文，『サーサナヴァンサ』に一致する，と述べる。大年代記では，Thinlikyaung 王即位後42年中のこととしており，それは930年に相当する。(*G. P. C.* pp. 49–50) したがって，大年代記のそれとここの記述とは一致することになるが……。

なお，拙稿「上代ビルマの仏教開教伝説をめぐって」その2，その3“仏音 Buddhaghosa 来緬伝説”(『大谷中・高等学校研究紀要』第8・9号) 参照。

(28) 「マハーナマッカーラ」は「ナマッカーラ」とも呼ぶ。サンビャ Sanbya の「タセンガーソントエ *Tahsengasaungtwei*」(Piṭakattopyanpware 書店 1971 A. D. Mandalay) にナマッカーラ・パーリとして33偈が掲げられている。(pp. 47–54)

その冒頭の偈の最初が「Sugataṃ……」で始められている。これらの偈の出典については著者には不明。なお，ウ・シーラナンダ長老 (Abhayārama-Shwegu-Taik, Mandalay) の教示によれば，「タセンガーソントエ」や「ンガーソントエ」は，ビルマの長老が編んだ純粋にビルマ的なもので，Momastery School の学習テキストとして英軍が下ビルマにやってくる以前より使用されていたらしい。そして英軍上陸後，最初に活字出版されたのが，この「ンガーソントエ」であったという。

(29) 原文は，piṭakato thihoubhatha kou Myanmabhathathou kuyu byihlying…となっており，bhāsā は「言語」や「宗教」の意味 (原田・大野，ビ辞 p. 316) であるが，文の前後関係に従って訳出した。

ブッダゴーサが翻訳したのは，三蔵そのものではなく，セイロン語の註釈書をマガダ語 Māgadhī つまりパーリ語に訳したととるのが正しいといわれる。

G. P. C. §118 p. 47では，全註釈書をマガダ語に訳したと述べている。

また，*Buddhaghossupatti* 中にも本文と同様な記述をしているようで，B. C. Law は，その点について誤解があると指摘している。(*Law*, Vol. II p. 559)

そして，『サーサナヴァンサ』中に，「ブッダゴーサ長老のセイロンに渡り，三蔵を書いたことおよび註釈書類を作成せることについて，心に混乱を起こすべきではない」という断り書きのような記述があることは，『サーサナヴァンサ』を著した当時の情勢を窺わせるものであるし，またセイロン仏教徒を念頭においていたパンニャサーミ長老の心情がはからずも吐露されているように思われ，興味深い。

(30) Durit 王。『マハーヤーザウィン』にも述べられている Kyaungduri 王を指すのではないか。そうだとすると，治世は388A. D. から413A. D. 頃までとされている (*Phayre*, pp. 21–22)。

(31) ほぼ現在のビルマに相当する領域を統一したビルマ族最初の国王。在位1044–77 A. D.

(32) 大乗系の仏教僧。とくに密教系かタントラ系，あるいはヒンドゥーのシャークタ派に属する僧ではないか，などといわれているが，いずれも定説となるまでには至っていない。著者は，ビルマの史学者タントゥン Dr. Than Tun およびルース G. H. Luce の「アリー僧は Taw Klong (森の僧院) に住んでいた僧侶 Araññika あるいは Araññavāsi を指す」とする説も非常に示唆に富むものと考えている。

(33) 火攻めの丘。原語は mitaikon.

(34) アシン・アラハン Ashin Arahan とも呼ばれる. *G. P. C* によれば幼名 Sīlabud-

dhiで，パガンにやってくるまではDhammadassiという名前であった。(pp. 71-72)

また，*G. P. C.*（p. 74）は，この師に至るまでの資師相承次第を，以下のように記している。尊者Upali—Dasa—Sona—SiggavaとCandavajji. Moggaliputta Tissa—Sona（Suvannabhūmiへの派遣僧）—Sobhita—Somadatta—Sumanatissa—Sobhaga—Somadatta—Anomadassi—Adhisīla—Byanadassi—MahakalaとSīlabuddhi（Shin Arahan）

(35) 王名はマヌハManuhaあるいはManohariで，*G. P. C.* p. 79によれば王子名Suriyakumāraとしても知られる。釈尊在世中の王ティーハラージャThīharāja（Sīharāja）が，タトン王朝の始祖で，このマヌハ王に至るまでに48代続き，また仏教が大いに栄えていたともいう。*Sās.* P版p. 39 etc. 参照。

(36) piṭaka asoun 30.

(37) ミンインナラティンカ王の治世1170-73年（*Harvey*；D.G.E *Hall*；Htin Aungなどの説による)。なお*G. P. C.* §143 p. 134では1170-74 A. D. としている。ここではウッタラージーワのセイロン島渡航についてカリヤーニー碑文の記述（緬暦532〈1170〉年）を根拠にしており，それはナラティンカ王の治世ということになるが，*Hmannan*では1180年の渡航としている。註（43）参照。また，当時のミャンマーとスリランカにおけるサンガとの交渉については『アジア仏教史，インド編Ⅵ－東南アジア編』第3章ビルマの仏教（佐々木教悟稿）参照。

(38) カリヤーニー碑文ではTāmalitthiと綴っている。Taw Sein KoもB. C. LawもおそらくBengalのTamlukを指すものであろうとしている。なお，そこはガンジス河口地域の港で，かの義浄が5世紀初頭にセイロンに向かうため上船した場所であった（*cf. K. Insc. I. A.* Vol. XXII p. 29；*Law* Vol. II p. 565)。義浄によれば「耽摩立底（Tamraliptī)」。cf. 義浄撰・宮林昭彦・加藤栄司訳『南海寄帰内法伝——七世紀インド仏教僧伽の日常生活——』pp. 112-17，法藏館，2004年。

(39) もとは16大国Mahājanapadaの一つであり，アショカ王が伝道師を派遣した国々の一つとして，「アショカ王法勅」の中にもその名が出ている。その後では，*Mal. Dic.*は西部シャムに対して与えられた名前であるという。実際にビルマの仏教徒は，かつてはシャン州を指したと信じているようである。Taw Sein Koは，現在のカンボジアかミャンマーのシャン州を指すと述べている。(*K. Insc. I. A.* vol. XXII p. 29)

(40) カリヤーニー碑文でKiñchīpuraと綴られている。Taw Sein Koのいうように，南インド，マドラス州のConjeveramのことであろう。(同上p. 29)

(41) 途中ときどき断絶はあったが，B. C. 4世紀頃からA. D. 13世紀末頃まで，約17世紀間にわたってセイロンの首都であった都市。

(42) 「ナラ（ヤ）パティスィードゥ」で在位期間は，1174-1211年。

(43) カリヤーニー碑文にも緬暦543年（1181 A. D.）のこととして同内容の記述があり（*K. Insc. I. A.* Vol. XXII p. 30；*K. Insc. B.* p. 11)，ここはそれらによっているとみられるが，一方*G. P. C*は，緬暦553年（1191 A. D.）に帰国したと述べる。さらにビ緬仏伝（赤沼訳p. 501，畑中訳p. 534）では，1173A. D. という。

『サーサナヴァンサ』においてもほぼ同様の記述があるが，ナラパティスィードゥ王の治世であったことを示すのみで，明確な年時を示してはいない。

(44) カリヤーニー碑文でもこの点について言及，そこではサッパダ長老の到着する数日前にウッタラージーワ長老が亡くなった，と述べている。(*K. Insc. I. A.* Vol. XXII p. 30 ; *K. Insc. B.* p. 10)

(45) Khudda-sikkhā＝Khuddaka-sikkhāpada 小学処。ニカーヤ中のものではないが，沙弥用の（学ばなければならない）小型の戒律の学習書。

(46) viññatti（>viññapeti）とは「表示すること」という意味で，Kāyaviññatti は身表，vacīviññatti は語表あるいは口表と訳され，両者ともに Vinaya 用語としてよく使用される。すなわち，「自分の欲しいもの，欲しい時間を知らせ求めること」が viññatti であり，戒律上からは，求めるべき人でない人，あるいは求めるべき時ではない時間に求めることは，厳に慎まなければならないこととされる。したがってたとえば，托鉢の際に信者の家の門前に立つことなど，身体の動作表情のみによって求めるものを知らせるのが Kāyaviññatti で，直接言葉でそれを知らせるのは vacīniññatti というわけである。ここではその点が問題とされているのである。(cf. *VINAYA-MUKHA* Vol. 2 pp. 124, 193 etc.)

(47) Hsappada（ビ），Chappada（パ）

(48) Skt. は Pāḷi と同じ綴り。音写：摩訶三摩多，摩訶三摩陀　訳：大平等，大衆平等大同意，民主，大王 etc. この世界最初の王で，民衆の合意によって立てられた人の意味「Mahatā janakāyena sammato ti Mahāsammato ti（*Mahāvastu* I. p. 348)」である。釈迦族の先祖と考えられていた。

(49) 前出のシン・アラハンを指す。

(50) 治世1324–43A. D.

(51) サガーの木で建てられたという７つの僧院の中の主院で，サンブカとも呼ばれたようである。それらの僧院はピンヤのウザナー王即位の年（緬暦684年，西暦1322年）に，ピンチャの地に造営され，竣工した時サンブカの名をもつ主院をパティンという大臣の息子のトゥダママハーターミ僧正に献じた，ということが『マンナン・ヤーザウィン』中に述べられている。(マンナン荻原訳第６部，§153 p. 67参照)

(52) 前出註（16）参照。

(53) 前出註（12）参照。

(54) Kalyānī Inscription：スリランカへ留学僧を送るなどして僧伽の浄化をはかったペグー王モン族の英主 Dhammazedi（1472–92 A. D.）は，カリヤーニー・シーマを建ててラーマニャデーサにおける授戒作法の確立を期したが，1479年にこのシーマー（戒壇）建立の次第を合計10箇の石に刻ませて残した。それが有名なカリヤーニー碑文で，ビルマ仏教史上のみならず南方上座部仏教国交流史の点からも貴重な資料となっている。

(55) 16世紀中葉，ビルマのマハーマンガラ比丘が，ブッダゴーサ長老のビルマ出生説を主張し，そのビルマ帰還説を強調するべく著した，といわれる。著者は未見であるが，1892年，James Gray によって，その『仏音縁起』が編纂翻訳されて，ロンドンから出版されている。なお，詳しくは B. C. Law, *The life and work of Buddhaghosa* リプリント1976年 p. 143 etc. 参照。

§1 アーシーサプッバカガンターラッバ[1]序偈

【p. 9】
yo nekavārampi marammamaṇḍalaṃ / āgamma saddhammajutiṃ akā ciraṃ / jantūnamatthaṃ dīghadassi tassidaṃ / jotetu mohandhavidhaṃsi sāsanaṃ//
如来は　いくたびも　ミャンマーの地へお出でになられ　正法の栄光のために行じ　人々の利益を　長い将来を見通し　このみ教えの　無知蒙昧の暗闇を破し　明るく輝かんことを

——12箇の母音より成るインダワンサー[2]の偈——

〔上記の偈の〕意味は，yo tathāgato ; 過去仏のようにおいで下さること実によき最勝仏は，marammamaṇḍalaṃ ; トゥナーパラン〔タ〕，タンバディーパというミャンマー国へ，anekavārampi ; 何回も，āgamma ; いらっしゃって，jantūnaṃ ; ミャンマー〔全〕国民の，atthaṃ ; 利益を，dīghadassī ; 長い将来を見通して，ciraṃ ; 久しく，saddhammajutiṃ ; み教えの優れて光り輝くためのことを，akā ; 行いました，tassatathagatassa ; かの如来の，idaṃsāsanaṃ ; このみ教えは，mohandhavidhamsī ; モーハという無知の暗闇を除去消滅させて，ciraṃ ; 久しく，jotetu ; 栄え清浄に光り輝きますように。

このようにアーシーサプッバカガンターラッバ Āsīsapubbakaganthārabha〔祈りの偈をもって序文とする一形式〕を教史の記録 *Thathanalinkarasadan* を書物の初めに置くことによって，〔また〕偈を説かれた５牟尼[3] muni の主君であられる仏の，優れたみ教えの系譜を示すインダワンサー〔という〕この偈によって，み教えが非常に長い時間にわたって繁栄し清浄に光り輝くように〔願われました〕。尊者マハープンナ Mahāpuṇṇa 長老は，セイロン島，ラーマニャ Rāmañña 国[4]などのように，先を見通し敬意をはらって，トゥナーパラン〔タ〕，タンバディーパと呼ばれるミャンマー国へ，〔仏を〕招き迎えて，ナンダータンソン Naṁthātanhsaun : 寺院〔香木楼閣寺[5]〕を〔み仏が〕

受けとられること，ナンマダー Nammadā 河辺のティッサバン Tissaban山(6)の山頂に〔み仏が足相の〕108の円印と共に足跡を示されること，そうした目的【p. 10】で高楼 Prāsād（pāsāda）500〔台〕によりしずしずと〔み仏は諸弟子と共に下って〕おいでになられて，み教えを久しく確立なされるためのこと〔伝道〕を行われました。そのことによりマハープンナ Mahāpuṇṇa，タッサバンダ Thassabandha，イティディンナ Ithidinna〔を〕はじめとするミャンマー国の人々すべての利益を，み仏の後〔仏滅後〕5000年まで行じ奨励なされる過去仏同様においでになられること実によき最勝仏(7)〔Tathāgata 如来〕のこのみ教えは，無知の暗闇を除去消滅して長い間にわたって清廉清浄に光り輝きますように――とすぐに理解できる願望をニータッタ nītattha〔了義(8)〕の方法により明確にお示しになられました。み教えのご系譜，教史の記録を仏典に説かれた通りに整理して書いておきましょう――と〔いう〕言葉で知られる趣旨も，ネーヤッタ neyyattha〔未了義(9)〕の方法で〔間接的に〕示した――ということです。

趣旨了解(10)

『サーサナヴァンサ』の系譜は，途切れることなく〔伝えられて〕きていますが，一つの章にまとめられてはいません。各人の記憶をもとにした記録があるのみです。〔それ以外に〕残されていることを明確に知るために，枢密官ミンジー・ティリマハーナンダティンジャンは，王の顧問官マハーダマティンジャンに質問しました。王のご勅令を頭上に載せて運ぶことができるように〔王の命令に従って真摯に〕枢密官ティリマハーナンダティンジャンは，緬暦1193（1831A. D.）年，ナヨンの満月過ぎ第5日に尋ねられましたが，〔その〕質問の中に，最勝仏の親しい弟子尊者ウパーリから始まって途切れることなく数珠玉に糸を通すように，現在，緬暦1193（1831）年まで宣教師の師資相承を表〔系統図〕に書いておくため，〔ということがありましたが，そのためには〕的確に尋ねさせてほしいということ。それと，質問に含まれていたことは，王の継承についての『王統史』のように，『サーサナヴァンサ』の師資相承は連続して一冊の仏典に〔まだまとめて〕言及しているものはない〔ということです〕。

王の系譜〔の場合〕は，前の王と後の王〔を〕きっちりと〔どんな省略や不明なところも〕残されることなく述べられています。師資相承については，そのように述べられてはおらず，特別な事情のある際にのみ取り上げられ，言及されています。特別なことがなければ，〔継承〕順序は，決まっているもののみ型通りにだけ述べられます。このように考えるならば，師資相承も〔『王統史』の継承と同様に〕損われず継承されていて意義を有しているのです。【p. 11】

したがって，『王統史』の継承のように，『サーサナヴァンサ』の師資相承は仏典一冊に〔まとめて〕言及されていないということがあって，いろいろな仏典に述べられているその通りに受けとられるべきなのです。特別に書いておくこと〔書いておく必要〕はありません。〔書いてほしいとの要請を私が〕幾度も幾度も断ったことを，師資相承次第は途切れてしまった，み教えは消失した，と考えて，誤った信念を持つ人々もできてきました。あらゆる人々が誤った信念を持つことのないように書いて下さい〔と〕，ソー Hso 市(11)の領主・枢密官ティリマハーナンダティンジャンが，みずからおいでになられ理由を立ててたびたび勧められることがありましたので，『サーサナヴァンサ』の師資相承次第を取り上げ書いておきましょう。

そのように書いておくことができるにしても，記録を消失しないならば，〔地中に埋めた〕黄金の宝の壺が地中深く沈んでしまわない〔消失しない〕ように，仏典の無くならない限り，『サーサナヴァンサ』の師資相承次第は損われることはないから，仏典に出ている通りに，原因と結果，初めと終わりをよく考察し，範例にしたがって充分に述べることにしましょう。

上流に雨の降るのを推測して，下流に水の嵩（かさ）が増す〔洪水になる〕であろうことを知るのがカーラナアヌマーナ kāranānumāna〔原因推論方法〕，上〔空〕の噴煙（ふんえん）を見て，〔その〕下に火のあることを知るのがパラーアヌマーナ phalānumāna〔結果推論方法〕，敷石〔大きな平たい石〕の〔こちらの端の〕初めと〔向う側の端の〕終わりに獣の足跡を見て，敷石の〔上の〕真中を分からないように〔跳んで〕行った獣の足跡を知ることが，ミガパダヴァランジャナ migapadavalañjana〔獣の足跡を知る〕方法〔である〕(12)。このように原因〔と〕結果，初め〔と〕終わりを考慮し考察して，範例をとって充分に述べてあげましょう。

もっとも尊敬すべき教えに関する話を石傘[13]〔に対して〕のように尊敬して，根拠のあるかないか，適当か不適当かを考察して，よく理解して下さい。

《このように受けとるべきであることや５つの教説消滅のこと〔消滅の原因〕は，最後の結びの章〔あとがき[14]〕の時に述べてあげましょう。》

アーシーサプッバカガンターラッバ〔の章を〕終わります。

註

（１） 誓願を記した書物の最初の偈をいう。

（２） Indavaṃsā（Indravaṃśā）と呼ばれる様式の偈文。Vuttodaya によれば，パーリ韻律中 samavutta（全詩節が同一な韻律）の Jagatī 類（１列12音節の行が４行で成っている偈）に属するものであり，「各詩節が２つのＴとＪとＲから成るもの」を指すのだという。Vuttodayapāṭh（by Saṃghrakkhita）Buddhasāsana Press, 1968 p. 196, 片山一良「ヴットーダヤ」訳註『仏教研究』第３号 p. 118（1973年）

（３） Skt. Muni. 沈黙を守って修行する聖人（雲井巴和辞 p. 253 ect.）が牟尼と呼ばれる。５牟尼とは，①俗人の聖者（sāgāramuni）②出家の聖者（anagāramuni）③有学の聖者（sekhamuni）④阿羅漢の聖者（asekhamuni）⑤辟支仏（paccekamuni）を指し，この上に⑥聖者の中の聖者（munimuni）があって，牟尼王（munirāja）とも呼ばれる。釈迦牟尼ブッダは，まさにこの⑥の牟尼王であり，その他の５牟尼の主君と讃えられているのである。（*Housin P-B Dic.* p. 783；ウェープッラ南基聖典 p. 145 etc.）

（４） ビルマ語発音ではヤーマンニャ国と呼ぶ。下ビルマの海岸地方に築かれたモン族国家。ペグーに王都のあった時代は，825-1043，1287-1526，1740-47年である。ミャンマーでは早くから仏教が伝えられた地とされており，女王シンソゥブの時代を経てダンマゼディ王の治世（1472-92年）に，ペグー・ハンターワディー王朝は，その最盛期を迎えたと受けとられている。同時に，僧伽の浄化がはかられ，南方上座部仏教の最も隆盛をみた時代でもあった。

（５） naṁsā は香料，香木 sandal wood を指し，tanhsaug はパーリ語 pāsāda に対するビルマ語で，屋根の先端の頂きが尖形をなしてそびえ立っている楼閣を指すという。(以上ウ・ウェープッラ，ウ・シーラナンダ両長老の教示による)。英語で言えば，Sandal wood monastry であり，白檀類など香木を使って建てられた高楼をもつ寺院と解せられる。なお，パガンに煉瓦造りの Hsinpyagu とも呼ばれる PĀSĀDA ZEDI がある。（*Luce* Vol. I p. 296；Vol. Ⅱ Plate No. 155写真参照）

（６） Tissaban（＞Saccabandha，Saccabaddha（パ）。ミャンマー仏教伝播伝説中のタイェキッタヤーへの釈尊巡錫伝説においてもサッチャバンダ（ティッサバンダはビルマ語発音）への釈尊による教化の伝承が語られ「ミャンマー地域アパランタ王国におけるティサバンダ，イティディンナ，マハーポンニャ等による第一次の仏教確立」とされていることが注意される。（拙著『ビルマ仏教』pp.58-60；*Sās*. B版 p.61, *Sās*.生野訳 p.117参照）。またアラウンスィードゥー王（1113-67在位）の事蹟について Pada zedi 碑文中には次のような言及を紹介している。「王の威光は非常に強大で Jambudīpa に並ぶものがなかった。それで彼は緬暦512（1150A. D.）年 Jambudīpa 洲の頂上にあるという Rose-apple（フトモモ属の熱帯性高木）樹を探し求めて旅に出た。彼はブッダの教説が5000年に及んで続くことを熱心に祈った。そして Nampada 河のほとりに住む Naga 王 Nampadana のために残された仏足跡と，Saccabandha 山の頂上に残された仏足跡とに油灯や供物を捧げた。」（*Hmannan* Vol. 1 p.306, *G.P.C*. p.129）。本文の Nammadā 河は，おそらく上に引用した Nampada 河，Tissaban（>Saccapan）山は Saccabandha 山と同じとみてよいと思われる。なお，アラウンスィードゥー王は，実際に渡印し，ブッダガヤ等を訪ねたことがあったようである。

Saccabandha については，この後の本文に人名としても言及されており，『サーサナヴァンサ』（*Sās*. P版 p. 54）にも山の名およびそこに住む仙人あるいは行者名として登場し，マランマ圏アパランタ国における最初の仏教確立者3人の中の1人に数えあげられている。

（7）　底本 Shebhuyatoukeithou lajinkauntomutho myatswabhuya「過去〔昔の，以前の〕仏のようにおいでくださること実によき最勝仏」の意。これはパーリ語の Tathāgata をビルマ語に直す際の定型句である。

（8）　nīti（>neti）は「導かれた，確かめられた」という意味で，そこから nītattha は巳了の義，了義となる。それに対立する用語として，次にみられる neyyattha（未了義）がある。

（9）　neyya（neti の grd.）は「導かれたるところの，未了の」の意味で，neyyattha は，未了義とされる。Subhodhālaṅkāra（Buddhasāsana Press 1968年版偈頌 No. 35 p. 158，片山一良「同テキスト篇」p. 88，「同訳註篇」p. 121『仏教研究』第6・7号）には，「〔意味が〕明瞭でないために〔原因〕を導き出して語られねばならないものは neyya と言われる」とある。

（10）　原文 wanhkan ghyin paṭiññang（序文中の質問の趣旨を了解同意し約束すること）

（11）　Hso myou. イラワジ河側のアラカン山脈に沿って南北に点在するチェトゥタヤー Cetuttayā，ソー Hso，ティーリン Htilin，ガンゴー Gango，カレー Kale の5つの市をヨー Yo と呼んだが，その中でウンジー（長官）はこのソーとティーリン市のみに置かれたという。したがってヨーアトウィンウンというのは，これら5つの市（地方を含む）の統括者であった。（以上は主にウ・ウェープッラ長老の教示による。）

（12）　*Sas*. P版 p. 15，英訳 p. 16，福田訳（2）p. 53 ect. 参照。

（13）　kyaukhti 相当パーリ語は pāsāṇa chattha（石傘）. 傘蓋はもともと王位王権を示す印（しるし）の一つであった。石傘は重く何処から風が吹いてきても倒れず不動なので，強さの象徴でもあり，尊敬すべき価値あるものとみなされている。

（14）　底本 p. 234参照。

§2　第1回仏典結集挙行についての要約

【p. 12】
善法，不善法，無記法などにより善業，悪業の原因と，涅槃の諸果をお説きになられた世尊ゴータマ最勝仏が，般涅槃に赴かれた後4か月目に，ラージャガハ〔王舎城〕国のアジャータサットゥ〔阿闍世〕王に依拠して〔協力していただいて〕，尊者マハーカッサパ〔摩訶迦葉〕を上座とする阿羅漢500人が第1回仏典結集をご挙行なさいましたと，〔この〕サーダン〔記録文書〕の質問のところにありました[1]。〔それは〕理由がないのに仏典結集〔合誦〕をなさったということではありません。事情が特別にあって仏典結集が挙行されました。〔その〕特別の事情とは，――全智者なるブッダが般涅槃に赴かれて7日を経た時，1250人[2]の比丘僧伽と共にパーヴァー Pāvā 国からクシナーラ Kusināyuṁ（>Kusinārā）国へ行かれる旅の途中の尊者マハーカッサパは，〔み仏が〕ご入滅なされたことを聞いた比丘僧伽一同が号泣しているところで，年老いて出家せる[3]スバッダ Subad（>Subhadda）〔須跋（陀）〕比丘の「号泣するな。何を心配することがあろうか。ゴータマ〔ブッダ〕が亡くなって，私たちはなしたいことや好きなことができるではありませんか」との言葉をお聞きになられて，「この比丘のような異議 visabhāga[4] によって，優れたご教説が破壊されていくことになるのであろうか」と，教法に対し畏懼心 Dhammasaṁvega[5]〔心配〕が生じました[6]。

【p. 13】
「今日では，まだ黄金に等しい〔み仏の〕ご遺体が明らかに存在しているのに，刻苦してご完成なされたご教説の中に，非常に大きな災難，埃や茨〔汚損〕が生じてしまったのであろうか。この悪人は自分と同意見の者一人〔ずつ〕を仲間として，〔次々と〕増大していき，優れたご教説を衰退させてしまうのではないかしら」と，不愉快になりました。この年老いた比丘をこの場でもって，〔編目の〕粗い〔がさがさした〕腰布 puhsou[7]〔俗服〕に着替えさせて〔還俗させて〕，身体に灰を投げつけさせ，〔教団外へ〕追放してしまおう，とお思いになられました。覚者ゴータマ Rahan Gotama〔羅漢瞿曇〕の亡骸さえまだ存在しているのに，弟子たちの間に紛争が起こり，人々は〔私たちを〕非難するであろう。その後さらに，この考えを〔胸に〕収めて不動のままで〔心を鎮め沈黙なさって〕いらっしゃった時に，「全智者なる仏は涅槃に赴かれたけれども，お説きになられたみ教えは，今もって明らかに存在しているのだ。み教えが永久に止まるために仏典結集すると，この悪人の〔場合の〕ような異議によって優れたご教説が消滅したりせずに(8)，光輝くのではなかろうか。ご教説が輝く〔繁栄する〕ように努めることを意図なさって，全智者なるブッダは，ご自身のサンガティー〔重衣〕(9)を憐れみを垂れたまい，私に授与して下されたのではなかったろうか」とお考えになられ，〔み仏が〕涅槃に赴かれた後3か月経った時，ワーゴン月〔緬暦第5月・太陽暦8月〕(10)の満月過ぎ〔黒分〕第5日に，ラージャガハ国〔王舎城〕の七葉窟において，アジャータサットゥ〔阿闍世〕王に依拠して僧伽500人と共に，満7か月かかって第1回仏典結集をご挙行なさいました。

《その時，ナワサンデ navasande(11)の数字〔を取り消して始めた大暦による〕長い暦年148年を完全に抹消して仏暦 Sāsanāsakkaraj 第1年に入っており，マッジマデーサのマガダ国・ラージャガハ帝都アジャータサットゥ〔阿闍世〕王登位8年，わがミャンマー Myanma 国タガウン・ティンドエ Tagaung thintwei 都(12)〔においては〕ザンブーディーパダザ Jambūdīpadhaja(13) 王登位5年を経過していた。アジャータサットゥ王とザンブーディーパダザ王は，〔同時代の人として〕並び合います。ナワサンデの数字を完全に抹消した〔使用しない〕――とサーラッタディーパニー・ティーカー Sāratthadīpanīṭīkā(14) に述べています(15)。》

この第1回仏典結集において，尊者マハーカッサパ〔摩訶迦葉〕，尊者ウパーリ〔優波離〕，尊者アーナンダー〔阿難〕，尊者アヌルッダ〔阿㝹楼陀〕をはじめとする大阿羅漢500人が仏典結集を挙行して，まず最初に伝道を開始したのでした。

【p. 14】
「ブッダが亡くなられたからには，私たちはなしたいことや好きなことができるではありませんか」と，スバッダ老比丘がご教説を破壊する〔ような〕ことをいった言葉が，ご伝道をなすべき原因となりました。

スバッダ老比丘は，アートゥマー Ātumā(16) 市出身の理髪店の一族でした。

アートゥマー市へ世尊ブッダが巡回布教にお越しになられた時〔のことです。その理髪店は〕，自分の子供である沙弥２人に理髪店をさせ，〔それで〕得られた油，塩，米などにより，お粥（かゆ）を炊いて，僧伽〔僧団〕と共に教主ブッダに献上しましたが，〔ブッダはそれを〕お受けになりませんでした。〔ブッダは，供養の〕次第を尋ねて，お叱りになられました。

「〔比丘僧として〕適わしくないことを俗人や沙弥たちにやらせるドウッカタ dukkaṭ（>dukkaṭa）[(17)]〔突吉羅，悪作〕罪。〔また〕，理髪店をしたことのある比丘僧が，剃刀など理髪店〔用の〕用具を〔使って〕理髪店を営んだドウッカタ罪」と，学処〔戒法〕２か条をご規定なさいました。[(18)]スバッダ老比丘は，そのことに怨みを抱いて優れたご教説を破壊しようとしたため，真赤に熱せられた鉄塊を飲み込んで吐き出すように，このような際に口にすべきでないことを言ったのでした。[(19)]

アジャータサットゥ〔阿闍世〕王は，「尊者方は法輪を転じて下さい。私も威力輪を転じましょう。勇気をもって仏典結集を行って下さい」と，懇請し奨励した最初のご宣教王 sāsanāpyumin でいらっしゃいます。[(20)]

仏典結集〔合誦〕[(21)]を済まされた尊者マハーカッサパ，尊者ウパーリ，尊者アーナンダー，尊者アヌルッダをはじめとする大阿羅漢500人より次々と増加した師の系統・弟子の系統は，10万〔人〕・100万〔人〕と止まることなく，非常に多くなったのでした。

〔以上で〕第１回仏典結集が挙行されたことについての要約を終わります。[(22)]

註

（1） 底本 pp. 1-2，本書序文の２段落目。

（2） *Samant.* P 版（p. 5, SBB p. 4，南伝第65巻 p. 10，長井南方所伝 p. 7）には，「500人の比丘たちと共に……（pañcamattehi ahikkhsatehīti……）」となっている。

なお，その記述のもとになったといわれている律蔵（*Vin.* P 版 Vol. II p. 284，南伝第４巻 p. 426）も当然ながら，『サマンタパーサーディカ』と同様である。

『サーサナヴァンサ』は，P 版，B 版ともに，このサーダンの「1250人」を踏襲している。

（3） 原文 gyi hma rahan pyutho……であるが，その gyi hma（年長）とは，「年をとってからのみ」という意味である。したがって，単なる年長の比丘を指すのではなく，「年老いてから比丘になった僧……」を指す。

（4）　底本に次の註記がある。visabhāga—sabho mathūkhaṅ：（意向が同等でないこと）。なお，visabhāga は，パーリ語で「相異なれる，相違せる，異分の……」（雲井巴和辞 p. 288etc.）の意味で形容詞であるが，ここではビルマ語中に用いられ，名詞として使用されている。

（5）　底本に次の註記がある。
Dhammasaṁvega—tarā hning hynthohtitlanjing thabho（仏法に比較して驚愕する気持）。すなわちパーリ語の Dhammasaṁvega（法に対する畏懼）をビルマ語で，そのように解説しているわけである。畏敬する仏法に対して，愛惜の念より発せられた「何と畏れ多いことだ」という心配を指す，と考えられる。

（6）　以上§2の1段落目の言及内容は，『サーサナヴァンサ』にそのまま引用されている。*Sās.* B版 p. 4，P版 p. 3，福田訳（1）p. 53，生野訳 pp. 8－9

（7）　pucchui 男性用ロンジー（巻きスカート式の腰布）

（8）　底本には，sāsanātōmyat makwemapa hti……となっているが，mapa hti は，mapye hti の誤植とみなして訳出した。

（9）　底本のビルマ語は dukuṭ で，パーリ語の saṅghāṭī に相当する。比丘の着用する三衣の一。

（10）　Wakhoṅ月。*Sās.* では，Āsāḷhi 月（太陽暦6－7月に相当）としている。B版 p. 5，P版 p. 4

（11）　navasande（>navacande）という文字に対応する数字を逆に後ろから読み，「8645」を指す。たとえば，『マンナン・ヤーザウィン』（*Hmannan* Vol. 1 p. 31）に「釈尊の祖父 Añcana 王は，当時の暦8647年のうち8645年を取り消し，ただ2年だけを残した暦……」などと述べられているように，ここでは8645年という差し引かれた数を指している。また，底本の「navasande」は，‘Piṭaka Sañkhyānaya’ に従って，‘ṇavacande’（上記のように，文字に数字を対応させると na は0，ṇa は5なので，ṇa ならば5468を後ろから読み，8645となる）でなければならない。

　なお，こうして成立した暦を大暦（Mahathakarai）といい，その大暦148年にブッダは入滅された。Ajātasatthu 王は，その148年を残らず消去して仏暦1年から数えてきた，というのである。（以上，主にウ・ウェープッラ U. Vepulla 長老〔北九州市世界平和パゴダ僧院長〕のご教示による。）

（12）　古都マンダレーよりさらに北方のイラワジ河畔にあったタガウン Tagaung 王国の都市名。

（13）　ザンブーディーパダザ王は，伝説によれば，釈迦族系統の王子であったが，アビラーザ Abirāza を始祖とする第1次のタガウン王国が中国人の攻撃で滅んだ後まもなくこの地に移民してきて，再び王朝を建て直した，といわれる。

　したがって，彼は第2次タガウン王国の初代の王で，正式には Thado-Zambudīpa Daza-raza と呼ばれ（*Hmannan* Vol. 1 p. 158），その後の仏滅後100年頃まで15代（ブッダより約300年前とされる Abirāza からは50代）続いた，といわれる。

（14）　*Samant.* P版の註訳書で，律蔵の復註。この第6回結集版が手許になかったためもあり，北九州市世界平和パゴダ僧院在住ウ・ジョターランカーラ U. Jotālaṅkāra 長老，さらに上記ウ・ウェープッラ長老にも再度確認していただいたが，「Sāratthadīpanīṭikā には Navacande に関することは書いていない。Sāsanālaṅkāra sadan はあやまって書いた」（昭和55年９月９日付ウ・ウェープッラ長老よりの書簡。原文のまま）とのご教示をいただいた。

(15)　以上§２とほぼ同様の記述が『サーサナヴァンサ』にも見られる。*Sās.* B版 pp. 4－5，同P版 pp. 3－4，福田訳 pp. 53-54，生野訳 p. 9.

なお，ダガウンの建国説話については，以下に記す荻原弘明教授の注目すべき考察がある。「ビルマの古伝承――マンナン・ヤーザウィン記載の建国説話成立を中心として――」上田正昭編『日本古代文化の探究―古事記』，社会思想社，1977年，同，『鹿児島大学史学科報告』第28号，1979年。

(16)　クシナーラ Kusinārā とサーヴァッティ Sāvathī（舎衛城）のほぼ中間にあった。なお，*Sās.* P版では Ātuma と綴られているが正しくはない。B版も Ātumā となっている。（cf. 赤沼印仏固辞 p. 66, *Mal. Dic.* p. 244）

(17)　dukkaṭa 突吉羅，悪作，悪行。最も軽い罪で，相手一人に，あるいは自分自身で懺悔するもの。

(18)　*Mahāvagga Bhesajjakaṇḍaka* 第６回結集版 p. 347etc.

(19)　以上§２の３段落目も『サーサナヴァンサ』とほぼ同様の言及がなされている。B版 p. 6，P版 pp. 4－5，福田訳（１）p. 54，生野訳 p. 10

(20)　§２の４段落目も『サーサナヴァンサ』に同様の言及がある。

(21)　底本に saṅgāyanā—paun : su rwat-hkyin : と註記がある。すなわち，仏典結集を意味するパーリ語 Saṅgāyanā に，ここでは「合誦する」という意味で使っている，と断っている。

(22)　§２の５段落目も『サーサナヴァンサ』に同様のことが引用される。ただし，ここでは以上で説明をしめくくっているのに対し，『サーサナヴァンサ』はそれに続いて「これより後に述べることは註釈書の *Samantapāsādikā* に記す通りである」と断り，「その大長老たちは合誦しおえて般涅槃した」と述べ，さらに同趣旨の詩偈を付加して第１回結集についての記述を結んでいる。本書の§３註（12）参照。

§3　第2回仏典結集挙行についての要約

【p. 14】その後，「100年を経た時に，ヴェサーリー国カーラアソーカ〔迦羅由伽〕王【p. 15】に依拠して，尊者ヤサ Yasa〔耶舎〕長老を上座とする阿羅漢700人が，第2回仏典結集を挙行なさいました」と，〔この〕サーダンの質問の中に述べられている(1)第2回仏典結集もまた，理由がなく惰性のみで行われたのではありません。特別な事情があってなされたのです。特別な事情とは，〔次の通りです。〕

〔ブッダが〕涅槃に赴かれて100年経過するまでは，第1回仏典結集の行われた通りに，師資相承は極めて平穏に，崩壊せず，履行されてきました。100年を経過した時にヴェサーリー帝都のヴァッジー国人〔族〕Vajjitaintha の比丘たちは，ヴィナヤ〔戒律〕の教えに合わない非法事 adhammavatthu 10か条を示して履行し，教説における災難〔説教に反すること〕が極めて大きくなりました。

非法事10か条〔十事の非法〕というのは，――

（1）獣角〔動物のつので作った容器の中〕に，塩を携帯して，塩の〔味が付けられてい〕ないご飯と一緒に〔それを〕食べるときには，貯蔵〔の罪過〕にならない，――という見解をとることが1か条(2)。

（2）正午を過ぎて指2〔節の〕幅に影が現われるまでは，食べても，非時食〔の罪過〕にならない，――という見解をとることが1か条(3)。

（3）他の場所に行きたくなって〔外出したときに，それまでに〕食事を済ませた〔「もう結構です」(pavārita) と断りの動作をした〕のに，残食にする作法 atirit (atiritta) がなされていない食事を，〔再度〕食してよい，――という見解をとることが1か条(4)。

（4）一つの結界 thein (>sīmā) 内において，おのおの別々の建物に分かれて僧伽羯磨 thanghakan (>saṅghakamma)〔布薩会など僧団の儀軌作法〕を行ってよい，――という見解をとることが1か条。

（5）まだ来ていないうちに，来てから承認をとれるといって，予め僧伽羯磨を行っても不和合〔の罪過〕にならない，――という見解をとることが1か条。

（6）師匠〔先生〕である親教師〔和尚〕chayā upajjhāy（>upajjhāya・upajjhā）が，繰り返し実行してきた〔慣習としている〕ことは，〔行っても〕よろしい，――という見解をとることが1か条。

（7）乳の状態からまだ変わっていない，凝乳の状態にもまだなっていない乳を，〔食事を〕済ませた〔パワーリタをなした〕のに，残食にする作法〔アティリッタ〕がなされていなくても食べて〔飲んで〕よい，――という見解をとることが1か条。

（8）酒の状態に〔醗酵してアルコールを含んだ液状に〕，まだ確実になっていない〔濃度の〕薄い酒は飲んでよろしい[5]，――という見解をとることが1か条。

【p. 16】
（9）縁片のない臥具 nisīdain（>nisīdana[6]）を用いてよい，――という見解をとることが1か条[7]。

（10）金銀〔金銭〕を受けとってよい，――という見解をとることが1か条[8]。

この非法事10か条をワッジー族の比丘たちが説示〔主張〕して，教説への災難が極めて大きくなりました。その事情を尊者マハーヤサ Mahāyasa 長老が聞き知って，尊者レワタ Revata，尊者サッバカーミー Sabbakāmī をはじめ大阿羅漢700人を促し集合して仏典結集をしよう――とヴェサーリー〔毘舎離〕国ワーリカーヨン Wālikāruṁ〔ヴァールカ園（Vālukārāma 婆利迦園）〕寺へお越しになられました。

ワッジー族の比丘たちもまた，悪事を企てて，「マハーウォン Mahāwun（>Mahāvana）〔大林〕寺内のガンダクティ Gandhakuṭi（>Gandhakutī）〔香房・ブッダの居室〕殿を，私たちはお守りしています〔が，それ〕を多くの比丘が奪い取りにやって来ます」と，パータリプッタ国カーラアソーカ Kalāsoka 王へ讒言（ざんげん）しました。カーラアソーカ王は，「その比丘たち〔仏典結集に集まってくる大阿羅漢たち〕が来ることができないように妨害せよ」と，朝臣 amat たちの派遣を命じました。朝臣方は，ナッ nat たち〔神々〕の威神力によって仏典結集をしようとやってくる大長老方が道を外れる〔道を間違える〕ようにしました。

その夜にカーラアソーカ王は，ローハクンビー〔銅釜・甕〕地獄[9]に堕ちる夢を見ました。その王の妹君のナンダ Nanda という阿羅漢大長老〔比丘〕尼 rahantāmahterma も空中を通りやって来て，「合法教徒 dhammavādī の大長老方を間違って見棄て，非法教徒 adhammavādī の大長老方に味方するならば罪は大きい」と，説き，〔正しい〕ご教説を称賛し援助するよう訓戒しました。

カーラアソーカ王は，非常に恐れいってヴェサーリー国へ来て，尊者マハーヤサをはじめとする大長老方を礼拝供養し，味方となり守護しました。尊者マハーヤサはじめ大阿羅漢700人は，カーラアソーカ王に依拠してヴェサーリー国ワーリカーヨン〔ヴァールカ園〕寺にて，ワッジー族の比丘たちが示し履行した非法事10か条を斥け消滅させて，満8か月で第2回仏典結集をご挙行なさいました。

【p. 17】
《その時，マッジマデーサ〔インド〕パータリップッタ帝都ススナーガ Susunāga〔修修那伽〕王子のカーラアソーカ Kālāsoka 王即位10年，わがミャンマー国 Myanma tain, タイェキッタヤ・ヤディ Thareihkeittara rathei(10) 帝都〔プローム〕においては，ドゥッタバウン Duttapaung 大王灌頂式前1年・仏暦100年であった。カーラアソーカ王とドゥッタバウン王は，〔同時代の人として〕並び合います。

この第2回仏典結集においては，尊者ヤサ，尊者レワタ，尊者サッバカーミーなどをはじめとする大阿羅漢700人が仏典結集を行い，第2回目の伝道をなさいました。尊者ヤサは，五事の称号 etadag（>etadagga）(11) を得ていた尊者アーナンダー Ānanda〔阿難〕の共住〔一緒に住んで仕えていた〕弟子でした。》

ワッジー族の比丘たちが，〔戒〕律の教えに合わない非法事10か条を説示して教説を汚し災難に遭遇させたことが，宣教を遂行しなければならない原因となったのでした。比丘たちに対し，その非法事10か条を不適当であると斥け，お説き下さったみ教え通りに履行するために，仏典結集が挙行されたのです。

《カーラアソーカ王は，最初は非法教徒の比丘たちの味方となりましたが，後に改めて合法〔教徒の〕比丘たちの味方となり，守護称賛なさいました

ので，第２のご宣教王でいらっしゃいます。》

第２回仏典結集を行った尊者ヤサ，尊者レワタ，尊者サッバカーミーなどをはじめとする大阿羅漢700人より次々と増加してきた師の系統・弟子の系統は，10万〔人〕100万〔人〕と止まることなく，非常に多くなったのでした。

第２回仏典結集が挙行されたことについての要約を終わります。(12)

註

（1） 底本 p. 2，本書序文の３段落目。

（2） 比丘波羅提木叉第87条（波逸提法第38条）に「何れの比丘といえども貯蔵せる食物を食するならばパーチッティヤ（波逸提なり）」との規定があるが，この場合はそれにふれることにならない，との主張である。

（3） 比丘波羅提木叉第86条（波逸提法第37条）の非時食禁止条項に対する主張である。

（4） 比丘波羅提木叉第84条（波逸提法第35条）に Yo pana bhikkhu bhuttāvī pavārito anatirittaṁ khādanīyaṁ vā bhojanīyaṁ vā kgādeyya vā bhuñjeyya vā pācittiyaṁ.（何れの比丘といえども食事を終わり，さらに招かれて残余でない嚼食（固い食物）噉食（軽い食物）をとるならばパーチッティヤなり）との規定があり，ビルマの比丘僧伽にあっては，これを Paṭhama pavārana sikkhāpada と呼んでいる。

比丘たちの食事が済んだ頃に，信者が“atirittaṁ karontha bhante（〔食べ〕残して下さい，尊者よ。)”と請い，それを受けて“alametaṁ sabbaṁ（このすべては，もう結構です。)”と比丘が答える簡単な残食（atiritta-bhojana）にする作法があり，この作法をなした比丘は pavārita（「満足した，受請の」の意）となり，再度残食でないその他の食事をとってはいけないことになっている。（そして残食となった食物が，信者や寺男や寺居住の子供たちに供せられることになるのである。）

逆に言うなら，残食とされた食事は戒にふれないので，比丘も再度食することができることになる。

さて，そうした規定に基づく慣行があったが，ワッジー族の比丘たちは，寺院内におけるこの規定についてまで異議を挟んでいるのではなく，「外出して寺院以外の場所に行ってまで，この規定を厳守しなくともよいではないか」と主張しているとみられる。非時食とならない午前中の食後に比丘が何かを食する際には，上記のようにすべて残食法により残食とされたものをとらねばならないが，寺院内にあっては他の比丘の存在により残食とすることは比較的容易である。ところが，外出先にあっては他の比丘を探すことも容易でない場合が多く，残食法を守るのは難しい。したがって，ワッジー族の比丘たちの主張するところは，この規定の外出時の緩和であったようである。cf. *Vin.* P版 Vol. Ⅳ pp. 82-83（南伝第２巻 pp. 131-32）etc.

（5） たとえば，暑い南方上座部仏教諸国では，朝椰子の実の頂部を切って空気にふれた果汁は，夕方には醱酵して酒状になってしまう。そのような果汁を飲むことは不飲酒戒に抵触する，とされることに対する主張である。

（6）　nisīdana は，よく「座具」と訳されるが，ここではあえて「臥具」と訳出した。その理由は，律蔵大品（PTS 版 Vol. I p. 295，第6結集版 pp. 409–10）に，不浄の失による①身体の汚れを防ぐ，②衣を汚れより護る，③床座（Senāsana）の汚れを防ぐ，そうしたことのために nisīdana の使用を釈尊が許可した，という記述に見られるように，nisīdana は単なる「座具」ではないからである。（ただし，座るときにもこれが援用されるようになったことは確かなようである。）

（7）　律蔵の波逸提89条に nisīdana についての規定がある。*Vin.* P 版 Vol. Ⅳ p. 171,同第6結集版 Pācittiya Pāḷi（律蔵「波逸提品」）p. 221，南伝第2巻 p. 270

それは，寸法について「仏手尺（Sugata vidatthi）による2手尺，幅1手尺半，縁（dasā）1手尺」と規定し，さらに「縁1手尺までの大きさまでを許す」と付け加えている。そして「ニシーダナというのはダサのあるものを言う。（Nisīdanaṁ nāma sadasaṁ vuccati.）」と定義を与えている。さらにこの註釈書 *Samant.* によっても「3片の縁 dasā が作られるべきである」と述べられ，「それら3片のダサあるによってサダサ sadasa といわれる」とまでいわれている。つまり dasā がなければ，九衣中の paccattharaṇa（敷布）と何ら変わるところがなくなってしまうというわけである。不浄の汚れを防ぐ最も大切な役目を果たす dasā にすべく，2つの切れ目が入れてあって，はじめて真の nisīdana たり得るのである。

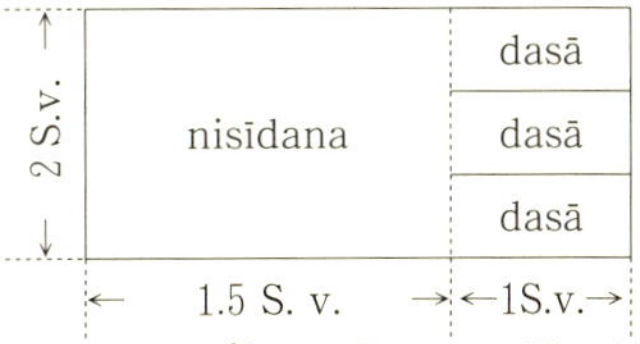

(S. v＝Sugata vidatthi)

底本の achāmariso nisīduiṅは, おそらくそれまでのパーリ諸経典の伝承によるものであろうから，パーリ語の ‘adasakaṁ nisīdanaṁ’ に相当する語であろう。*Samant.*（P 版 p. 33, SBB p. 159）も，*Sās.*（B 版 p. 7, P 版 p. 6）もそうなっている。したがって，縁片 dasā のない臥具 nisīdana の使用許可を求めるワッジー族の比丘たちの主張は，上座の長老たちには容易に受け入れられなかったのであろう。（cf. *VINAYAMUKHA* Vol. Ⅱ pp. 28–32, *Upasak Dic.* p. 121，生野・ビ上座部佛史 pp. 46–47）

（8）　以上§3の1，2段落目の箇所も『サーサナヴァンサ』に同様の記述がある。なお,「十事の非法」については，平川彰著『律蔵の研究』（山喜房佛書林，1960年）pp. 699–733 etc. に詳細な研究結果の記述がある。

（9）　無間地獄中の池の名前。赤沼印仏固辞 p. 345参照。

（10）　タイェキッタヤ・ヤディ Sarekhettarārase 国は，イラワジ河下流東岸，ラングーン北東180マイル，プローム南西5マイルのフモーザ村を中心とする，ほぼ現在のプローム Prome 辺に比定されている。ピュー Pyu 族の遺跡とされるが，欽定年代記『マンナン・ヤーザウィン』の述べるビルマ建国説話によれば，第2次ダガウン王国の王統をひくマハータンバワとピュー妃（両者共に釈迦族末裔とされる）との間に生をうけたドゥッタバウン Duttapaung 王が，タイェキッタヤ建国（即位仏暦101年）の始祖とされている。（*Hmannan* Vol. 1 p. 170）

（11）　etadagga.「この人は優れている」と釈尊によって認められた人物に与えられた称

号で，たとえば Ānanda（阿難）は5つのことに，この称号を得ていたといわれる。すなわち阿難は釈尊より「①多聞第一　②具憶念（正念）第一　③具悟解第一　④具堅固第一　⑤近侍第一（③と④を一つにして行持第一ともいう)」と讃せられたという。(*AN*. I. 14 PTS 版 Vol. 1 p. 25 etc.)

(12) 以上§3の1段落目より6段落目まで『サーサナヴァンサ』はそのまま引用しているが，さらにこの後に§2の終わりと同様，その後に述べることは律蔵註の記述内容通りと知るべきであるといい，第1回結集についての際と同様に「その長老たちは合誦し終わり，般涅槃した」と告げ，同趣旨の詩偈を付加している。

なお，ほぼ同様の趣旨の詩偈は，『サマンタパーサーディカ』でも各結集についての記述の最後に見られるので，その形式に依拠したものであろうが，詩偈の文句は同じではなく，マウンダウン長老独自のものである。

§4　第3回仏典結集挙行についての要約

【p. 17】「ブッダが般涅槃に赴かれた後，仏暦235（309B. C.）(1)年に至ったとき，パータリプッタ都のティリーダマ・アソーカ Sirīdhammāsoka〔阿育〕王(2)に依拠して，尊者モッガリプッタティッサ〔目犍連子帝須〕大長老を上座とする阿羅漢1000人が第3回仏典結集をご挙行なさいました」と，〔この〕サーダンの質問中にありました(3)。第3回結集も事情がなく惰性のみで行われたのではありま【p. 18】せん。特別の事情があって挙行されました。特別の事情とは，〔次の通りです。〕

仏典結集の第2回目が挙行された後，〔ブッダが〕涅槃に入られてより218年経過するまでは，結集をした通りに，争いなく師資相承は，途切れずに保持されてきました。238（218）(4)年に至った時には，パータリプッタ都ティリーダマ・アソーカ王の治世に，尊者ニグローダ Nigrodha〔尼抱律〕(5)沙弥を通じて〔のお陰で〕ご教説への信仰〔者が増えてきたこと〕により，比丘僧伽の利得〔供養や贈物〕尊崇〔名声〕(6)が多大となったため，外道〔異教徒〕6万人は，利得名聞に気をひかれ，比丘を装って，布薩(7)，自恣(8)，大儀式〔僧伽議事(9)〕，小儀式〔僧事(10)〕の中に入ってきてしまいました。それにより，会衆 Parisat（> parisā）〔僧団構成者・僧伽〕が清浄でなくなりましたので，比丘僧伽は布薩を行いませんでした。ご教説に埃や茨〔汚損〕の災難が極めて多くなってきて，7年間布薩が中断したのでした。

尊者モッガリプッタティッサ教説浄化のこと

その事情をティリーダマ・アソーカ王が聞かれ，「諍事〔紛争〕を鎮め，布薩を行わしめよ」と，朝臣ひとりを派遣したところ，〔彼は，王が〕「布薩を行わないならば，殺す」と言われたと想像〔誤解〕し，布薩を行わない合法比丘たちを殺してしまいました。ティリーダマ・アソーカ王は，〔これを〕知り，「自分が派遣したのはそのためではなかったが，朝臣はみずから〔自分の意志で〕殺してしまった，という。このことは，自分に罪過があるのだろうか，ないのだろうか」と，疑惑を抱かれました。それで〔王は〕尊者モッガリプッタティッサ大長老をガンジス河上流よりお招きし，お尋ね申し上げますと，〔大長老は〕『ディーパカッティラ・ジャータカ〔島の鷓鴣本生譚〕』[11]をもって〔引用なさって〕，「〔そのような〕意図 dedanā がなかったときには，罪過より免れている」と，ご返答になりました。

7日間にわたって，〔大長老は〕外道説をティリーダマ・アソーカ王に学習させました。〔それらの〕説を比較し，外道6万人を放逐させてから，比丘60万人と共に布薩を行われました。

ブッダの予言 byādit にしたがって，『カターヴァットゥ〔論事〕』[12]をも，続いて〔大長老は〕お説きになられました。アソーカ園林 Asokāruṁ（Asokārāmā）寺院に，大阿羅漢1000〔人〕が集合して，9か月間で仏典結集をご挙行なさいました。

マッジマデーサ〔インド〕のパータリプッタ帝都ティリーダマ・アソーカ王【p. 19】即位18年，わがミャンマー Myanma 国タイェキッタヤ・ヤディ国〔プローム〕帝都内においては，ヤンパウン Ranpaun[13] 王即位21年であった。ティリーダマ・アソーカ王とヤンパウン王は〔同時代の人として〕並び合います。

この第3回仏典結集において，尊者モッガリプッタティッサ，尊者マッジャンティカ Majjhantika〔末闡提〕，尊者マハーデーヴァ Mahādeva〔摩訶提婆〕などの大阿羅漢1000人が第3回仏典結集を挙行して，第3回目のご宣教をなさいました。

〔実は〕尊者モッガリプッタティッサ大長老というのは，第2回仏典結集〔を挙行したところ〕の師方が，梵天国 Brahmā prañ へ登ってティッサ Tissa 梵天王にご宣教のために懇請して，人間界に生まれてきた人なのです。

ブッダの共住弟子尊者ウパーリ Upāli〔優波離〕の弟子は尊者ダーサカ Dāsaka〔大象拘〕，その弟子は尊者ソーナカ Soṇaka〔蘇那拘〕，その弟子は尊者シッガヴァ Siggava〔私伽婆〕と尊者チャンダヴァッジー Candavajjī〔栴陀跋闍〕大長老の2人〔で，そ〕の共住弟子〔がモッガリプッタティッサである〕，と註釈書〔『サマンタパーサーディカ』〕に述べています。[14]

名声〔と〕利得〔供養や贈物〕に気をひかれて，外道6万人が比丘を装い，布薩，自恣，大儀式〔僧伽議事〕，小儀式〔僧事〕の中にまで出入りするようになり，教説が汚染し不潔不浄となったため7年間布薩を行うことができずに中断しましたが，そのことが教説宣布の原因となりました。そして外道6万人を放逐してから教説に汚染がなくなり，清潔で清浄になりました。

《ティリーダマ・アソーカ王は外道〔の信じている〕説を学び記したこと，外道をして比丘を装うことができないように還俗させたこと，などによって〔仏教を〕奨励援助したので，第3のご宣教王です。》

尊者モッガリプッタティッサ，尊者マッジャンティカ，尊者マハーデーヴァをはじめとする大阿羅漢1000人より，次々と増加してきた師の系統・弟子の系統は10万100万と止まることなく，非常に多くなっていきました。

〔以上で〕第3回仏典結集挙行についての要約は終わります。(15)

註

（1）　§1,註（7）参照。

（2）　アショーカ〔阿育；無憂〕王。マウリヤ王朝第3代目の王で，チャンドラグプタを祖父とし，ビンドゥサーラ王の王子として誕生した。仏滅214年に即位，同218年に灌頂した，と伝えられる。（*Samant.* P版 Vol. I　p. 41 etc.）268B. C. 頃（一説269B. C.）即位し，少なくとも36年間は統治（232 or 233 B. C. まで）したらしい。

（3）　本書序文の2段落目。

（4）　原文は「238年」であるが，この直前の文に「218年」とあるように「218年」が正しく，「238年」は誤り。これはこの版だけの誤植ではない。『サーサナヴァンサ』のP版 p. 8 および同B版 p. 9 にも「238年」が踏襲されていて，それら両書はこの前文の年代の箇所も218年ではなく，「238年」に統一されているほどである。

Sās. B版（p. 9）には，これら2箇所についての註記があり，『サマンタパーサーディカ』および『マハーヴァンサ』の記述「般涅槃より218年……」を根拠に，「218年」に訂正して読むように注意している。

（5）　アショーカ王の甥。王はニグローダ沙弥の静寂なる威儀を見て心動かされ，さらに彼が法句経の「不放逸品」Appamādavagga を説くのを聞いて歓喜し，篤く仏法に帰依することになった，と伝えられている。（*Samant.* P版 Vol. I pp. 45-47，南伝第65巻 pp. 58-62）

（6）　原文 lābhasakkāra（パ）. 底本下段に，これについて lābhpujōsakkā（供物や得られる供養）と註記がある。

（7）　upus（>uposatha）. 布薩，斎日。

（8）　pavāraṇā（パ）. 自恣，要請（儀式）。

（9）　原文 kaṁgyī：ビルマ語の字義は「大きな儀式」であるが，本文に「〔僧伽議事〕」

と入れたのは，僧伽における主要な四儀式（羯磨）の中 saṁghakamma に相当させたからである。

（10） 原文は kaṁngay で，字義は「小さな儀式」である。上記註（9）と同様の見解により，「〔僧事〕」と入れたのは gaṇakamma に当てたからである。*Samant.* P版にも，僧伽における「布薩，自恣，僧伽議事，僧事」と4つの儀式を並記している。（Vol. I p. 307）

（11） *Dīpakatittira Jātaka.* 底本および『サーサナヴァンサ』ではこのように綴るが，*Samant.* P版（Vol. I p. 59，南伝第56巻 p. 76），*Mv.*（p. 154, 南伝第60巻 p. 197）では，単に *Tittira Jātaka* としている。

Jātaka No.319のこの *Tittira Jātaka* と同じ物語を指すとみられる。その物語の概要などについては，干潟龍祥著『ジャータカ概観』（パドマ叢書，1961年）p. 119 etc. 参照のこと。

なお，ビルマ国パガンのテラコッタ板（ペトレイ寺他）にも，この *Tittira Jātaka* の浮絵を見ることができ，ビルマの人々に広く知られていた物語の一つであったことが分かる。

（12） *Kathāvatthu.* 南方論部七論の一。仏音 *Buddhaghosa* の註釈書 *Kathāvatthuppakaraṇa-aṭṭhakathā* に，仏が「将来モッガリプッタティッサ長老が現われ，第3回結集の上座となり，この論を解説する」と予言したことによって成立した，と述べる。

（13） ヤンポン Ranpoṅ 王；欽定年代記『マンナン・ヤーザウィン』にも，「仏暦193年ドゥータヤン dvattraṅ 王の息子ヤンポン王が即位した。……第3回結集のティリーダマ・アソーカ王とは同時代人である」（*Hmannan* Vol. I pp. 177–79）と述べている。ちなみに，底本 *Sāsanālaṅkāra sadan* の編述は1831–32年，*Hmannan* は1829年編纂開始，1832年完成。

（14） この一文は『サーサナヴァンサ』にはない。この箇所は除外されたとみられる。なお，註釈書 Aṭṭhakathā とは，*Samant.* のことで，そのP版 Vol. I pp. 32–42（南伝第65巻 pp. 42–54）に言及されていることを指す。

（15） 以上§4の1より5段目までも，『サーサナヴァンサ』はほぼ同内容をパーリ語で述べている。もちろん上記註（14）のように一部削除した箇所や説明順序の入れ替わっているところもあることはある。また，『サーサナヴァンサ』は前第1，第2結集についての説明箇所と同様に，これより後に述べることは註釈書 *Samant.*（P版およびSBB）に述べるところと同じであると断り，それら長老たちの結集後の般涅槃を伝え，詩偈を付して結んでいる。本書§3，註（12）参照。

§5　9国・9か所へ宣教師派遣のこと

【p. 19】第3回仏典結集の説明の終わりに，貝葉pe(1)に書き残されている第4回仏典結集の説明をしなければならないときになりましたが，貝葉にセイロン島〔ス【p. 20】リランカ〕に〔み仏の〕教説が輝かしく広められた後のところに書かれているということもあり，また「サーダン」〔この文書〕の質問に宣教師を派遣したことについても含まれている(2)ということもあって，ここでセイロン島〔について〕と共に，9国・9か所に伝道師を派遣したことを簡略に説明しましょう。

第3回仏典結集を終了した際に，「将来何処において優れたご教説が，よく建立〔確立〕するであろうか」と，尊者モッガリプッタティッサ大長老は，ご熟考なさいまして，「辺境諸王国 passantara-tain tou に，よく建立されるであろう」とご予見なされ，辺境王国・9か所へ宣教師を派遣なさいました。

9か所というのは，〔次の通りです。〕

（1）マッジャンティカ Majjhantika 長老をカシミール・ガンダーラ Kasmīragandhāra 国へ派遣なさいました。

（2）マハーレーヴァ〔タ〕Mahāreva〔ta〕(3)長老をマヒンサカ Mahiṃsaka 国へ，

（3）ラッキタ Rakkhita 大長老をヴァナヴァーシー Vanavāsī 国へ，

（4）ヨーナカダンマラッキタ Yonakadhammarakkhita 長老をアパランタ Aparanta 国へ，

（5）マハーダンマラッキタ Mahādhammarakkhita 長老をマハーラッタ Mahāraṭṭha 国へ，

（6）マハーラッキタ Mahārakkhita 長老をヨーナカ Yonaka 国へ，

（7）マッジマ Majjhima 長老をヒマンター〔ヒマラヤ〕Himantā にあるセィン Cin（>Cīna）〔チーナ・中〕国5か処(4)へ，

（8）ソーナ Soṇa，ウッタラ Uttara 長老をトゥウンナボンミ Suvaṇṇabhummi 国へ，

（9）尊者マヒンダ Mahinda 長老をシーハラ・タンバパンニ Sīhala-Tambapaṇṇi というセイロン島へ派遣しました。

この9か所へ具足戒の儀式を行うことができるように，僧伽の成立する〔阿羅漢の〕比丘5人ずつ〈五群僧伽〉を派遣なさいました。その大阿羅漢方それぞれが行かれ伝道されたことにより，この9か所は比丘たちの着ている衣の色で明るく輝きました。雲・雪・煙・霧・ヤフ(5)という5つの障碍より解き放されたお日様・お月様のように，優れたご教説は，災難障碍より解き放され清浄に輝きわたりました。

〔以上で〕9国・9か所へ伝道師を派遣したことを終わります(6)。

註

（1） ここの pe はペーザー pecā〔＝peza〕を指し，貝葉，正しくは貝多羅葉。学名 Corpha umbre culifera Linn. と呼ばれる椰子科の樹の葉を加工したもので，その上に鉄筆で刻し，紙のない時代から書物の役割を果たしてきた。500年位は保存可能と言われている。

（2） 底本 p. 2，本書序文の4段落目。

（3） 本書序文註（8）参照。なお，Dīpavaṁsa, Mahāvaṁsa, Samantapāsādika の何れもが「Mahādevatthera」で，『サーサナヴァンサ』は B 版が「Mahārevatthera」，P 版は「Mahā-Revatathera」としている。

（4）『サーサナヴァンサ』では，単に「マッジマ長老をチーナ王国へ」と述べるのみで，「Himantā（ヒマラヤ）のチーナ（中国）」とか，「5か所へ」という限定語句類は見られない。

（5） パーリ語の rāhu。暗黒の惑星で眼に見えず，日蝕や月蝕を引き起こすと考えられている。（原田・大野，ビ辞 p. 393）

（6） 以上の§5の8行目以降の内容は，ほぼそのまま『サーサナヴァンサ』に受け継がれているが，そこではこれでこの章を締め括らずに，大長老を派遣した土地の比定に関する記述が続く。

§6　ミャンマー国へ伝道師到来のこと[1]

アパランタ国

【p. 21】
この9か所の中で，アパランタ Aparanta 国というのは〔トゥナーパランタ国と〕別箇の国であると『アリヤウンタ・リンガーヤ *Ariyavaṃsālaṅkāra*』[2]に述べられています。〔しかし〕ユワージー・ウッカンタマーラー Ywagyi Ukkanthamala[3]，マハーティーラウンタ Mahathilawuntha[4]などの師方は，〔アパランタ国とは〕トゥナーパランタ Sunāparanta 国に他ならない，と考えていました。

「何故〔アパランタ国が〕トゥナーパランタ国であると知り得るのでしょうか」。それについては，「〔トゥナーパランタ国の〕尊者マハープンナ Mahāpuṇṇa 大長老が〔ブッダを〕招いたので，〔ブッダが〕トゥナーパランタ国へお行きになる日に，竹籤[5]を最初にとる〔籤に当たる〕ことにより，尊者クンダダーナ Kuṇḍādhāna 大長老に籤をひくことにおいて最も優れた人であるという称号〔etadag〕を与えた」と『ウパリ・パンナーサ・アッタカター *Uparipaṇṇās-a-aṭṭhakathā* 後分五十経註』[6]『サラーアヤタナ・サンユッタ・アッタカター *Salāyatana saṁyut*〔*ta*〕*-aṭṭhakathā* 六処相応註』[7]などには「トゥナーパランタ」という語が使われています。『ダンマパダ・アッタカター 法句経註』『アングッタラ・アッタカター 増支部註』には，「アパランタ」という語を用いています。このように「トゥナーパランタ」という語と「アパランタ」という語は，同意味の類語であると，註釈書〔類〕に述べられているので知ることができるのです。

マンダートゥ Mandhat（>Mandhātu[8], 曼陀多）転輪聖王は，ナッ Nat〔神〕の国へ登って皇太子 thagyi ratana を帰した時一緒に連れてきた四洲の人々の中で，北洲人の住む土地はクル Kuru 国，東洲人の住む土地はビデーハ Videha 国，西洲人の住む土地はアパランタ Aparanta 国と呼ぶ，と『サティパターナ・スッタ・アッタカター *Satipaṭṭhāna-sut-aṭṭhakathā* 念処経註』[9]に述べているの〔で，それ〕に基づいてトゥナーパランタなる呼称を〔使って〕昔の師たちが述べた文章があることにより，知ることができるのです。

トゥナーパランタ国とアパランタ国

マンダートゥ王の皇太子に随行してきた人々の中で，西洲人の住む土地があり，〔そこに〕「子息」を指す「トゥヌ Sunu」という語〔が付いたこと〕で「トゥナーパランタ国」という説も〔また，あります〕。「トゥヌ」という語を付けないで「アパランタ国」といっているのもあります。諸典籍に２つの名前で呼ばれています。

ジャンブーディーパ Jambudip〔(Jambūdīpa) 閻浮提・南贍部洲〕の土地の外辺中にある「トゥナーパランタ本国 tain ma 大国 tain gyi」として顕著で名声のあること，また「プンナ Puṇṇa〔富楼那〕よ，トゥナーパランタの【p. 22】人々は粗暴である」などと，「プンナヴァーダ・スッタ 教富楼那経(10)」において黄金〔ブッダ〕の口より発せられたパーリ語にあることから知り得るのです(11)。

トゥウンナボンミ国

トゥウンナボンミ Thuvaṇṇabhummi（＞Suvaṇṇabhūmi）国というのは，タトン市藩領域 Thahtoun myou-hkayaing zanapud に他ならない。何故〔そのように〕知り得るかということについては，〔次の通りです。〕

「トゥウンナボンミ国とセイロン島は700ヨージャナ〔由旬(12)〕離れている。モンスーンを追い風に受けると７日で船は〔セイロン島に〕到着する。ときにはその700ヨージャナ程の１週間の船旅において，ワッタ Vaṭṭa(13)という名の魚たちの背びれが〔海上に〕出たのに触れることもある。そのために，陸に棲む動物より水に棲む動物がさらに多い」と『エーカングッタラ・アッタカター *Ekaṅguttara-aṭṭhakathā*(14)』に〔書かれているように，トゥウンナボンミが〕大海〔沿岸〕付近に〔ある〕，と言っているのでもまた，〔よく了解できるし，〕古い文書に〔記述が〕あることによっても，そのように理解することができるのです。

カリヤーニー碑文(15)に「トゥダマプラ Sudhammapura」と記されています。それは，トゥダマ市に幟・吹き流し dagun が掲って〔いる所として有名になり〕長年月を経ている間に「タトン Thahtoun」と呼ばれるようになったのです。

〔また〕ある人々は，金を叩いて〔金の指輪などを〕作る土地があるのに因んで，ズィンメ Zinme〔チェンマイ〕国をトゥウンナボンミ国と考えて述べている[16]ようですが，その場所は〔地理的にも〕見当たらないし，古い文書にもありません。

また他の人々は，ヨドヤー国 You daya hkarain〔タイランド〕をトゥウンナボンミ国と考えて述べています。〔しかし〕緬暦1151（1789）年ヤーピャッ・ティリサンダヤッ Yapyat thirisandayat たちが持ってきたセイロン使節の手紙のある「シャン Shan」という名前に結びつけて，ヨドヤー国をパーリ語に訳しシャーマ王国 Syāma raṭṭha としたものとは異なっています。（したがってヨドヤー国はシャーマ王国であって，トゥウンナボンミ国ではないのです。）

《ヨーナカ Yonaka 国というのは，ユン（ユアン）人や中国人回教徒の住む地方に他ならない。その理由は〔ヨーナカという〕語が明確にある〔Yun にパーリ語の合成語をつくる「住むとか生まれた所を示す接尾辞 -ṇa,-ka」が付いている〕ので分かったのです[17]。》

ミャンマー国3か所

このように述べられたアパランタ国，トゥウンナボンミ国，ヨーナカ国の3か国は，太陽の種族系統 Ādiccavaṁsa[18]のミャンマー建国歴代王の帝国です。それ故に仏暦235年ティリーダマ・アソーカ王の治世に，尊者モッガリプッタティッサ大長老が派遣して大阿羅漢方の伝道した大国大帝都の周辺[19]9か所中に【p. 23】おいて，すでに述べた3か所は，ミャンマー Myanma 国の範囲マランマ マンダラ Marammamaṇḍala[20]に含まれているので，伝道師が派遣された時代にもわがミャンマー国へ優れたご教説〔仏教〕は，代々にわたって三つの道，三つのルートを降下してきたのでした[21]。

ミャンマー国へブッダがおいで下さったこと

その他にも，〔次のように伝えられています。〕わがトゥナーパランタ国にワーニッザガーマ Vāṇijjagāma[22]の村人チューラプンナ〔スーラポン[23]〕・マハープンナ〔マハーポン[24]〕兄弟2人に対して，教主ブッダが明らかに〔姿を〕お見せになられた時から，優れたご教説が降下し始めました。〔でもそれだからといってご教説は,〕堅固に広々としたあらゆる処において確立していたのではありません。

チューラプンナは，〔仏と法に〕帰依した在家信者 upāsakā，マハープンナは,「阿羅漢〔である〕」とアパダーナ〔譬喩経〕典籍(25)にいわれている大声聞〔大弟子〕mahāsāvaka です。

〔また〕約４指〔幅〕ほどの広さが価格10万の値打ちのあるゴーティータ Gothīta 赤白檀(26)〔樹〕により，商人たちがサンダグー Candagu〔檀香〕寺院の楼閣を建てた時にも，後の世にご教説が長らく輝くであろうと遠い将来を予見なされて，教主ブッダはたびたびおいでになられました。タッサバンダ Thassabaṅ(27)，イシディンナ Isidinna(28)などの〔仙〕人たちへも解脱〔悟り〕をお授けになられました。

このようにプンナとタッサバンダの善き人々より始まって，トゥナーパランタ・ミャンマー〔ビルマ〕国に教主ブッダの在世中法臘20年を経てより，優れたご教説が降下し始めたことも,『プンナヴァーダ・スッタ・アッタカター(29)』に述べています(30)。

《この話の詳細を〔知りたいと〕望む際には，アマラプーラ都城造六彩牙巨象王主大法王(31)のご治世に，セイロンへ返答した書信 sandesakathā(32)を取り出し〔て見〕なさい。》

タプッサとバッリカのこと(33)

太陽の種族系統のミャンマー建国歴代王帝国であるトゥウンナボンミ国にも，アシタンジャナ・ポッカラヴァティ市民 Asitañjanapokkharavatī myoutha(34)〔の〕タプッサ Tapussa，バッリカ Bhallika 兄弟を通じて，教主ブッダの御代から優れたご教説がご降下し始めました。〔でもそれだからといってご教説は,〕堅固に広々としたあらゆるところに確立していたのではありません。

タプッサ〔帝梨（履）富婆〕は預流の優婆塞〔在家信者〕，バッリカ〔跋梨【p. 24】迦・婆履〕は阿羅漢〔である〕として『アパダーナ』に入っている声聞であると『テーラガーター』,『アパダーナ』諸典籍(35)に述べられています。

ブッダ〔覚者〕となられてから，７か所において七・七（sattasattā）〔日〕に至ったので，７日を７回で49日間を通して，お顔を洗われること，お身体を清められること，食事をお召上りになること〔など，ブッダには〕為すべき〔何〕事もありませんでした。ただ禅定の楽・〔四向四果の〕道の楽・果の楽によってのみお過ごしになられていました。49日に至った日，夜明け時にお顔を洗いたいとご希望なさったのをタジャーミン〔帝釈天〕が知り，薬用ともなるチャズ kyasu〔番欖〕(36)の実，キンマ kun〔檳榔子〕の葉茎の歯刷子，アノーワタッタ Anavatat（＞Anovatatta）(37)洗面水を献供なさいました。〔ブッダは〕チャズの実をお召上りになってお身体〔胃〕の具合をすっきりと整えられ(38)，キンマの歯茎の歯刷子，アノーワタッタの洗面水によってご洗顔をお済ませなられました。その密林に，五生〔涯〕昔に〔タプッサ・バッリカ〕商人兄弟の母親であったナッダミー〔女神〕がいて，〔商人兄弟の〕荷車500台を進まないように止めてしまいました。そのためナッダミーへ供物を捧げ礼拝しますと，ナッダミーは，「あなた方商人たちよ。このリンルン(39)樹の影に教主ブッダ〔世尊〕がいらっしゃいます。あなた方が持っている蜂蜜餅，煎餅などによって供養しなさい」と言われました。それで，言われた通りに供養して仏と法とに帰依し(40)たのでした。したがって，これらの〔タプッサ・バッリカ〕商人兄弟は，男性たちの中で〔み仏に〕帰依した最初の人としての称号 etadag (etadagga)(41)を得たのでした。

女性たちの中では，乳糜〔粥〕を奉供したスジャータ Sujātā〔修舎佉〕が，最初に〔み仏に〕帰依したことで称号を得たのでした(42)。

《“manthanaca madhupiṇḍikāya cāti abaddhasattunā sappimadhuphāṇitādīhiyojetvā baddhasattunā ca”（「マンタナ」と「マドウピンディカーヤ」とは，「丸めてない麦餅」と「バター蜜糖などを混ぜて丸めた麦餅」）と，〔律蔵〕大品のアッタカター中に註しています(43)。バター，蜂蜜，水飴などを一緒に混ぜ合わせ握って丸めた菓子を〔ビルマ語で〕「ビャーモンソッ pyamounhsou〔蜂蜜饅頭〕」といい，そのように握ったり丸めたりしないで別々に硬く乾燥して作った菓子を「モンジュエチッ moungyueci〔煎餅〕」といいます。〔このように〕見なしなさい。》

その時〔彼らが〕帰依礼拝すべきものを望みますと，〔ブッダは〕右の御手で御頭に触れられ，御手の中に付着してきたご頭髪８本をお授けになられました。それから〔彼らは〕ラーマニャ Rāmañña 国のウッカラーパ Ukkalāpa 【p. 25】地方，アシタンジャナ Asitañjana という自分たちの住むポッカラヴァティー Pakkharavatī 市へ帰ってきて，黄金の小箱の中にご〔頭〕髪８本を入れ，〔パゴダに〕ご安置になりました。それが，三界〔この世〕において〔釈尊が〕ブッダ〔覚者〕になられた後，まず最初に御髪の塔 hsamdo zedi(44)を建立してお祀りしたものとなったのでした。

トゥウンナボンミ国というのは，〔ウッカラパ地方のことで〕ラーマニャ国の中にあります。それ故にタプッサ，バッリカ兄弟お二方を通じて，トゥウンナボンミ国に，ブッダとなられた後七・七（sattasattā）により７日を７回で49日目の日〔それは〕ワゾー月〔緬暦第４月・太陽暦８月〕の新月第３日(45)，ブッダご在世中〔のその時〕より始まって，ご教説〔仏教〕がご降下〔ご伝来〕したことが知られるのです。

《この話の詳細を〔知りたいと〕望むならば『シュエダゴン・トーマナー・サーダン *Shwetigounhtomana sadan*(46)』を見なさい。》

ミャンマー国へ伝道師到来のこと〔について〕を終わります(47)。

註

（1）「§６　ミャンマー国へ伝道師到来のこと」という章は，『サーサナヴァンサ』には設けられていない。

（2）本書の著者 Mahadhammathingkyaṃ（パタマ・マウンダウン長老）の著書の一。訳者は未見であるが，書名は本書 p. 307，および *Swesaunkyan* Vol. 9 p. 263, *Mal. Dic.* Vol. 1 p. 181にも出ている。（*cf. Sās.* P 版 p. 135, 同 B 版 p. 150）

（3）ユワージー Ywagyi は低カーストの火葬場や墓地の仕事をする人々を指す。なかでも比丘僧のための火葬場のある村をそう呼び，そこの出身者に対しても名前の直前に付したようである。ユワージー・ウッカンタマーラーは，シュエウィンミョウ・ユワジーに住した1670–1738A. D. の人。（以上，主に U. Maung Maung Tin, Advisor of Historical Research Dept. Mandalay の教示による）

（4）Mahāsīlawaṁsa. ミャンマー最古の『ヤーザウィン』すなわち「ヤーザウィンジョー Rajawaṅkyo（＝Yazawingyaw）〔高名年代記〕」を書いた，かの有名なパーリ語法号 Samantapāsādikā Mahāsīlavaṁsa をもちビルマ語による通称ティーラウンタ Thīlawuntha（>Sīlavaṁsa）なる人を指す。15世紀後半の人。

（5）　竹籤 sayeidan（>salākā）著のようになった割り竹で作られた「くじ」，出家僧への施食や喜捨を決める際に用いられる。

（6）　*Uparipaṇṇāsa-aṭṭhakathā.* 第6結集版 *MN.*；Papañcasūdanī Vol. 4 pp. 234–37

（7）　第6結集版 *Sāratthappakāsinī* Vol. 3 pp. 21–25

（8）　マンダートゥ王は，釈迦族太古の転輪聖王（菩薩）で，四洲の民を率いて天界に遠征したと伝えられている。この王の名前を付した『*Mandhātu-jātaka* 曼陀多王本生物語』（*Jātaka* No. 258, 南伝第31巻 pp. 63–68）がある。

（9）　第6結集版 *Satipaṭṭhānasut-aṭṭhakathā*（Ma, ṭṭha, 1 p. 231）〔cf. *Māhānidānasut-aṭṭhakathā*（Di, ṭṭha, 2 p. 73）〕

（10）　第6結集版 *MN.* Vol. 3, *Uparipaṇṇāsa, Puṇṇovāda sutta,* 1. 14 p. 312,；PTS 版 *MN.* 145, Vol. Ⅲ p. 268（南伝第11巻下 p. 382）

（11）　こうした文章は，トゥナーパランタがビルマを指すものであることの確たる根拠となるものではないが，ブッダの言葉と何とか結びつけて，それを主張しようとする意図が窺われる。著者が，このサーダンを読ませて聞き入るであろう当時の王バジードーの眼や気持をどれ位意識していたか，よくは分からない。しかし，こうした箇所にはその辺の意識の介入が露呈されているように思われる。そして現代のビルマの学僧たちの中にも，明確にその点を指摘し批判している人のいることも付言しておきたい。

（12）　ヨージャナ yūjanā（>yojana）は，古代インドの距離を示す単位で，「二頭立牛車で1日に進むことのできる平均的距離」という。具体的な数字については学者間に諸説があり，*PTS Dic.* は「約7マイル」，*Childers Dic.* は「12マイル（約19.3キロメートル）としている。

ビルマ語化された yūjanā については，*Judson's Dic.* も模緬華辞も「6400tā あるいは4 gāwut」とし，模緬華辞は12マイルないしは12.625マイル説，*Judson's Dic.* は，13.5マイル説をとりながらも12マイルないしは12.5ファーロング説も示している。

（13）　このままの綴りでは手許の辞書に見当たらない。あるビルマの人たちは「鮫（Shark)」だという。

Sās. P版は「Nandiyāvaṭṭa」，B版は「Nadiyāvaṭṭa」としているが，この箇所は，本文に述べられるように，*Ekaṅguttar-aṭṭhakathā*〔次の註（14）参照〕からの引用なので，そこを見ると「Nandiyāvaṭṭa」となっている。そして，それは「大洋に棲む一大魚の名前」（*Mal. Dic.* Vol. II p. 29）といわれている（cf. *Sās.* 生野訳 pp. 23, 27, 福田訳（1）p. 61）。

（14）　*Manorathapāraṇī* Vol. II p. 36

（15）　*Kalyāṇī Inscription Indian Antiquary* XXII p. 151 etc.：Bangkok 1925年版 p. 7 etc. なお，この碑文については，佐々木教悟「カリヤーニーの碑文について」（『岩井博士古稀記念論文集』pp. 242–45）がある。

（16）　『サーサナヴァンサ』で，これに相当する箇所を見ると，単にズィンメ〈チェンマイ〉ではなく，ハリブンジャ王国 Haribhuñja raṭṭham〈北タイ・ランポン〉という名前であげられている。*Sās.* B版 p. 13, 同P版 p. 11. なお，次の註（17）参照のこと。

（17） *Sās.* B版では次のように述べる。

'Yonakaraṭṭhaṁ nāma Yavanananussānaṁ nivāsaṭṭhānam eva yaṁ Jaṅmay（PTS版 Jaṁ-may）iti vuccati.'（ヨーナカ王国というのは，ヤヴァナ人の住む所に他ならない。〔それは〕ズィンメと呼ばれる。）*Sās.* B版 p. 14, 同P版 p. 12.

（18） Ādicca は，Suriya（太陽）の別名であり，ゴータマブッダの属する Sākyan（釈迦族）の呼称と伝承されている。ここではその系統を引き継いでいるものと，自負しているわけである。なお，『ヤーザウィンジョー *Mahāsammata Rājavaṁsa*』（1502年作）にもすでに王統の神聖さを主張する記述が見られる。

（19） 底本（p. 22）に次の註がある。passantaraj-taingyi pyigyi i asun ahpya（大国大帝都の周辺，先端）

（20） 底本（p. 23），註記 Marammamaṇḍala-Myanmapyiawun（ビ）（ミャンマー国の範囲の意）

（21）『サーサナヴァンサ』には，以上の§6の「ミャンマー国3か所」に相当する文章は見られない。

（22） Vāṇijjagāma（パ）。字義は，「商人村」。

（23） Sulapoun（>Cūḷapuṇṇa).

（24） Mahapoun（>Mahāpuṇṇa). 本書§1の3段目に既出。

（25） 第6結集版 *KhN.* Apadāna, Vol. 1, Puṇṇakattherapadāna p. 339, PTS p. 341（南伝第27巻 pp. 64–65）

（26） Gosātacandakūnī（>Gosīsa-candana. 牛頭栴檀，香木）

（27） Tissaban（>Saccabandha, Saccabaddha）本書§1の3段目に既出。本書§1註（6）参照。

（28） Ithidinna（>Isidinna）本書§1の3段目に既出。

（29） 第6結集版 *Papañcasūdanī* Vol. 4, Uparipaṇṇāsaṭṭhakathā（3–Puṇṇovādasuttavaṇṇanā）pp. 233–35

（30） 以上§6の「ミャンマー国へ世尊がおいで下さったこと」の内容に関して『サーサナヴァンサ』にはこれに相当する文章はない。ただし，ブッダの来緬については，ラーマニャ国における第2次の教法の確立についての箇所に，「成道後数百人の弟子たちと共に，8年目に Sudhammapura に来降した」と述べている。（*Sās.* B版 p. 41, P版 pp. 36–37）

『*Mālālaṅkāra Vatthu*〔最勝華物語〕』の訳とされるビガンデー氏「緬甸仏伝」（赤沼智善訳 pp. 498–99，畑中俊応訳 p. 531）にも，同様なタトンへのブッダ巡錫伝説を伝えている。（拙稿「上代ビルマの仏教開教伝説をめぐって」その1――『大谷中・高等学校研究紀要』第6号，1968年，参照。）

なお，幾つかの年代記，とくに『マンナン・ヤーザウィン』などでは，ブッダの巡錫・予言をもって，その王朝の正統性・神聖性を主張し，「王朝の起こった土地へ，必ずブッダが巡錫した」と述べるのを常としている。荻原弘明「ビルマの古伝承」（上田正昭編『日本古代文化の探究――古事記』所収，社会思想社，1977年。同，『鹿

児島大学史学科報告』第28号，1979年 pp. 1－9 etc.）参照。

(31)　ボードーパヤー Bodawpaya 王を指す。治世は1782-1819年。

(32)　詩偈形式の書信を指したようであるが，ここで言及されている出典については不詳。

(33)　拙稿「上代ビルマの仏教開教伝説をめぐって」その1（同上），および「ビルマの Shwedagon Pagoda Thamaing について」（『印度学仏教学研究』18の2）；「再びシュエダゴン・パゴダ縁起について――ビルマの仏教受容に関する一考察――」（同19の2）参照。

(34)　拙稿「上代ビルマの仏教開教伝説をめぐって」その1（同上『研究紀要』）p. 22；「ビルマの Shwedagon Pagoda Thamaing について」（同上『印仏研』）p. 634参照。

(35)　第6結集版 *Paramatthadīpanī Theragāthā Aṭṭhakathā,* Vol. 1，7偈註；PTS 版 Vol. 1 p. 48f；赤沼印仏固辞 pp. 92, 680；*Mal. Dic.* Vol. I p. 330参照。

(36)　チャズ Kyasu 樹。（その相当パーリ語は，Harītakī という。）チェブラ Chebula 樹で学名 Terminalia Citrina Roxb. その実は，下剤の役を果たし，熱病をもなおすという。（*Judson' s Dic.* p. 228，模緬華辞 p. 48）

(37)　Anawatat. パーリ語は anottatta，anovatatta（Skt. anavatapta）で，ヒマラヤ〈雪〉山頂にあるとされる伝説上の神秘的な七湖の一つ，阿那婆達多，無熱悩池。

(38)　koudo thouthinjing Kissa pyi i ……（お身体の具合をすっきりと整えられ……)' これは，チャズの実が下剤の役をするので，それを召上られて便通をお済ませになられたことを意味する（ウ・ウェープッラ長老の教示による）という。

(39)　lin lun pin＝Rājāyatana 樹，Buchanania Latifolia（*Housin P-B Dic.* Vol. 3 p. 815）

(40)　dwewasikasaranagoun（＞dvevācika saraṇāgamana）. 字義的には「二語帰依」で，仏と法との「二宝への帰依」を示している。なお，この話は，律蔵大品では第4回目の7日間の Rājayatana 樹下における出来事としており，ここで7週間後のこととしているのとは相違している。

(41)　§3の註（11）参照。

(42)　以上のタプッサとバッリカの最初にブッダに帰依し供物を捧げた記述について，『サーサナヴァンサ』では，ここに相当する箇所にはなく，ラーマニャ国の第1次の仏教確立について述べる箇所で，簡潔に述べられるのみである。

(43)　第6結集版 *Pacityādi-aṭṭhakathā*[*Vinaya Mahāvagga*＝*Samantapāsādika* を含む。] p. 241

(44)　ミャンマーにはいろいろなパゴダつまり仏塔があるが，この hsamdo zedi 仏髪の塔は，最も尊崇される。かの有名なラングーンのシュエダゴン・パゴダは，まさにこのタプッサ・バッリカ兄弟帰仏の伝説に基づいて発展してきたものである。

(45)　『サーサナヴァンサ』（B 版 p. 39, 同 P 版 p. 35）では，「……世尊の成道後，丁度7週間経過した時アーリールヒ月白分第5日よりラーマニャ王国に仏教が確立した」と述べる。7週間後と述べるのは両者共通であるが，日数が2日ずれている。

(46)　シュエダゴン・パゴダ・タマイン文書類を指すものと思われるが，これが如何なる資料をいうのか，現在の著者には不詳。

(47)　§6の前半，アパランタ国，トゥナーパランタ国，トゥウンナボンミ国についての記述内容は,『サーサナヴァンサ』中にほぼそのまま吸収され「9地方へ伝道師を派遣したこと」の章に入っている。しかし§6の後半部分に述べられている「ミャンマー国3か所」,「ミャンマー国へブッダがおいで下さったこと」,「タプッサとバッリカのこと」などの詳細について,そこでは触れられていない。

§7　尊者ウパーリより伝承の師資相承次第

【p. 25】
「仏弟子尊者ウパーリより始まる宣教師の系統〔師資相承次第〕をお知らせ願いたい」と，サーダン〔この文書〕に質問がありました(1)ので，〔私は〕律を持することにおいて最も優れた人という称号(2)を得ていたブッダの親近弟子・尊者ウパーリ大長老から始まって，貝葉に書き残されている第4回仏典結集までの師資相承〔次第〕を述べましょう。

ジャンブディーパ〔閻浮提・インド(3)〕師資〔相承〕5代

「Upālidāsakoceva ウパーリ，ダーサカおよび」という語で始まる偈文20以上によって，パーラージカ〔波羅夷〕註釈書(4)〔と〕三蔵聖典のパリワーラ〔付随(5)〕に師資相承〔次第〕を示しています。〔その〕偈文の意味を〔すべて，ここで〕述べるには多すぎます。意味するところを要約して示せば，〔次の通りです。〕

（1）　尊者ウパーリは，エタダッガ〔の称号〕を得た八十大声聞に入っている。

（2）　その尊者の弟子は――尊者ダーサカ

（3）　その尊者の弟子は――尊者ソーナカ

【p. 26】
（4）　その尊者の弟子は――尊者シッガヴァ Siggava

（5）　その尊者の弟子は――尊者モッガリプッタティッサ

《これがジャンブディーパ〔閻浮提・インド〕内における師資相承中，最初の大阿羅漢5人です。》

セイロン島〔スリランカ〕への教法降来故事

ティリーダマ・アソーカ大王の王子尊者マヒンダ(6)は，尊者モッガリプッタティッサを親教師〔和尚〕として受戒し親しく仕えた弟子であり，ブッダが予告なされていた(7)のに従い，仏暦(8)235年ダザウンモン月(9)に，イッティヤ Iṭṭiya，ウッティヤ Uttiya，サンバラ Sambala，バッダサーラ Bhaddasāla，これら大長老４人と共に，尊者モッガリプッタティッサによってセイロン島へ宣教に送られました。

「いずれ，マヒンダという比丘が，セイロン島の多くの人々から崇拝されるであろう」と，ブッダの予告がありました。

〔マヒンダ長老以外の〕他の宣教師方は，仏暦235年ダザウンモン月初旬より宣教に赴かれました。尊者マヒンダは，あらかじめ〔出発を〕７か月延期して，仏暦236年ナヨン月(10)の満月の日より，セイロン島へ宣教に行かれました。したがって，〔宣教に派遣された〕９か所の中で，セイロン島へは236年より宣教に行かれたのです。その他の８か所へは235年より宣教に行かれた――と，各々に記憶しなさい。明確に理解していないと，言葉〔の意味〕が混乱しやすい〔ので注意しなさい〕。

諮問したこと

問い：「何故236年よりセイロン島へ宣教に行かれた，というのでしょうか。」

答え：「セイロン王ムタシワ Muṭasiva(11)は，年老いていました。教法を振興させることはできない〔であろう〕。その王子デーヴァーナンピヤティッサ Devānaṃpiyatissa(12)は，年が若い。教法を振興できるであろう。その王子も，いずれ王位につく。〔また，〕ヴェティサ Veṭisa(13)市にいる母堂や親類たちにも〔出発時までに〕会って，別れの挨拶ができるであろう。」

【p. 27】

この２つの事情に留意したため，尊者マヒンダは，７か月お待ちになって，236年より宣教に行かれました。

以上の５人の大長老と，甥スマナ Sumana 沙弥，〔それに〕バンドゥカ Bhaṇḍuka 優婆塞〔在家信者〕と共に，全員で７人が，236年ナヨン月満月の日に，黄金のヒンダー鳥(14)の王のようにジャンブディーパ〔インド本土〕より飛び発って，アヌラーダ市(15)の東方にあるミッサカ Missaka(16) 山の頂上にお降りになられました。

そのナヨンの満月の日は，セイロン島ではジェッタ〔心宿〕・ムーラ〔尾宿〕〔両〕星座祭〔星祭り(17)〕にあたりましたので，祝祭をなさいました。

《Jeṭṭhamāsassapuṇṇamiyaṃ jeṭṭhanakkhattaṃ mūlanakkhattaṃ vā-hoti.〔ジェッタ月の満月夜にはジェッタ月宿とムーラ月宿がある〕と，『サーラッタディーパニー・ティーカー 律復註』に述べていて,(18) 満月夜の星宿はラージャマッタン Rājamattaṃ(19)〔占星術書による〕満月の星宿の見方の通りだ，と理解しなさい。》

その時，デーヴァーナンピヤティッサ王の智慧が優れているかどうか，を調べたくなり，近くにあったマンゴー樹に関し，

問い：「陛下，この樹は何という名前ですか」と長老がお尋ねになりました。

答え：「マンゴー樹と呼びます」とお答えになると，

問い：「このマンゴー樹を除いて，他のマンゴー樹はあるか，ないか」と尋ね返されました。

答え：「他にもマンゴー樹は沢山ある」ということをお答えになると，

問い：「このマンゴー樹，他のマンゴー樹を除いて，他の樹々があるか，ないか」と〔重ねて〕尋ね返されました。

答え：「他の樹は，沢山あります。〔しかし〕マンゴー樹とは異なる樹です」とお答えになった時,

問い：「他のマンゴー樹，他の樹々を除いて他の樹はあるか，ないか」と尋ね返されました。

答え：「最初のこのマンゴー樹だけとなる」とお述べになられたのを，「陛下，智慧が優れていらっしゃいますね」と誉め称えられました。

問い：「陛下には，ご親族〔親類縁者〕がおありでしょう」と重ねてお尋ねになりました。

答え：「大勢います」とお述べになると，

【p. 28】

問い：「その親族を除いて，親族でない人たちはいるか，いないか」と尋ね返されました。

答え：「親族の人たちより親族でない人たらが多くいる」と申し上げると，

問い：「親族の人，親族でない人たちを除いて他の人たちがいるだろうか」と尋ね返しました。

答え：「われ〔自分〕のみとなる」と申し上げたのを〔お聞きになって〕，「陛

下，〔実に〕自分自身は，自分の親族ではない。親族と異なる〔他人である〕のでもない。お答えは結構でした。智慧が優れていらっしゃいますね」と誉め称えられました。[20]

このような質問のみで試してから，「この王は，仏法を理解できる智慧がある。教法を振興する能力があるだろう」とお思いになられました。

『サマンタパーサーディカ・アッタカター　一切善見律註』中に，「このようなことを調べて，〔この王は〕年若く丈夫で智慧も優れているので，教法を振興することができるだろう」[21]と述べています。

セイロン島〔スリランカ〕師資〔相承〕27代

そのセイロン島において宣教なさった尊者マヒンダより増加してきた師の系統・弟子の系統〔師資相承次第〕は，〔次の通りです。〕

（1）尊者アリッタ Ariṭṭha

（2）尊者ティッサダッタ Tissadatta

（3）尊者カーラスマナ Kālasumana

（4）尊者ディーガスマナ Dīghasumana

（5）再び，〔上記（3）と同じ名前の〕尊者カーラスマナ Kālasumana

（6）尊者ナーガ Nāga

（7）尊者ブッダラッキタ Buddharakkhita

（8）尊者ティッサ Tissa

（9）尊者レーヴァ Reva

（10）再び，尊者スマナ Sumana

【p. 29】

（11）尊者チューラナーガ Cūḷanāga

（12）尊者ダンマパーリカ Dhammapālika ローハナ Rohana 国〔の人です〕。

（13）尊者ケーマ Khema

（14）尊者ウパティッサ Upatissa

（15）尊者プッサデーヴァ Phussadeva

（16）再び，尊者スマナ Sumana

（17）尊者マハーパドゥマ Mahāpaduma

（18）尊者マハーシヴァ Mahāsiva

（19）再び，尊者ウパーリ Upāli

（20）尊者マハーナーガ Mahānāga

（21）尊者アバヤ Abhaya

（22）再び，尊者ティッサ Tissa

（23）再び，尊者スマナ Sumana

（24）尊者チューラーバヤ Cūlābhaya

（25）再び，尊者ティッサ Tissa

（26）尊者チューラデーヴァ Cūladeva

（27）尊者シヴァ Siva

これが〔以上が〕貝多羅葉(22)に記されている第4回仏典結集までの師資相承〔次第〕です。

《Yāvajjatanā tesaṃ yeva antevāsika paramparabhūtāya ācariyaparamparāya ābhatanti veditabbaṃ.(23)〔現在までそれら長老たちの代々の弟子，代々の師によって伝持してきたと知るべきである。〕とアッタカター〔註釈書〕に述べているので，今〔前述〕の継承について，先の方を師，後の方を弟子と理解しなさい。その師の方々より増加した師の系統，弟子の系統は，今日に至るまでに10万100万を超えて非常に多い，と知りなさい。このように師資相承の系統を知らなければなりません。〔よく〕理解するように記憶しなさい。

何故か，というと，Tīṇihi vinayadharassa lakkhaṇāni icchitabbāni(24)〔持律者には3つの特相が必要である。〕などといわれるように，〔律蔵の〕パーリ文を暗唱・熟知すること，律の慣習の中に常にいること〔戒律を常に守ること〕，師資相承の系統をよく記憶すること，これらの3か条は持律者の条件となっているからです。

Avassaṃ dve tayo parivattā uggahettabbā(25)〔必ず2，3代の相承は覚えるべきである，すなわち〕「少なくとも師2，3代の相承だけでも記【p. 30】憶し，心の中で，灯火の炎の光輝くように，明確に覚えておきなさい」とアッタカターに述べていますので，師資相承〔次第〕をよく記憶しておきなさい。》

尊者ウパーリより伝承の師資相承次第を終わります。

註

（1） 本書序文，原本は pp. 48-49など参照。

（2） その分野で最も優れていると認められてブッダより与えられた称号（etadagga）。本書§3，註（11），および§6「アパランタ国」の項参照。

（3） Jambupīp（>Jambudīpa）．この場合はインド本国内と理解してよいであろう。

（4） 第6結集版 *Pārājikakaṇḍa-aṭṭhakathā* Vol. 1 p. 46; *Samant.* P版 Vol. I p. 62, SBB XXI, P. 181（南伝第65巻 P. 79）

（5） *Vin.* P版 Vol. V p. 2（南伝第5巻 p. 4） cf. *Dv.* pp. 30-41; *Sās.* P版 p. 15, B版 pp. 15, 17 etc.

（6） Mahinda（281-02B. C.）. Asoka（阿育）王の王子で，Saṅghamittā（僧伽密多）は，彼の妹。

（7） 原文 byadit thatō mukhay sañ.

（8） 309B. C., 本書§1，註（7）参照。

（9） tanhsaungmon la. ビルマ暦第8月。太陽暦のほぼ11月に相当するが，時には10-11月，あるいは11-12月の場合もある。

（10） Nayounla. ビルマ暦第3月。太陽暦のほぼ6月頃に相当するが，時には5-6月，あるいは6-7月の場合もある。

（11） Muṭasiva（正しくは Muṭasīva）307-247B. C. 在位，と伝えられるが異説もある。なお，塚本啓祥著『初期仏教教団史の研究』（山喜房仏書林，1966年）pp. 106-07参照。

（12） 247-07B. C. 在位と伝えられる。

（13） Veṭisa（>Vedisa）. cf. *Sās.* P版 p. 16, B版 p. 19, 現在の Vidisha に比定されているようである。

（14） Hiṅsa. 天竺おしどり，白鳥，野鴨などを指す。なお，この鳥は下ビルマのモン族によるペグー王国の国鳥でもあった。cf. 原田・大野ビ辞 p. 529

（15） >Anurādhapura 原文 Anurādhamyou の myou は，パーリ語の pura に相当するビルマ語。「都」あるいは「市」の意味。

（16） 現在の Mihintale という。cf. *Mal. Dic.*

（17） Jeṭṭhamāsa. ジェッタ（逝瑟吒）月は，パーリ語暦第3月で，ビルマ暦のナヨン月に等しい。その月の満月夜に行われる星座祭の呼称。

（18） 第6結集版 Vol. 1 p. 160. ジェッタ月に行われるので，普通は「ジェッタ星座祭」というが，何故「ジェッタ・ムーラ〔両〕星座祭」というか，といえば，ジェッタ星と共にムーラ星も夜空に現われてくるので，その呼称がある，と説明しているわけである。

なお，第6結集版 *Vimativinodanī-tīka* Vol. 1 p. 33にも同様な文が見られる。そこでは Jeṭṭhanakkhattaṃの次に vā が，もう一語入っているので，それも参考にして訳出した。

(19)　占星術書名。なお，『*Piṭakatdothamaing* ビダガドゥ・タマイン』では，*Rājamattaṇ*とし，「Antaradathabalabedinkyan」と説明していて，ヴェーダ聖典中の一部であったようである。cf. *Sās.* P版 p. 17, B版 p. 19

(20)　§7の冒頭よりここまでの問答は，『サーサナヴァンサ』でも，そのまま引用されている。

(21)　*Samant.* P版 Vol. I p. 69, SBB p. 186（南伝第65巻 p. 88）中の言及を指すものと思われる。ただし，確かにそこではDevānaṃpiyatissaが何れ王となるということ，および教法を奨励振興できるであろう，と述べてはいるが，前に記している問答や，彼が丈夫で智慧も優れている，という点までは語っていない。

(22)　『律蔵付随』や『善見律毘婆沙』中などに伝えられる伝承の記録を指し，それらを継承して記述したものとみられる。*Vin.* P版 Vol. V pp. 2–3; *Samant.* P版 Vol. I pp. 62–63，同 SBB pp. 181–82（南伝第5巻 pp. 4–5，第65巻 pp. 79–80)。なお§7の尊者ウパーリより伝承の師資相承次第に示されている長老名のカタカナ表記はパーリ語読みによる。

(23)　第6結集 *Pārājikakaṇḍa Aṭṭhakathā* 版 Vol. 1 p. 46, *Samant.* P版 Vol. I p. 62, 同 SBB p. 181 etc.

(24)　第6結集 *Pārājikakaṇḍa Aṭṭhakathā* 版 Vol. 1 p. 199, *Samant.* P版 Vol. I p. 234

(25)　第6結集版，同上 p. 200，同上 P版 p. 235

§8　三蔵を暗誦のみにより伝持してきたこと

【p. 30】
以上に申し上げたこれら歴代の師弟は，ブッダ〔在世〕時代より始まり，貝多羅葉にまだ記されていない三蔵を，口誦のみで伝持してきました。書き残しておくことは，まったくしていません。暗誦のみにより護持することは，非常に苦労で困難なことでしたが，それを行ってきました。〔暗誦により〕護持し実践してきた仕方〔について，言われていること〕の一端は，〔次の通りです。〕

セイロン島全土を強奪したチャンダーラティッサ Caṇḍālatissa(1)という無法者の叛徒が，災厄を起こした際には，雨が全く降らず何〔の農業上の仕〕事も為し得ず，飢饉になってしまいましたが，〔そこへ〕タジャーミン〔帝釈天〕が現われて，「尊者たちよ。……〔このままでは〕蔵経を伝持できないであろう。この筏に乗ってジャンブディーパ〔インド本土〕へ渡るがよい。筏が不足なら，丸太や竹のみでも胸にあててすがりつき，泳ぎ渡るがよい。危険を避けられるように，私が守護してあげよう」と比丘たちへ告げました。

その折に，比丘60人は海岸までやってきましたが，ジャンブディーパへ渡ろうとしませんでした。「ここに住み，蔵経を護持し実践しよう」と約束して船着場より帰り，セイロン島の一部のマラヤ Malaya 地方(2)へ行って，樹のこぶや根や葉のみで身体を養い，蔵経の学習を暗誦(3)によりなさっておられました。

ひもじさがつのって暗誦できなくなったときに，砂を集めて積み上げ腹の下に置いて〔砂の上に腹這いになって〕一か所に頭を寄せ合って，蔵経の学習を〔言葉を発するだけの体力もないので〕心によって〔唱え〕熟思しました〔意を通わせ合いました。〕

このようにして満12年間註釈書と共に三蔵を，消滅しないように，暗誦護持なさいました。

【p. 31】
12年を経て無法者の叛徒の災厄が鎮まった時に，以前ジャンブディーパ〔インド〕へ渡って蔵経を護持実践してきた比丘700人が還って来て，セイロン島の一部のカッラアーラーマ Kallārāma 村落(4)のマンダラアーラーマ Maṇḍalārāma 寺(5)へ到着しました。

ジャンブディーパへ渡らずセイロン島に残っていた比丘60人もまたマンダラアーラーマ寺へ行き，挨拶をしてから註釈書と共に三蔵を照合編纂しました。一句一文も間違いはありませんでした。ガンジス〔河〕の水とヤムナー〔河〕の水が合流すると同じ水になるように。〔また〕ジャンブーラージャ Jambūrāj(6) 純金を切断すると，その輝きは〔切り口の〕両面とも相違がなく一致しています。そのように蔵経を口誦のみで伝持しました。全然書き残しておくことはありませんでした。口伝のみによって，非常に苦労で困難な仕事をなさったのでした。

三蔵を一句一文も間違わないように学習し記憶しておくことは，非常に苦労で困難なことです。

セイロン島において，プナッバッス Punabbassu(7) という金持の息子のティッサ Tissa 大長老が学問をしていた時，セイロン島よりジャンブディーパへ渡り，ヨーナカ国ダンマラッキタ Dhammarakkhita 大長老の許で蔵経を学びました。習得し終わったと思ってセイロン島へ帰ってきて船着場に着いてから，ただ一つの語句に疑惑が起こりました。その船着場とヨーナカ国は100ヨージャナ〔由旬(8)〕離れています。それでも一語句のために100ヨージャナの旅を戻ってきて，師の許へ行ったのですが，その旅の途中で一人の金持が尋ねた質問に答え，尊信を得たことにより進呈された10万の〔貨幣〕の値打ちのある〔極めて高価な〕純毛の布１枚をダンマラッキタ長老へ献上し〔ました。〕大長老が戻ってきた理由を尋ねると，「一つの語句について疑惑があって，100ヨージャナの行程を戻り，師に質問に来た」と後代の人々が語り継ぎ，「私のように実行しなさい」と注意をするために戻ってきたということを申し上げ，疑惑を解いてからセイロン島へ再び帰還しました。

【p. 32】

このように『ビヴァンガ・アッタカター 分別論註(9)』に述べられているように，三蔵を一句一文誤りのないように学習し実践することは，非常に苦労で困難なことです。

大勢〔の者〕が実践していない三蔵の典籍が消滅しそうなのを，消滅しないように護持するということも，極めて苦労で困難です。

尊者サーリプッタ〔舎利弗〕の説いた『マハーニッデーサ *Mahāniddesa*(10) 大義釈』を伝持する人は少なく，消滅しようとしていた際に，セイロン島に一人の恥知らずの比丘[11]〔破戒僧〕が伝持しているのを，マハーティピタカ Mahātipiṭaka 大長老が知って，マハーラッキタ Mahārakkhita 長老に，「その比丘の許でマハーニッデーサ典籍を学習しなさい」と勧めましたが，「その比丘は恥知らずのようです。学習したくありません」と断りました。それで「他の人々も伝持せず，片隅に押しやられて消滅しそうな典籍となっています。私共も援助しますので」と懇請して，〔マハーニッデーサを〕学習させました。〔ところで,〕学習し終わった最後の日に，寝台の下で寝ている女人を見たそうです。[12]

このように律蔵註釈書にある通り，末端に〔押しやられて〕いて消滅しそうな三蔵経典が消滅しないように，学習し伝持することは，極めて苦労で困難なのです。

三蔵を暗誦のみにより伝持してきたこと〔についての章〕を終わります。

註

（1） *Aṅguttara-nikāya* の註釈書 *Manorathapūraṇī* では，“Chaṇḍālatissabhaya” と綴る。Vol. Ⅰ p. 52
第 6 結集版 Vol. 1 p. 71 cf. *Mal. Dic.* Vol. Ⅰ p. 840, Vol. Ⅱ p. 342

（2） Malayajanapud（＞Malayajanapada)．スリランカの南部山岳地を指す。cf. *Mal. Dic.* Vol. Ⅱ p. 449–50

（3） sarajjyāy に「暗誦」という訳語を与えたが，それは原典に，「hnut phraṅ. rwat khraṅ: (口により暗唱すること)」という註記があるからでもある。

（4） 原本の Kallārāma janapud というのは，Bhokkanta 村近くの Maṇḍalārāma 寺があった地方を指したものと，訳者は推測する。cf. 赤沼印仏固辞 p. 266, *Mal. Dic.* Vol. Ⅰ pp. 429, 540, Vol. Ⅱ p. 428
なお，『サーサナヴァンサ』は，P 版（p. 21), B 版（p. 24）とも，“Rāmajanapade Maṇḍalārāmavihāraṃ……” となっている。しかし，それは *Sā. cātam*（ビルマ語）よりパーリ語に直す際に，Kalla（あるいは Kallaka, ないし Kālaka）を誤って欠落させたと考えられないだろうか。もし誤りでなければ，単に Rāmajanapad という呼称も存在したのであろうか。

（5） Bhokkanta 村近くの大僧院。cf. 赤沼印仏固辞 p. 406, *Mal. Dic.* Vol. Ⅱ p. 428

（6） 純金の商品名。

（7） Punabbassu（＞Punabbasuka, Punabbasu)．このような場合，ビルマ語化されて発音され綴られている可能性が大きいので，採った原語が同形であったかどうか，断定できない。なお，*Sās.* P 版は，Punnabbasuka（p. 22）としている。B 版は，Punabbasuka（p. 24）である。

（8）　本書§6，註（12）参照。

（9）　*Sammohavinodanī* 第6結集版 pp. 272–73

（10）　小部経典 *KhN.* 中の典籍。PTS 1916, 1917; 南伝第42，43巻。なお，第6結集版では，『クッダカ・ニカーヤ』の中の第7番目に数えている。これの註釈書もある。

（11）　allajī rahan 恥じざる比丘の意味だが，戒を守らずに破る比丘への呼称。

（12）　その比丘より『マハーニッデーサ』を習っている期間中，女人の姿を見かけることはなかったが，最後の日に噂で聞いた通りであることを知った，というのである。

Samant. P版 Vol. III p. 695, 第6結集版 *Pārājikakaṇḍa-aṭṭhakathā* Vol. 2 pp. 274–75

§9 第4回仏典結集が挙行されねばならなかったことについての要約

【p. 32】
ブッダご在世時代から始まって長い間，これまでに述べた師資相承の師方は，〔三蔵などを〕口頭のみで伝持し，暗誦のみにより護持してきました。〔これらの師は〕念・智・定において優れていたために，口誦〔暗唱〕のみにより伝持できました。

そのように伝持してきたことは，時間的には495年(1)に及びました。ブッダが般涅槃にお入りになられた〔お亡くなりになった〕のち，マハーヴァンサ〔大史〕典籍に出ている(2)〔ように，〕仏暦450年(3)に至った時，セイロン王18代目の【p. 33】サッダーティッサ Saddhātissa 王(4)の王子ヴァッタガーマニ Vaṭṭagāmaṇi 王(5)が，即位第6年に，将来にいたって衆生〔人々〕の念・智・定が低下し口誦によって伝持できなくなるのを予見なさって，以前より師から弟子へと継承してきた〔正統派の〕大阿羅漢500人に保護を与え，セイロン島内のマラヤ地方のアーローカ Āloka(6)という名の石窟内で，アッタカターと共に三蔵を貝葉上に書き残させました。

そのようにして貝葉上に書き残されたことは，「以前の仏典大結集3回の例にならって第4回目となるので，第4回仏典結集という」と，ティーラサカン復註に述べられています(7)。セイロン島ヴァッタガーマニ王と，わがミャンマー国タイェキッタヤ・ヤディ国におけるチェッカウンザー・ンガタバー Kyehkaunza ngataba(8)とは，同時代の方です。「仏暦450年」と，サーラッタ・サンガハ Sāratthasaṅgaha(9) 中に述べています。

ボードーパヤー〔王〕(10)の治世に，セイロンの比丘たちより送られた文書〔手紙〕の中では，「433年」と述べています。〔すなわち，〕“Tettiṃsādhika catuvassasata parimāṇakālaṃ〔433の年数の時に〕”と。

第4回仏典結集挙行についての要約を終わります。

註

（1）『サーサナヴァンサ』の英訳（*Sās.* SBB p. 26）などで，伝持してきた長老の人数としたのは，誤訳であろう。（ついでながら，*Sās.* P版 p. 23, B版 P. 26とも，原文に相違はない。)

(2)　*Mv.* p. 453，南伝第60巻 pp. 378-79

(3)　ミャンマーの伝統にしたがえば，94B. C. に相当する。

(4)　77-59B. C. 在位と伝えられる。Paranavitana の新説によれば137-119B. C. なお，最近のシンハラ王統の在位年代確定に関する研究については，森祖道「スリランカ王統年代論再考——W. ガイガー説修正の研究史——」(『仏教研究』第6号，国際仏教徒協会，1977年) 参照。

(5)　29-17B. C. 在位と伝えられるも，それ以前にも一度王位についている (5か月間) という。初めて三蔵を書写した時の王として有名。

(6)　Āloka > Ālokena. セイロン島のほぼ中央部で，仏歯寺のある古都 Kanday より北方，現在の Matale の近くにある石窟。ビルマの仏教徒は多く，Buddhaghosa の諸註釈書もここでなされた，と信じている。

(7)　*Sāratthadīpanī-ṭīkā* (サマンタパーサーディカの復註)。第6結集版 Vol. 3 p. 496. *Terasakaṇ-ṭīkā* は，*Terasakaṇḍa-ṭīkā* が正式名。サーラッタディーパニー・ティーカーの一部に対する呼称であり，この部分はそこに言及されている。

(8)　111-60B. C. 在位と伝えられ，この王の治世94B. C. に，セイロンのヴァッタガーマニ王のもと三蔵が書写された，というのがビルマの伝承である。cf. *Hmannan* Vol. 1 pp. 179-181, *G. P. C.* pp. 21-23

(9)　*Sāratthasaṅgaha-aṭṭhakatā* とも呼ぶ。Siddhattha 長老編；13世紀。著者は未見で，この言及箇所の頁数も詳らかになし得ないが，諸註釈書より抜粋して編述したもののようである。(cf. *Piṭakatdothamaing* p. 108, *Mal. Dic.* Vol. II p. 1106)

(10)　Boudobhuya (Bodawpaya) 1782-1819A. D. 在位。

§10 セイロン島〔スリランカ〕における漸次分派のこと

大派―4派

【p. 33】
仏典結集が行われてよりのち，ジャンブディーパ〔インド〕，セイロン島などにおいて，それぞれ多くの派に分裂してしまいました。ジャンブディーパにおいて分裂した事情は，〔次の通りです。〕

（1） セイロン島にご教法が確立した後218年に，ヴァッタガーマニ王(1)が建てたアバヤギリ Abhayagiri 寺(2)の比丘たちは，律蔵のパリワーラ〔付随犍度〕に特別な語と意味とを付してマハーヴィハーラヴァーシー Mahāvih-【p. 34】āravāsī〔大寺在住〕派より分かれ，別な派をたててアバヤギリヴァーシー派として分裂しました。その派のことをダンマルチ Dhammaruci 派とも呼びます。

（2） そのアバヤギリヴァーシー派が分裂してより後342年に，マハーセーナ Mahāsena 王(3)が建てたジェータヴァナ〔祇陀林〕寺の比丘たちが，『両分別 *Ubhatovibhan*（>*Ubhato-vibhaṅga*）(4)』に別の語と意味とを付し，アバヤギリ・ヴァーシー派からさらに分かれて別派をたてたという事情があり，分裂してジェータヴァナヴァーシー派となりました。その派をサーガリヤ Sāgaliya 派とも呼びます。

（3） そのジェータヴァナヴァーシー派が分かれた後351年に，クルンダヴァーシー Kurundavāsī とコーランバヴァーシー Kolambavāsī 比丘たちとが，甥〔のほうの〕ダーターパティ王(5)に依拠して『両分別犍度部』から「パリヴァーラ付随」部分を切り離して異なる語と意味とを付し，以前の2派より分かれて，尊いマハーヴィハーラヴァーシー Mahāvihāravāsī 派を模倣して，同名の別派をたてました。

（4） このようにセイロン島に宣教した尊者マヒンダ方の系譜は，マハーヴィハーラヴァーシー派など4派に分裂しました。

ダンマヴァーディー〔正法説者〕とアダンマヴァーディー〔非法説者〕

その4派の中で，もとのマハーヴィハーラヴァーシー派1派のみダンマヴァーディー〔正法説者〕に相当します。残りの3派は，すべてアダンマヴァーディー〔非法説者〕です。そのアダンマヴァーディー3派は，真実の意味解釈を破壊して，真実でない意味解釈をもって教法を尊重しないで履行したということを『マハーヴァンサ・ティーカー　大史復註』に述べています。すなわち，セイロン島ではアダンマヴァーディー・アラッジー〔非法説者である無羞僧たち〕3派は，パリマンダラ[6]やスッパティチャンナ[7]という僧衣の着け方【p. 35】を尊重せず，守らず実行しません。仏法に違反する衣の着け方をしていました。

帽子をかぶる，膝まで〔衣を〕上げる〔ことなど〕が，それらのアダンマヴァーディー派の僧たちに顕著であった，と記憶しなさい。

以上のアダンマヴァーディー3派に分裂した527年後に，シリーサンガボディ Sirīsaṅghabodhi 王[8]は，マハーヴィハーラ僧伽〔衆僧〕の協力を得てアダンマヴァーディー3派を抑え破壊して，尊いご教法を整理し浄化しました。

わがビルマ王国のパガン帝都アノーヤター[9]王とシリーサンガボディ王は，同時代の人です。アノーヤター王がセイロンに仏歯をねだった時に，シリーサンガボディが仏歯を与えたということが，『パリッタ・ニダーナ〔護呪序〕』中に，偈にして言及されています[10]。

ダンマヴァーディー〔正法説者〕隆盛時代

その後セイロン島ではヴォーハーリカティッサ Vohārikatissa 王時代[11]には，カピラ Kapila〔という〕大臣と協議して，マハーヴィハーラの僧伽に依拠してアダンマヴァーディー派を抑止し，尊いご教法を整理し浄化しました。

その後ゴッターバヤ Goṭṭhābhaya 王時代[12]には，アバヤギリ派の者たちを海の向こう側へ追い出して，マハーヴィハーラヴァーシーの僧伽に依拠して，尊いご教法を整理し浄化しました。

アダンマヴァーディー〔非法説者〕隆盛時代

その後ゴッターバヤ王の王子マハーセーナ Mahāsena[13] が王になってから，アバヤギリ派のサンガミッタ Saṃghamitta という名の比丘が王の師匠となり，ご教法確立当初より尊者マヒンダを始めとする阿羅漢方の居住したマハーヴィハーラ寺の崩壊をくわだてて，マハーセーナ王と相談し，破壊しました。〔それ以来〕９年を経過するまで，マハーヴィハーラ寺には僧伽がなく，比丘は不在でした。

ジェータヴァナ・ヴァーシー派のティッサ Tissa という比丘は，マハーセーナ王と相談して，マハーヴィハーラ寺のシーマー〔戒壇堂〕を破壊しました。〔しかし，〕結界を消滅させる羯磨〔儀礼〕が有効でなかったので，〔それは〕消滅しませんでした。(14)

このように，アダンマヴァーディー派の人々の勢力が大きくなり，ダンマヴァーディー派の人たちの勢力が衰えて，尊いご教法が衰退しました。ダンマヴァーディーの比丘僧たちは，表面に出ないで隠れて修行せざるを得ませんでした。

国王による教法奨励

【p. 36】

セイロン島においてご教法が確立してより1472年後，〔釈尊が〕涅槃に入られてより1708年後に至った時に，シリーサンガボディ・パラッカマバーフ・マハーラージャ Sirīsaṅghabodhiparakkamabāhumahārāja(15)という大王がセイロン島の王となりました。パガン王国ではナラパティ Narapati(16)という王の時代に相当します。ウドゥンバラギリヴァーシー Udumbaragirivāsī のマハーカッサパ Mahākassapa 大長老が上首であったマハーヴィハーラヴァーシー僧伽は，その王〔シリーサンガボディ・パラッカマバーフ〕の協力を得て，尊いご教法を整理し浄化しました。マハーヴィハーラヴァーシー派を除いてアダンマヴァーディー派の僧たちを還俗させ，清浄にしました。

その後も，ヴィジャヤバーフ Vijayabāhu 王(17)，パラッカマバーフ Parakkamabāhu 王(18)たちに協力してもらって，マハーヴィハーラヴァーシー僧伽は，尊いご教法を整理浄化し，アダンマヴァーディー派の僧たちを還俗させることができたので，マハーヴィハーラヴァーシー１派のみが残り，非常に清浄になりました。

シリーサンガボディ王，ヴォーハーリカティッサ王，ゴッターバヤ王方の治世には，〔教法を〕整理し浄化しましたが，アダンマヴァーディー派に分派するのを避けることができず，いつでも清浄というわけではありませんでした。

シリーサンガボディ・パラッカマバーフ・マハーラージャ王，ヴィジャヤバーフ王，パラッカマバーフ王方の治世では，アダンマヴァーディー派への分派はなく消滅したので，常に清浄でした。

ビルマ・タイ〔両〕国僧伽を招来したこと

その後長い時代が経過し，ローマン・カトリック，アラビア，回教，イギリス，オランダなど，異教徒たちの脅威により，セイロン島では教法が衰微し堕落して，〔正統〕派の僧団〔僧伽の定数[19]〕を充たすに足るだけの比丘僧伽がなくなったので，マハーヴィジャヤバーフ Mahāvijayabāhu 王[20]の治世に，ラーマニャ Rāmañña 国より僧伽を招来しました。

その後，ヴィマラダンマスーリヤ Vimaladhammasūriya 王[21]の治世に，ヤカイン Yahkain〔ミャンマーのアラカン地方の〕国より僧伽を招来しました。

その後，ヴィマラマハーラージャ Vimalamahārāja 王[22]の治世にもヤカイン国より僧伽を招来しました。

【p. 37】
その後，キッティスーリヤラージャシーハ Kittisūriyarājasīha 王の治世[23]に，アユタヤ Youdaya〔タイ〕国より僧伽を招来しました。

これらの事実は，緬暦1151（1789A. D.）年に〔書かれた〕セイロン僧伽より送られた文書〔手紙〕の中に述べられていることを調べて，知ることができます。

セイロン島〔スリランカ〕における分派事情を終わります。

註

（1）　本書§9，註（5）参照。

（2）　無畏山寺ともいう。その遺跡は，現在もアヌラーダプラにある。その寺・派名は，Vaṭṭagāmaṇī Abhaya なる王名に由来するという。

（3）　334-61A. D. 在位と伝えられる。パラナヴィターナ Paranavitana の新説によれば，276-303A. D. である。

（4）　律蔵5部中の①波羅夷法 Pārājika Pāḷi より②衆学法 Sekhiya Dhamma を含めて，波逸提法 Pācittiya Pāḷi までの2部に対する呼称。

（5）　叔父と同じ Dāṭṭhāpati（>Dāṭhopatissa I）なる王名を名乗った Dāṭṭhāpati Ⅱ世（>Dāṭhopatissa Ⅱ）を指す。650-58A. D. 在位と伝えられる。Paranavitana の新説によれば，659-67A. D.　cf. *Cv.* p. 72, 南伝第72巻 p. 66

（6）　Parimaṇḍala「全円の」という意味で，Sekhiya Dhamma 衆学法第1，第2の“正しい衣の着方”についての規定を指す。*Vin.* P版 Vol. IV p.185, 南伝第2巻 pp.

301-02, 第6結集版 Vol. 14 p. 468 cf. ウェープッラ南基聖 pp. 127, 173

（7） Suppaṭicchanna「善く覆われたる」という意味で，Sekhiya Dhamma 衆学法第3，第4条の規定。上記パリマンダラと同様に，僧衣の正しい着方に関するものである。*Vin.* P版 Vol. IV p. 186, 第6結集版 Vol. 14 p. 240 cf. ウェープッラ・南基聖 pp. 127, 173

（8） Vijayabāhu I（ヴィジャヤバーフI世）の別名。1095-1114A. D. 在位と伝えられる。Paranavitana によれば，1055-1110A. D., *Cv.* p. 184によれば，ラーマニャ国のアヌルッダのもとへ使節を送り，三蔵に通じ持戒堅固な長老比丘を迎えて，仏教教団の浄化に努めた，と伝えている。

（9） Nōrathā Anawratha と綴られることが多い。ミャンマーの人々は，アノーヤターと発音。在位1044-77A. D. 。ほぼ現在のミャンマー全土を統一した最初の大王で，今でもミャンマーの民衆に英傑として人気があり，親しまれている。

（10） 『パリッタ・ニダーナ』に言及があるというが，現在の訳者には不詳。なお，ミャンマーの欽定年代記『マンナン・ヤーザウィン』第4章，Vol. 1 pp. 261-64には，アノーヤター王がシリーサンガボディ王より仏歯を得たことについてのかなり詳しい記述がある。

（11） 269-91A. D. 在位と伝えられる。パラナヴィターナによれば，214-36A. D.

（12） 309-22A. D. 在位と伝えられる。パラナヴィターナによれば，253-66A. D.

（13） 334-61A. D. 在位と伝えられる。パラナヴィターナによれば，276-303A. D.

（14） Sīmasamuhana Kamma（結界を消滅させるための羯磨）が，正式な方法でなされず，したがって，それは有効でなかった，というのである。cf. *Vin.* P版，*Mahāvagga* p. 107, 第6結集版 p. 149（南伝第3巻 p. 190）

（15） 1153-86A. D. 在位と伝えられる。干潟龍祥説（「セイロン王統年譜と金剛智・不空時代のセイロン王」『密教研究』86号）も，パラナヴィターナの新説もその点については同様である。

（16） Narapati（sithu）王1173-1210A. D. 在位。この王の時代に，かの有名なタラインのウッタラジーワ長老やサ〔チャ〕ッパダ沙弥がセイロンへ渡り，遊行および勉学に努めたのであった。cf. 佐々木教悟「ビルマの仏教」『アジア仏教史・インド編VI――東南アジアの仏教――』（佼正出版社，1973年）p. 142 etc. cf. 本書後出。

（17） ヴィジャヤバーフIII世王（1232-36A. D., 干潟説1219-33 A. D.）を指すものと考えられる。

（18） パラッカマバーフII世王（1236-71A. D., 干潟説1233-69, A. D., パラナヴィターナ説1236-70A. D.）を指すものと考えられる。

（19） 僧伽の定数については，律蔵大品中に規定がある。最低限でも，布薩会の際は4人，授具足戒式の際は5人が必要となっている。

（20） Vijayabāhu VI世王を指すと考える。なお，その在位年代については，南伝第61巻（小王統史）中のセイロン王年表に記されているのは疑問で，少なくとも1500A. D. 年代に入ってからではないか，と思われる。（Geiger 説1509-21，干潟説1528-？）

（21） Vimaladhammasūriya I 世（1592-1604A. D.） cf. *Cv.* p. 529（南伝第65巻 p. 498）

（22） Vimaladhammasūriya II 世（1687-1707A. D.） cf. 同上書 pp. 538-39（同 p. 507）

(23)　1747-81A. D. cf. 同上書 pp. 572-74（同 pp. 540-42）

§11　ナーガセーナ尊者とミリンダ王のこと

授記〔ブッダの遺された予言〕のこと(1)

【p. 37】貝葉に記録した後500年を経過した時に，ヨーナカ国(2)のサーガラ Sāgala 都のミリンダ Milinda〔弥蘭陀〕王(3)は，三蔵に通達するとともに18学芸に秀で，智慧に優れるようになりました。ジャンブディーパ方面では，競争者も論争者もなくなり，「ジャンブディーパ〔において〕は，ただ空しいだけだ〔頼りになるものはいない〕」と言っていました。

当時，質問をして〔王を敬服させ〕配下にしようとして，他のどのような比丘も智慧あるバラモンたちも，満12年間あえて近寄ろうとはしませんでした。教法は，サーガラ国においては，静穏のようでした。

そのうちに，ブッダのお遺しになられた予言通りに，忉利〔三十三〕天へ昇られ，タジャーミン〔帝釈天〕を通じて，マハーセーナ・ナッ神 Mahāsena Nat tha に懇請して，人間界へ降っていただきました。

「私が涅槃に入ったのち500年を過ぎた時に，ミリンダ王とナーガセーナ Nāgasin（>Nāgasena）(4)比丘は，私が説いた教えにおいて，不明や混乱，当惑や紛糾〔箇所〕のないようにするため，論判をし解明するであろう」と，尊者モッガリプッタティッサ〔が誕生した時〕と同様に，授記〔ブッダの予言〕をお遺しになられていたのでした。

ミリンダ王が阿羅漢になられたこと

尊者ナーガセーナが具足戒を受けて７安居を経た〔法臘７歳の〕時に，ミリンダ王と議論したのですが，「７安居を経た」という言葉に関連して，最初に解き明かしたのでした。

「７安居を経たという汝自身が７なのか。かぞえる数が７なのか」

と尋ねましたが，それに対して，

「かぞえる数のみが７となった。私が７ではない。そのかぞえる数は，私自【p. 38】身によってあるのです。たとえば，汝の影は王ではない。汝自身のみ王です。影は汝自身によってあるのです。それと同じようなことなのです」

と，譬えを出して明示しました。(5)

このように，７安居という言葉より始まり，非常に多くの議論をして，三蔵中に不明や混乱，当惑や紛糾の〔箇所の〕ないようにするため，論判し解明しました。

ミリンダ王は，そのような議論のすえに，「問題を解決するに当たって，尊者サーリプッタ〔舎利弗〕をのぞき，他の比丘は〔誰ひとりとして〕貴殿と同様に行うことはできない(6)」と，〔ナーガセーナ長老を〕賞讃して，過ちの許しを乞い，優婆塞〔在家信者〕になる，と告げました。

後には，ミリンダ・ヴィハーラという寺院を建立寄進し，〔さらに〕尊者ナーガセーナへ，１兆〔数えきれないほど多く〕の比丘たちへと共に，四資具(7)を供養しました。後になってから，〔ミリンダ王は,〕皇太子に国〔王位〕を譲って比丘となり，阿羅漢〔最高の悟りに達した聖者〕になりました。

註釈書をマーガダ〔パーリ〕語に書き写した折〔のこと〕

わがミャンマー国タイェキッタヤ・ヤディ国のパーピヤン Pāpiyaṃ 王(8)と，ミリンダ王は同時代の人です。『ミリンダパンハー *Milindapañhā*(9)』という本は，アッタカター〔註釈書〕が参考にしているほどの極めてしっかりした，規模の大きなものになっています。

それより後，「仏暦860〔年〕を経た時，ブッダダーサ Buddhadāsa 王(10)の治世に，教法の貝葉を読むことのできるダンマカティカ Dhammakathika 大長老ひとりが，律と論以外のあらゆる経蔵の経典をセイロン語で訳しておきました」と，『チューラヴァンサ〔小王統史〕』の「ブッダダーサ王」の章に述べています。(11)

ブッダダーサ王の王子たちの中には，ブッダの弟子たちである八十大声聞〔大弟子80人〕と同じ名前が80ほどある，といいます。その王子80〔人〕の中に，

（１）サーリプッタ尊者と同じ名前で呼ばれていたウパティッサ Upatissa という長子〔皇太子がいましたが，彼〕は，父王の後42年間，王として統治しました。(12)

（２）その後，次子のマハーナーマ Mahānāma という王子は，22年間，王

として統治しました。[13]

【p. 39】そのマハーナーマ王の治世，仏暦930年，セイロン王66番目に至った時に，尊者ブッダゴーサ Buddhaghosa[14]がセイロン島へ渡って，セイロン語で〔書き〕のこしてあったアッタカター〔註釈書〕典籍を，マーガダ〔パーリ〕語により〔翻訳して〕書き写しました。

セイロン島〔スリランカ〕へ仏歯〔牙〕[15]到着のこと

わがミャンマー国パガンの一部をなすティリーピッサヤー Thiripissaya[16]の都を造営したティンレチャウン王[17]と，マハーナーマ王は同時代の人です。『パリッタ・ニダーナ〔護呪序〕』に，ピューミンディ Pyumingdhi[18]と同時代の人といいますが，他の〔それに関連のある〕文書はありません。〔それは〕適当ではありません。

キッティシリーメーガ〔ヴァンナ〕Kittisirīmegha〔vaṇṇa〕王[19]即位9年，セイロン王62人〔代〕目[20]〔の治世で〕，仏暦830年に至った時，ジャンブディーパ〔インド本土〕のカリンガ Kalinga 王国よりクハシワ Kuhasiwa 王[21]の娘〔王女〕と婿，〔すなわち〕ヘーママーラー Hemamālā という名の王女とダンタクンマー Dantakummā という名の王子〔ですが〕，その王女と夫君のふたりが船で〔海を〕渡って仏歯〔仏牙〕を持ってくることによって，セイロン島へ仏歯は到着しました。

その仏暦830年に，ジェッタティッサ Jeṭṭhatissa 王[22]在位9年，ブッダダーサ Buddhadāsa 王在位29年，ウパティッサ Upatissa 王在位42年，マハーナーマ王在位22年〔のそれぞれの年数〕を総合計して，「仏暦930年に，尊者ブッダゴーサ Buddhaghosa〔仏音，覚音〕はセイロンに到着した」〔といいます〕。〔実際の計算では〕932年あります。そのうち，予め2年を余して，マハーナーマ王の治世〔というのです〕。

ボードーパヤー〔王〕[23]の治世のセイロン僧たちからの文書〔手紙〕の中には，「956年を経た時に，尊者ブッダゴーサが到着した」といいます。〔すなわち〕“Chapaññāsādhikanavavassasatātikkantesu〔956年を過ぎた時に〕”〔と述べています〕。

尊者ナーガセーナとミリンダ王のことを終わります。[24]

註

（1）　原文 byadit htadomuhkeijing

（2）　Yonaka taing ヨーナカ国――ビルマの人々は，シャン族の国とみなしている。

（3）　Milinda（弥蘭陀，弥難陀，弥蘭）王。ギリシャ人国王メナンドロス Menandros を指すもので，B. C. 2世紀後半に西北インドを支配していた。註（9）参照。

（4）　Nāgasena（那伽斯那，那先，龍軍)。上記ミリンダ王と問答して，仏教教理を明らかにしたことで有名な比丘僧。森祖道・浪花宣明共著『ミリンダ王――仏教に帰依したギリシャ人』（清水書院）参照。

（5）　*Milindapañhā* p. 41，南伝第59巻上 pp. 55-56，中村元・早島鏡正訳『ミリンダ王の問い――インドとギリシアの対決――』〔1〕（東洋文庫7，1963年）p. 75

（6）　同上書 p. 533，南伝第59巻下 pp. 349-50，中村・早島訳同上書〔3〕p. 319

（7）　比丘生活を支える次の4つを指す。①衣②施食③住居④薬　cf. ウェープッラ・南基聖 pp. 136-37

（8）　Pāpiyaṃ王＞Pāpiran 王。欽定年代記によれば，「仏暦484年に Ngataba の後継者として王位につき，66年間（60B. C.－6 A. D.）統治した。ミリンダ王とナーガセーナの大問答は，この王の即位後6年目のことであった」と述べている。*Hmannan* Vol. 1 § 111 p. 181, *G. P. C.* p. 23

（9）　上記ミリンダ王とナーガセーナ比丘との対話が，そのまま伝えられて *Milindapañhā* あるいは *Milindapañho*,『ミリンダ王の問い』なる典籍となった。その漢訳「那先比丘経」（2巻）も存在する。ビルマの仏教徒は，とくにこれを尊重し，阿含経典として『*Khuddaka-nikāya*〔小部経〕』中に入れている。第6結集版では，第23巻。

（10）　在位は干潟説では399-418A. D., パラナヴィターナの新説では340-68B. C.

（11）　*Cv.* p. 14，南伝第61巻 p. 11

（12）　Upatissa I.　干潟説418-27A. D., パラナヴィターナの新説368-410A. D.（この説は，42年間統治したという伝承と合致している。）

（13）　Mahānāma. 409-31A. D. と伝えられるも，干潟説では427-59, A. D. パラナヴィターナの新説では410-32A. D. 在位。

（14）　Buddhaghosa.　仏音，覚音。南伝パーリ語三蔵の大註釈家。なお，本書§1，註（27）および註（29）参照。

（15）　sweto「仏歯，ブッダの犬歯」（原田・大野，ビ辞 p. 121）swe は象などの牙や哺乳類の犬歯・門歯を指す語であり，「仏牙」（模緬華辞 p. 153 etc.）とも訳されている。

（16）　イラワジ河の河辺に沿ったパガン遺跡群の最南端にあった旧都。現在でもミンカバ村よりさらに下った所にティリピッサヤーと呼ばれる村がある。その村外れのイラワジ河の岬のように少し突き出した地点に，セイロン様式に近いローカナンダ・パゴダが見られ，その境内地に宮殿があった，といわれている。cf. *Luce*, 付録地図；生野・ビ上座部佛史　付地図。

（17）　Señlañkrauṅ王。Thinlekyaung 王。ティリーピッサヤ－Thiripissaya 都の創建者とされる。当時パガン近隣の19か村を統一へ導き，344-87A. D. まで在位した，と伝えられる。cf. *Hmannan* Vol. 1 p. 208; *G. P. C.* p. 45

（18）　Pyusawhti 王の別名。ピュー〈驃〉族の翁によって育てられたので，この別名があるという。在位167–242A. D. と伝えられる。*Hmannan* Vol. 1 pp. 201–05, *G. P. C.* pp. 40–41

(19) 原本は，Kittisirimegha 王としているが，正しくは Kittisirimeghavaṇṇa とすべきであろう。編者はそのつもりでありながら vaṇṇa を省略して述べたのかもしれない。556A. D. 即位と伝えられるが，干潟説では363–90A. D.，パラナヴィターナ新説では303–31A. D. 在位の王である。また556A. D. 即位の伝えられる Kittisirimegha 王と間違いやすいので，要注意。cf. *Cv*. pp. 3–7，南伝第61巻 pp. 1–4

(20) 61人目というのではなく，62人目の王という数え方については，不詳。

(21) 原本は確かに Kuhasiwa 王としているが，*Hmannan* では Kumāsīwa としている。*Hmannan* p. 205, *G. P. C.* p. 43

(22) Jeṭṭhatissa II 世王。在位については，干潟説390–99A. D. Paranavitana 新説331–40A. D.

(23) Bodawpaya ボードパヤー王。1782–1819A. D. 在位。ビルマ最後の王朝を創始したアラウンパヤー Alaungpaya 王の王子。近世ビルマにおいて最も強大な力を誇り，1797年より次々と送り込まれたイギリスの使節に対しても冷たい態度を示し続けた。

(24) 『サーサナヴァンサ』では，この§11にとりあげられた尊者ナーガセーナとミリンダ王のことについては，全然ふれていない。すなわち，この部分は『サーサナヴァンサ』編纂に際して，全面的に削除されてしまっている。

§12　尊者ブッダゴーサ大長老のこと

セイロン〔スリランカ〕へ三蔵を書写するために行ったこと

尊者ブッダゴーサのことについては,『ブッダゴースッパッティ *Buddhaghosuppatti* 仏音縁起(1)』に伝えられているものと,『チューラヴァンサ』の中に伝えられているものとがあり，それら2か所に述べられていることは，相違しています。

『ブッダゴースッパッティ』に伝えられている大要は,〔次のようです。〕

【p. 40】
「セイロン語で書かれた教説の聖典があるのを，誰がマーガダ〔パーリ〕語(2)に訳すのだろうか」とひとりの阿羅漢が熟慮して，三十三天のゴーサ Ghosa 神を見つけて登っていき，タジャーミン〔帝釈天〕を通じて懇請して，マハーボディ Mahābodhi〔大菩提〕樹の付近，ゴーサ Ghosa 村ケーシー Kesī バラモンの妻ケーシニー Kesinī バラモン女の〔胎〕内に結生することによって，人に生まれました。その時に,「食べよ。飲まれよ」などと，バラモンたちが声をかけあっている最中に誕生したので，ゴーサ Ghosa〔音声〕という名前がつき，7歳になった時に，ヴェーダ〔の学習〕を完了しました。

大阿羅漢とヴェーダの意味について問答していき，その三ヴェーダ完了の時に，“Kusalādhammā, Akusalādhammā, Abyākatādhammā（善法，不善法，無記法)”などをはじめとする最勝の言葉・ブッダの真言(3)を大長老が宣説すると,〔ブッダゴーサは,〕値の止まるところを知らない〔非常に価値の高い〕ブッダの真言〔仏教〕を学びたくなり，その大阿羅漢の許で比丘となって，毎日蔵経を6万句ずつ暗記するため，学習し，1か月にして，三蔵を習得し終わりました。

その後，深閑とした所に独居して,「ブッダの説かれた蔵経について，私の智慧のほうがより秀れているのか，私の親教師〔和尚である先生〕の智慧がより秀れているのだろうか」と考えました。そのことを師の大阿羅漢が知って，呼びつけ,「このように考えるのを私は好まない」と叱り，咎めました。それで彼は，すっかり恐れをなして,「私の過ちをお許し下さい」と容赦を乞うと,〔師は,〕「セイロン島へ渡って，蔵経をセイロン語よりマーガダ〔パーリ〕語へ訳すなら，私は〔お前を〕許してやろう」と，言いました。

尊者ブッダゴーサは，バラモンの父を邪見 Micchādiṭṭhi[4]より離れさせるため，〔説き聞かせ，邪見を〕消滅し終わって，師の言われた先の話の通りに，蔵経を訳すためにセイロン島へ渡りました。

三蔵を書写する許可を得たこと

【p. 41】
その時，尊者ブッダゴーサの乗った船は，大海中の航路を３日間かけて，セイロンへ往く途中でした。同じように，尊者ブッダダッタ Buddhadat（＞Buddhadatta）〔仏授[5]〕が乗った船は，セイロンより帰る途中でした。タジャーミン〔帝釈天〕やナッ〔神〕たちの威力により，大長老ふたりの乗った船２隻が出会いました。その出会った時，船員や商人たちは驚いて泣きわめきましたが，お互いに尋ね合って大長老おふたりは，往きと帰りの船が出会った事情〔と〕，蔵経を書写しに来た諸事情とを説明しました。そして〔ブッダダッタ長老は次のように言いました。〕

「私の編纂した『ジナーランカーラ *Jinālaṅkāra* 勝者荘厳[6]』を，“用語が軽薄になっている。アッタカター，ティーカーの重みある用語と異なる”といって，蔵経を訳させても写させてももらえなかった。汝こそ，三蔵の註釈説明を重厚な用語をもって行っていただきたい」と。

そのように述べて，尊者ブッダダッタは，タジャーミン〔帝釈天〕より授けられたパンガー，チャズの実[7]と，鉄の柄を付けた鉄筆と，砥石とを尊者ブッダゴーサに譲り渡しました。大長老おふたりの会話が済むと，２隻の船はおのずから離れて行きました。

尊者ブッダゴーサが，セイロン島に着き，サンガパーラ Saṅghapāla 大長老にお会いして，蔵経をマーガダ〔パーリ〕語に訳すためにやって来たことを告げると，〔サンガパーラ大長老は〕“Sīlepatiṭṭhāya〔戒に止住し〕”という語で始まる偈文をあたえ，「この偈文に三蔵を配して意味を明らかにしなさい」と促しました。〔ブッダゴーサ長老は，〕その日の夜から始め，その偈文の解説『ヴィスッディマッガ　清浄道論[8]』という典籍を編纂しました。

一通り〔書き〕終わって眠りについた時，その方〔ブッダゴーサ長老〕の能力を試したいと思ったタジャーミン〔帝釈天〕は，〔できあがった『ヴィスッディマッガ』を〕隠してしまいました。そのため〔ブッダゴーサ長老は，再度〕新しいのを書きかえました。〔さらに〕それと同じように，また隠したので，もう一部書き上げました。3通りのものを書き終えてから，〔タジャーミンは,〕以前の2部〔も存在すること〕を明らかにしました。

〔ブッダゴーサ長老は,〕3通りのものをサンガパーラ大長老へ見せました。大長老は，非常に満足して，蔵経をマーガダ〔パーリ〕語に翻訳するための許可を与えました。

『ヴィスッディマッガ』においては，「サンガパーラ大長老が〔偈文の解説編纂を〕促した」といいます。『ブッダゴースッパッティ』においては，「サンガ・ラージャ Saṅgharājā〔僧伽王〕大長老が懇請した」といいます。

《これが『ブッダゴースッパッティ』に伝えられる概略です。》

【p. 42】
『チューラヴァンサ 小王統史』に伝えられている概略は，〔次の通りです。〕(9)

大菩提樹付近の，あるバラモンたちの村に生まれ育った一人の若者が，三ヴェーダのすべてに通達しました。諸々の教説についても熟知していたので，他の人と対論応答することが好きでした。

ジャンブディーパ〔閻浮提・南胆部洲，インドを中心とする大陸地域〕全土を巡遊し，一軒の寺院へやってきて寄寓している時のことでした。寺院に住んでいたレーヴァタ Revata 大長老へ，三ヴェーダに関する問題について，そのバラモンの若者が質問したときに，問うたびに大長老は，解答できました。〔ところが,〕大長老が最勝法 Paramat についての質問をすると，バラモンの若者は応答できませんでした。〔それで若者は,〕「如何なる学問の真言ですか」と尋ねると，〔レーヴァタ長老は,〕「ブッダの真言である」と言いました。

それで，教授してほしい，と〔若者が〕懇請しますと，「出家して僧になったら教えよう」との〔長老の〕指示を得ました。〔彼はその指示に従い,〕真言を学習するため，得度して僧となり，三蔵すべてを習得しました。そして，教主ブッダのように該博で高名になったため，長老方より，“ブッダゴーサ”と呼称されました。

セイロン〔スリランカ〕へ三蔵を書写するために行ったこと

尊者ブッダゴーサは，尊者レーヴァタのところに居住して『ニャーノーダヤ *Ñāṇodaya* 上智論[10]』および『アッタサーリニー *Aṭṭhasālinī* 勝義説[11]』という書籍を編み上げました。そして，『パリッタ・アッタカター *Parit-aṭṭhakathā*[12]』の編纂に努めている最中に，〔ブッダゴーサ長老に向かって,〕

「このジャンブディーパには，聖典 Pāḷito〔三蔵〕があるのみです。註釈書 Aṭṭhakathā はありません。師 Ācariya 説も散り散りに分裂してしまいました。そのため，尊者マヒンダが運んでいったセイロンにある註釈書，第３回仏典結集で編纂した聖典〔三蔵〕，尊者サーリプッタなど阿羅漢方の説かれた伝説類などが，セイロン島に存在します。汝は，行って，それをマーガダ〔パーリ〕語に翻訳し，持ってきなさい。そのようにして持ち帰るならば，人々皆に役立つであろう」

と言って，親教師〔和尚〕であるレーヴァタ長老は，〔ブッダゴーサを〕使いに差し向けました。

尊者ブッダゴーサは，セイロンへ渡って，アヌラーダ〔プラ〕市[13] Anurādhamrui.（＞Anurādhapura）のマハーヴィハーラ〔大寺〕僧院へ入りサンガパーラ大長老の許で，セイロンの註釈書と上座の説 Theravāda すべてを聞き終わって，アッタカターを編みたい，と懇請しました。僧伽〔僧団の長老比丘たち〕は，“Sīlepatiṭṭhāya（戒に止住し)”という語で始まる偈文を与え，

【p. 43】「この偈文において，汝の能力を示しなさい」と言いました。

すると，〔ブッダゴーサ長老は,〕アッタカターと共に三蔵を要約して，偈文〔にして計算するなら〕14万〔偈ほど[14]〕の典籍『ヴィスッディマッガ〔清浄道論〕』を編纂しました。以前〔に述べたの〕と同じように，一夜のうちに３通りまでも編纂しました。３通りすべてを僧伽に見せると，大いに満足して，アッタカターと共に三蔵原典を運んできて，〔ブッダゴーサ長老に〕渡しました。

比較して示すこと〔両資料より明らかになること[15]〕

このように，２通りの文献に伝えられている２つの事柄によって，尊者ブッダゴーサは，セイロンへ渡り，すべてのアッタカターをマーガダ〔パーリ〕語

により書写し終わってから，ジャンブディーパ〔閻浮提，南胆部洲〕へ帰りました。

『ブッダゴースッパッティ』には，派遣してくれた〔最初の〕先生の許へ入ってから両親のところへ行った事情を述べています。

『チューラヴァンサ』には，アッタカター類をマーガダ〔パーリ〕語に訳し終わって，ジャンブディーパへ行った事情を述べています。場所名や特別なことは，含まれていません。

「トゥウンナボンミ〔金地〕国のタトンThahtounの都は，セイロンと航路が通じていた」とアングッタラ〔・ニカーヤ〕のアッタカター(16)に述べています。それに照らして，「帰ってきて三蔵と共にタトン国へ到着した」という伝承文書があることは，正しいのです。

《以上が，尊者ナーガセーナとミリンダ王が三蔵を整理したこと，ある説法者の長老が〔三蔵中の〕経蔵をセイロン語に訳したこと，そのアッタカターを尊者ブッダゴーサがマーガダ〔パーリ〕語に再び戻したことの説明です。》

尊者ブッダゴーサ大長老のことを終わります。

註

（1）　*Buddhaghosuppatti.*「ビダガドゥ・タマイン」によれば，タンバディーパ国アリマッダナーという名のパガン市の氏名不詳の長老が編したもの，という。そして*Buddhaghosuppatti-nisya, Buddhaghosuppatti-Pyou*なる書籍も，かつて存在した，と述べている。(*Piṭakatdothamaing* p. 132)

また16世紀の中葉にビルマのマハーマンガラという比丘が，ブッダゴーサ長老のミャンマー出生説を主張し，そのミャンマー帰還説を強調するために著した，ともいわれている。いずれにしろ，従来の資料を使って同長老の生涯について浪漫的な伝説物語にまとめられたもので，史的資料としての価値という観点よりすれば，真実性に乏しいようである。なお，J. Grayにより英訳され出版されている。*Buddhaghosuppatti,* edited by James Gray, London, 1892.

（2）　南方仏教の聖典用語であるパーリ語は，かつて釈尊自身がマーガダ地方の教化活動に使用していた言葉と信じられてきたため，12世紀頃まではマーガダ語と呼ばれてきた。ところが，この言語以外にマーガダ語なるものが実際に存在することが知らされ，それ以降はパーリ（Pāḷi は「聖典」の意）語という呼称が使用されるようになったようである。したがって，パーリ語は，実際のマーガダ語に一致するものではないが，ビルマではいまだにパーリ語をマーガダ語とも呼び慣わしている。このような訳文になったのは，その点を考慮したからである。

（3） 原文 paramatsaka buddhamantan.

（4） 原始仏教における八正道 Aṭṭhangika sammā magga に対して，同様な数の micchā magga があり，micchā-diṭṭhi（邪見）はその一つでもある。ここではバラモン教徒の父を仏教徒に改宗させようとした，というだけのことであろう。

（5） Buddhadatta. 南インド Uragapura 出身で，アヌラーダプラのマハーヴィハーラに学び，チョーラ Coḷa 国の Bhūtamaṅgalagāma の僧院で諸註釈書の編述をなした，という。（*Mal. Dic.* Vol. II p. 307 etc.）

Vinayavinicchaya, Uttaravinicchaya, Abhidhammāvatāra, Rūpārūpavibhāga などの註釈書が，同長老の手によるとされ，Madhuratthavilāsinī と Jinālaṅkāra についても，この書に伝えるように，彼によるとするものがある。

（6） *Jinālaṅkāra.* 仏伝を含む250偈ほどのパーリ語詩で，その著者については不詳。ただ，このように Buddhadatta 著とするもの（他に Gandhavaṃsa etc.）と Buddharakkhita に帰する説（*Piṭakattōsamuiṅ*: pp. 115–16etc.）とがある。

また，J. Gray のローマナイズと英訳（*Journal of Royal Asiatic Society*, London, 1896），および Roy の英訳（1894）がある。cf. 片山一良「Gandhavaṃsa パーリ語文献史　和訳・索引」（『仏教研究』第4号，国際仏教徒協会，1974年）p.119，竜山章真「南方仏教の様態」（弘文堂，1942年）p.78, etc.

（7） Hpanhka kyasu thi. 濃い緑色で，にがく刺激の強い樹の実。梅干しに似た直径1－2㎝の小さなものがパンガー Terminalia tomentella（ヨシクンシ，訶子）で，それより少し大きな実がチャズ Terminalia Roxb（番欖）だ，という。

また，パーリ語では，harītaka，harīṭaka，harītakī（Terminalia Chebula 呵利勒，柯子）が，これらの語に相当する。*Housin P–B Dic.* Vol. IV p. 1080 etc.

これらの実は，薬としても用いたが，貝葉に文字を刻み入れる際の墨の原料としても使用されたので，ここでは後者の場合の便宜をはかったものと推測される。

（8） *Visuddhimagga.*　清浄道論。Buddhaghosa の代表的な編著で，南方パーリ仏教における最高権威の論書。全編23品より成り，戒・定・慧の三学を綱格とし，上座有部の立場より，南方七論，さらにその後に展開した教理も含めて，涅槃への「清浄なる道」すべてを集大成しており，百科全書的な内容をもっている。PTS 2 Vols. 1920, 1921，第6結集版 2 Vols. 南伝第62，63，64巻。英訳の他に独訳も試みられている。

（9） *Cv.* pp. 17–20，南伝第61巻 pp. 14–17

（10） *Ñāṇodaya.* この書物は，これ以外の古い文献上に見られないようで，本当に実在したのか，現在まで不明のままである。cf. B. C. Law, *The Life and Work of Buddhaghosa* p. 68

（11） *Dhammasaṅganī.*「法集論」の註釈書。第6結集版 Vol. 49，PTS 版 1897，和訳佐々木現順「仏教心理学の研究」。（日本学術振興会，1960年）

(12)　Parit（ビルマ語）は，確かにパーリ語のParittaの短縮形であるが，「護呪」を意味するのではなく，形容詞で「簡潔な」とか「短い」という意味で使われているという（*Mal. Dic.* Vol. II p. 158)。したがって，三蔵に対する簡略な註釈書というほどの意味で使っているようである。

(13)　本書§7の註（15）参照。

(14)　原文は，「gātha（140000）pamāṇashitho……」となっているが，文意にしたがって訳出。

(15)　原文「hñi hnaing ywei pyahcye」

(16)　タトンThahtoun都という名前そのものは，『アングッタラニカーヤ』のアッタカター中に見られないようで，このサーダンの著者が何処に言及したのか不詳。ただしSuvaṇṇabhūmmi（ビルマ語読みで「トゥウンナボンミ」）とインド方面との航路についての言及は，『アングッタラニカーヤ』のアッタカター中にも見られ，そのような箇所を指してのことか，とも考えられる。

cf. *Aṅguttaraṭṭhakathā*（Manorathapūraṇī）第6結集版 Vol. 1 p. 218

§13　セイロン島〔スリランカ〕における教法光輝〔興隆〕についての要約

阿羅漢〔聖者〕になるものが多くなったこと

【p. 43】
セイロン語による三蔵をマーガダ〔パーリ〕語に翻訳した後に，セイロン島〔スリランカ〕においては，師より弟子，弟子よりそのまた弟子へと師資相承【p. 44】次第によって，優れたご教法は非常に隆盛となりました。数えきれないほど多くの預流者，一来者，不還者，阿羅漢〔聖者〕(1) たちによって，満開に咲いた忉利〔三十三〕天のピンレーカティ〔刺桐〕樹のように，また７週間〔開花している〕睡蓮５種類により一面に覆われた大湖のように，〔み教えの花は〕満開に咲き誇っていました。誰でも通る小道，大通り，店屋，家の門，港，森，山，洞窟，家，学校，休憩所などにおいて，１か所でも道果が得られない場所とか，聖者が出ない場所といわれるところはありませんでした。しばらく立ち止まって托鉢している間にも道果が得られ，聖者になるものが増加しました。道果を得た聖者が多くなり，凡人〔普通人〕を〔それら聖者から〕区別して見せてほしいというときには，「この方は凡人である」と指さして示すことができました。ある時にはセイロン島に凡人の比丘が全くいなくなり，聖者だけになってしまいました。“Ekavāyaṃ puthujjanabhikkhunāma nahoti.（一時は凡人の比丘なるものはいませんでした。）”と,『ビバンガ・アッタカター　分別論註』に引用されています。(2)

神通力と智慧と威力のある優れた比丘方が，空中を飛んで行ったり来たりすることが多いため，太陽の光や熱が遮られ，籾を干すことができないほどでした。米を搗く〔精米する〕女性たちが困るほど，ご教法は栄え輝いた，と『ニダーナ *Nidan* 因縁譚』(3) にいわれています。〔ブッダの〕右鎖骨のご遺骨をスマナ Sumana 沙弥が，忉利〔三十三〕天よりセイロン島へ持ってこられた折に神変が起こり，吹き出してきた水の玉は300ヨージャナ〔由旬〕ある島全体に広がり〔輝いて〕，ブッダのご使用になられた塔廟の境内のようになったので，船で航海中の人々は，大海の水面からココ椰子の実ほどの大きさに〔島が〕見えただけで島全体に向かって恭敬したところであり，また尊者マヒンダ Mahindaの許でアリッタ Ariṭṭha尊者と500人の弟子たちが，初めて律蔵を習い唱えたところでもあって，ご教法の輝いた〔栄えた〕奇特な島である，と『ニダーナ 因縁譚』(4)に述べています。

三蔵を護持なされたこと

【p. 45】
セイロン島〔スリランカ〕においてパーリ語三蔵聖典は，貝葉に記されました。その後チョーラナーガ Coranāga王(5)の時に，島全土が飢饉の恐怖におそわれ，蔵経を暗唱なさっていられる多くの比丘がジャンブディーパ〔閻浮洲〕に渡ってしまいました。セイロンに残った比丘たちも，飢饉のために腹部を〔紐で〕縛ったり，腹部上に砂を置いたりして〔飢えを忍び〕，蔵経を暗唱なさいました。クタカンナティッサ王(6)が即位し，平穏になってから，ジャンブディーパへ渡っていた比丘が戻ってきて，残っていた比丘方と共にマハーヴィハーラ寺において，蔵経を漏出や混乱のないものにするために，〔全員が誦読し〕一致をみました。「一句一文も揺るぎなく一致しました」と，『マハーヴァンサ 大史』(7)の中に述べているように，セイロン〔スリランカ〕において蔵経は貝葉に記され，しかも非常によく暗唱伝持されました。

仏典を編纂なされたこと

その島中においてアッタカター〔註釈書〕類を尊者ブッダゴーサがマーガダ〔パーリ〕語に訳して編纂し書き写したのでしたが，その後も〔長老たちは〕その島において，大概のアッタカター，ティーカー Ṭīkā〔復註〕，アヌ Anu〔復々註〕(8)，マドゥ Madhu〔精粋〕(9)，レッタン Letthan〔(ビ) 綱要〕(10)，ガンディ Gaṇḍhi〔難語句釈義〕(11)，その他の種々のガンタンタラ Ganthantara〔諸典籍〕(12)を編纂し書き写しました。それでご教法は，興隆し清浄に光り輝きました。

（1）『ブッダヴァンサ・アッタカター *Buddhavaṃsa-aṭṭhakathā* 仏種姓義疏』を，尊者ブッダダッタが編纂しました。

（2）『イティヴッタカ *Itivuttaka* 如是語』，『ウダーナ *Udāna* 自説』，『チャリヤーピタカ *Cariyā-piṭaka* 所行蔵』，『テーラガータ *Theragāthā* 長老偈』，『テーリーガータ *Therīgāthā* 長老尼偈』，『ヴィマーナヴァットゥ *Vimāna-*

vatthu 天宮事』,『ペータヴァットゥ *Petavatthu* 餓鬼事』,『ネッティパカラナ *Netti-pakarana* 導論』の各アッタカター〔註釈書〕を師のダンマパーラ *Dhammapāla* 護法が編纂しました。

《師ダンマパーラは，セイロン島に近いバダラティッタ Badaratiṭṭha 港に住んでいたので，セイロン〔スリランカ〕師資相承文書に入っています。》

（3）『パティサンビダーマッガ・アッタカター *Paṭisambhidāmagga-aṭṭhakathā* 無碍解道註』を尊者マハーナーマ Mahānāma が編纂しました。

（4）『マハーニッデーサ・アッタカター *Mahānidesa-aṭṭhakathā* 大義釈註』を尊者ウパセーナ Upasena が編纂しました。

（5）『論蔵』7典籍〔七論〕のティーカー Ṭīkā〔復註〕をセイロンの尊者アーナンダが編纂しました。あらゆるティーカー類の最初の根本のものなので『ムーラ・ティーカー *Mūlaṭīkā* 根本復註』と呼ばれています。

【p. 46】

（6）『ヴィスッディマッガ・マハーティーカー *Visuddhimagga-mahāṭīkā* 清浄道論大復註』,『ディーガニカーヤ 長部』3巻のティーカー復註,『マッジマニカーヤ 中部』3巻のティーカー,『サンユッタニカーヤ 相応部』5巻のティーカーを師ダンマパーラが編纂しました。

（7）『律蔵』5巻のティーカー,『アングッタラニカーヤ 増支部』のティーカーを，パラッカマバーフ Parakkamabāhu〔I世〕王〔1153–86A. D.〕が奨励して，セイロンの尊者サーリプッタが編纂しました。

《この律蔵復註の師サーリプッタ尊者と阿毘達磨師モッガッラーナ尊者お二方は，パラッカマバーフ〔I世〕王の師で，セイロン人の尊者カッサパ Kassapa の弟子でした。〔これらお二方には〕学問のある親しい弟子がそれぞれ500人ずついたといいます。(13)》

（8）『論蔵』7典籍〔七論〕の『アヌティーカー *Anuṭīkā* 復々註』を師ダンマパーラが編纂しました。ティーカー〔復註〕の根底〔本文〕にある難解さを分かりやすく明らかにするため，再び踏まえて開いた〔解説した〕ので『アヌティーカー 復々註』と呼ばれます。

この方法に基づいて後の師たちは『ドヴァーラダサカター *Dvāradasakathā* 十門論』，『アヌダートゥカター *Anudhātukathā* 随界論』などを編纂しました。(14)

(9)『ヴィスッディマッガ・チューラティーカー *Visuddhimagga-cūḷaṭīkā* 清浄道論小復註』，『アングッタラ・チューラティーカー *Aṅguttara-cūḷaṭīkā* 増支部小復註』，『カンカーヴィタラニー・チューラティーカー *Kaṅkhāvitaranī-cuḷatīkā* 戒本小復註』などの『マドゥディーパニー *Madhudīpanī* 精粋小解明』の諸典籍を無名の師たちが編纂しました。

ティーカーの根底〔本文〕によって意味を尽くせないで残ったところや，また知られていないところをよく知ってもらうため，ティーカーの本文と合わせて示した聖典は，素早く知ることが〔できる便利さが〕あって，『マドゥディパニー』と呼ばれます。

(10)『モーハヴィチェダニー・レッタン *Mohavicchedanī-letthan* 断痴論綱要』をセイロンの尊者カッサパ Kassapa が編纂しました。

(11)『アビダンマアヴァターラ *Abhidhammāvatāra* 入阿毘達磨義論』を尊者ブッダダッタが編纂しました。(15)

(12)『ヴィナヤサンガハ *Vinayasaṅgaha* 摂律論』をセイロンの尊者サーリプッタが編纂しました。

(13)『クッダシッカー *Khuddasikkhā* 小学』を尊者ダンマシリー Dhammasirī が編纂しました。

(14)『パラマッタヴィニッチャヤー *Paramatthavinicchayā* 勝義決定論』，『ナーマルーパパリッチェーダ *Nāmarūpaparicchceda* 名色差別論』，『アビダンマッタサンガハ *Abhidhammatthasaṅgaha* 摂阿毘達磨義論』の各典籍をセイロンの尊者アヌルッダ Anuruddhā が編纂しました。(16)

「レマ，レッタン lema, letthan〔親指，小指の意〕」というように，簡略に要約して述べる小聖典があり，それを「レッタン letthan 綱要」と呼びました。〔また一説には〕簡略に要約して憶えるための小聖典ということで「レッチャン lakkhyan〔>lakkhyaṇa（パ）記しのついているも

の〕」と言っていましたが，時間の経過にしたがって「レッタン」と呼ばれるようになったと言われています。(17)

【p. 47】
(15)『ヴァジラブッディ *Vajirabuddhi*』と呼ばれる律蔵5巻の「ガンディ難語句釈義」をヴァジラブッディ師が編纂しました。

(16)『チューラガンディ *Cūḷagaṇṭhi* 小難語句釈義』，『マッジマガンディ *Majjhimagaṇṭhi* 中難語句釈義』，『マハーガンディ *Mahāgaṇṭhi* 大難語句釈義』の3巻をセイロンの師たちが編纂しました。「ティーカー」，「アヌティーカー」，「マドゥディーパニー」諸巻のように文章の語句を〔追って〕解説せず，最も難解な問題の頂点となる箇所のみを解説する聖典で，特別な智慧のひそんでいるということから「ガンディ 難語句釈義」といいます。

(17)『辞書 *Abhidhān*』〈『アビダーナッパディーピカー *Abhidhānappadīpikā* 名義明灯』〉をセイロンの尊者モッガッラーナ Moggalān（>Moggallāna）が編纂しました。

(18)『アッタビャーキャーナ *Atthabyakkhyan*（>Atthavyākkhyāna）〔語法論〕』を尊者チューラブッダ Cūḷabuddha が編纂しました。

(19)『サン *Hsan*（>Chando）〔韻律〕』，『アリンガー *Alinka*（>alaṃkāra）〔修辞〕』を尊者サンガラッキタが編纂しました。(18)

(20)『ビャーカヤイン *Byakarain*（>Vyākaraṇa）〔文法学〕』をセイロンの尊者モッガッラーナが編纂しました。

(21)『マハーヴァンサ 大史』，『チューラヴァンサ 小史』，『ディーパヴァンサ島史』，『トゥーパヴァンサ *Thūpavaṃsa* 仏塔史』，『ボーディヴァンサ *Bodhivaṃsa* 菩提樹史』，『ダートゥヴァンサ *Dhātuvaṃsa* 仏舎利史』をセイロンの師方が編纂しました。

(22)『ダーターダートゥヴァンサ *Dāṭhādhātuvaṃsa* 仏歯舎利史(19)』の典籍は，セイロンの〔ある〕将軍の依頼によって尊者ダンマキッティ Dhammakitti が編纂しました。

このような奇特な典籍(20)は，三蔵やアッタカター〔註釈書〕などの諸仏典により限定されない特別なものなので「ガンタンタラ Ganthantara 諸典籍」といわれます。こうして以前はほんの僅かのみ解説されていたアッタカター，ティーカー，アヌ〔ティーカー〕，マドゥ，レッタン，ガンディ，ガンタンタラという典籍７種類，いろいろなところにふさわしく意味をとって訳したことを述べる「ヨージャナー Yojanā 解説」を一緒にしますと，典籍は８種類となります。(21) これらすべてがセイロン島において，まず最初に多数編纂され，尊者ブッダゴーサ，尊者マハーナーマ，尊者ウパセーナ，尊者アーナンダー，尊者サーリプッタ，尊者モッガッラーナ，尊者カッサパ，尊者ダンマシリー，尊者アヌルッダ，尊者ヴァジラブッディ，尊者チューラブッダ，尊者サンガラッキ【p. 48】タ，尊者ダンマキッティ等々の非常に多くの聖典編纂師の方々によって，セイロン島内に久しくご教法は興隆し光り輝きました。

《以上が貝葉に〔経典が〕記された後，セイロン島内にご教法が長時にわたって隆盛となり，清浄に光り輝いたことについての説明です。》

セイロン島に教法が興隆した事情の説明を終わります。

註

（１）　原文 kuṭṭhearāmakaso sotāpan, sakadāgām, anāgām, rahantātophraṅ……, sotāpan は，パーリ語 sotāpanna（「流れに到達せる：流れに預れる」の意）で「初学聖者」，「預流向者」と「預流果者」がある。sakadāgām は，sakadāgāmin「一回来る者：一来者」で，欲界の修惑９品のうち６品を断じつつある聖者「一来向者」および断じ終わった聖者「一来果者」。anāgam は，anāgāmin「還らざる者：不還来者：阿那含」で，欲界の修惑９品中の残りの３品をも断じつつある「不還向者」，あるいは断じ終わった聖者「不還果者」。rahantā は，arahant「応供者，真人，尊敬に価する人」で，一切の見惑・修惑を断じ尽くしつつある「阿羅漢向者」，涅槃に入って再び迷いの世界に生死流転しない聖者「阿羅漢果者」がある。つまり，それぞれ仏教における修道の階位に関係した語で，四向四果あるいは四双八輩として８段階に分けられた聖者方を挙げているわけである。

（２）　*Vibhaṅga-aṭṭhakathā*（=*Sammohavinodanī*）. 第６結集版 p. 412。ただし，そこには "Ekavāyaṃ kira puthujjanabhikkhunāma nāhosi" と，kira（他人から聞いたことを示す「〜らしい」の意）という語が挿入されている点と底本原文の最後尾が異なる（nahoti とされている）ことを指摘しておく。

DN. 註第３巻の *Pāthikavagg-aṭṭhakathā* 第６結集版 p. 82には，kira なる語はなく，底本原文と同様の文章があるが，その最後尾も「nāhosi」（過去形）となっている。

（３），（４）　ニダーン nidan は，パーリ語の nidāna に由来し，「因，因縁，序，序文」

の意で，もともとは『ニダーナ・カター *Nidāna-kathā*』つまり「ジャータカ・アッタカター（本生譚註釈書）類に付けられた序章」に対して用いられた語のようである。それが戒律制定の因縁物語や摘要の類に対する呼称にまで広げられ，「ニダーナ」という“十二分教”中の一つのジャンルが形成される。したがって，いわゆる経典としての「仏説」ではなく，後世の諸伝承類に属するもので，ここではそのようなパーリ語典籍中の「ニダーナ類の中に伝えられている」という意味と見做してよいであろう。それ以上の典拠は不詳。

（5） 2 B. C. -11 A. D.（干潟説による。パラナヴィターナの新説では62-50 B. C.）cf. 森祖道「スリランカ王統年代論再考」（『仏教研究』第6号，国際仏教徒協会，1977年）

（6） 19-41 A. D.（干潟説による。なお，パラナヴィターナの新説では41-19 B. C.）

原文は，Kūṭakaṇṇatissa となっているが，Kutakaṇṇatissa の誤植であろうか。*Sās*. B 版は，Kutakaṇṇatissa.

（7） *Mv*. PTS 版 p. 453（南伝第60巻 pp. 378-79），および *Dv*. PTS 版 p. 103（南伝第60巻 p. 134）に，三蔵書写の記述はあるが，このような「一句一文も～」という文章は見られない。

（8） Anuṭīkā「復々註」の略。この§13の本文（8）に「アヌティーカー」について説明している。

Dhammasaṅgaṇi-anuṭīkā, *Sammohavinodanī-anuṭīkā*, *Pañcapakkarana- anuṭīkā* の3冊がある。

（9） Madhuṭīkā とも呼ばれ，Madhuratha-vilāsinī「仏種姓経註」を指す。すなわち上記註（8）の3つの Anuṭīkā に対する註釈で，各々 *Dhammasaṅganī Madhuratha-vilāsinī*, *Sammohavinodanī Madhuratha-vilāsinī*, *Pañcapakkarana Madhuratha-vilāsinī* が正式名。これら3冊の総称として *Madhuratha-vilāsinī* が使われる。

（10） “letthan” は，パーリ語の “cūla” に相当し，「小指」の意で，この§13の本文（14）に「レッタン」についての説明がある。

ビルマでは，「レッタン・アッタカター」と「レッタン・ティーカー」と呼ばれているものがあり，第6結集版の「レッタン・アッタカター」には，以下のように戒律関係〔A〕2冊，論関係〔B〕で3冊があげられている。（1971年発行の政府仏教会出版カタログによる。）

〔A〕（a）*Vinayavinicchaya hnin Uttaraviniccaya*

（b）*Vininge 4 saunpaṭh*

〔B〕（a）*Mohavicchedaniaṭṭhakathā*

（b）*Abhidhammāvatārādicaturogantha*

（c）*Abhidhammatthasaṅgaha*

なお，これら以外にも「レッタン」を付した註釈書典籍が民間出版社より発行されている。それらについての紹介は拙論「大谷大学図書館所蔵パーリ語貝葉写本の文献的研究 5．ビルマ文字版三蔵註釈文献―ṭīkā（復註）の一部と ganthantara（諸雑典籍），nissaya（逐語訳）―」（『真宗綜合研究所研究紀要』16）pp. 158-62参照。

（11） 難しい箇所を解説した註釈書で，この語に対して，この§13の本文（16）で説明がなされている。セイロン語 Singhalese によるものとビルマ語のものの両者がある。

(12)　諸註釈書以外の，その他いろいろな仏教について解説した書物で，この§13に説明があり，梵語のものも含めているようである。著者は未見だが，*Ganthantara Pāli Ṭīkā*（*or Pālī Ganthantara Ṭīkā*）と *Ganthantara Pāli* の２種があるという。なお，註（20）参照。

(13)　*Sās.* にはこの箇所《　》のような言及はなく，代わりに「『*Vimativinodanī* 疑惑排除』なる律復註をダミラ族王国に住むカッサパ長老が編纂した」と述べる。*Sās*. B版 p. 37，P版 p. 33

(14)　この最後の文章「この方法に基づいて……編纂した」は，*Sās.* には欠けている。

(15)　*Sās.*（B版 p. 37，P版 p. 33）では，さらに『*Rūpārūpa vibhāga* 色非色分別論』，『*Vinayavinicchaya* 律決定』もブッダダッタが著した，と述べている。

(16)　*Sās.*（B版 p. 38，P版 p. 34）では，さらに『*Saccasaṅkhepa* 諦要略論』を〔チューラ・〕ダンマパーラ長老が，『*khemā* 安寧論』をケーマ長老が，それぞれ著した，と述べる。

(17)　この箇所に続けて，さらに *Sās.* B版 p. 38，P版 p. 34では，数行の解説がなされている。cf，生野訳 p. 68-69

(18)　*Sās.*（B版 p. 38，P版 p. 34）では，『*Vuttodaya* 韻律原論』，『*Saṃbandhacintā* 相属思惟』，『*Subodhālaṃkāra* 善覚荘厳』と正式な書名をあげている。なお，「ヴットゥダヤ」は『仏教研究』（国際仏教徒協会）第３号に，「スボーダーランカラ」は同じく第６，７号に片山一良氏がテキスト全文の紹介と訳註を行っている。

(19)　橘堂正弘著『スリランカのパーリ語文献』（山喜房仏書林，1997年）p. 19に紹介されている *Dāṭhāvaṃsa*，それは *Dantadhātuvaṃsa* とも呼ばれるとのことで，やはり Dhammakitti 編纂（13世紀）とされているので，ここで言及しているのと同一の典籍かも知れない。また底本（ハンターワディー版）では *Dhāṭhādhātuvaṃsa* となっており，それを誤植と見て本文のように最初の Dhā を Dā と訂正して記載したことをお断りしておく。

(20)　「このような奇特な典籍」というのは，§13の本文（17）より（22）までにあげた書籍を指し，それらは「ガンタンタラ」であるという。

(21)　ここまでは *Sās.* でもほぼ同様に記述されているのだが，これ以後両者は相違している。*Sās.* では，ここでのように聖典編纂の師方をまとめて言及することはしていない。

§14 師資相承次第(1)

【p. 48】
今から第3回仏典結集より始まり，貝葉に記した第4回仏典結集に至るまで，またその後セイロン島内のご教法が繁栄し光り輝くまで，さらにその師の系統，弟子の系統，〔すなわち〕師資相承を弟子から弟子へと ācariyaparampara sissānusissā，切れることなく数珠玉に糸を通すように，相承の次第を述べましょう。

有恥僧〔羞恥心ある比丘(2)〕のみで教法を護持したこと

最初から述べてきた説明のすべては，相承〔次第〕を示したいために述べてきましたが，師と弟子の相承を示すことだけが肝要だと受けとりなさい。そのように示された師資相承の中には，羞恥心ある比丘，優れた比丘だけが入れられています。羞恥心のない比丘，悪い比丘は含めず無関係です。

何故かというと，無恥僧 alajjī(3)は，知識を持っていても利得や名誉を重んじることによって，教えの継承を誤らせ戒律の教えを破壊して，ご教法に対する災厄を大きくさせてしまうので，教法を護持することは無羞僧のやることではなく，有恥僧のなすべきことなので，師資相承には無恥僧たちは含まれず無関係なのです。

【p. 49】
そのような事情を予見して，昔の大長老方は，ご教法に気を配ったあげくに，後の時代には誰が教法を護持するのだろうか，と熟考し，「後の時代には教法を有恥僧方が護持するだろう。有恥僧方が護持するであろう。有恥僧方が護持するだろう」と，3度までも叫んだのでした。〔すなわち，〕

> Tathā hi pubbe mahātherā tikkhattuṃ vacaṃ nicchāresuṃ. “Anāgate lajjī rakkhissati lajjī rakkhissati lajjī rakkhissatī”(4) ti.
>
> （実に昔の長老方は次のように3度叫びました。「将来は〔ご教法を〕有恥僧方が護持するだろう。有恥僧方が護持するだろう。有恥僧方が護持するだろう」と。）

というように律蔵の註釈書に出ています。

無恥〔破戒〕僧たち教法破壊のこと

そのように師資相承に含まれない無恥〔破戒〕僧 Alajjī たちが，マッジマ洲16大国の街々にいたのは，仏滅後100年後のことでした。そして〔この書物の〕最初に述べたように，非法事10か条を提示して，結集に集まった師〔長老〕から追い出されたヴァッジー族の比丘１万人は，自分たちと同意見の異分 Visabhāga の群を探して，マハーサンギーティ Mahāsaṅgīti〔大結集；大衆部〕という名称で，阿羅漢の尊者方〔が行うの〕と同じように，結集を行う素振りを示して別派を起こしました。第１回，第２回結集で行ったことに反対し，〔それらを〕破壊して，経・論・律[5]を別に編纂し，別の結集を行いました。正しい言葉の意味を破壊してしまい，隠喩 upacā（＞upacāra），直喩 mukhya，了義 nitat[6]，未了義 neyyat[7]，意図 sandhāyabhasita のパーリ語の意味するところをよく知らないまま，不充分な文法のみで〔解釈して〕意味内容を破壊してしまいました。経，律，論，無碍解道 Paṭisambhidā，義釈 Nidesa，本生譚 Jat（＞Jātaka）の一部を放棄し，一部のみを残しました。それは自分たちの派の中のみで通用しましたが，〔正統な〕結集の師方である上座部 Theravādagain にまで通用できませんでした。比丘僧たちの姿形〔外見〕，態度〔行【p. 50】儀〕，居住，外出〔の仕方〕も，教法に適う本来の意向を棄て，別のしたいような仕方で行っていたのでした。

《これが第２回結集を行った尊者方に追放されて，別派を起こした「マハーサンギーティ大衆部」というアダンマヴァーディー〔非法説者〕派です。》

部派分裂のこと[8]

その後時代を経て――

（１）マハーサンギーティ〔大衆部〕から，お互いに意見が分かれて，

（２）ゴークーリカ Gokūlika 派〔牛家部〕

（３）エーカビョウハーラ Ekabyohāra 派〔一説部〕と，２派に分裂しました。

その後にゴークーリカ派からお互いに意見が合わなくなり，

（4）バフスッタカ Bahussutika（>Bahusuttaka）派〔多聞部〕

（5）パンニャッティヴァーダ Paññattivāda 派〔分別説部〕

という2派にさらに分かれました。

（6）もう一度チェティヤヴァーダ Cetiyavāda 派〔制多山部〕一派が別になりました。

その後時代を経て，テーラワーダ派から異端派が出て，

（7）マヒンサーサカ Mahiṃsāsaka 派〔化地部〕

（8）ヴァッジプッタカ Vajjiputtaka 派〔犢子部〕

という2派に分かれました。

その後もヴァッジプッタカ派から，各々仲が悪くなり，

（9）ダンムッタリカ Dhammuttarika 派〔法上部〕

（10）バッダヤーニカ Bhaddayānika 派〔賢冑部〕

（11）アナーガーリカ Anāgārika 派〔出家部[9]〕

（12）サムティ Samuti[10] 派〔正量部〕

という4派に再分裂しました。

ふたたびマヒンサーサカ派から各々〔意見が〕合わなくなり，

（13）サンパッティヴァーダ Sampattivāda[11] 派〔説一切有部〕

（14）ダンマグッティカ Dhammaguttika 派〔法蔵部〕

【p. 51】（15）カッサピヤ Kassapiya 派〔飲光部〕

（16）サンカンティカ Saṅkantika 派〔説転部〕

（17）スッタヴァーダ Suttavāda 派〔経量部〕と，5派に再分裂しました。

第2回仏典結集を行った阿羅漢〔聖者〕方の系統で，ダンマヴァーディー〔正法説者〕のテーラヴァーダ〔上座〕派から分かれたアダンマヴァーディー〔非法説者〕は，マッジマ洲〔インド〕では合計17派といわれています。そのアダンマヴァーディー17派は，前に述べたように教法宣布の師資相承には含まれず，それとは無関係でした。

第1回仏典結集師資相承

第1回仏典結集の師資相承〔次第〕は，尊者マハーカッサパ，尊者アーナンダ，尊者ウパーリはじめブッダの面前で大阿羅漢となられた500人がいらっ

しゃったということのみで，特別な相承はありません。その大阿羅漢500人から増加してきた師と弟子の継承世代は，10万100万どころか〔数えきれないほど〕非常に多かったのです。

第２回仏典結集師資相承

第２回仏典結集の師資相承〔次第〕は，ブッダ近侍の弟子尊者ウパーリ，尊者ダーサカ，尊者ソーナカ，尊者シッガヴァ，尊者モッガリプッタティッサ〔です〕。この大阿羅漢５人により第１回仏典結集から第２回仏典結集に至るまで仏暦〔仏滅後〕100年間師資相承がつながった次第を“ウパーリ，ダーサカおよびUpalidāsakoceva”という語で始まる偈文によって，パーラージカ〔波羅夷〕のアッタカター，三蔵のパリヴァーラ〔付随品〕中などに示されています。この師資相承〔次第〕の中で，先の方は師，後の方を弟子であるとアッタカターはいいます。

この師の継承において，戒律を持すること，わが弟子の中で第一人者という称号を得て，“ウパーリ……”と偈文に記されていることを極めて尊い〔原因〕と考えるなら，尊者モッガリプッタティッサに至るまでの系譜〔結果〕も極めて尊いということを知ることができます。それは河上に雨が降ったことを考えて，【p. 52】下流に水が多くなることを知り得るのと同様であり，カーラナアヌマーナ〔原因推論〕方法(12)〔によるもの〕です。

尊者モッガリプッタティッサに至るまでの系譜が優れて尊いものであることを考えて，“尊者ウパーリ……”という最も優れて尊い系譜が真実であることを知り得るのは，上〔空〕に煙を見てその下に火があることを知り得るのと同様で，パラーアヌマーナ〔結果推論〕方法(13)〔によるもの〕です。

“尊者ウパーリ……”の最初〔のところ〕と“尊者モッガリプッタティッサ……”という最後〔のところ〕が優れて尊いことを考えて，中間の尊者ダーサカ，尊者ソーナカ，尊者シッガヴァ方の優れて尊い系譜が正しいということを，そっと知り得るということは，敷石〔平板な大石〕の〔こちらの端辺の〕初めと，〔向う側の端辺の〕終わりに獣の足跡を見て，敷石〔上〕の中間をそっと〔跳んで〕行った獣の足跡を知るのと同様で，ミガパダヴァランジャナ〔獣の足跡を知る〕方法(14)〔によるもの〕です。

《このような3方法により，ダンマヴァーディー〔正法説者〕の羞恥心ある最も優れて尊い師資相承〔次第〕を，正しいと理解してよろしい。それで，この書物の最初からこれら3方法を示しておきはしなかったでしょうか。》

第3回仏典結集師資相承

第3回仏典結集師資相承〔次第〕は，尊者モッガリプッタティッサが授戒師をした近侍の弟子であったティリーダンマ・アソーカ王の王子尊者マヒンダ，尊者イッティヤ Iṭṭiya，尊者ウッティヤ Uttiya，尊者サンバラ Sambala，尊者バッダサーラカ Bhaddasālaka をはじめとして，尊者アリッタ Ariṭṭha，尊者ティッサダッタ Tissadatta，尊者カーラスマナ Kālasumana，尊者ディーガスマナ Dīghasumana，さらにまた尊者カーラスマナ，尊者ナーガ Nāga，尊者ブッダラッキタ Buddharakkhita，尊者ティッサ Tissa，尊者レーヴァ Reva，さらにまた尊者スマナ Sumana，尊者チューラナーガ Cūḷanāga，ローハナ Rohaṇa 国の尊者ダンマパーリタ Dhammapālita，尊者ケーマ Khema，尊者ウパティッサ Upatissa，尊者プッサデーヴァ Phussadeva，さらにまた尊者スマナ，尊者マハーパドゥマ Mahāpaduma，尊者マハーシヴァ【p. 53】Mahāsiva，さらにまた尊者ウパーリ，尊者マハーナーガ Mahānāga，尊者アバヤ Abhaya，さらにまた尊者ティッサ，さらにまた尊者スマナ，尊者チューラーバヤ Cūḷābhaya，さらにまた尊者ティッサ，尊者チューラデーヴァ Cūḷadeva, 尊者シヴァ Siva，――

このような始まりの師資相承により，第2回仏典結集が行われた後貝葉に記された第4回仏典結集に至るまで，仏暦350年間，師資相承の先々までの次第を“その後マヒンダよりイッティヤ Tato Mahindo Iṭṭiyo……”(15)で始まる偈文によって，パーラージカ〔波羅夷〕のアッタカター，三蔵のパリヴァーラ〔付随〕中などが示しています。

《この師資相承の経緯の一部始終を考えて，昔からの3方法により，ダンマヴァーディーの羞恥心ある持戒者の最も優れて尊い師資相承〔次第〕は正しいと理解してよろしい。》

セイロン島〔スリランカ〕典籍編纂師資相承(16)

貝葉上に書写した第４回仏典結集の終了した後の師資相承は，アッタカター，ティーカー，アヌ〔ティーカー〕，マドゥ，レッタン，ガンディ，ガンタンタラ，ヨージャナーと，典籍７，８種類を編纂整理して聖典を作成した師の系譜と，また際限なく増加した阿羅漢の聖者方の系譜とがあり，〔この両者によって〕長い時代にわたって栄えた師資相承の次第を，以下に示します。典籍編纂の師資相承〔次第〕を簡単に紹介すると，〔次の通りです。〕

尊者ブッダゴーサ，尊者ブッダダッタ，尊者ダンマパーラ，尊者マハーナーマ，尊者ウパセーナ，尊者アーナンダー，尊者サーリプッタ，尊者モッガッラーナ，尊者カッサパ，尊者ダンマシリー，尊者アヌルッダ，尊者ヴァジラブッディ，尊者チューラブッダ，尊者サンガラッキタ，尊者ダンマキッティ

以上のように典籍編纂の師方のことを，以前と同様３種の方法によって，さらにセイロン島内の師資相承として憶えておきなさい。

《これが第３回仏典結集から始まり，貝葉上に書写した第４回仏典結集に至るまでと，またその後セイロン島で教法が隆盛になるまでとの，師と弟子の系統すなわち師資相承で，弟子から弟子へと数珠玉を糸に通すように途切れることのない，３種の方法による継承次第の説明です。》

師資相承次第を終わります。

註

（１） *Sās.* は，§13に続けて，すぐトゥウンナボンミ，すなわち「ラーマニャ国の仏教伝播事情」について記述しています。この§14に相当する「師資相承次第」は，第３結集後９地方への長老派遣の記事のあと（B版 pp. 15–17）に述べられているが，サーダンのこの箇所ほど詳細ではない。

（２） lajjī. 恥を知る比丘，すなわち戒律を正しく守っている持戒堅固な僧を指す。cf. 本書§10

（３） alajjī. 羞恥心のない比丘，すなわち本文に示されているように，持戒堅固でない僧を指す。cf. 本書§10

（４） 第６結集版 *Pārājikakaṇḍha-aṭṭhakathā* Vol. 1 p. 200; *Samant.* P版 Vol. I p. 234

（5） 原文 sut（>sutta), abhidhammā, vinañ（>vinaya）という順序になっていて，「経，律，論」という普通の順序ではなく，「経，論，律」とされている点が注意をひき，興味深い。

（6),（7） §1および§1の註（8）と註（9）参照。

（8） cf. *Sās.* B版 p. 16。部派分裂についてここに述べられている見解は，そのまま *Sās.* に受け継がれ訳出されている。

（9） *Sās.*（B版 p. 16）では，channā gāriko である。Chandāgārika あるいは Saṇṇāgarika（沙那利河，密林住，六城部）の略形呼称としての Anāgārika であろうか。

(10) 原文 Samuti だが，Sammiti; Sammitiya（三密栗底，三弥底，正量部 etc.）に由来するものであろう。

(11) 当時，原文のように Sampattivāda とも呼んだのかもしれないが，Sabbattivāda, skt. で Sarbāstivāda 説一切有部を指すとみてよいだろう。

(12),(13),(14) 本書§1参照。

(15) 第6結集版 *Pārājikakaṇḍha-aṭṭhakathā* Vol. 1 p. 46, *Samant.* P版 Vol. I p. 62

(16) セイロン島〔スリランカ〕師資相承27代については，*Tha. sadan* §7. pp. 28–29, 本書§7「セイロン島〔スリランカ〕師資〔相承〕27代」の項に，すべて述べられている。

§15　ラーマニャ国へご教法が降来したこと

最初のご教法の系譜

【p. 54】
今やわがミャンマー Myanma 国における教法史〔上の〕師資相承〔次第〕を説明させていただく段となりました。というのは，100以上の県や村〔があること〕によってそれぞれ別々に〔理解され〕覚えられているラーマニャ Rāmanya（ビ):Ramañña（パ）国，〔あるいは〕ヨーナカ Yonaka 国，トゥナーパランタンバディーパ Sanāparantampadīpa 国といわれるこのミャンマー国の中で，ラーマニャ国モン Mun 3 地方は，尊者ブッダゴーサがセイロンより帰って来たときに蔵経をタトン国へ持参したという謂われがあり，それに関連があるので，ラーマニャ国の教法史における師の系統をまず最初に説示しましょう。

（1）タトン Thahtoun，ムッタマ Muttama などのラーマニャ国の部分――トゥウンナボンミ Suvaṇṇabhummi（>Suvaṇṇabhūmi）

（2）ダゴン Tigun，ダラ Dala などのラーマニャ国の部分――ウ〔オ〕ッカラーパ Ukkalapa

（3）バティン〔バセイン〕Buthin，ミャウンミャ Myaunmya などのラーマニャ国の部分――クティマラッタ〔クシマラッタ〕Kusimaraṭṭha

というように，モン3地方につけられた特別の名前で，仏教典籍に出ています。

“クティマ領域，ハンターワディー領域，ムッタマ領域と3つより成るラーマニャ領域において”(1)と，カリヤーニー碑文中にいわれている意味も同じです。“モンティ Munti，モンサ Munsa，モンニャ Munya というタライン Talaing 3か所”と，アーチャリヤヴァンサ文書類(2)に出ている意味も同一です。

その3か所中のウ〔オ〕ッカラーパジャナパダ Ukkalāpajanapada(3)と呼ばれたラーマニャ国の人で，初めて二宝帰依をしてビャーソッモン〔蜂蜜餅〕(4)とモンジュチッ〔煎餅〕(5)の食事供養をしたタプッサ Tapussa，バッリカ Bhallika 商人兄弟が起源となり，仏ご成道の最初の7か所すべてに，7日を7回で49日目，ワーゾー月の新月4日〔か〕5日〔頃〕よりラーマニャ国に尊いご教法〔仏教〕が降来し始めたのでした。

《これがラーマニャ国における最初のご教法の系譜です。(6)》

第2回目のご教法の系譜

ブッダご成道のずっと以前，カランナカ Karaṇṇaka 国スビンナ Subhinna 都のティッサ Tissa 王の治世に，大臣の息子ティッサクマー Tissakummā と【p. 55】弟ザヤクンマ Jayakummā は，この世が嫌になり，大海に近いガッジャギリ岩山でヤディ rase〔修験者(7)〕になりました。その頃〔ある〕ナーガマ〔竜女〕が玉子2箇を生み落としたまま逃げ出してしまい，それを〔見つけた〕兄のヤディが取ってきて弟のヤディと1箇ずつ分けて持っていたところ，〔それらより〕人間の子が2人生まれました。10歳になって弟のヤディの方の子供は亡くなりましたが，〔その後〕マッジマ地方 Majjhimatuik のミディラー Midhilā 国のガウンパティ Gavaṃpati という男性に生まれかわりました。7歳になった時，ブッダの許へ預けられ，比丘となり阿羅漢〔聖者〕となりました。〔一方〕兄のヤディの子が17歳となった時，タジャーミン〔帝釈天〕は王宮を造りあげ，“獅子王 Siharaja”という称号を授けて，〔彼を〕王にしました(8)。

《〔シュエ〕モードー碑文には，王の名をティリーマーソーカ Sirīmāsoka，都名をトゥダマプラ Sudhammapura すなわちタトンと述べています。》

尊者ガウンパティご宣教のこと(9)

阿羅漢尊者ガウンパティ Gavaṃpati は，母親に会いたいと，ブッダの許からミディラー国へ出かけて行く途中で，母が亡くなったことを知り，「〔今度は〕何処に生まれているだろうか」と熟慮して，狩人と漁師を慣習〔生業〕とする人たちのラーマニャ国にいる〔ことが分かりました〕。「自分が行って教え諭さないと自分の母は苦界(10)に沈む」と考えて，ブッダに許しを乞い，ラーマニャ国へ〔神足通により〕天空を飛来してやってきました。ラーマニャ国のタトン市〔都〕へ到着し，もとから〔昔〕兄弟であったティーハヤーザー王と都の人々へ教えを説き，五戒を授け，布薩を行わせました。

その時にティーハヤーザー王が，「貴殿は人間中で最勝者である」と申されたのを〔聞いたガウンパティ尊者は〕，「自分は人間中での最勝者ではない。三十一界〔地〕(11)における人間，ナッ〔神〕，梵天の中で最勝王冠戴者でいらっしゃる自分の師の世尊が，マッジマ洲ラージャガハ〔王舎城〕国におられます」と教えたところ，ティーハヤーザー王は，「私たちが礼拝謁見できるように，その教主ブッダをご招請して下さい」と申されました。それをガウンパ【p. 56】ティ尊者はお引き受けになられ，最勝なるブッダへ招聘を請われて，〔それより〕８安居〔年〕目に衆僧 Saṃghātō ２万人と一緒に，〔世尊は〕ラーマニャ国のタトン市〔都〕へ〔神足通により〕天空を飛来しておいで下さいました。

《『王統史 *Rājawin*』(12)には「衆僧500人」，シュエモードー碑文には「衆僧２万」と述べています。》

お越し下さった〔最勝なるブッダは〕ヤダナーマンダッ〔宝玉仮宮殿〕にお住まいになり，王と共に国民にも甘露〔不死〕の教えをお授けになられました。三帰依と持戒を確立されました。その際に〔仏世尊は〕礼拝に来たヤディ〔修験者〕６人に聖髪６本を与えられました。その後37安居〔年〕して，〔仏世尊が〕般涅槃なされた時にも意向〔約束〕通りに，火葬の積み薪〔中〕から33本の聖歯を取り出して，尊者ガウンパティはタトン国へ持参し，ティーハヤーザー王へ授与なさり，石の仏塔33基を建立して，ご信仰なさいました。以上のように仏成道後８安居〔年〕目から阿羅漢の尊者ガウンパティが世話をなさって，ラーマニャ国タトン都に教法が輝きました。

《これがラーマニャ国における第２回目のご教法の系譜です。》

第３回目のご教法の系譜

仏滅後235年を経過して，ラーマニャ国内のトゥウンナボンミへ，尊者ソーナ Soṇa，尊者ウッタラ Uttara 長老のおふたりを，尊者モッガリプッタティッサが，授具足戒羯磨を成立させ得る五群比丘と共に，宣教に派遣なさいました。その尊者方〔ソーナ，ウッタラ〕は，尊者モッガリプッタティッサの近侍の弟子〔である〕と，アッタカターにいいます。

タプッサ，バッリカ兄弟２人と，八十大声聞〔弟子〕(13)中の尊者ガウンパティが，ラーマニャ国へ教法を降来させた原初ですが，もう一度宣教に派遣したということは，そうして降来したことが，ありとあらゆる人々に教えを広めるため〔配慮して〕降来したということではなく，信仰したい人々がそれぞれ信仰するのみで，自然に任せていただけだからです。宣教に派遣した理由は，信仰のない人を信仰させるため，尊崇しない人を尊崇させるため，説教をし教誡させるように，という命令 āṇatti の意味を含め，遣わしたということなのです。

【p. 57】

したがって，「あなたはあの国へ行き，そこに教法を確立させなさい。Tvaṃetaṃ raṭṭhaṃ gantvā ettha sāsanaṃ patiṭṭhapehi.(14)」と，アッタカターにおいて使役を表す縁語，使役語尾，命令の意味により示しています。

尊者ソーナ，尊者ウッタラご宣教のこと

その当時，トゥウンナボンミ国のタトンの都では，ティリーマーソーカ Sirīmāsoka 王が治めていました。タトンの都は，ケーラータ Kelāsa 山山頂仏塔(15)の南西にあり，東半分は山頂，西半分は平地に位置しました。その町は，糖蜜を煮〔て精製す〕る人々の家屋に似た多くの家屋があったのでゴーラマッティカ Goḷamattika（精糖〔精製者の〕泥土の〔家屋〕）町と呼ばれました。タイカラー Taikula(16)（インド〔風の〕建物）町とも言われました。その町は大海に近かったので，王家に王子が生まれるたびに水の守護神の鬼女〔イエサウン・バルーマ〕(17)が〔現われて，王子を〕喰べるのでした。宣教師〔ソーナ，ウッタラ両〕大長老方が到着した日は，ちょうど王家に王子が生まれた時で，鬼女〔バルーマ〕は，「喰べてやろう」と家来500〔の鬼女ども〕を連れてやってきました。それを見て，人々は恐れおののき泣き叫びました。そうしている時に大長老方は，とても恐ろしい獅子と同じ頭が１つで胴体の２つあるマヌシーハ〔人獅子〕(18)の形となり，〔鬼女の〕数の２倍以上〔の数〕に化身して〔現われ〕，鬼女どもを追い払うと，鬼女たちは逃げてしまいました。

大長老方は，再び鬼女たちが戻ってこないように，パリッタ〔護呪経〕(19)を唱えて防禦柵をしてやりました。その時寄り集まって来た人々にブラフマジャーラ〔梵網〕(20)経をお説きになり，６万人が解脱して預流果(21)などの聖者となりました。3500の男性が比丘になりました。出家した王子のみで，ほぼ1500人いました。その他の人たちにも三〔宝〕帰依を確立させました。その時より今日まで，生まれた王子はみなソーヌッタラ Soṇuttara という幼名で呼ばれたのでした。

【p. 58】〔その他の〕あらゆる子供たちにも鬼〔バルー〕からの危難を防ぐため，大長老方は砂糖椰子や棕櫚の葉などに化身したマヌシーハの姿を描いて，〔子供たちの〕頭の上にのせてやりました。タトンの町の東北の山頂にその姿の石像を建立して以来，それは今日に至るまで存在しています。以上のようにブッダが般涅槃なされた後235年経った時，尊者ソーナ，尊者ウッタラと宣教の大長老5人が努力して，ラーマニャ国モン3領域に尊いご教法が確立しました(22)。

《これがラーマニャ国における第3回目のご教法の系譜です。》

第4回目のご教法の系譜

その後仏暦1600年に至った時，先に述べた3つの事情により尊いご教法が繁栄し明るく輝いたラーマニャ大国は，郷土を掠奪する盗賊による災難，蛇の毒によるような蠅〔のもたらす〕疫病による災難，飢饉による災難，教法〔仏教〕を劣悪にし衰微させる敵兵による災難などにより虐待されたため，〔ご教法の〕力がとても弱くなりました。毎日欠かさずに比丘たちが教説を学び，実践をするということはできませんでした。スーリヤクンマー Sūriyakummā という幼名はマノーハリー Manohari と呼ばれたタトン国のマヌハ Manuha 王(23)の治世には，確かに〔ご教法の〕力は弱くなっていました。

その時に，仏暦1601年，緬暦419（1057A. D.）年に，アリマッダナ Arimaddana(24)のアノーヤター王(25)Norahtamingso が戦い，三蔵と共に比丘僧伽〔衆僧〕をパガンへ連れてきたのでした。その後，仏暦1708年，緬暦526年に至った時に，セイロンにおいてシリーサンガボディパラッカマバーフ大王が，教法を浄化しました。その後6年を経た緬暦532年になった時に，パガンのナラパティスィードゥー大王の師ウッタラージーワ Uttarājīva 大長老は，多くの比丘僧伽〔衆僧〕とバティン Puthin 港より船に乗り，セイロン島へ塔廟仏閣を礼拝するために出かけていきました。

アシン・ウッタラージーワとアシン・サッパダ(26)

【p. 59】
ウッタラージーワ大長老とは誰か，どの系統〔に属するの〕か，というと，〔以下の通りです。〕

ウッタラージーワ大長老は，ラーマニャ国人でアリヤウンタ Ariyavaṃsa 大長老の弟子，アリヤウンタ大長老はカッパンガ〔カビン〕Kappuṅga（> Kabbaṅga）(27)市の住民でマハーカーラ Mahākāla 大長老の弟子，マハーカーラ大長老はタトン市の住民でピャーナダッシー Pyāṇadassī 大長老の弟子〔でした〕。

そのピャーナダッシー大長老〔というお方〕は，禅定による神通の力と智慧(28)〔通智〕を得ていて，毎日途切れず早朝にマガダ Magadha 王国ウルヴェーラ Uruveḷa 村へ行って，大菩提樹の周囲を箒で掃き終わってから，再び帰ってきてタトンの町へ托鉢に入るのが常でした。その事情は，タトン市からマガダ王国へ行ってウルヴェーラ村で商売をしている商人たちがタトンの人々にそのことを話したために，〔長老が〕禅定による神通の力と智慧とを得た人と皆が知ったのでした。

その時年齢20歳であったサッパダ Chappada 沙弥も，大長老〔ウッタラージーワ〕に付いてセイロンへ行きました。サッパダ沙弥とは誰か，どうしてサッパダ沙弥と呼ばれたのか，というのは，〔以下の通りです。〕

その沙弥は，バティン〔市の〕市長の息子であるウッタラージーワ大長老の近侍の弟子でした。バセイン地方のサッパダ村出身でしたので，サッパダ沙弥と呼ばれました。

ウッタラージーワ大長老は，セイロンへ到着して，セイロン人の大長老方と教法の語句について討論し，大変親しくなりました。「私たちもセイロンに〔モッガリプッタティッサ長老により派遣され〕教法を宣布した尊者マヒンダ Mahinda の系統であり，あなた方もタトンに〔派遣され〕教法を宣布した尊者ソーナとウッタラ方の系統です。ですから私たちは一度に一緒になって僧伽羯磨〔比丘式〕を行いましょう」と言って，〔両方の衆僧が〕合同してサッパダ沙弥に具足戒を授けました。その後塔廟仏閣の礼拝などセイロンでの作務を済ませてウッタラージーワ長老は比丘僧伽と共にパガンへ帰りました。

アシン・サッパダがパガンへ帰られたこと

【p. 60】
その当時，アシン・サッパダはこのように考えました。「自分の師と自分が一緒に帰るとパガンにいる親族の気遣いが障碍となって，三蔵や註釈書，諸仏典を完全には学び得ないだろう。セイロン島に残って学習し終わってから帰るほうがよい」と，〔そう〕考えた〔サッパダ比丘は〕師〔ウッタラージーワ長老〕の許可を得て，セイロンに居残りました。

その後10安居〔年〕を経て，テーラサムティ Therasamuti[29]〔の資格〕を得るまでに学習し終わり，パガンへ帰ろうと思いましたが，このようにも考えました。「私ひとりだけが帰っていって，もし私の師がいなくてパガン在来の比丘僧伽と一緒に羯磨〔戒律に定められた儀式〕をすることを望まないならば，五群比丘僧伽[30]がととのわず，別に羯磨をすることはできない。したがって，蔵経をよく暗唱受持する大長老４人と共に帰っていくほうがよいだろう」と，〔そう〕考えて，〔アシン・サッパダはインドの〕ターマリッディ Tāmaliddhi[31]村出身のティーワリ Sīvali 長老，カンボーザ[32]の王子ターマリンダ Tāmalinda 長老，カンチプラ Kiñcipura（>Kañcipura[33]）市出身のアーナンダー Ānanda 長老，セイロン島出身のラーフラ Rāhura 長老，これら４人の大長老と共に，五群比丘僧伽をととのえるため，船に乗り帰ってきました[34]。その５人の大長老方は，三蔵を暗唱受持しており，賢明で有能な人ばかりでした。ラーフラ長老は，とくに顕著な能力をそなえているとのことでした。バティン港に船が着いた時，ワーゾー〔安居に入る〕月に近くなり，パガンに到着できないので，バティン市で安居に入りました。大長老方の安居に入っていた僧院の境内，園林，塀が，バティン市の真南のところにあるのが，今日でも明確に知られています。

《「バティン」はビルマ語，「クシン〔クティン〕Kusim」はモン語，それで「クシマ国 Kusimaraṭṭha，クシマ都城 Kusimanagara」とカリヤーニー碑文に記録されています[35]。》

パガンの比丘僧とは別に羯磨儀式を行ったこと

その後，安居の月が明けて，パワーラナ〔自恣・雨安居の修了式〕を済ませ，大長老方５人はパガンへ到着なさいました。〔ところが〕アシン・サッパダが到着する２日３日前に，〔師の〕ウッタラージーワ長老は死去していました。【p. 61】アシン・サッパダは，師の火葬場へ行って合掌礼拝を行い，その後大長老方４人と次のような相談をしました。

「私たちの師ウッタラージーワ大長老とセイロンの師方が一緒になり僧伽羯磨を行ったように，私たちも尊者ソーナとウッタラ系統のパガンの比丘僧方と一緒に僧伽羯磨をすべきです。しかし，以前から私たちの師は，〔年長者で僧伽を〕統括してきました。〔それが〕今はミャンマー Myanma の比丘僧が〔僧伽を〕統括しています。したがってその比丘僧たちと一緒に僧伽羯磨を行いたくはありません。」

このように協議して，自負心のために，パガン〔在住であったミャンマーの〕比丘僧たちとは分かれて僧伽羯磨をしました。

ダラへのアシン・ダマウィラータの宣教

その当時ダラ Dala[(36)]のパディッパゼーヤ Padippazeyya 村出身のサーリプッタ〔ターリプッタヤー[(37)]〕という名の年長沙弥[(38)]ひとりが，パガンへ行き，アーナンダー大長老の許で具足戒〔比丘式〕を受け，仏典を学習しました。見聞が広く賢明で有能である，と有名になりました。そのことをナラパティスィードゥ Narapatisithu 大王[(39)]が聞いて，〔彼の〕肢体の大小が揃って満足〔身体上の欠陥がない〕なら，〔自分の〕師に任じ教えを乞おうと考え調べさせましたが，足の親指が欠損していることを聞き，身体上の欠陥があるとして，親〔側〕近の師〔王師〕とはしませんでした。〔王は〕供養恭敬だけをして“ダマウィラータ Dhammavilāsa”という称号を贈り，「ラーマニャ国に〔行っ〕て教法を清浄に輝かせて下さい」と言い，ラーマニャ国へ派遣しました。ダマウィラータ長老は，ラーマニャ国へ行って，ダラ市の多数の比丘僧に教法および律蔵などの仏典を教授しました。そのダマウィラータ大長老に属する僧伽を“セイロン派僧伽 Thihou apin athin thangha”と，モン族の人々は呼びました。このようにしてセイロンの師・尊者アーナンダの弟子の尊者ダマウィラータによってもまた，ラーマニャ国へセイロン〔からの〕教法が降来しました。

《これがラーマニャ国における第4回目のご教法の系譜です。》

第5回目のご教法の系譜

その後またティリーヤダナープラと呼ばれていたムッタマ Muttama〔マルターバン〕都の正妃の師僧ブッダヴァンサ Buddhavaṃsa 大長老と，マハー【p. 62】ナーガ Mahānāga 大長老とが，セイロン島へ渡り，マハーヴィハーラ・ヴァーシー〔大寺在住〕系統の僧伽の許で，新たに学習し終わって，ムッタマ市へ帰ってきました。在来からの僧伽と交わらず，分かれて僧伽羯磨を行って，別派を起こし宣教をしました。その師僧方によりラーマニャ国にセイロン〔からの〕教法が降来しました。

《以上がラーマニャ国における第5回目のご教法の系譜です。》

第6回目のご教法の系譜

その後も，ムッタマ市のスィンビューシン Hsinhpyushin〔白象君[40]〕大王の母堂の師僧であったメーダンカラ Medhaṅkara 大長老が，セイロンへ渡り，セイロン島の森林〔を〕僧院〔とする僧と共〕に住む，賞讃すべき大長老方のもとで，新たに学び，仏典を習い終わって，ムッタマ市へ帰ってきました。金銀〔で飾り〕しっくいを塗って，屋根を錫で葺いたスィンビューシンの母堂の〔建立した〕僧院に住み，宣教しました。『ローカディーパカサーラ *Lokadīpaka-sāra* 世灯精要』〔という〕書物をも編纂しました。

それから，さらにまた，ムッタマ市のトゥウンナトーバナ Suvaṇṇasobhaṇa 大長老が，セイロンへ渡ってマハーヴィハーラ・ヴァーシー系統の師たちの許で，新たに具足戒を受け〔直し〕て，ムッタマ市へ帰ってきました。その長老は，森林のみに住し，頭陀[41]を行じ〔衣食住への貪欲を捨てる修行をし〕，少欲知足で，悪事を恥と知り，なすべきこととそうでないこととを弁え，学処〔戒法〕を心掛け，賢明で，権威がありました。

セイロン島のカランブ Kalampu という自然湖の中に設けた水上結界〔戒

壇〕において，〔その派の〕5群〔人〕以上の比丘僧伽の許で，ワナラタナ Vanaratana というサンガラージャ〔僧伽王〕を親教師〔和尚〕とし，ラーフラバッダ Rāhurabhadda というヴィジャヤバーフ王(42)の師僧を羯磨師〔儀軌誦唱師〕として，セイロン島で新たに具足戒を受けられました。その長老もまたムッタマ市に住み，その派の僧伽を増大させて宣教をしました。

これら2人の長老によって，またラーマニャ国にセイロンの教法が降来した，といいます。

《以上がラーマニャ国における第6回目のご教法の系譜です。》

第7回目のご教法の系譜

【p. 63】

その後，仏暦2002年，緬暦820（1458 A. D.）年に至った時，ハンターワディー大国〔ペグー〕におけるダマゼディ Dhammaceti として今なお有名な“Siriparama-mahādhammarāja-adhirājā〔吉祥最勝大法王君主王〕”という称号を持つラーマーディパティ Rāmādhipati 王(43)は，クシマ領，ハンターワディー領，ムッタマ領のモン〔族の〕国3か所の全住民を，わが子のように慈愛によって安穏に保護し，法に従って統治しました。

《以前は，下に示したモン国3か所の中で，バティン Buthin 地方をクシマ領，ウッカラーパジャナパダ〔オッカラーパザナプッ〕Ukkalapa janapud〔地方〕をハンターワディー領，タトン地方をムッタマ領，といっていました。》

ラーマーディパティ王教法〔浄化〕問題につき協議のこと

ラーマーディパティ王は，三蔵と四吠陀の暗唱受持，ヴィタ書(44)，文法書，韻律学書，修辞学書，フーヤー〔占星術〕書，数学書，医薬書〔の習得〕により非常に博識でした。各地方の諸言語を学び，語学にも堪能でした。信仰，戒行についても充分に具備していました。クムッダヤー白蓮，ティンクェ〔の白い〕花(45)，秋の月の輝きのような白い象の持主でもありました。

「クムダ〔白蓮〕・クンダ〔花〕・秋の月のような白象の持主，ラーマー君主という称号〔のある〕吉祥最勝大法王君主王。（Kumudakundasaradacandikāsamāna Setagajapatibhūto Rāmādhipatināma Siriparama Mahādhammarājādhirājā.）」と，碑文に載っています。

そのラーマーディパティ王は，尊いご教法を非常に崇敬なされ，このように考えました。

「ブッダのご教法は，沙弥となること〔出家〕と，比丘となること〔受具足戒〕が基本である。比丘となるには，結界処，会衆〔輪座する最小限５人の比丘〕，受戒〔希望〕者，告知，羯磨〔儀規〕の五支分が必要である。それら五支の中で結界処と会衆の充足が難しい。どうしたら充足できるだろうか。」

そう考えて，律蔵の原典，その註釈書と大復註の三種の書物，〔また〕『戒本註 *Kaṅkhavitaraṇī-aṭṭhakathā*』とその復註(46)『律決定 *Vinayavinicchaya*』の本文とその復註，『摂律論 *Vinayasaṅgaha*』本文とその復註『結戒荘厳 *Sīmālaṅkāra*』，『摂結界論 *Sīmāsaṅgaha*』などの諸典籍を，その読み方と意味とによってよく考察し，聖典〔三蔵〕と註釈書，註釈書と復註，各典籍の上下，前後を検討し，校合して――

（１）　ブッダの願いの意味は，どういうことであったか。

（２）　典籍編纂の師方の願いの意味は，どういうことであったか。

と，結界処のことを幾度も繰り返してよく調べ，検討し尽くしてみると，ラーマニャ国においては〔これまで〕結界された戒場も，河，海，湖沼，村の境界内(47)〔など〕の結界されていない自然の戒場も，〔清浄な結界処として〕成立させることは困難であろう。結界処が成立しないと，〔僧伽の儀式を行おうとしても〕結界処と会衆と〔の２条件〕を充足することができないことになる，と〔王〕ご自身で考えられ，ラーマニャ国における仏典に通達した三蔵憶持者 Tipiṭakadhara や聡明で有能な長老方と協議したところ，ラーマーディパティ王の見解通りに，〔清浄な〕結界処と会衆〔の条件〕を充足することは難しい，という結論になりました。

大長老22人のセイロン島〔スリランカ〕派遣

その時ラーマーディパティ王は，次のように心配しました。「ああ，困ったことだ。ブッダのご教法は5000年間隆盛であろうと仏典にあるが，ブッダの正覚成就より2614年過ぎただけなのに，現在すでにご教法は汚染し茨の刺の〔ような〕危難に遭い比丘の受具足戒式成立に疑惑さえ生じている。どのようにすると，5000年間ご教法が隆盛となり存続するのであろうか」と。そのような心配が大きくなり，さらに次のように考えました。

「これほどご教法が汚染され茨の刺の〔ような〕危難に遭っているのを見て，〔また〕比丘の受具足戒式成立に疑惑さえあることを知りながら，〔それを〕清浄にしようと努めず，何の心配もなしに無関心に過ごすのは，世尊を信じて尊【p. 65】崇し恭順し敬愛することにはならない。したがってご教法を清浄化するため〔自分は〕奉仕しよう。どこからご教法をもたらして，清浄化のため奉仕すべきであろうか」と。

〔さらに，王の〕考えたことは，仏滅後236年を経た時，尊者モッガリプッタティッサが尊者大マヒンダ Mahāmahinda を派遣して，セイロン島にご教法を確立させました。その時デーヴァーナンピヤティッサ王が，マハーヴィハーラ〔大寺〕を建立寄進し，それ以後ご教法は218年〔間〕以上にわたり清浄で，マハーヴィハーラ〔大寺〕在住派一派のみでありました。その後，アバヤギリ〔無畏山寺〕在住一派とジェータヴァナ〔祇陀林寺〕在住一派に分裂していましたが，それを仏暦〔滅〕1708年[48]経った時，シリーサンガボディ・パラッカマバーフ大王[49]は，ウドゥンバラギリ Udumbaragiri在住[50]〔の〕マハーカッサパ Mahākassapa〔長老〕を上座とするマハーヴィハーラ在住派僧伽を推賞援助し，以前の２派を浄化して，マハーヴィハーラ在住派１派のみを残し，ご教法を清浄化させました。その後，ヴィジャヤバーフとパラッカマバーフの２王の治世中にも，ご教法を清浄化させました。

こういう次第で，現在のセイロン島におけるご教法は清浄無垢です。したがって聡明で有能な比丘方に依頼要請して，セイロン島で比丘具足戒を新たに受けさせよう。その比丘方から継続して〔次第に〕増加することによって，ラーマニャ国における教法が大いに清浄無垢化されるだろう，と〔以上のように，ラーマーディパティ王は〕考えたすえに，モッガッラーナ[51]大長老をはじめ大長老22人に，セイロン島への渡航を懇請しました。大長老方は，ご教法のことを心に念じて承諾しました。

セイロン島〔スリランカ〕の諸長老が新たに学処を授けたこと

ラーマーディパティ王は，仏のご遺歯を供養し，〔また〕比丘僧伽を供養するため，〔さらに〕ブヴァネカバーフ・セイロン王へ進呈するために，多くの施物と贈り物 deyyadhammapaṇākāra(52)を準備し，チトラドゥータ Citradūta【p. 66】とラーマドゥータ Rāmadūta の朝臣 amat 2 人を，船 2 艘と共に任命して，緬暦837（1475A. D.）年ダボドェ月〔緬暦第11月・太陽暦 2 月頃〕の満月より〔黒分〕第11日目の日曜日に，チトラドゥータの船は出帆しました。ダボウン月〔緬暦第12月・太陽暦 3 月頃〕の黒分第 8 日に，セイロン島コロンボ Kalambu 港に到着しました。その〔同じ年の〕緬暦ダボドェ〔第11〕月の黒分第12日目の月曜日に，ラーマドゥータ船を出帆させました。モンスーンの〔順〕風が吹かないためタグー月〔緬暦第 1 月・太陽暦 4 月頃〕の白分〔上旬〕第 9 日に，セイロン島ヴァッリ村 Valligāma(53)へ到着しました。その後朝臣 2 人は，船 2 艘に載せてきた施物および献贈品と親書とを，ブヴァネカバーフ王と〔セイロン〕僧伽へと寄贈献呈しました。

金〔塗製の〕ペーザー〔貝多羅葉〕に，「この比丘方をカリヤーニー Kalyānī 川の水上結界において，新たに具足戒を授けて下さい」と〔記して〕あった通りに，その川の水上結界において，新たに具足戒を受けさせました。「新たに具足戒を受け，新たな学処の教授を望む比丘は，いったん還俗させて沙弥の存在にもどしてから，新たに具足戒を授け，新たに学処を教えよう」とセイロンの長老方が言われた通りに，受けたのでした。

ブヴァネカバーフ王が称号を授けたこと

新たに学処を受け終わると，ブヴァネカバーフ・セイロン王は，比丘の必要とするいろいろな資具〔僧侶の用いる日用品〕を施与しましたが，「この施与物は一時的なもの。原因があれば〔いずれ〕消滅してしまう。消滅しない称号を贈らせて下さい」と懇請し，称号を贈りました。

ラーマドゥータの船の乗った師11人に順次に，

（1）シリーサンガボディサーミ Sirīsaṅghabodhisāmi，（2）キッティシリーメーガサーミ Kittisirīmeghasāmi，（3）パラッカマバーフサーミ Parakkamabāhusāmi，（4）ブッダゴーササーミ Buddhaghosasāmi，（5）シーハラディーパヴィスッダサーミ Sīhaḷadīpavisuddhasāmi,（6）グナラタナダラサーミ Guṇaratanadharasāmi,（7）ジナーランカーラサーミ Jinālaṅkā-【p. 67】rasāmi,（8）ラタナマーリサーミ Ratanamālisāmi,（9）サッダンマテージャサーミ Saddhammatejasāmi,（10）ダンマラーマサーミ Dhammarāmasāmi,（11）ブヴァネカバーフサーミ Bhuvanekabāhusāmi,
という名の称号を贈りました。

チトラドゥータの船に乗った師11人へも順次に,

（1）ダンマキッティローカガルサーミ Dhammakittilokagarusāmi,（2）シリーヴァナラタナサーミ Sirīvanaratanasāmi,（3）マンガラッテーラサーミ Maṅgalattherasāmi,（4）カリヤーニーティッササーミ Kalyāṇītissasāmi,(54)（5）チャンダナギリサーミ Candanagirisāmi,（6）シリーダンタダートゥサーミ Sirīdantadhātusāmi,（7）ヴァナヴァーシーティッササーミ Vanavāsītissasāmi,（8）ラタナーランカーラサーミ Ratanālaṅkārasāmi,（9）マハーデーヴァサーミ Mahādevasāmi,（10）ウドゥンバラギリサーミ Udumbaragirisāmi,（11）チューラーバヤティッササーミ Cuḷābhayatissasāmi,
という名の称号を贈りました。

長〔頭〕である師22人のみに称号を贈りました。あとの弟子である比丘22人へは称号を贈りませんでした。新たに学処を習った〔その〕あとの比丘方を合わせると，全員で44人でした。

帰る途中に船が沈み陸路帰り着いたこと

そのように学処修学の後，仏塔仏閣巡拝のつとめなどを済ませてから帰ってきました。ブヴァネカバーフ王が,「チトラドゥータの船〔のほう〕は，ラーマーディパティ王への献上品，仏歯複製品などと共に,〔返礼の〕使節を送りますから，お待ち下さい」と〔言って，船を〕停めて待たせたため，モンスー【p. 68】ンの〔適切な〕時期をはずれ,〔出帆後〕暴風が吹いて〔船は〕大海で沈没しました。それで〔一行は〕セイロン王が派遣した使節の船に乗りかえました。3日の旅を経て，ふたたび暴風が吹き,〔船は〕大海中の浅瀬の岩に乗り上げて進めなくなったので，陸路を徒歩で帰ってきました。使節として同行したセイロンの朝臣は，献上品が壊れたので帰ってしまいました。

陸路帰ってくる途中で，ナーガッパッタン Nāgappaṭṭan 港に『ネッティ〔導論〕・アッタカター』などの多くの書物を編纂した師である尊者ダンマパーラの居住地〔であった所〕や，ティリーダマ・アソーカ大王がご寄進になった寺院８万4000の中に含まれるバダラティッタ〔ジードゥ棗埠頭〕寺院(55)の場所を参拝できました。カリンガ Kaliṅga 王国からヘーママーラー王女とダンタクンマー王子が，仏歯をセイロン島へ持参したときに(56)，仏歯を安置してあったチナッパッタン Cinappaṭṭan 王が造った大石窟内の仏像をも礼拝供養することができました。２艘の船に乗った長老方は，このような苦労を重ねてハンターワディーへ到着したのです。その時セイロンへ渡った僧侶44人の中で，師６人，弟子の比丘４人が，旅行中に亡くなってしまいました。――ああ，諸行は実に無常です。Aho aniccavata sabbā saṅkhārā.(57)――

セイロン島帰りの長老方の宣教

ラーマーディパティ王は，セイロン島で新たに学処を修めて帰国したマハーヴィハーラ派相承の比丘僧方が到着すると，ハンターワディー大国の西方角の朝臣 amat ナラトゥーラ Narasūra が治めていた領土において大小，新旧の諸聖典〔古今の種々様々な経典や註釈書や復註書類〕を見て検討判断して勧め〔古い従来の〕結界の〔効力を〕除去，〔正式な儀式による新たな結界を〕成立させました。

セイロン島の，かつて世尊がその水で沐浴なさったことのある，カリヤーニー川の中に水上結界がなされ，〔そこで〕マハーヴィハーラ〔大寺〕在住派相承の僧伽により新たに具足戒式を受けてきた比丘方による結界が成立したということから，“カリヤーニー・シーマー〔結界〕Kalyānī Thein（>sīmā)”という呼称をつけました。

そのようにラーマーディパティ王は，ご教法存続についての〔普通の人に【p. 69】は〕考えつかないような良い思い付きにより，セイロンで重ねて〔再び〕学処を修めた比丘30名以上のマハーヴィハーラ在住僧伽からの相承を基として，ご教法を清浄無垢にご浄化〔整理〕なさいました。緬暦838年から841年（1476A. D. から1479A. D.）まで２，３年間のうちに，この派の〔住職資格のある〕長老は合計800人，その弟子の比丘の合計は1万4265人で，両者を合計して1万5065人となるまでに，マハーヴィハーラ在住派相承の僧伽は増大しました。

《これがラーマニャ国におけるラーマーディパティ王が奉仕した第7回目のご教法の系譜です。》

ミャンマー王国への教法の繋がり〔伝播〕

パガンのノーヤタミンソー〔アノーラタ王〕の征服によりタトン大国が敗北滅亡の後，モン国3地方中のトゥウンナボンミ国のシリーラタナープラ Sirīratanāpura という名のムッタマ市は，ソッカテ Sokkate,(58) スィンビューシン，ワーイユー〔ワーレル〕Variru(59) 王方をはじめ権力ある王の居住地なので，明らかに〔ご教法は〕隆盛でありました。

そのムッタマ市には，

（1）タトン国宣教のソーナ，ウッタラ大長老方相承のカンボーザ Kamboja 派僧伽

（2）セイロンから到着したティーワリ Sīvali 大長老相承派僧伽

（3）ターマリンダ Tāmalinda 大長老相承派僧伽

（4）アーナンダー大長老相承派僧伽

（5）セイロンへ渡り新たに学処を修めたムッタマ領主の妃の師ブッダヴァンサ Buddhavaṃsa 大長老相承派僧伽

（6）セイロンへも渡り新たに学処を修めたマハーナーマ Mahānāma 大長老相承派僧伽

このように僧伽は，6派に分裂しました。その6派は，僧伽羯磨〔儀式〕を一緒に行わず，別々にのみ行ったので，仲間が同じでなく〔親しくなれず〕"異住者 nānasaṃvāsaka"で，集まりが別々の"異部派 nānanikāyā"となっていました。

ラーマーディパティ王が教法の浄化に奉仕し，カリヤーニー・シーマーのみ【p. 70】で新たに学処を修め比丘具足戒を受けたことにより，仲間が同じ〔知り合い〕になるため，別々に分かれず'共住者 samānasaṃvāsaka'となり，集まりが分裂しない"一部派 ekanikāya"となりました。

モン国3地方は，トゥナーパラン・タンバティッ Sunāparan Tampadip というミャンマー国の近くにあり，ミャンマー最初の王より継続して威光の届いた国であったためもあり，ミャンマー国よりやってきた恥を知り学処を心掛ける比丘方が，カリヤーニー・シーマーで再度新たに学処を修したためもあって，ラーマーディパティ王が浄化に奉仕したセイロン〔伝来の〕教法は，ミャンマー国にまで伝播し続け定着した，というように記憶しなさい。

ラーマニャ国にソーナ，ウッタラ〔両〕尊者が宣教を始めて以来，タトン国のマヌハ Manuha 王の治世に至るまで，聖羅漢 rahantā ariyā が存在していたということは，ニダーナ〔序文〕に述べています。

その後，シン・ウッタラージーワの師，シン・アリヤウンタ，またその師のシン・マハーカーラ，その師のシン・ピャーナダッシー〔の時代には〕，それらの師は世間的禅定や神通力を得ていた，とカリヤーニー碑文の序文に述べています。

今やモン〔ラーマニャ〕国3地方には，ラーマーディパティ王の奉仕したセイロン・マハーヴィハーラ在住派僧伽の相承があるのみです。この話〔以上の説明〕3か所で，その因果・前後関係を智慧によって考察し，先に提示した3通りの方法により，数珠玉を糸に通すように，別々に分けずに続けて，受けとるようにしなさい。

《教法継承の説明で，比丘僧伽が伝えてきた，今先に提示した，律蔵註釈書〔の内容〕と同じ，アラッジー〔無羞僧〕とは無関係に，有羞の〔戒を守ることを愛して恥を知る〕学処を心掛ける僧のことのみ，記憶しなさい。》

ラーマニャ国の典籍編纂をした諸長老

先の師資相承の中で，

（1）『ローカディーパカサーラ *Lokadīpakasāra*』という書物をセイロンへ行ったムッタマ〔市の〕尊者メーダンカラ Medhaṅkara が編纂しました。

（2）『マドゥサーラッタディーパニー *Madhusāratthadīpanī*』をハンターワディー〔市の〕尊者マハーナンダが編纂しました。

（3） 韻律註釈書の『カヴィサーラ *Kavisāra*』をハンターワディー〔市の〕タンドェ Thantwe 王の師・尊者ダマブッダ Dhammabuddha が編纂しました。

【p. 71】
（4）『パッターナサーラディーパニー *Paṭṭhānasāradīpanī*』をハンターワディー〔市の〕エタン Esan 寺の師・尊者タッダマーランカーラ Saddhammālaṅkāra が編纂しました。(60)

このようにして始められた典籍編纂の諸師によって，ラーマニャ国に久しくご教法は興隆し明るく輝きました。

《仏暦235年に，ラーマニャ国に尊者ソーナ，ウッタラ方が宣教を始めてから今に至るまで，ご教法は長い間栄え，清浄に明るく輝いた，ということです。》

ラーマニャ国におけるご教法降来の事情を終わります。

註

（1） “Kusimamaṇḍala Hamsāvatīmaṇḍala saṅkhātesu tīsu Rāmaññamaṇḍalesu” *K. Insc. I. A.* Vol. XXII（June 1893）p. 155, *K. Insc. B.* p. 22

（2） 原文 ācariyawaṃsa cātam myā. トゥウンナボンミ開教に派遣されたソーナ，ウッタラ両長老などに言及した師資相承に関するサーダン（文書）類を指しているのであろう。

（3） Ukkalāpa（>Ukkalā; Utkala〔Skt.〕）cf. 拙稿「ビルマの Shwedagon Pagoda Tamaing について」（『印度学仏教学研究』第18巻２号，1970年）

（4） pyahsoutmoun

（5） kyuetkyimoun

（6） ここに引用されている二宝帰依のタプッサ，バッリカ商人兄弟の伝承は，同時にかの有名なシュエダゴン・パゴダ建立にまつわる伝説として，ビルマ人の間によく知れわたっている。cf. 拙稿「上代ビルマの仏教開教伝説をめぐって」―その１―（『大谷中・高等学校研究紀要』第６号，1968年）

（7） rase＝rasi〔>ṛsi（skt.）isi（pāli)〕

（8），（9） cf. 拙稿，同上論文中の「ガウンパティ Gavaṃpati 長老をめぐるブッダ来緬伝説」。なお，ガウンパティ長老は，モン族の守護神的存在 Patron Saint として，現在でも厚く尊崇されている。

（10） apay（>apāya）. 苦界，苦処，悪処。

（11）　31-bhuṁ＞31-bhūmi　無色界地４，色界地16，欲界地11で計31。
（12）　Rājawin＞Rājavaṃsa（＝yāzawin ヤーザウィン；年代記）．パガン時代以降の記述については史料的価値も高いウ・カラ U Kala 編（1724年完成）の年代記 *Yāzawin-zyī* を指すとみられるが，サーダンの編述が1831年なので，あるいは欽定年代記 *Hmannan Yāzawin*（1829年完成）をも念頭において，単にこういったのかもしれない。
（13）　asītimahāsāvaka. 原本に「80人の大声聞」との註記がある。
（14）　律蔵註 *Samant.* P 版 Vol. I p. 63（南伝第65巻 p. 80）
（15）　*Sās.* 生野訳 p. 80註（３）参照。
（16）　Goḷa を guḷa（糖）ではなく，kulā:（伽羅）国つまりインドと見做し，「インド建築風の泥作りの家」ということで，こうも呼ばれた，とする説もあると紹介しているわけである。cf. Taw Sein Ko; *K. Insc. I. A.* Vol. XXII, 1893 pp. 16, 151
（17）　yesaunbhilu: ma.
（18）　Manusīha.
（19）　Paritta.　南方上座部仏教諸国において朝夕の勤行時など日常よく読誦される経典。なお，ビルマのパリッタに関する参考文献には次のようなものもある。
田口勝正著，ローマナイズ版“パリッタ・パーリ”（国際仏教徒協会），拙稿「ビルマの読誦用仏教護呪経典集２種」（鹿児島大学『史録』第５号，1972年），拙稿「ビルマの護呪経典序偈」（『大谷中・高等学校研究紀要』第10号，1972年）
（20）　Brahmajāla sutta *DN*, No. 1（南伝第６巻）
（21）　本書§13の註（１）参照。なお，それには三宝帰依と五戒を持することが条件となる。
（22）　*Sās.* の内容もほぼ同じである。
（23）　下ビルマ・モン族のタトン王国の王。
（24）　パガン Pagan のパーリ語名。原本に「敵を征服でき得る王」という意味，との註記がある。
（25）　アノーヤター Anoratha（＝サンスクリットでは Anuruddha）王（1044-77A. D. ）。後記「ノーヤタミンソー」は呼称。
（26）　原文 Hsappada. ビルマ語読み（発音）では「サッパダ」なので原地語発音を重んじた。ただし，これまで「chappada」とローマナイズ綴りにして「チャッパダ」とも読み書きされてきたので注意を要する。
（27）　現在の Khabin, Krabaṅ. ラングーンの西方12マイルに位置する。
（28）　原文 lokīcyān, abhiñān lokīcyān＞lokiya jhāna 世間禅，abhiñān＞abhiññāṇa 神通力。cf. Sās. では，「lokiyābhiññāyo……」
（29）　Therasamuti.　長老として〔の資格を〕認められること。ミャンマーでは比丘となってから最低10年間戒律を守り通さないと（学問の多少はともかく）Thera（長老）とは認められない。
（30）　pañcavagsaṃghā（＞pañcavaggasaṃgha）．比丘授具足戒式を行うことのできる最低人数が５名となっていて（律蔵大品 *Vinaya* I, PTS 版 p. 319 etc. ），この比丘５名の集まりを指す。
（31）　Tāmaliddhi＝Tāmalitthi: Tāmralipti.　インドのベンガル州内。本書序文 p. 17註

(38) を参照。

(32) Kamboja, 同上註 (39) を参照。

(33) 同上註 (40) を参照。

(34) cf. *Ray*, pp. 112-13, 佐々木教悟稿「第3章ビルマ仏教」『アジア仏教史 インド編 VI』(佼正出版社, 1973年) p. 142 etc.

(35) *K. Insc. I. A.* Vol. XXII p. 29, *K. Insc. B.* p. 9

(36) Dala, Tala 下ビルマ, イラワジデルタ内で, 現在のトゥーンテ Twante を指す。

(37) Sāriputtarā と原文にあり, 最後の音が長母韻となっていても, それはビルマ語中で発音されるとき, しばしばそうなるにすぎない。

(38) thamaṇegyi. 直訳すれば「大沙弥」だが, 20歳以上であっても比丘にならずに沙弥にとどまっている者がおり, そうした「年長の沙弥」をいう。

(39) 1173-1210A. D. 在位。

(40) Bañā U (=Binya U). ビンニャウー王の尊称。

(41) dutaṅ (>dhūtaṅga). 頭陀支, 衣食住に対する貪欲を捨て去るための修行方法で, 律蔵 (*Vin.* Vol. V pp. 131, 193. 南伝第5巻 pp. 223, 325) によれば, 以下の十三頭陀支がある。①阿蘭若住 ②常乞食 ③糞掃衣 ④樹下住 ⑤塚間住 ⑥露地住 ⑦但三衣 ⑧次第乞食 ⑨常坐不臥 ⑩随処住 ⑪一座食 ⑫時後不食 ⑬節量食

(42) Vijayabāhu V (1302-46?)

(43) 原註: Rāmādhipati とは「ラーマニャ国を治める人」の意。

(44) vitak. 人相による占いの書を指す語なのか, あるいは密教関係の書名か, 不詳。

(45) 原文 saṅ khwepan ランの花の一種であろう。パーリ語の kunda に相当させているが, kunda は, おそらく kuṇḍa と同じで, 梵語の kundu, 軍荼, 君荼, 軍那, 君陀などと写し, モクセイ科の和名「カブソセイ」(学名 Jasminum pubescens Willd) を指すものであろう。鮮やかな白色の花をつけ, 枝は垂下する低木。cf. 和久博隆編著『仏教植物辞典』(国書刊行会, 1979年) p. 43

(46) 本文の「律蔵の原典〜」から, ここまでは *Sās.* の本文には見当たらない。

(47) gamakhet (>gāmakhetta) 村の土地, 村の境界内。

(48) 1165A. D.

(49) 1153-86A. D. 在位。

(50) セイロン島内 Kacchakatittha 付近で Mahāvāluka 川の右岸にある山名, Dhūmarakkha ともいう。(*Mal. Dic.* Vol. I pp. 378, 1161)

(51) 原文 Moggalān (>Moggallāna)

(52) 原註 deyyadhammapaṇākāra は「お供えものと贈りもの」。

(53) セイロン南部の村。cf. *Mal. Dic.* Vol. II p. 839

(54) *Sās.* は, B版 (p. 51), P版 (p. 45) の両方とも Candagiri となっていて, 中程の na が脱落している。なお, ラーマニャからの比丘僧に贈られた称号すべてをローマナイズして記したが, そのカタカナ表記はビルマ語読みにしていないことをお断りしておきたい。

(55) 原文「Badaratittha-hsītohsi-kyaung」と記しているが, そこは有名な註釈師 Dhammapāla の住居・南インド Damiḷa 国の Padaratittha-vihāra 巡拝にまで言及した

ものかとも推測される。(*cf. Mal. Dic.* Vol. Ⅱp. 130)

(56)　cf. 本書§11, p. 72

(57)　*Sās.* では，このあとに偈文四行詩２連が入っている。

(58)　Sokkate Anawrahta王の義兄と伝えられ，1044年Anawrahtaとの一騎打ちに破れ王位を奪われる。

(59)　Wareru（在位1287-96A. D.）. Wagaru, Waruとも呼ばれる。シャン族出身で，マルタバンの領主となり，さらに下ビルマの王となってビルマにおける最初期のダマタッDhammathat（慣習法）を集めたことでも，よく知られている。cf. 奥平龍二『ビルマ法制史研究入門――伝統法の歴史的役割――』(日本図書刊行会，2002年)

(60)　*Sās.* では，このあとに，またある長老が"Apheggusāra〔堅実要諦〕"という書物を著したと記し，このようにラーマニャ王国は，数多くの論書などを著作する長老たちの住む土地で仏教も興隆していたと述べている。cf. *Sās.* 生野訳p. 99

§16　ヨーナカ国[1]へご教法が降来したこと

最初のご教法の系譜

【p. 71】
さて，順序にしたがってヨーナカ国へご教法伝来の師資相承〔次第〕を説示してあげましょう。世間〔有情〕の利益を常にもたらす遍知者ブッダは，ヨーナカ国にご教法が長く栄えることを予見して，多くの僧と共に，おんみずから旅立たれて，ラポゥン〔ランプン[2]〕市へご到着なさいました。その時にある猟師が献上したチャズ〔番欖[3]〕の実を召し上がられ，その種をお捨てになられましたが，それが地面に落ちずに空中にとどまり，〔ブッダは，それを見られて〕微笑なさいました。そのわけをアーナンダー尊者がお尋ねしますと，〔ブッダは〕「将来この地にわが舎利〔を安置した〕塔が建つであろう。ご教法が明るく輝き繁栄するであろう」と予言なさいました。

《チャズの実を召し上がられたことに因んで，チャズを表わすハリ hari という語，召し上がることを指すボゥンザ bhounza という語をもって，ハリボンザ Haribhounza 国[4]と呼ばれました。ヤディ〔修験者〕2人が海の巻貝[5]を置いたことによって大地から出現した街であったので，シャン・ユン Shan yun 語[6]で“ラポゥン Lapoun 市”と呼ばれました。》

【p. 72】
当時メーピン Meipin 渓谷[7]辺に住んでいるラワジー Lavagyi〔喇瓦(ラワ)[8]族の首長〕が，７歳になる息子をブッダのもとに預け，沙弥にさせたところ，その子は観法の修行を積んでまもなく阿羅漢になりました。７歳の若い沙弥が阿羅漢になったことに因み，シャン語により“シッ・メー地方”と呼ばれ，それが長い時代を経て声門閉鎖音が変移し，“ズィンメ Zinme[9]”と呼ばれるようになりました。その阿羅漢の沙弥から始まって，その地方へご教法〔仏教〕がご降来し始めました。

《以上が阿羅漢の沙弥によるヨーナカ国における最初のご教法の系譜です[10]。》

第2回目のご教法の系譜

仏暦〔滅〕235年に9か国・9か所へ宣教師を送った時に，マハーラッキタ大長老をヨーナカ国へ宣教に送ったことは，『パーラジカ・アッタカター』に出ている通りで，マハーラッキタ大長老と共に5人の比丘僧伽がヨーナカ国に教法を確立しました。アッタカターの中では“マハーラッキタ長老をヨーナカ・ラッタン〔国へ〕”といわずに“Yonaka lokaṃヨーナカ世界へ”と述べていることに，[11]特別の意味があると思います。

特別の意味とは，

（1）ティーボー Thipo,[12] ニャウンシュエ Nyaung shwei,[13] モーネェ Mounei[14]などの大国が位置するカンボーザ Kamboza 国[15]

（2）バモー Ban mo,[16] クウェロン Hkwei loun,[17] サンダー Sanda などの大国が位置するセィン Sin 国[18]

（3）チャイントン Kyaing toun,[19] チャインジャイン Kyaing jaing[20]などの大国が位置するケーマーワラ Khemāvara 国

（4）ズィンメ Zinme，チャインティン Kyaing thein[21]などの大国が位置するハリボンザ Haribhounza 国

（5）チャインヨン Kyaing youn[22]，マインセ Maing hse[23]などの大国が位置するマハーナガラ Mahānagara 国

【p. 73】以上のように代々の学者によって記録した資料にある通り，サルウィン Tanluin 河の西側にあるソーローシャン Soloushan〔族の〕9か国，東側のユン Yun〔族の〕9か国などがヨーナカ大国中の国の一部，藩の一部だけなのであり，ヨーナカ大国に属するそれぞれの国，藩のすべてを含ませたいので“ヨーナカ・ローカン〔世界へ〕”という用語を使用したのです。

《ここでのローカ loka という語は，多くの場所を占めている自然空間〔現象〕世界[24]を指します。ラッタ raṭṭha〔国〕という語は，その地に属する国，藩，村を指します。ローカは普遍〔一般的〕で，ラッタは特殊〔個別的〕と理解しなさい。したがって先に述べた国，藩，村のそれぞれが合体したヨーナカ大国にアシン・マハーラッキタ大長老がご教法を弘めたことをいいます。註釈書中に“maṇḍalaṃ〔地域とか〕desabhāgaṃ〔各地

方とか〕dīpaṃ〔洲〕”と〔これらの語を使って〕とくに言っているような場合にも，この〔今と同じ〕ように意味を特別に受けとりなさい。》

マハーラッキタ長老は，５人の僧と共にパータリプッタ〔パトナ〕国より空中を飛行してヨーナカ国へやってきて，『カーラカーラーマ *Kālakārāmasuttena*〔伽羅羅摩〕経[25]』を説くことにより男子等の国民を正法に帰依させて，17万の人々や生きもの〔有情〕を〔導き〕，四向四果〔四双八輩の修道の階位〕を瓔珞〔装身具〕を飾るように身に付けました。１万人の男性が出家しました。どのような場合も，もとの〔パーリ語の註釈〕書物にあった通りにのみ写しました。自分の意見〔を押しつけたの〕ではない，と理解して下さい。

Yonakaraṭṭhaṃ tadā gantvā so Mahārakkhito isi Kālakārāmasuttena te pasādesi Yonake ti.[26]

（その時マハーラッキタという阿羅漢は，ヨーナカ国へ行き『カーラカーラーマ経』によりシャンの人々を帰依させました。）

〔上記の偈の〕意味は，〔以下の通りです。〕

tadā その時，Mahārakkhito マハーラッキタという名の，so isi その阿羅漢は，Yonakaraṭṭhaṃ シャン・ユンたちの国へ，gantvā お行きになられ，『カーラカーラーマ経』により，te Yonake そのシャン・ユン人たちを，pasādesi〔仏の〕ご教法に帰依させました。

このように国，藩，村の各部分にまでヨーナカ大国に大阿羅漢５人がご教法【p. 74】を確立して，17万の人々に〔修道の階位である〕四向四果の瓔珞〔装身具〕を飾らせ，１万の人々を具足戒を授けて比丘にしました。それらの比丘から次々と増えてきた師と弟子の世代は，10万100万どころか〔数えきれないほど〕非常に多くなったと記憶しなさい。

《以上がヨーナカ国におけるご教法宣布の阿羅漢方が確立した第２回目のご教法の系譜です[27]。》

第３回目のご教法の系譜

ラグン Lakun 市[28]に昔からあったエメラルド〔翠玉〕の仏像の由来を『王統

史 Rājawaṅ』は次のようにいいます。

仏暦〔滅〕500年を経た時，エメラルドの仏像をヴィタジョン・ナッダー Vit-hakyoun nat tha[29]〔工芸天子〕が彫刻製作して，マハーナーガセーナ尊者へ奉献しました。マハーナーガセーナ尊者は「このエメラルド仏の中に，本物の仏舎利を安置させたい」と誓願なさいました。その誓願通りに，真正の仏舎利7箇が到来鎮座して神変〔奇蹟〕をあらわした，と述べています。

（1）『王統史』の説明の「仏暦〔滅〕500年」というのと，

“Mama parinibbānato pañcavassasate atikkante ete uppajjissanti”[30]

（私が般涅槃してより500年を過ぎて，それらは生起するであろう。）

と『ミリンダパンハー』の中に出ている言葉と一致します。〔つまり，〕Mama parinibbānato 仏である私が般涅槃してから，pañcavassasate 500年が，atikkante 経つと，ete そのナーガセーナとミリンダ王たちが，uppajjissanti 現われてくるだろう〔ということです〕。

このような預言の言葉と一致すること[31]。さらにまた，

（2）ナーガセーナとミリンダ王との問答〔対論〕の最後に，「他の比丘が問答をする時に，サーリプッタ〔舎利弗〕尊者を除いては，貴殿のように答えられる者はいない」と賞賛してから，ミリンダ王は〔仏法僧の〕三〔宝に〕帰依した優婆塞〔在家信者〕になることをお告げになり，ミリンダ精舎という名の寺院を建立なさってナーガセーナ尊者に寄進しました。【p. 75】〔王は〕1万億〔おびただしい数の〕比丘僧と共に，〔ナーガセーナ長老に〕四資具をもって供養しました。その後〔王は〕太子へ国を譲って出家し阿羅漢となりました，と『ミリンダパンハー』に出ている[32]のと，ラグン市にあるエメラルドの仏像をヴィタジョン・ナッが彫刻製作してナーガセーナ尊者に捧げた，として，その地にナーガセーナ尊者が住んでいたという説明が『王統史』の中にあるところと一致すること。また，

（3）「ヨーナカ Yonaka」というマガダ〔パーリ〕語の語句の意味を「シャン・ユン Shan yun」と代々の師方が受け継いできたことと，

“Yonakānaṃsāgalaṃ nāma nagaraṃ[33]（ヨーナカ人たちのサーガラという名の都市）”と『ミリンダパンハー』中に，シャン・ユン〔族〕たちの国都であるといっているところと一致すること。また，

（4）ラージャンガラ Rājaṅgala 村ワッタニヤ寺からパータリプッタ国アソーカ園寺までは100ヨージャナ離れているという『ミリンダパンハー』の説明[34]，セイロン島へ渡航する船の港からヨーナカ国は100ヨージャナ離れているという『サンモーハヴィノーダニー・アッタカター〔分別論註[35]〕』の説明等を考えれば，ヨーナカ国の存在する場所は，そこが適当であり得るということ。また，

（5）マッジマ洲〔インド〕16か国中にヨーナカ国というのが含まれていない。今呼ばれているシャン・ユン〔族〕の国以外は他に別のヨーナカ国であるという証拠〔をもつ国〕がないということ，なのです。

このような諸事情を考慮してナーガセーナ，ミリンダ王方の住んでいた場所であると受け継いできたことが正しければ，仏暦〔滅〕500年を過ぎてまもなくナーガセーナ尊者に因んでヨーナカ国にご教法が栄え明るく輝いたのです。ヨーナカ国へ，ミリンダ王に訓話しようとナーガセーナがおいでになった時に10億〔非常に多く〕の阿羅漢が随行してきました。その後にも〔ナーガセーナ尊者は〕ミリンダ精舎の僧院に住み，ヨーナカ大国中に１万億〔おびただしい数〕の比丘と共に，ご教法の弘通をはかりました。

《これがヨーナカ国におけるナーガセーナに因む第３回目のご教法の系譜です[36]。》

第４回目のご教法の系譜

【p. 76】
緬暦651（1289）年，ラポゥン Lapoun 市から移動してきてチャインイェ Kyaing yei〔チェンライ〕市を建設したベンニャーソーミンイェ Banya soming yei〔王〕の治世にマッジマデーサ〔インド〕からカッサパ Kassapa 尊者と共に５人の大長老がご到来なさいました。ベンニャーソーミンイェ〔王[37]〕も寺院を建立して寄進しました。セイロン島から仏舎利を携えた大長老も１人おいでになりました。仏舎利から発する明るい光の神変を見ると，〔王〕は大層ご尊崇なさってラポゥン〔ランプン〕・ゼディ〔仏塔〕に安置しました。そのようにご到来下さった大長老方によってもヨーナカに尊いご教法がご降〔伝〕来しました。

《これがヨーナカ国における第４回目のご教法の系譜です。[38]》

第５回目のご教法の系譜

緬暦792（1430）年に中国人ウティブワー Utibwa が攻めてきてシャン国とユン国の治安が乱れている時に，ズィンメ〔チェンマイ〕からマハーダマガンビーラ Mahādhammagambhīra，マハーメーディンカーラ Mahāmedhaṅkāra 長老の２人は多くの僧を連れてセイロン島へ渡航しました。〔ところが〕その時丁度セイロン島内は飢饉で，托鉢が難しい状況になり，〔一行は〕ヨードヤー You daya〔タイ〕国のトッカテ Thokkatei〔スコータイ〕市に還ってきましたが，その後ラグン〔ランパン〕市へ赴きご教法を弘めました。比丘たち〔の持戒の状況〕を調査し，〔有恥心ある持戒堅固な比丘のもとで〕改めて学処を習得しました。シャン国，ユン国各地の隅々まで，ご教法を浄化し弘通しました。

《これがヨーナカ国におけるセイロン渡航の師２人による第５回目のご教法の系譜です。[39]》

第６回目のご教法の系譜

緬暦825（1463）年に「ティリー・タッダマ・ローカパティ・サッカワティー・ラージャ〔吉祥正法世界主転輪王[40]〕」という称号を授けられたビニャーチャン[41]〔王〕の治世に，ラポゥン・ゼディ〔仏塔〕を包みこむように〔囲み，さらに大きく増築して〕建立し，その周囲に４か寺の寺院を建造してマハーメーディンカーラ，ターリポッタラー Sāriputtarā 大長老２人へ寄進し【p. 77】ました。その時それら２人の長老もご教法を浄化し弘通した，と『王統史』に載っています。

《これがコ　ナカ国における後の時代の大長老２人による第６回目のご教法の系譜です。[42]》

第７回目のご教法の系譜

緬暦943（1581）年にハンターワディー〔ペグー〕のスィンビューミャーシン〔多数の白象の主〕大法王〔バインナウン〕[43]は，王子のノーヤターミンソーに57藩の諸地域を含むジンメ大国を封じ〔与え〕ました。〔王子は〕ティーロン，タンラン，バヤードーバニャー〔各〕将官とその軍隊と共に，太守〔の任務〕を遂行なさいました。タッダマサッカターミ Saddhammacakkasāmi 長老も宣教に行って下さいました。〔長老は〕『ミンガラディーパニー *Maṅgaladīpanī*』[44]など多くの書物を編纂して，〔人々を〕教え導き，ご教法を浄化し弘めました。

《これがヨーナカ国におけるズィンメ太守ノーヤターミンソーの師による第７回目のご教法の系譜です。スィンビューミャーシンの治世にズィンメを征服した時，〔ここは〕ご教法が一番最初に弘通した都市であったとして，〔その住民たちを〕捕虜としなかった，と『王統史』に述べています[45]。》

ヨーナカ国の神通力を得た方々

先の師資相承の中で，ラグン市のアランニャワーシー〔森林住者〕の方で，その地方で人が死亡するたびに〔死後の行き先を〕知って，〔人々に〕告げる人がひとりいました。そのことにより，その長老は神通力を得た人として有名になりました。また，その市のマハーミンガラダラ Mahāmaṅgaradhara 大長老も，「ハンターワディー・スィンビューミャーシン大法王がズィンメへ進撃してきた時に，大法王は私を〔連れて行くため〕招請するだろう。ミンスエという使者を迎えによこすだろう」と，招請される以前から言っていました。言われた通り当たっていた〔招請があった〕ので，確かに神通力を得ている，と言われました[46]。

ヨーナカ国の典籍編纂諸長老

先の師資相承の中で，

（1）『ティンチャーパカータカ *Thinkhyapakāthaka*〔計算闡明〕』本文〔原

典〕を，ズィンメ〔チェンマイ〕のニャーナヴィラータ長老が編纂しました。(47)

（2）『ティンチャーパカータカ・ティーカー〔復註〕』を，セイロン留学の経験がある僧院住のティリーミンガラ Sirīmaṅgala 師が編纂しました。(48)

【p. 78】（3）『ヴィスッディマッガ・ディーパニー *Visuddhimagga-dīpanī*〔清浄道論灯〕』をズィンメのタンニュエ(49)山寺に住むウッタマラーダ Uttamarādha(50)師が編纂しました。

（4）『ミンガラディーパニー *Maṅgaladīpanī*〔吉祥灯〕』を，ティリーミンガラ Sirīmaṅgala 長老が編纂しました。

（5）『ウッパータサンティ *Uppātasanti* 変事寂止(51)』をズィンメの長老方が編纂しました。その本文の読誦により中国軍が敗走したことがある，と伝えられています。

以上のような神通力を持っている長老や書籍編纂の長老方によっても，ヨーナカ王国においてご教法が長く繁栄し輝きました。その因果関係，前後関係を考え，先に述べたように３通りの方法により，数珠玉を糸に通すように，師資相承が途切れないように熟考し記憶しなさい。(52)

《釈尊〔生存〕時代のヨーナカ国，ラポゥン市における阿羅漢の沙弥のこと，仏滅235年経た時の宣教師マハーラッキタ長老が，〔宣教を〕始めてから現在に至るまでのこと，ご教法が長い時代にわたって繁栄し明るく輝いたということ，の説明でした。》

ヨーナカ王国におけるご教法継承の次第を終わります。(53)

註

（1）　ヨーナカ Yonaka 国については，これが初出ではなく，§６の本文に言及がある。

（2）　Lapoung（＝Lamphun）.『サーサナヴァンサ』では Labhuñjaṃ（B 版 p. 54，P 版 p. 48）。北タイのチェンマイ南方に位置する現在のランプン市を指す。

（3）　chebula 樹（学名 Terminalia citrina Roxb. パーリ語 harītakī）の実。本書§６の註（36）参照。

（4）　ハリボゥンザ国（ビルマ語読み）。パーリ語の Haribhuñja，Haripuñjaya を起源とする呼称で，タイ語ではハリプンチャイ（Haripunchai）。11世紀頃から13世紀末までタイ北西部ランプーンを中心に栄えたモーン族国家。『東南アジアを知る事典』（平凡社，1986年）p. 235，石井米雄氏稿，参照。なおこのハリプンジャヤ国をもってスワンナブーミ（金地国）と主張する者が存在するということも『サーサナヴァンサ』で明記（B版p. 13，生野訳p. 23）している。

（5） paṅlaykharu.『サーサナヴァンサ』ではjalasuttikam（B版p. 54）。なおP版（p. 48）ではjalasuttitaṃとし，elasuttitaṃとする版のあったことを脚註している。suttiは，真珠貝。

（6） *Sās.* B版ではYonakānaṃ bhāsāya（ヨーナカ語で）と訳出する。

（7） メナム（＝チャオプラヤー）河支流。

（8） ラワLava: Lawa族，アウストロアジア語族のモン・クメール語族に属する言語を話し，焼畑稲作民。主な居住地はタイ北西部。

（9） 現在のチェンマイを指す。なお，『サーサナヴァンサ』*Sās.* B版p. 54，生野訳pp. 101-02でも，この地名の付いた経緯が語られ，紹介されている。

（10） 以上「ヨーナカ国における最初のご教法の系譜」の内容は，そのまま『サーサナヴァンサ』に継承されている。

（11） *Samant.* P版Vol. Ⅰ p. 67，第6結集版Vol. 1 p. 48，南伝第65巻p. 85。

（12） シャン州北部の街。なおこれ以下註（23）までの地名比定に関し，J. G. Scottの*Gazetter of Upper Burma and The Shan States*の利用については，渡辺佳成氏の協力を得た。

（13） インレー湖北岸の街。

（14） シャン州南部の街。

（15） Kamboja国。ここでは現在のシャン州の中で，とくにスィーポゥ（同州北部：ラーショーへ向かう途中にある），ニャウンシュエ（インレー湖北岸：郡の名でもある），モーネェ各都市を含む地方に位置する国名として使用されている。

（16） Ban mō. カチン州南部の街，現在のBhamo.

（17） Hkwe loun. バモーの東方Tapin河右岸。

（18） Sanda. サンダーは上チンドゥイン地方の街。大国セィンSin国は旧称「清国」を指す。cf. 大野ビ辞p. 165

（19） Kyaing toun. シャン州東部の中国やラオス，タイ国境にも近い街，ケントンとも呼ばれる。

（20） Kyaing jaing=Kyaing khyaing. 上記チャイントン近辺に存在した街名と考えられるも不詳。

（21） Kyaing thein. タイ国北端のチエンセーン，11世紀頃から1296年まで栄えたラーンナータイ王国の都であった。

（22） Kyaing youn. マハーナガラ国内にあった街名。

（23） Maing hse. シャン州東南部。タイ国北部国境に近い。現在のマインセmain hse.

（24） okāsaloka. 器世間。

（25） *Kālakārāma-sutta*（サーケータの伽藍〈カーラカ〉園にて世尊が説かれた経），*Kālakā-sutta*とも呼ばれる。*AN.* Ⅱpp. 24-26，南伝第18巻，pp. 45-46

（26） *Samant.* P版Vol. Ⅰ，p. 67，第6結集版Vol. Ⅰp. 48

(27)　以上§16の「第2回目のご教法の系譜」の項の内容は，整理されて『サーサナヴァンサ』に受け継がれ，ここと同様に，第2回目の教法確立とされている。ただし『サーサナヴァンサ』にあっては，カンボーザ国から始まりマハーナガラ国におよぶ地域比定についての説明は姿を消している。

(28)　*Sās.* B版ではLakunna，タイ国のランパンLampang市を指す，という。生野・ビ上座部佛史 p. 106註記参照。

(29)　*Sās.* B版ではVisukammadevaputto，P版ではVissakammadevaputtoとする。毘首羯魔天子，好業天子，妙匠天子。

(30)　*The Milindapañho.* Trenckner本p. 3。南伝第59巻上p. 9，中村・早島共訳『ミリンダ王の問い』1（平凡社，1963年）p. 7

(31)　ここまでは『サーサナヴァンサ』も，そのまま踏襲している。しかし，これ以下（2），（3），（4），（5）として述べられた地域比定についての説明は，『サーサナヴァンサ』には見られない。

(32)　*The Milindapañho.* Trenckner本p. 420，第6結集版Vol. 40, p. 407。（南伝第59巻下pp. 349-50，中村・早島共訳『ミリンダ王の問い』3（平凡社，1981年）p. 319）

(33)　原本*The Milindapañho*（Trenckner本p. 1，第6結集版Vol. 40, p. 1）は，「Atthi Yonakānaṃ nānāputabhedanaṃ Sāgalaṃ nāmanagaraṃ………」（ヨーナカ人の様々な物資交易の中心地であるサーガラという名の都市………）となっている。cf. 南伝第59巻上p. 6，中村・早島共訳，同上書1, p. 4

(34)　*The Milindapañho* Trenckner本p. 16，第6結集版Vol. 40, p. 15。（南伝第59巻上p. 31，中村・早島共訳，同上書1，p. 26）

(35)　*Sammohavinodanī-aṭṭhakathā.*

(36)　上記，註（30）参照。

(37)　Banya soming yei. soming yeiは，勇王。ベンニャー勇王。

(38)　以上の第4回目のご教法の系譜については，『サーサナヴァンサ』もそのまま継承し，説明内容も同じである。

(39)　以上の第5回目のご教法の系譜についても，『サーサナヴァンサ』は，そのまま踏襲している。

(40)　“Sirīsaddhammalokapaticakkavattīrājā”

(41)　Banya kyan ＝Binnya Kyan王（1450-53年）。

(42)　以上の第6回目のご教法の系譜についても，『サーサナヴァンサ』は，そのまま踏襲している。

(43)　Bayinnaung王（1551-81年）。タウングー王朝第2代目の王として，ペグーに都を置き，アヴァを制圧，アユタヤ，ジンメ（チェンマイ）を攻略して，ビルマ大帝国の実現をみる。

(44)　この書物のことは，『サーサナヴァンサ』に言及がない。*Piṭakatdothmaing*などにも記載なく，不詳。

(45)　『サーサナヴァンサ』においても，そのまま踏襲，ほぼ同様に記し，第7回目の教法の系譜としている。

（46） 以上§16の「ヨーナカ国の神通力を得た方々」の項の内容も『サーサナヴァンサ』に，そのまま踏襲されている。

（47） *Piṭakatdothamaing* p. 134にも同様に述べる。

（48） 前掲（47）書，同頁に，やはりシン・ティリーミンガラーが編纂したと述べている。

（49） Samññvat.

（50） Uttamarādha. *Sās.*（B版 p. 58）は Uttarārāma という名前の一長老とする。

（51） Uppātasanti（ウッパータサンティ「凶事寂滅」）。271偈のパーリ詩偈から成り，ミャンマーではパリッタつまり護呪経典としてよく知られている。*Thīrimingala Paritdaw*, Buddhasāsana council 1951年初版（pp. 94-137），1968年第4版（pp. 249-77）所収。なお訳者は第4版を底本として，これをローマナイズして試訳発表したことがある。cf.「ウッパータサンティ（Uppātasanti）――ビルマ版護呪経典のローマナイズとその試訳――」『大谷中・高等学校研究紀要』第30号，1993年。

（52） 以上§16の「ヨーナカ王国の典籍編纂諸長老」の項も，『サーサナヴァンサ』にそのまま継承されている。

（53）『サーサナヴァンサ』では，これに続いて Vanavāsi すなわちタイェーキッタヤーへの仏教伝播の章が挿入されている。B版 pp. 58-60，P版 pp. 52-53, cf. *Sās.* 生野訳 pp. 112-16；*Sās.* 福田訳〔5〕pp. 319-21

§17　ミャンマー〔ビルマ〕国へご教法が降来したこと

最初のご教法の系譜

【p. 78】
これより太陽の種族系統であるミャンマー〔ビルマ〕建国歴代王の帝国，多数の藩と郡とにより「マランマ　マンダラ」と呼ばれるトゥナーパラン〔タ〕Sunāparan,(1) タバディ〔ーパ〕Tampadip(2)を初めとするミャンマー国領域内における教法宣布の師資相承〔次第〕を述べましょう(3)。

わがミャンマー王国にはトゥッパーダカ Suppādaka 港のワネイザガーマ Vānijjagāma(4) 村のひとスーラポン Cūlapuṇ，マハーポン Mahāpuṇ(5)兄弟２人を縁として，最勝なるブッダ在世時の安居20年頃よりご教法が降下し始めたところです。〔しかし〕あまり長く広く確立し，繁栄するには至りませんでした。【p. 79】そのようにあまり長く広く確立し繁栄するに至らなかったため，その後もう一度伝道師を派遣しなければなりませんでした。その詳細は，９地方へ宣教師を派遣したことについての説明箇所ですでに述べました(6)。

４指幅でも値段10万に相当するサンダグーニーダザウン〔赤旃檀香木で建造された屋根付き参道のある(7)〕僧院の寄進を受けて，満７日間お住みになっていらっしゃった時，世尊は参詣にやってきた人，ナッ〔神〕，梵天たちへ法の甘露をお与えなさいました。７日のあいだ毎日，８万4000ずつの有情が解脱して預流などの聖者になりました。み輿500台でお越しになる旅の途中で，〔ブッダは〕タッサバンダ Saccabandha 山に住むタッサバン Saccaban ヤディ〔修験者〕にも法を説かれ，六神通を備えた阿羅漢に到達させました。

ワネイザガーマ〔商人村〕のイティディンナ Isidinna 長者の息子はじめ著名な方々にも法の甘露をお与えなさいました。以上のように，タッサバンダ，イティディンナ，マハーポンナなどの７日間に解脱を得た聖者たちによってわが「マランマ　マンダラ」にご教法が初めて降下してきました(8)。

《これがミャンマー〔ビルマ〕王国における，ポンナ，タッサバン方から始まって降下してきた最初のご教法の系譜です(9)。》

第2回目のご教法の系譜

ブッダが般涅槃〔入滅〕なされた後，235年を経て第3回仏典結集が行われ，その最後にモッガリプッタティッサ尊者が，近侍の弟子ヨーナカダンマラッキタ大長老を4人の従者である比丘と共に五群僧伽を成立させ，授具足戒儀式のできるようにして，アパランタ国[(10)]へ宣教に送りました。アパランタ国とは，ことごとくの郡藩が一緒になった，わがトゥナーパランタ・ミャンマー〔ビルマ〕国にほかなりません。

《そのことは，9か所へ宣教師を派遣した説明のところで，詳しく示しました。[(11)]》

「アッギカンドーパマ〔火蘊喩〕経[(12)]」により帰依させたこと

【p. 80】

ヨーナカ〔人の〕ダンマラッキタ長老は，アパランタ王国へ行かれて，「アッギカンドーパマ経」の説示により，その王国の国民をご教法〔仏教〕に帰依させました。[(13)] 7万ほどの人々に解脱の甘露をお与えなさいました。その王国の国民も多数が〔出家して〕比丘になりました。王族からも1000人ほどが比丘になりました。6000人以上の女性も比丘尼 rahan ma になりました。[(14)]

「Samadhikānica cha itthisahassāni（まさに6000人以上の女性[(15)]）」として，女性6000人以上が出家したということは，「アッギカンドーパマ経」を説いて宣教した際に，〔その場で〕出家した〔比丘尼になった〕人を数えたわけではありません。宣教が始まって後，長い時代を経てから，出家した人を数えた〔結果をいっている〕のです。何故なら，比丘尼が存在するときのみ〔比丘尼戒が授けられ〕，女性が出家できるということであり，また宣教師の大長老方は比丘尼を一緒に伴ってきていないのであって，その後長い時代を経て比丘尼たちが到来してから，比丘尼になった人たちの数を数えた，と知らねばなりません。

《セイロン島でアヌラー Anulā 王妃が尼僧になるのを望んだ際に，マヒンダ尊者はサンガミッタ長老尼をお呼びになり，到着してから〔王妃が〕比丘尼戒を受けて出家した[(16)]ということと同様である，と記憶しなさい。》

Aparantaṃ vigāhitvā, Yonako Dhammarakkhito.
Aggikkhaṇḍhopamenettha, pasādesi jane bahū.[17]
（アパランタへ入り　ヨーナカダンマラッキタ　アッギカンドーパマにより　ここに　多くの人々を信ぜしめたり。）

〔偈の〕意味は，Yonako シャン・ユン系統である，Dhammarakkhito ダンマラッキタ尊者は，Aparantaṃ アパランタ王国へ，vigāhitvā お入りになられて，ettha このアパランタ王国において，bahūjane 多数の人々を，Aggikkhaṇḍhopamena「アッギカンドーパマ〔火蘊喩〕経」により，pasādesi ご教法に帰依させました。

【p.81】「アッギカンドーパマ〔火蘊喩〕経」をお説きになられた，というアッタカターの言葉は，特別の意味を持っています。

特別の意味とは，――「アッギカンドーパマ経」は，比丘たちの挙動が良いとか悪いという利弊〔行動の実践〕を説いた経典です。比丘方にのみ説くのがふさわしい経典なのです。それなのに何故〔一般の〕人々に対して説かれたか，というその理由は，遍智仏〔ブッダ〕の安居20年目以降に，高貴なポンナーやタッサバン方を起源としてアパランタ王国にご教法が降来してより，〔あちこちに〕予め少しずついた比丘たちを統合したかったことと，今到来した僧伽の清浄な姿を知らせようとしたからで，〔それらの事情により〕「アッギカンドーパマ経」をお説きになりました。

《とくにこのような意味に受けとりなさい。そのように受けとると，パガンに偽比丘アリー僧の存在したことが，いろいろと言われるのと一致します。このように受けとらないと特別の意味が了解できません。〔このように〕受けとって間違いないと考えなさい。[18]》

以上に述べたアパランタ国，トゥウンナボンミ（Suvaṇṇabhūmi）国，ヨーナカ国の3か国は，太陽の種族系統であるミャンマー最初の王より継承せる歴代王の帝国です。したがって仏暦〔滅〕235年ティリーダマ・アソーカ（＝アトーカ，アショーカ，阿育，無憂）王の時世に，尊者モッガリプッタティッサ大長老が派遣した大阿羅漢方の伝道した辺境9地方のうち先に述べた

３地方は，マランマ マンダラ〔ビルマ周辺領域〕に含まれているので，〔第３回結集後に〕宣教師が派遣された時代にも，わがミャンマー〔ビルマ〕国へ尊いご教法〔仏教〕は，代々にわたって三路・三筋(19)を降来してきたのでした(20)。

《これがミャンマー〔ビルマ〕国における宣教師の大長老方が伝道をして第２回目に降来したご教法の系譜です。》

第３回目のご教法の系譜

パガン国(21)のタモッダリッ Samuddaraj 王(22)からノーヤターミンソー〔アノー【p.82】ヤター〕王まで歴代の諸王は，タマティ地区に住んでいたアリー僧30人と，その弟子６万人の教戒を受けていました。

そのアリー僧の信仰は，

（１）他人の生命を奪ったとしても，このパリッタ〔護呪〕を唱えると，その人は悪業〔罪〕から免れる。

（２）両親を殺したとしても，このパリッタを唱えると，五無間業(23)から免れる。

このような間違いの非法を，法として説きました。また王を初めアムー〔宰相〕，アマッ〔大臣〕，カラン〔従臣〕，タンビン〔サムピャン・郷官(24)〕，長者，富者，庶民男女の息子と娘が結婚式を挙げるときには，「師方に処女を捧げます」と，初夜には〔娘を〕彼らのもとへ送らねばなりませんでした。夜が明けて解放されてから結婚することができました。師に処女を捧げずに結婚すると，「慣例を破る」として王からの重罰を受けねばならなかったそうです。アノーヤター王は，このように間違ったことを聞いて，優れた知恵のある方でしたので，好ましくお思いになりませんでした。「誤れる信仰である」と大層心を痛めておられました。その時にシン・アラハン(25)がパガンの都においでになられ，宣教なさったのでした。

シン・アラハンのこと

シン・アラハンについては，『ヤーザウィン〔王統史〕』に見られること，『パリッタ・ニダーナ(26)』に見られること，教法伝承文書類に見られること，など同じことでも，３つの別々な言い方があります。

『ヤーザウィン』に見られることは，〔次の通りです。〕その当時トゥナーパランタ・タンバディーパ国には，まだご教法が常に輝き栄えるまでには至りませんでした。〔それで〕「世尊の授記〔予言〕のあった通りに繁栄させよう」と考えて，阿羅漢方はタジャーミン〔帝釈天〕のもとへ行き，「ご宣教できる方を，お決めになって懇請して下さい」と頼みました。帝釈天は，忉利〔三十三〕天にいるひとりのナッ〔天子〕に懇請し，あるバラモンの婦人の胎内に結【p.83】生させました。月が満ちて生まれると，ティーラブッディ Sīlabuddhi という名の阿羅漢が〔その子を〕見守り監督して，年齢が熟し出家させました。三蔵典籍に通達して，阿羅漢の境地に達しました。“アラハン”という名前で有名になりました。そのシン・アラハンは，ミャンマー王国の国土にご教法を輝かせ繁栄させよう，と王都パガンへおいで下さり，都に近すぎず遠すぎないある森の中にご滞在なさっていらっしゃいました。

シン・アラハンとアノーヤター王

タジャーミン〔帝釈天〕は，あるひとりの猟師を誘ってシン・アラハンに会わせると，〔猟師は〕「これは人間ではない。ナッバルー〔鬼神〕であろう。人間ならば，蛮人に違いない。王へ送り届けよう」と考え，都へ連れてきました。シン・アラハンは比丘の八資具〔生活必需品，三衣・鉢・剃刀・針・腰帯・水漉〕を持ち，ついておいでになりました。「ある森の中で蛮人に出会い，連れて参りました」と，猟師が王へ申し上げたところ，アノーヤター王は，非常に落ち着きのあるその姿をご覧になり，「このひとは蛮人ではない。優れたひとである。この人物には，優れた法〔戒〕があるに違いない」と，陽光に輝く蓮の花のように晴れやかな心で，お考えになりました。「〔貴殿に〕相応しい処をみてお座り下さい」と，人格を試すために言うと，シン・アラハンは，玉座に登ってお座りになりました。

大王は，「この人の座処は，最も尊い。間違いなく優れた人物であろう」と考え，次のようにお尋ねになりました。

大　王：「尊師は，如何なる種族系統〔誰の子孫〕のお方でしょうか。何処からおいでになられましたか。どなたの教化をお受けなさいましたか」と。

大長老：シン・アラハンは，次のようにお答えになられました。「私の種族系統は，九徳[27]〔尊厳〕・六福運[28]〔威力〕・四不可思議[29]を具備した正等覚者ブッダです。私の師や同輩の集まりである僧伽の存在するところから【p.84】やって来ました。正等覚者仏陀のお説きになられた威力説示〔律蔵〕に基づく教化を受けています」と。

大　王：〔それをお聞きになった〕大王は満足し，お気にいられ，大層お悦びになられて，「正等覚者ブッダのお説きになられたみ教えの一部だけでも私に説いて下さい」と，懇請なさいました。

大長老：〔シン・アラハンは，〕ティリーダマ・アソーカ大王へ尊者ニグローダ沙弥がお説きになった〔と同じ〕不放逸法[30]を，お説きになられました。

大　王：説き終わると，大王は，また次のようにお尋ねになりました。「正等覚者ブッダは，いま何処にいらっしゃるのでしょうか。ご教法は，どれほどあるのですか。お弟子の方は，貴殿以外にもまだいますか，いませんか」と。

大長老：〔シン・アラハンは，〕正等覚者ブッダが涅槃に入られたので，ご遺骨の仏舎利だけが現在もあるということ，ご教法の数は８万4000の法蘊があるということ，タトン Thahtoun 全都に三蔵が30組あるということ，自分以外にパラマッタ Paramattha 僧伽，タムッディ Sammuti 僧伽[31]の多く〔の衆僧〕が存在するということ，などをお話しになられました。

大　王：大王は，その言葉をお聞きになって，非常に強く信仰心を動かされ，次のように申されました。「私には，現在のところ貴殿以外に信仰すべき方はいない。今日からは自分の身命を貴殿に捧げます。貴殿の教【p.85】化も，私はお受け致しましょう」と。そう申し上げて，阿蘭若〔森林住処〕の条件を充たした場所[32]に，素晴らしい僧院を建立して寄進しました。アリー僧への信仰はお斥けになりました。王国民すべてにも斥けさせました。

アノーヤター王がお嘆きになったこと

そのような次第で，アリー僧たちは受け取る施物も少なくなり，シン・アラハンに対して大きな恨みを抱くようになりました。大王は，あらかじめそのことをよく考え心配して，アリー僧たちを抑えることができるように，護衛をつけて，〔シン・アラハンを〕守らせました。アリー僧30人と共に，その弟子6万人をも還俗させて，戈持ち〔兵〕，槍持ち〔兵〕，象・馬の糞掃除〔係〕をやらせました。

シン・アラハンは，正法に帰依した人々に比丘具足戒をお授けになり，ご教法を興隆させ光り輝かせました。アノーヤター王は，その時往古のことをふり返り，「この王国を終始治めてきた歴代の〔王である〕曾祖父や祖父方〔先祖〕は，アリー僧たちの誤った信仰を受けとっていた。そのように誤れる信仰を繰り返し受けとってきたが，それをもう一度もとに〔戻すことができるならば〕戻したいものだ」と，お嘆きになったことでした。

《これが『ヤーザウィン〔王統史〕』に出ているシン・アラハンのことです。[(33)]》

『パリッタ・ニダーナ』に出ていることは，〔次の通りです。〕

セイロン島〔スリランカ〕のヴィッパヴァーシー Vippavāsī 国[(34)]に住んでいたひとりの青年が，比丘具足戒を受けてドヴァラヴァティ国で三蔵を学び，その後タトン国へ行って，ふたたび三蔵を学習しました。その当時タイェキッタヤ国内で，「タクッ thahku 樹[(35)]の中より典籍を得た」という話を聞き，タトン国からタイェキッタヤへ行きました。旅の途中の森のなかで，猟師たちは，その僧をバルー〔鬼〕と思い，捕らえて，アノーヤター王に見せました。その会見のことは次のように『スーラウィン *Sulawing*（*Cūḷavaṃsa*）小王統史』に偈文が載っています。

【p.86】Rājātirājanuruddha, devocakkindarājāva. sirinubhontoluddcnā, dāyāgatatheraseṭṭhaṃ. pucchevaṃ rahantanāmakaṃ.[(36)]

（王中の王たるアヌルッダは，転輪聖王のように，吉祥を享受して，猟師の連れてくるまま，おいでになったアラハンという名の優れた長老に，次のように尋ねました。）

意味は，Rājātirājā 王たちすべての中の優れた王である，anuruddhadevo アノーヤター王は，cakkindarājāva サッチャミン〔転輪聖王〕のように，吉祥王としての名声・栄耀栄華を，anubhonto 享受して，arahantanāmakaṃ アラハンという名前のある，luddena 猟師は，ādāya 連れてきて，āgatatherasetthaṃ おいでになった優れた長老に，evaṃ このように，pucchi 尋ねた。

この偈文の由来は，次の通りです。

大　王：その時アノーヤター王はシン・アラハンに，貴方は誰ですか，と尋ねました。

大長老：自分はゴータマブッダの弟子である。殺生をすることを斥けます〔不殺生戒を守ります〕と言われると，

大　王：ブッダをはじめ三宝の功徳・恩恵とは，どのようなものですか，とまた尋ねました。

大長老：ブッダはマホーサダー〔賢者〕(37)のようで，教法は隧道のようであり，僧伽はヴィディーハ大王を始めとする軍隊のようなものです。涅槃は白壇〔の樹粉〕を塗ると〔やけどが〕治るようなものです。このように特別の譬喩を用いて説明しました。

大　王：アリー僧たちを指して，これらの人々は，ゴータマ・ブッダの弟子であろうか，と尋ねました。

大長老：これらの人々は，ゴータマ・ブッダの弟子ではありません。私たちとは見解が異なります。外道の僧にすぎません。そのように言われると，

その日から，〔大王は〕アリー僧たちを追放してしまいました。

【p.87】

シン・アラハンは，大王へ「ダサヴァットゥ〔十事〕(38)」，「ヴィマーナヴァットゥ〔天宮事〕(39)」などを説き聞かせました。大王は，〔シン・アラハンを〕非常に信頼し尊敬して，タイェキッタヤからの帰途に，パガン国へ招来なさいました。

シン・アラハンへゼータウン〔祇園〕(40)寺を寄進したこと

あるごまかしの巧みなアリー僧が，自分たちの見解に合うように経文を作り，

タイェキッタヤ国のタクッの大木に穴をあけて，〔その経文を〕入れ，土で埋めて，自然な〔本当の〕樹皮のように見せかけました。それから「私たちの夢の中でタクッ樹の中に経文があるのを見た」と明言しました。その言葉をアノーヤター王が聞き，タイェキッタヤまで行って，タクッ樹に穴をあけて探すと経文が得られました。その中には，自分たちの信仰が正しいこと，ゴータマ・ブッダの弟子であるということ，が書かれていました。大王は疑いをもっていましたが，仕方なくアリー僧たちへ，以前のように続けて多くのものを寄進しました。

このようにアリー僧たちから経典が出てきたことを聞いたので，〔アノーヤター王は〕タイェキッタヤ国へ進撃してパガンへ戻る時に，シン・アラハンをパガンへご招来なさったのでした。パガンに到着して，都の東側にゼータウンという名前の寺院を建て，寄進しました。“アラハン大長老”という称号をも授与しました。大王〔みずから〕が水を運び，王女は供養の食事を持ってきて，毎日とだえることなく差し上げました。尋ねたいことができたときには，質問しました。

《これが『パリッタ・ニダーナ』中に出ているシン・アラハンのことです。》

教法伝承〔仏教史〕文書類(41)に出ていることは，〔次の通りです。〕

トゥウンナボンミ・タトン市において神通力を得たアノーマダッティー大長老は，尊者トーナ，尊者ウッタラ方が尽力したご教法の継承を，僧伽500人と共に護持し続けました。その親近〔近侍の〕弟子はシン・アディティーラ，その親近弟子はシン・プラーナダッティー，その親近弟子はシン・カーラ，その親近弟子がシン・アラハンで，その親近弟子はシン・アリヤウンタです。〔以上の方々は〕共に住んでいたタッディウィハーリカ〔和尚の直弟子〕といわれています。

【p.88】
このように師資相承次第文書中にいわれている説明は，タトン王国における神通力を得たシン・プラーナダッティー，その親近弟子シン・マハーカーラ，その親近弟子シン・アリヤウンタ，その親近弟子シン・ウッタラージーワとい

われていて，

Ko panesa Uttarājivamahātheroti, ayaṃ hi thero Rāmaññadesiyaputto, Ariyavaṃsatherassasisso, Ariyavaṃsathero pana Kappuṅganaravāsi Mahākāratherassasisso, so pana Sudhammanagaravāsino Prāṇadassīmahātherassasisso.(42)

（では，かのウッタラージーワ大長老とは誰か。じつにこの師は，ラーマンニャ王国のひとアリヤウンタ長老の弟子〔です〕。またアリヤウンタ長老は，カップンガ(43)村住人マハー・カーラ長老の弟子。また彼はトゥダマ村住人プラーナダッティー大長老の弟子です。）

と，〔以上のように〕カリヤーニー碑文にパーリ語で述べている順序通りではありません。そのように一致しませんが，意味するところは相違しないのです。〔もし〕嘘をつけば，ついた人には罪があるのです。

シン・アラハンのもとの名前は，ダマダッティー Dhammadassī でした。タトン市に住む婆羅門の弟子で，ティーラブッディ Sīlabuddhi 師の親近弟子でした。

《現在，シン・アラハンはシン・カーラの弟子である，と言われていますが，今また別のことを言いました。信じられない〔理屈に合わない〕からです。〔師について言われていることについては〕そのように根拠がありませんが，〔何れにしても〕シン・アラハンその人が重要なのです。もとの意図は間違いではありませんが，述べた人の言葉は間違っています。》

そのシン・アラハンは，沙弥になる以前から４ヴェーダを習得していました。沙弥になってから註釈書と共に三蔵を習得して有名になったので，トーカテー(44)〔スコータイ〕市に迎えられて，そこに10年以上過ごした後にタトン市に帰り，アリンニャワーティ(45) araññavāsī〔森林住者〕として制戒を守っていました。

アリー僧の経文を焚焼したこと

仏滅1561年，緬暦379（1017）年にアノーヤター王が即位しました(46)。その当時パガン国に偽沙門のアリー僧たちが，僧団という30人ずつの集団となって住

【p.89】んでいました。集団が1000あったといいます。(47)アノーヤター王は，そのアリー僧たちが，世俗人の不浄行〔邪淫〕を行うのをお聞きになって，快くはお思いになりませんでした。王国民たちと共に供物を寄進しないでいましたが，悪賢いアリー僧のひとりが，自分たちの都合のよいように経文を作成して，タイェキッタヤ・ヤディ(48)国中央にあるタクッ樹の幹のほら穴に，その経文を入れておきました。樹皮がもりあがって合体し易いように，水気を含んだ泥を塗って乾燥しないように努めました。３年を経て樹皮が〔左右から〕もりあがって合した時に〔そのアリー僧は〕パガン国へきて，アノーヤター王に次のように申しあげました。

「私たちには経文がなかったので，〔経文類が欲しいと〕切望していると，曾祖父のドゥッタパウン(49)大王のヤディ国の都の真ん中にあるタクッの大木の中に経文があるので，開けて取り出し，それを学習遵守しなさい，とナッ〔神〕たちによる夢告がありました」と。

そのように伝えたところ，大王も大層お喜びになり，ヤディ国へ到達するため４戦闘部隊〔歩兵，騎馬，象，牛・馬車各隊〕で進撃しました。ヤディ国内を探して直径32タゥン〔肘尺〕(50)あるタクッの大木を見つけ，穴を開けさせ，幹の穴から多くの経文を取り出し王へ献上したところ，〔王は，それらを〕ご覧になり聴聞しお調べになって，正しいとは考えられないことをお知りになられ，その場所において焚焼〔焼却〕させました。その焚焼させた場所は，現在でも“ミータイコン(51)〔焚焼の丘〕”と呼ばれて，明確に残っています。

シン・アラハンがパガン王国へ行き宣教のこと

そのようなことについての噂話が，やがてシン・アラハンの耳に届き，〔尊者は〕タトン王国からタイェキッタヤへおいでなさいました。タウントゥイン(52)市東方の山の背を巡回していた猟師が，〔シン・アラハンに〕出会って，野蛮人と思い，王に献上しようとして連れてきました。偽比丘のアリー僧たちは，【p.90】黄衣〔樹皮の汁で染めた衣〕(53)を着けず，パラウン(54)僧や中国僧たちのように様々な色や黒く染めた衣を身にまとっていました。髪の毛は４指の長さまで伸ばしていましたが，シン・アラハンは髪の毛は２指以上には伸ばしていませんでした。皮の座具などを持っていて，それもアリー僧たちと同じでなかったので，猟師は〔シン・アラハンを〕野蛮人と思った〔誤解した〕のでした。

《タウントゥイン市の東方の山の背で猟師が出会ったという話ですが，その場所は正しいとは思われません。作り話に違いありません。よく考えてそう受けとりなさい。》

アノーヤター王は，猟師の連れてきた〔シン・アラハンに〕接見してみると，偉人の相を具えているのを認め，「この人は，野蛮人らしくない。優れた人の相をしている」と考え，座より立ち上がって，「適当な〔貴殿にふさわしい〕ところにお座り下さい」と申しあげました。シン・アラハンは，大王の風上の遠すぎず近すぎないところに座具を敷いて，その上に座りました。

大　王：その様子を大王が見て，信仰心から手を合わせて，「〔貴殿は〕如何なる種族の子孫でしょうか」と尋ねると，

大長老：「我輩は正等覚者ブッダの子孫〔である〕。」と仰せられました。

大　王：「正等覚者ブッダとは，如何ほどの徳，如何ほどの修行をなされたお方でしょうか。」とお尋ねすると，

大長老：「正等覚者ブッダは，四諦の法すべてを，師なくして〔みずから〕間違いなくお悟りになって，王の上の王・ナッ〔神〕の上のナッ・梵天上の梵天の功徳，あらゆる人々の苦しみを免れさせることのできる修行をお積みになっている」と仰せられました。

大王は，大層お喜びになられ，平伏合掌して「〔私たちを〕教え導いて下さいませ」と申され，〔自分の〕師としてご信仰なさいました。タイェキッタヤから帰り，パガンへお着きになると，シン・アラハンをニョンウーの庭園の西【p.91】方，ウコゥン・パゴダの北東にア〔リン〕ニャワティ〔森林住〕山寺を建てて，お住まわせになりました。そのようにお住まいになっている時に，偽比丘のアリー僧たちに恨まれ危害を加えられないようにと，〔大王は〕警護人100人をご献上なさいましたが，〔シン・アラハンは〕彼らを戒律に則り比丘にして，三蔵に通達できるようお教えになられました。

《これが教法伝承文書中に出ているシン・アラハンのことです。(55)》

伝承の検討から明らかになること

このようにシン・アラハンについて述べられていることで，同じことでも言い方の異なる3か所のうち，

（1）『ヤーザウィン〔王統史〕』の説明では，

シン・アラハンを婆羅門種族というのみで，どこの町村出身かということについては言及がありません。パガンの町のアリー僧たちが〔経〕文を編んで，樹木の中に入れておいたことについても言及がありません。

（2）『パリッタ・ニダーナ』の説明では，

シン・アラハンが如何なる種族か，言及がありません。アリー僧たちが経文を焚焼した場所はミータイコン，という言及もありません。パガンの町の東側にゼータウン寺を建てて寄進した，ということは含まれています。ニョンウー庭園，ということは含まれていません。

（3）『教法伝承文書』の説明では，

シン・アラハンの師資相承に言及しているところは，後先が合っていません。カリヤーニー碑文とも一致しません。タウントゥイン町の東方の山の背で，シン・アラハンと猟師が出会った，というのは言い過ぎです。つまり，大袈裟です。

そのように文書各々の説明は一致していませんが，シン・アラハンが明らかに実在したのは間違いないこと，教法宣布をしたということ，そうした主要な意図は共通しています。補われた言葉は異なっていても，同じことを別の言い方で述べた，と理解しなさい。

《これがミャンマー〔ビルマ〕帝国におけるシン・アラハンによって降来した第3回目のご教法の系譜です。(56)》

三蔵のために戦争をしたこと

【p.92】

ある時シン・アラハンは，このように申されました。

「ブッダの教法3種において，パリヤッティ・サーサナー〔聖典の憶持による教え〕があるとパティパッティ・サーサナー〔行道実践の教え〕は成就できます。パティパッティ・サーサナーが成就すると，パティヴェーダ・サーサ

ナー〔洞察証悟の教え〕が成就します。パリヤッティなる三蔵もまだ揃っていません。この王国には仏舎利や仏陀のご遺物もありません。仏舎利，仏陀のご遺物，蔵経典籍のある王国や地方へ贈り物を持たせて，〔使者を派遣し〕入手させると，ご教法は末永く輝くでしょう」

そのように申し上げると，

「何処の王国に要請すると入手できるだろうか」

と，大王が尋ねました。

「トゥウンナボンミのタトン王国には，三蔵を１揃いとして，30揃いあります。仏陀のご遺物や仏舎利も沢山あります」

と，〔シン・アラハンが〕申し上げると，大王は多くの贈り物を調達なさって，賢明な大臣１人をタトン王国へ派遣し，丁重な言葉で〔三蔵などを分けてくれるよう〕要請しました。タトンのマヌハ[57]王は，気を悪くして要請に応じられないと返答しました。

《この点について『ヤーザウィンジー』には，どのように言ったかという説明の語句は含まれていません[58]。『パガン・ヤーザウィン[59]』には，「ご蔵経，仏舎利，ブッダのご遺物などは，野蛮人共〔にふさわしい筈〕のものか」と，非常に荒々しい言葉で返答した，と載っています。》

戦争をして三蔵を持ってきたこと

アノーヤター王は，そのように返答した言葉をお聞きになって大層ご立腹なさったので，水路からは船80万，海兵8000万，陸路からは将軍４人と共に象80万，馬80万，陸兵８億というように全兵力を挙げ，ご自身も後続連隊に入って行進なさいました。水路の先頭〔の船〕がペグーに到着していてもパガンから船軍が出発し終わっていませんでした。陸路の先頭〔の隊〕がタトン近くに到着しても，パガンから陸軍がまだ出発し終わっていなかった，といいます。

そのように行進してきたことを聞いたマヌハ王は，非常に驚き恐れて都を安【p. 93】全堅固に防備しました。魔術をかけて〔悪霊で守って[60]〕いたので，何度も何度も攻撃をしかけましたが，征服できませんでした。フーヤービュ〔インド人占星術師〕，フーヤーニョ〔ビルマ人占星術師〕たちに尋ねて魔術をかけていることを知り〔ました。すなわち〕ゾージー[61]の遺体を焼いて食べた幼いインド人の頭と手，足などを都の周囲に埋めて魔術をかけていたので〔す。アノーヤター王は〕それらを〔掘りだして〕海へ投げ捨てさせ，漸く攻略に成功することができました。

そのようにしてタトン国を征服して，歴代のタトン王が宝石で飾られた容器の中に入れて礼拝していた仏舎利やご遺物と完全な三蔵30組を，タトン王のもとにいた白象32頭の背に乗せて運んできました。そのように運んできてパガン国に着くと，仏舎利やご遺物を宝石で飾られたルビー〔紅玉〕の箱に入れて頭上に安置し常に礼拝なさいました。完全な三蔵30組も宝石で飾った大講堂に安置して，清浄なる僧たちが学習できるようになさいました。タトン王国から持ってきた蔵経に通達した清浄な比丘僧1000人も伴ってきました[62]。

《アノーヤター王が，タトン王国に勝利をおさめ，蔵経と共に比丘僧伽をパガンへ連れてきて教法宣布したのが仏暦1601年，緬暦419（1057）年である，とカリヤーニー碑文にいいます。》

第４回目のご教法の系譜[63]

アノーヤター王は，そのようにして求めていた三宝を〔持つ〕充ち足りた王国となったのでプンナガーマ[64] Puṇṇagāmaという名前をその時に付けました。その後“ナ ṇṇa”が消え，“マ ma”が抑止音となって“パガン Pugaṃ”となった，とアナーガタウィン[65]偈文をとり上げて『因縁譚序文[66]』に述べています。王統史類においても，そのためにアノーヤター王時代にプンナガーマと命名した，と述べています[67]。

アノーヤター王時代にもスリランカへ将軍４名を派遣して，三蔵と仏歯等を【p. 94】請求させました。スリランカより入手した蔵経とタトンから持ってきた蔵経とを，シン・アラハンが照合し編纂監修しました。両方の版は間違いなく一致したといいます。そのように照合編纂した版を書写させて，経蔵へ収納しました。各地方へも〔仏典を書写させて普及〕伝播させた，と古い文書[68]に載っています。

マヌハ仏寺とマヌハ碑文

〔アノーヤター王は,〕マヌハ王をミンカパー地区に召使たちと共に住まわせました。マヌハ王が話す時には,口の中から煌々たる光を放った,といいます。〔そのため〕アノーヤター王のもとへ拝謁に来て敬礼する際に,〔アノーヤター王は〕身の毛がよだち恐怖心におそわれました。それでマヌハ王の威力を弱めるため,マノー盆(69)に食事を用意して仏さまに供え,後にその食事をマヌハ王へご馳走しました。しばらく経って後は,〔マヌハ王の〕口中から放光することが無くなりました。その時〔マヌハ王は,〕世の事を厭い離れることにおいて輪廻する間は他の人に随順〔負ける〕することのないようにと請願し,座っている姿の大仏像1体と入涅槃像1体とを造りました。それは今日に至るまでマヌハ〔パヤー〕(70)と呼ばれています。

身体に付けていた指輪のマノーマヤ(71)のルビー(72)を,パガンの大金持に売って,牛車5台分のお金で建立した,とマヌハ碑文(73)中に述べています。

このようにアノーヤター王は,トゥウンナボンミ王国のタトンの都,セイロン島などから教法を持って来て,繁栄させ光り輝かせました。

《これがミャンマー〔ビルマ〕帝国におけるアノーヤター王が奉仕して,ご教法が降来した第4回目の系譜です。》

第5回目のご教法の系譜

トゥウンナボンミ国のタトン都におけるティリーダマ・アソーカ〔阿育〕王より始まりダマパーラ王までの王統の中で「ゾータコンマー Zotakummā 王の治世にアシン・トーヌッタラ Soṇuttara 方が教法宣布に到来した」と,師資相承次第にいいます。カリヤーニー碑文に「ティリーマーソーカ〔阿育〕王の治世に到来した」と述べている言葉と一致しません。

【p. 95】

Soṇattheraṃ pana Uttarattherañca Suvaṇṇabhummiraṭṭhasaṅkhāta Rāmaññadese sāsanaṃ patipaṭṭhāpetuṃ pesesi. Tadā Suvaṇṇabhummiraṭṭhe Sirīmāsoko nāmarājā rajjaṃ kāresi.(74)

(ソーナ長老とウッタラ長老は,トゥウンナボンミ国と呼ばれたラーマニャデーサの教法確立のために派遣されました。その時トゥウンナボンミ国においては，ティリーマーソーカ〔＝ティリーダマ・アソーカ〕という名の王が国を治めていました。)

《カリヤーニー碑文より》

ダジャーミン〔帝釈天〕創建の都城に与えられた王統史の中では「シーハラージャ〔ティーハヤーザー〕獅子王」，シュエモードー碑文では「ティリー〔ダ〕マ・アソーカ〔阿育〕」という王の治世にタトンの都へ世尊が巡錫なさいました。その後仏滅235年以降に教法宣布の諸師がご到来になりました。時代は隔たっているので同時代と考えないように。王統史におけるシーハラージャを碑文ではティリーマーソーカと述べているように，王統史のゾータクマー Zotakummā を碑文中にティリーマーソーカと述べている，と言っているわけで，名前は異なりますが，別の王ではない〔人物は変わらない〕と受けとるのが正しいのです。(75)

《これが難解な箇所の意味なのです。》

ウッタラージーワ大長老の宣教

タトン歴代王統中において，ダマパーラ王の治世にセイロン〔スリランカ〕からマガダ〔パーリ〕語訳の三蔵をアシン・ブッダゴーサ〔仏音〕がタトンの都へ持参しました。

その後仏滅1601年を経た時〔西暦1057年〕に，ノーヤタミンソーがタトン国を攻めパガンへ教法を請来しました。そのラーマニャ国〔モン〕人のウッタラージーワ大長老は，パガン国ナラパティスィードゥー大王が尊崇する王師にまでなられました。その大長老の師資相承次第は，すでに述べました。(76)

〔それについて〕タトン都の神通力を得ていたシン・アノーマダッティーの弟子がシン・アディティーラであり，その弟子がシン・ピャーナダッティー，その弟子がシン・カーラ，その弟子がシン・アラハン，その弟子がアリヤウンタ，そしてその弟子がシン・ウッタラージーワであると，師資相承次第文書にいっていますが，それはカリヤーニー碑文や諸王統史に述べているのと合致しません。

ウッタラージーワ大長老は，トゥウンナボンミに宣教した尊者ト（ソ）ーナ，ウッタラ方の教えを受け継いで，パガン国に教法を確立しました。セイロンへ【p. 96】渡ってからも，尊者マヒンダの系統であるマハーヴィハーラ派の衆僧と同時に同一会堂で，大〔授具足戒など〕・小〔布薩など〕の儀式を執行しました。

《これがミャンマー〔ビルマ〕王国におけるウッタラージーワ大長老のご尽力により降下した第５回目のご教法の系譜です。[77]》

第６回目のご教法の系譜

ウッタラージーワ大長老は，セイロンへ渡った時一緒に連れていった年齢満20歳のサッパダ Chappada 沙弥をセイロンの衆僧と一緒に具足戒を受けさせました。シン・サッパダは，〔その後〕勉学をして10安居〔10年〕を過ごし，テーラサムッティ〔長老としての認定[78]〕を得てからパガン王国に帰りました。その際にティーワリ Sīvali，ターマリンダ Tāmalinda，アーナンダー Ānandā，ラーフラ Rāhurā という４人の長老方を招請して，お連れになりました。その長老方は，三蔵に通じ，賢明でした。能力上の素質は充分に備えていました。

《詳細については，すでに述べた通りです。[79]》

パガンに到来した時，以前からいた比丘たちと一緒には大〔授具足戒など〕・小〔布薩など〕の儀式を執行しませんでした。〔以前からいた比丘たちは〕権威〔慢心〕をもっていたため別々に行いました。ナラパティスィードゥ大王は，ワジラマンジという名の知識ある大臣と相談し，それら５人の長老を迎え入れ，非常に尊崇敬愛なさいました。イラワジ河に筏を編ませて浮かべ，そこで多くの沙弥たちに具足戒を受けさせました。時が経つにしたがって，その系統は増大し，この派の衆僧は多数となりました。

『クッダティッカ〔小学（律）[80]〕』編纂のアシン・ラーフラ

ある日大王は長老5人を弟子僧方と一緒に招待し，大供養会をなさいました。シン・ラーフラは，その際の催しもので化粧し着飾った舞姫ひとりを見て恋慕の情がおこり，僧侶としての生活がつまらなくなって，還俗しようとしました。他の長老4人が，思い止まるよう説得しましたが，聞き入れようとはしないので，「貴殿ひとりのために私たち長老全員が恥をかくことのないように，ここで還俗せずマッラーユ Mallāyu 島へ行って還俗しなさい」と言って追い出しました。

【p. 97】

ラーフラ長老はバティンから船に乗りマッラーユ島に渡りました。到着してから，ヴィナヤ〔律〕の教えを知りたがっているマッラーユの王へ『Ṭīkā 復註書』と共に，〔編纂〕典籍『クッダティッカー Khuddasikkhā〔小学（律）〕』を教授して，ヴィナヤの規定を知らしめたのでした。

その王は鉢1杯分の紅玉〔ルビー〕を寄進し，ラーフラ長老はそれを受けとってから還俗しました。

他の長老4人のうちサッパダ長老が亡くなってからは，ティーワリ，ターマリンダ，アーナンダーの長老3人が，三蔵その他の典籍を弘通させて，教法を清浄に光り輝かせました。

2派への分裂

ある時大王〔ナラパティスィドゥー〕は，長老3人へ若い象1頭ずつを施与なさいましたが，ティーワリ，ターマリンダ両長老は，その象を森のなかへ放してやりました。ところが，アーナンダー長老は，キンチプラ[81]市の親戚へ与えようとなさって，バティン〔港〕まで行き象を船にお乗せになりました。

そのことを知った長老お2人は，「私たちは〔象の〕喜ぶように森に放してやった。あなたは〔象を〕辛いめにあわすために親戚に与えてしまった。あなたの行為は仏の教えに反します」と言われました。

アーナンダー長老は，「“ñātakānañcasaṅgaho〔親族の愛護[82]〕” という吉祥の教えがあるではないか」と答えました。

そこで長老お2人は，「私たちの意見を聞きいれないのなら，私たちと一緒に住すべきではない。サンガ〔僧伽〕儀礼を別々にしよう」と言って，分派しました。それから始まって２派に分かれたのです。

３派への分裂

その後しばらくしてターマリンダ長老は非常に学識優秀で有能な弟子たちを愛護しようとして，廷臣や富豪，長者たちに「この人は非常に学識優秀で有能である。もし比丘の生活必需品〔四資具〕が充分満たされるなら仏道修学，修行が達成されるであろう」と生活必需品についての“語表示”[83]をしました。そのことをティーワリ長老が聞いて「世尊は“語表示”によりなされた贈り物はお嫌いになりました。それなのにあなたは“語表示”による贈り物をさせてしまいました。あなたの態度は仏の教えに違反します」と宣告しました。

【p. 98】「世尊は自分自身のためにする“語表示”をお嫌いになりましたが，私の場合は自身のためではありません。弟子たちの仏道修学と修行を達成させるためなのです。ご教法が繁栄増大するだろうと考えて勧めたのであり，み教えに適うのです」と答えました。ティーワリ長老は「あなたは私の意見を受けいれない。望み通りにしたいのなら，私と一緒に住すべきではない。サンガ儀礼を別々にしよう」と言って，分派しました。それから始まり３派となったのです。

プリマ〔前〕・サンガとピッシマ〔後〕・サンガ

そのようにしてパガン王国には，トゥウンナボンミ国トゥッダマプラ市伝来のシン・アラハン系統のサンガが１派，〔ありましたが，そこに〕ティーワリ大長老系統のサンガが１派，ターマリンダ長老系統のサンガが１派，アーナンダー長老系統のサンガが１派，〔と加わり，〕これら４派のサンガがそれぞれ分立していました。

そのうちトゥッダマプラ市から最初に来たという理由で，シン・アラハン系統サンガは「プリマ〔前〕・サンガ Purima-saṃghā」と呼ばれました。残りの３派は，セイロン島から後に来たので「ピッシマ〔後〕・サンガ Pacchima-saṃghā」と呼ばれるようになりました。

ティーワリ，ターマリンダ両長老は，お亡くなりになるまでご教法繁栄に尽力なさいました。アーナンダー長老は，パガン王国において54年間ご教法繁栄に尽力して緬暦596（1234）年にお亡くなりになりました。

《これがミャンマー〔ビルマ〕王国におけるサッパダ大長老など5人により降下した第6回目のご教法の系譜です。[84]》

第7回目のご教法の系譜

緬暦788（1426）年にパガンのナラパティスィードゥ大王のご息女チャウン【p.99】ドゥジィとアラウンスィードゥ大王のご曾孫アナンタトゥリヤとのご婚姻によりお生まれになった王子ティディカーから始めて，ベジーヤダナー，ベゲーヤダナー，ランブーランダドゥー，パウミャインミンパレ，ミェネソーディーガーに至る太陽の種族系統であるパガン王統であり，モーニン〔市〕を統治するタドーミンビャー法王が，ヤダナープラ黄金大都アヴァにおいてご即位なさいました。“ティリートゥッダマヤーザーディパティ〔吉祥善法王君主〕”なるご称号もお受けなさいました。

そのモーニン法王の治世，緬暦791（1429）年に，ランカーディーパすなわちセイロン島からティリータッダマーランカーラ Sirīsaddhammālaṅkāra，ティリーティーハラマハーターミ Srīsīhaḷamahāsāmi という名前の長老お2人が仏舎利5個を携え，船でバティンの港へご到来になりました。

タライン〔モン族〕王バニャーヤンが，拘禁し，自分の処に留まるようにとお頼みになりましたが，同意していただけなかったので，美しく飾った船でピー〔プローム〕市まで見送って行かれました。

そのことを〔アヴァの王が〕お聞きになられ，ローカチョ[85]船40隻と共にピー市までお出迎えになられ招来することができました。遡行してユアーティジーにご到着なさった時には，〔王は〕王女はじめ召使いや大臣たち全員と共に黄金のご座船でお出迎えなさいました。アヴァに到着すると即座に大地が震動しました。

「ご教法を賞賛しようとして仏舎利5箇を招来した時に大地が震動したことは，ご教法が輝いて長い時代にわたり繁栄する徴候を示さんとしたものである」と，法王みずからご予見なさいました。

ティーホとティンゴー

緬暦792（1430）年にその5遺骨を安置して大都サガイン西部の非常に閑静

な平原にゼディ〔仏塔〕をご建立なさいました。ヤダナー・ゼディと呼ばれました。塔は多くの象の彫像で取り巻かれていたので，セインミャーシン（「多数の象の彫像がある仏塔」の意）と略称でも呼ばれるようになりました。3つの品位ある建物と78の窓(86)を付けて建造されたウーシンシュエ寺をもティーホヤウジーとティーホヤウゲー〔セイロン渡来の大・小両長老(87)〕に寄進しました。

【p. 100】
その後長老アシン・ティーホヤウジーは，自分の住所から適当な距離の山の頂上に結界処を定めました。弟子たちさえ入れないで，羞恥心があり多聞にして修学の意欲があると信じられている長老3人を交え，自分と4人だけで結界をご設定になりました。

このように結界処を設けたことと三蔵の典籍を教授することなどにより，ミャンマー〔ビルマ〕国内に尊いご教法が清浄に輝くようにと，セイロン渡来の2長老〔ティーホヤウジーとティーホヤウゲー〕がご宣教なさったことについて，

“聖典の基本をおさえ，　よくよく考えられた，　セイロン渡来の長老の，　おかげ大きく，　著名なお方，　威徳高き僧正を，　確かに頼って，　残らず覚えた，　尊者方より，　しきたり習い，　すべて学んだ，　ス〔聞〕――チ〔考〕――　プ〔尋〕――　バ〔唱(88)〕，4つの言葉，　いつも使い，　こころに念じ，　慈しむこと，　とても穏和に，　日毎日毎に，　進歩している”

と昔の人たちは言いました。この言葉の中でセイロン語の「Thinghaḷa」を参考にして「ティンゴー Thinghouḷ」と綴りました。その言葉の中で「ハ ha」という文字が入らないように，第2偈を「kyeizuhouthi（おかげ大きく）」としました。先の言葉に「gha」という文字が入らないように，第3偈を「puggoumethi（著名なお方）」としました。リンガー〔詩〕の第3偈の文字の繰り返しとなれば，“punarutti dosa（2度言う罪）”になります。したがってセイロン語に相当するように，「ティンゴー Thinghouḷ」と書かねばならない，ということを確かに示しているのです。「シーハラ Sīhaḷa」という語はパーリ語，「Thinghaḷa」という語はセイロン語です。そのことはボードーパヤー王のご治世にセイロンからやってきた比丘たちによって知ることができたのです。

《これがミャンマー〔ビルマ〕帝国におけるセイロン渡来の大長老２人によって降来した第７回目のご教法の系譜です。[89]》

第８回目のご教法の系譜

トゥパヨンダーヤカ〔仏塔の寄進者〕ナラパティは，大王に即位する前の御父君の治世から兄君のミンイェーチョーズワーの治世までピー〔プローム〕市【p.101】を統治しました。ソーヤンナゥン[90]がプローム市へ招いて敬信していたタゥンバルー・パラッカマ系統のシン・ターラダッティー Sāradassī〔長老〕の弟子シン・タッダマティッティ Saddhammaṭhiti を〔ナラパティ王は〕師としていました。

緬暦804（1442）年より，ピー市から〔イラワジ河を〕遡行して，ヤダナープーラシュエワ〔アヴァ〕大都に上り統治しました。ピー市は，王子で次男のミンセインにミンジースワーという名称と共にお与えなさいました。

（１）南は　グートゥタヨッモ[91]

（２）西は　ボーカウン[92]

（３）東は　コンカウン[93]

（４）北は　マルン，タウンクンチュンドー[94]

この４か所の中において，俗人たちについてはわが王子に管理させなさい。僧侶方については，わが師に管理させなさい。――と勅令をもって長老シン・タッダマティッティを僧伽主（管長）に任命なさいました。シン・タッダマティッティ長老は，現在のピー市より真東方向に800ター[95]，ヤディ都城より真西方向に500ターほど離れた僧院に住んでいました。

僧院の大きく囲まれた境内の中にナーラーギリ丘と皆が呼んでいる所がありました。ある日，長老がひとりで境内を掃除していると，その丘の土中から黄金の大瓶[96]が出てきました。長老は人々が見るのは適当ではないと考えて，ごみで覆いました。その時田舎から出てきていた長老の義理の弟が御飯をもってきたのですが，長老は御飯を受け取り，「このごみを捨てなさい」と言って捨てさせました。

「それを捨てた時に何を見ましたか」と尋ねると，「何も見ません」というので，〔長老は，このことは〕「私に貪欲があるか，ないか試してみたのだ。〔黄金の瓶は〕自分にはふさわしくない」と述べた，ということです。[97]

マハーターミ長老がセイロンへ行かれたこと

タッダマティッティ長老のところに，アリヤウンタとマハーターミという２人の弟子僧が，セイロンへ渡って学処〔戒法〕を取得してきたい，と申し出てきました。出発する時期が近付いた時に，アリヤウンタは「健康状態がよくないので，私は行けなくなった。君〔シン・マハーターミ〕だけ渡航しなさい。そして向こうに到着しても，そこでは受戒しないで下さい。学処〔具足戒〕を授けることのできる僧伽を得られるようにしなさい。ここに帰ってきてから一【p.102】緒に学処〔具足戒〕を受けるようにしよう」と約束なさいました。

マハーターミ Mahāsāmi 長老は，同僚の３人の比丘と一緒にセイロンへ渡りました。到着した時マハーターミ長老がセイロンの王子が捨てたパソー〔腰布〕を拾いあげ，糞掃衣に縫いあげ染めて着ると，セイロン人たちから「番人がいるのに拾いあげることができるのか」と言われました。「番人は墓地のみを守る。パソーは捨て去られたものです」と〔マハーターミ長老は〕答えて，[98]王に捨てたのかそうでなかったのかを尋ねると，王は「私は捨てました」と言いました。このようにヴィナヤ〔律蔵〕の決めるところにしたがっているのに感心したセイロン王は，マハーターミ長老に四資具を提供し支援なさいました。

マハーターミ長老は「私はここに住もうとしてやってきたのではない。セイロンの教法を受持しようとしてきたのである」と言うと，「それならばここで〔具足戒を〕お受け下さい」と言われました。マハーターミ長老は「義兄弟のシン・アリヤウンタと私とは約束がしてある。ザンブディッ閻浮提洲〔ビルマの地〕[99]にて〔具足戒を〕受けようと思います。学処〔戒法〕を授けられる親教師〔和尚〕を含め五群僧伽をお与え下さい」と申し上げました。

タッダマサーリー長老が閻浮提洲へおいで下さったこと

セイロン王が尋ね調べてみると，それ以前にパガンからビルマ〔ミャンマー〕僧がセイロンに来ており，王師ターリポッタラー長老の許で学処を受けて住んでいることがわかり，王はそのタッダマサーリー Saddhammacārī 長老にお会いなさって，「師よ，閻浮提洲へお出向きなさって，ご教法を伝授下さいませ」と懇願なさいました。すると「私は，若い30本の菩提樹の木に毎日水をやって育てています。それができなくなります」と言います。セイロン王は「私が人を任命してお育てしましょう。どうぞお出向き下さい」と懇願し，〔その結果タッダマサーリー長老は〕僧伽の面々〔現前僧伽〕と共に〔ビルマの地へ〕おいで下さったのでした。

シン・マハーターミもセイロン僧伽と一緒に帰って来ましたが，タヨッモゥ(100)に到着した際に「セイロンへ具足戒を受けに行ったのに受けていない」と比丘や国民たちが，私を非難するだろうと考え，タヨッモゥにおいて布薩の日に，その布薩の儀式をする前に，セイロン〔僧伽による〕具足戒を受けました。

ピー〔Prome〕市では，タッダマティッティ Saddhammaṭhiti 長老が亡くなられて，弟子のアリヤウンタ Ariyavaṃsa 長老を，ピーの領主タドーミンソーが管長〔僧伽主〕に任命しました。

【p. 103】
シン・マハーターミが到着し，「具足戒を受けたのかどうか」とアリヤウンタ長老が尋ねると，「僧伽を伴ってきました。タヨッモゥに着いてから具足戒を授けてもらったのです」と言いました。「そういうことなら，一緒に受戒しようという約束は破られた。私は，もはや具足戒を受けまい」と言って，受戒なさいませんでした。

シン・マハーターミも，「今や彼は管長となっている。彼の監督している場所に住みたくない」と自尊心のために分派してしまいました。タドーミンソーは，事情を知って，象の調教柵(101)を移転させ，その跡に僧院を建ててマハーターミ長老に寄進しました。セイロン帰りのタッダンマ長老も，「ここは彼の居場所である。私はここに住みたくない」と言われたので，王は，池を埋めそこに僧院を建ててタッダンマ長老に寄進しました。それは「池中寺〔僧院〕」と今も呼ばれています。

セイロンからの師僧やマハーターミ長老の許に四方八方からやってきて具足戒を受け，学習した人は極めて多くいました。

国内のアリヤウンタ長老は，東サーサナ系統派，マハーターミ長老は，西サーサナ系統派と，別々の派に分離してしまいました。

《これがミャンマー〔ビルマ〕王国における後期のセイロン到着タッダマ

サーリー，マハーターミ長老方によって降来した第8回目のご教法の系譜です。》

第9回目のご教法の系譜

緬暦872（1510）年にゼヤーワンダナ国ケトゥマティー・タウングー大都を建設して，マハーティリーゼヤトゥーヤ王(102)が統治なさいました。レヤーテセィンドゥデーワナーガ〔天竜と呼ばれ右牙をもつ御象(103)〕を基にして王国の領地をお拡げなさいました。そのタウングー領主マハーティリーゼヤトゥーヤの治世，緬暦892（1530）年に，マハーパラッカマという名称をもつセイロンの高僧が，セイロン島から船で海を渡りタウングー市へご到来下さいました。

領主マハーティリーゼヤトゥーヤは，ご自身で造営なされたドワーヤーワティー Dvaravatī 市の南に閑静で非常に美しい大僧院を建立してご寄進なさ【p. 104】いました。その寺院の境内に結界〔戒律堂〕を設定し，その中にご自身と同じ重さの純粋の銅で仏像を鋳造して安置なさいました。〔その仏像は〕マハーティーホヤウジーとしてよく知られ有名です。

酒についての論争

その王の治世にタウングー市において，酒に関する規定についての論争がありました。その事情は，

Bījatopaṭṭhāyāti sambhāre paṭiyādetvā cāṭiyaṃ pakkhittakālato paṭṭhāyaca, tālanāḷikerādīnaṃ puppharaso pupphato gaḷitābhinavakālato paṭṭhāya ca napātabbaṃ.
（種子を始め諸材料をととのえて〔醱酵させて〕壺に入れた時より，あるいはターラ椰子などの花汁は，花より滴った新鮮な時より始めて飲むべきではない。）

と『カンカーヴィタラニー・ティーカー(104)』，『テーラサカン・ティーカー(105)』，『ヴィナヤヴィニチャヤ・ティーカー(106)』，『ムーラシッカー・ティーカー(107)』に記されていますが，これら4種のティーカー〔復註書〕における解釈が一致せず，意味も誤ってしまいました。〔すなわち〕砂糖椰子(108)，ココ椰子(109)などの汁は，はじめて滴り出た時から飲めない，とある師が言われました。

〔また逆に〕この4種のティーカーにおける正しい見解をとれば，意味は間違いなく，砂糖椰子やココ椰子の滴り出てきた直ぐの汁は飲んでよい，とある師は言われました。

飲むべきでないと言う長老の主張は，

Bījatopaṭṭhāyāti ettha,「種子から始めて」というこの語句においては，sambhāre 材料を，paṭiyādetvā 準備〔醱酵〕して，cāṭiyaṃ 容器に，pakkhittakālato 入れた時から，paṭṭhāya 始めて，napātabbaṃ 飲むべきでない，tālanā ḷikerādīnaṃ 砂糖椰子やココ椰子などの，puppharasoca 花汁をも，gaḷitābhinavakālato 滴り出てきた時から，napātabbaṃ 飲むべきでない，iti 以上が，attho 趣旨である。

このように意味をとって，飲むべきではない，と言われました。

飲んでよい，という長老の主張は，

Bījatopaṭṭhāyāti ettha,「種子から始めて」というこの語句においては，【p. 105】sambhāre 材料を，paṭiyādetvā 準備〔醱酵〕して，cāṭiyaṃ 容器に，pakkhittakālato 入れた時から，paṭṭhāya 始めて，napātabbaṃ 飲むべきでない，tālanā ḷikerādīnaṃ 砂糖椰子やココ椰子などを，saṃbhārehi 材料として，paṭiyādito 準備〔醱酵〕してから，puppharasoca 花汁をも，pupphato 花から，gaḷitābhinava kālato 滴り出てきた時から，napātabbaṃ 飲むべきでない，iti 以上が，attho 趣旨である。

このように語句を並べ解釈して，〔材料および花汁が発酵している時には飲んではならないという趣旨であって，発酵してないものなら飲むことに問題はない。すなわち〕飲んでもよいと主張しました。ウパラッカナ〔審察〕(110)の方法により，直接「花」と言っても「実〔果実〕」をも指すと受けとるべきです。

このように砂糖椰子やココ椰子などの汁が滴り出てきた時に，飲んでよいのか，飲んではいけないのかと，論争が起こったのを，ティーホヤウジー〔セイロン帰りの〕マハーパラッカマ長老が，飲んでよいと決定なさいました。また『スラーヴィニッチャヤ *Surāvinicchayu*』(111)という書物をも著しました。

同長老は，ケトゥマティー(112)の都を造営したミンジーニョ・ブインマハーティリーゼヤトゥーヤの資助を受けてご教法を清浄に光り輝かせました。

《これがミャンマー〔ビルマ〕王国におけるタウングーのティーホヤウジー大長老によって降来した第9回目のご教法の系譜です。(113)》

ミャンマー〔ビルマ〕王国におけるご教法降来の事情を終わります。

註

（1） Sunāparan は，Sunāparanta（パーリ語）のビルマ語化したもの。なお本書§6の「アパランタ国」,「トゥナーパランタ国とアパランタ国」の項参照。

（2） Tampadip は，Tampadīpa（パーリ語）のビルマ語化したもの。本来パーリ語では，セイロン島を指す Tambapaṇṇi あるいは Tambapaṇṇi-dīpa と同じく使われた（cf. *Housin P-B Dic.* p. 434, 赤沼印仏固辞 p. 679）が，ここでは，後の説明にも出てくるように，マランママンダラ，つまりミャンマー王国領域に位置する国名として使われている。なお G. H. Luce は，*Old Burma Early Pagan*（Vol. I）に，その地図を示し，パガンよりマグェー，トンビョン，ミッタ（チャウセ地方）を含む王国としている。

（3） ここまで（§17, ll.1-5）は,『サーサナヴァンサ』に見られず，削除されている。

（4） 原本に註記があり，それは「koude ywa（商人村）」だという。したがってパーリ語の普通名詞が，そのまま固有名詞であるかのように使われている。

（5） Puṇ＞Puṇṇa（パーリ語)。Puṇṇa は，Sunāparanta 国への教法伝播の伝承中に登場する兄弟名。cf. *M N Uparipaṇṇasaṭṭhakathā* 第6結集版 pp. 234-39, *S N Salāyatanavaggaṭṭhakathā* 第6結集版 pp. 21-25，*Mal. Dic.*Vol. II pp. 220-21，赤沼印仏固辞 p. 512

（6） *Tha. sadan* pp. 19-20, 本書§5参照。

（7） candakūnī tanchoṅ.

（8） 以上§17の「最初のご教法の系譜」の記述は，そのまま『サーサナヴァンサ』にも継承されている。*Sās.*B 版 pp. 60-61, 同 P 版 pp. 53-54。(cf. 生野訳 p. 117, 福田訳〔5〕pp. 321-22)

（9） *Sās.* は，この部分を“Idaṃ Marammamaṇḍale Aparanta raṭṭhe pathamaṃ sāsanassa patiṭṭhānaṃ.（これがミャンマー地域アパランタ国における第1次の仏教の確立である)”とし，Aparanta raṭṭhe という語句を挿入している。B 版 p. 61, P 版 p. 54。なお，それは第2回目の伝播の場合についても同様である。

(10) 原註あり。「トゥナーパランタ王国と同じで，まさにわがミャンマー王国である」と。

(11) 註（6）に同じ。

(12) 「*Aggikkhaṇḍhopama-sutta* 火蘊喩経」*AN.*（PTS 版）Ⅳpp. 128-35（南伝第20巻 pp. 385-93）第6結集版 *AN.* Vol. II p. 495。

(13) ヨーナカ・ダンマラッキタ長老がアパランタ国へ行き,「火蘊喩経」を説いたということは，以下に引用される *Samant.*P 版 Vol. 1 p. 67以外に，*Dv.* PTS p. 54（南伝第60巻 p. 59）および *Mhv.* PTS p. 221（南伝第60巻 p. 233）などにも言及されている。

(14)　この文は，ヨーナカのダンマラッキタ長老が，比丘尼を同伴して，「6000人以上の女性を比丘尼とした」と言っているように受け取ることができる。しかし，そうではない，ということが，次に続く説明でなされているわけである。

(15)　*Samant.*P 版 Vol. 1 p. 67（南伝第65巻 p. 85），第6結集版 *Pārājikakandaṭṭhakathā* I p. 51

(16)　*Dv.* PTS p. 97（南伝第60巻 pp. 124-25）

(17)　上記，註（15）に同じ。

(18)　以上§17の「アッギカンドーパマ〔火蘊喩〕経により帰依させたこと」に述べられている内容は，ほぼそのまま翻訳されて，『サーサナヴァンサ』に受け継がれている。

(19)　三路・三筋とは，アパランタ国（スナーパランタ），トゥウンナボンミ国（タトン），ヨーナカ国（シャン）の3王国経由で，ミャンマー領域に仏教が伝播，流伝してきたことを指す。*Tha. sadan* p. 22，本書§6の「ミャンマー Myanma 国3か所」の項参照。

(20)　§17のこの箇所は，『サーサナヴァンサ』では削除されている。代わりにタンバディーパに釈尊が巡錫し，アリマッダナ城都建設の授記をしたことなどが挿入されており，注意をひく。

(21)　ここでは，単に「パガン国 Pugampraññ」とするのみであるが，『サーサナヴァンサ』では「マランマ領域タンバディーパ国アリマッダナ城市 Marammamaṇḍale Tambadīparaṭṭhe Arimaddananagare（B 版 p. 63，原文於格のまま）」と翻訳している。cf. *Sās.* 生野訳 p. 121，福田訳〔5〕p. 324。

(22)　Samuddaraj 王。パガン王朝を創始したとされる伝説上の最初の王。ウー・カラーの『大王統史』によれば，仏滅651（108A. D.）年に即位，その後45年間統治したと伝えられる。*Mahayazawingyi*（BRS. 版，1960年）Vol. 1 pp. 134-36。

(23)　Pañcānantariyakaṃ.

(24)　ahmu, amat, kalan, thanpyn. なお，これら王朝時の行政官や行政組織などについては，大野徹「ビルマ語碑文の Kalan と Sampyaṅ」（鹿児島大学『史録』第4号 1971年），同「パガン・ピンヤ・インワ時代のビルマの社会」（『東南アジア研究』第9巻3号，1971年）参照。

(25)　Arhan Araham＝Shin Arahan（？～1115A. D.？）. アノーヤター王を南方上座部仏教に改宗させ，仏教興隆の礎を築いた有名な僧で，その事蹟は諸年代記などに詳しく語られている。cf.『東南アジアを知る事典』（平凡社，1986年）p. 136，拙稿。

(26)　実際に如何なる書籍を指すのか，不詳。*Paritta Aṭṭhakathā* については *Mal. Dic.* Vol. II p. 158参照。

(27)　guṇdo kou ba（九仏徳）。註釈書などで，仏徳 guṇdo を9とするものと10とするものがあり，ビルマでは9徳とする数え方もよく行われている。すなわち，①arahaṃ 阿羅漢　②sammāsambuddho 正自覚者　③vijjācaranasampanno 明行足　④sugato 善逝　⑤lokavidū 世間解　⑥anuttaro purisadhammasārathi 無上調御丈夫　⑦satthā devamanussānaṃ 天人師　⑧buddho 覚者　⑨bhagavā 世尊とし，

⑥を anuttaro 無上士と purisadhammasārathi 調御丈夫とに分けない。cf.『パヤーシコー・アミョウミョウ *bhuya shihkou amyou: myou*（ビルマ語）』Hansawati Press 1956年版 pp. 9-10

ウェープッラ南基聖 p. 5，ウー・ジョーターランカーラ編『南方上座部仏教のおしえ』pp. 21-24

(28) Bhun do hkyaukba（六福運）。①issariya 自在　②dhamma 出世間法　③yasa 名声　④sirī 吉祥　⑤kāma 意欲　⑥payatta 努力精進　cf.『パヤーシコー』ハンターワディー版 p. 10，ウェープッラ南基聖 p. 5，ジョータ『南仏のおしえ』p. 24

(29) acinteyya le pā（四不可思議）。①vācā acinteyya 用語不可思議　②rūpaacinteyya 形相不可思議　③ñāna acinteyya 智慧不可思議　④iddhi acinteyya 神変不可思議　cf.『パヤーシコー』ハンターワディー版 pp. 38-39

なお，Dutiya Toñbhīlā 長老・Shin Guṇaranthalinkara 編，*Acinteyyavatthu*（原本西暦1684年）という有名な書物があり，ビルマで現在でも広く読まれている。

(30) Appamādataya（法句経不放逸品）。なお，ニグローダ沙弥が，ダンマーソカ王へ Appamāda-vagga を説いたとの伝承は，*Mv*. p. 136,（南伝第60巻 p. 179）などにあり，その伝承に範をとったとも考えられる。

(31) それらは当時の僧伽に対する固有名詞ではなく，単にそれぞれ「聖者のサンガ」と「凡夫のサンガ」という一般的な区別の名称を使用しているにすぎない。

(32) 俗世間界より約1㎞離れた処。なお，*Sās*. 生野訳 pp. 128-29註記（16）参照。

(33) 以上の§17におけるアノーヤター王とシン・アラハンとの出会いや問答，その後のアリー僧の禁圧などについての記事は，ウー・カラーの『マハーヤーザウィンジー』の内容（BRS 版 pp. 173-78）と，表現上の相違はあっても，ほとんど同様である。したがってここで「ヤーザウィン」といっているのは，他の多くの場合のように『マハーヤーザウィンジー *Mahayazawingyi*』を指すとみてよいであろう。もっともそれらは『マンナン・ヤーザウィン』（*Hmannan* pp. 240-44）にも継承されてはいる。なお，アリ僧など当時の社会や宗教事情については，大野徹著『謎の仏教王国パガン――碑文の秘めるビルマ千年史』（NHK ブックス，2002年）pp. 135-37参照。

(34) Vippavāsī-pyi. 地理上どこを指したのか不詳。*Sās*. B 版も同じ。P 版は Vijjavāsī とする。

(35) Thahku 樹。ツノノキ（ノウゼンカズラ科）Dolichandrone crispa（以上大野徹編著『ビルマ（ミャンマー）語辞典』p. 698）*Swesaunkyam* Vol.12 pp. 464-65でも学名は上記に同じ。パーリ語名は Ghosāhkya。

(36) ここで『スーラウィン *Sulawing*』の偈文というのは *Cūlavaṃsa* を指しているのであろうが，P 版のそれに Anuruddha 王の名が出てくるのは Vijayabāhu I 世王の治世（1010年頃）にビルマから比丘僧を招請した記事中であり，シン・アラハン名に言及した本文偈文は見出せず，出典不詳。

(37) Mahosadhā（大薬賢者）。『*Mahāummāga-jātaka* 大隧道本生物語』（*Jātaka* No. 546, Vol. VI p. 329-）に登場する賢明な宰相。危難の場合には，王を地下道に導き，ことなきをえたという。

(38) Dasavatthu，十事。もし書籍名だとすると，スリランカのアヌラーダプラ大寺に住んでいた名前不詳の長老による同名の書物が存在するとのことである。cf. *Piṭakatdo thamaing* No. 342, p. 132

ただし，このDasavatthuは，『サーサナヴァンサ』では，削除されており，そこでは次に出ているVimānavatthuを説いたとされるのみである。

(39)　*Vimānavatthu*，天宮事。*KhN.*（南伝第24巻 pp.437-559）

(40)　Jetavan（Jetavana 祇陀林，祇園）。なお，シン・アラハンへのこの寺院建立と寄進のことは*Sās.*B版中にも言及されている。cf. 生野訳 p. 126

(41)　*Hsayasinsa*, 諸師資相承書。

(42)　Kalyānī碑文。*K. Insc. I. A.* Vol. XXII p. 151, *K. Insc. B.* p. 7

(43)　Kappunganagara Hanthawaddy，Twante近くのKabaingという。*K. Insc. I. A.* Vol. XXII p. 17

(44)　Thokkatei.

(45)　araññavāsī.「森に住む人」との原註あり。

(46)　アノーヤター王の即位年代については，諸説が伝えられているが，現在では西暦1044年が最有力である。

(47)　ここまでは，『サーサナヴァンサ』もほぼそのまま踏襲していて「アリ僧の30人ずつの集団が1千組あった（*Sās*B版 p. 69，生野訳 p. 127）」と同様に記しているが，その前後の表現や説明内容も異なっており興味深い。

(48)　Thayeihkeittaya yathei pyi.

(49)　Duttapaung.

(50)　taung. 腕の肘までの長さ：約4分の1尋。

(51)　mi taikoun.

(52)　Taung twin myou.

(53)　hpan yei sun.

(54)　Palaung rahan.

(55)　文書名を掲げていないので特定できないが，当時そのように伝承されていたことを示している。なお底本 p. 91の1行目に最初の1字が抜ける誤植があり，訳文では〔　〕中にそれを補った。

(56)　*Sās.*は，この部分を“Idaṃ marammamandale *Tambadīparaṭṭhe Arimaddananagare* Arahantaṃ nāma theraṃ paticca tatiyaṃ sāsanassa patithānaṃ.（これが，ミャンマー地域タンバディーパ王国内のアリマッダナ都市における，シン・アラハン長老による第3次の仏教確立〔である〕。)”とし，(cf. 生野訳 p. 127）イタリック体にしたように，*Sā. cātam*にないTambadīparaṭṭhe Arimaddananagareという語句（固有名詞）が挿入されている。*Sās.*B版 p. 69, P版 p. 61参照。それはまた第4，第5回目の教法確立についても，同様である。

(57)　Manuha＝Manuhaw. 西暦1057年アノーヤター王により征服されたタトン王朝（『年代記 *Mahayazawin*』p. 183, *Hmannan* p. 248によれば，48代続いた。）最後の王。捕虜としてパガンに連行され，そこで没した。

(58)　ウー・カラーの『マハーヤーザウィンジー』には，確かにマヌハ王の返答について，具体的な言葉までは記述していない。

(59) 『*Pugaṃ rājavaṅ* パガン王統史』。*Piṭakatdothamaing* によれば，同名王統史２種をあげる。パガンのポンナー（婆羅門）によるものと名前不詳の長老によるもの（p. 264），他にパーリ語による『パガン年代記』，1785年成立といわれる『新パガン年代記 *Pagan Yazawinthit*』などがあるが，ここはそうしたものの何れによるのか，資料不足のため未確認。

(60) 原文 payoga siying.

(61) zogyī. 超自然的な力をそなえた行者を指す。インドの yogī に由来するものであろうという。cf. *Swesaunkyan* Vol. 4 pp. 339–41. *Sās.* の著者は，これを昆虫の名ととり，訳出している。cf. *Sās.* 福田訳〔5〕p. 332, 生野訳 p. 135

(62) ここまで§17の内容も，記述の仕方や詳細の相違はあるが，その筋は『マハーヤーザウィンジー』(BRS 版 pp. 180–83）に同じ。なお，ついでながら『マンナンヤーザウィン』は，『マハーヤーザウィンジー』を，ほんの数か所の字句の入れ替え（相違）はあるが，そっくりそのまま踏襲している。*Hmannan* pp. 246–48

(63) 『サーサナヴァンサ』においては，ここにこのような題名を付しておらず，「第３回目のご教法の系譜」説明を終わった直後を，「第４回目のご教法の系譜」の説明内容としている。

(64) Puṇṇagāma（充ち足りた村)。原註があり，「Puṇṇagāma から Pugan となった。三宝が具備した国という意味である」という。下記の註（66）参照。

(65) Anāgatavan＝Anāgatavamsa.『未来史』JPTS. 1884年。

(66) 原文 nidān. 何を指すのか特定できないが，パガンという呼称の「由来に関する簡単な文書（Parit)」にそのように述べる，ということであろう。

(67) 『マハーヤーザウィンジー』は，「アノーヤター王時代に Pokkārāma と命名された」(前同書 p. 173）と述べ，『マンナンヤーザウィン』は，「Pugārāma と命名された」(前同書 p. 239）と述べる。なお Hlathamin は，古い文書中に出てくるパガンの呼称として，次の15種をあげる。

"Pokkārāma, Arimaddanā, Puṇṇakāma, Puṇṇagāma, Pyūgāma, Tampawatī, Sīripaccayā, Sambuṇṇagāma, Paṇṇupalāsa, Nagaruttama, Paramapūra, Samādhinagara, Tampadesa, Veruṇarāma, Pugaṃ. "

またビルマの碑文で Pugaṃ という名が出てくるのは，西暦1230年以降のものだ，という。(Hlathamin, *Pugan hkeit myingkwin gye—Approach to Pagan,* 1969, Rangoon, pp. 33–35)

(68) sahaung sadan「古文書」の意ですが，実際に特定の文書を指すのではなく，年代記などを含めいろいろな古い文書に記されている，というのであろう。

なお§17の「第４回目のご教法の系譜」の記述事項の中で，セイロンより仏歯を請来させたことについては，『マハーヤーザウィンジー』(前同書 pp. 188–96)，『マンナンヤーザウィン』(前同書 pp. 256–64）両者にも，華々しく語られている。

(69) manolinpan. 宮廷などで使われ宝石で装飾された立派なお盆の一種。

(70) マヌハ仏寺。緬暦429（1067）年に建立され，現在もパガンのミンカバーに残っている。仏像などモーン様式のものとして注目される。

(71) manomaya.「自分の願いを聞き届けてくれる」という意味。

(72)　それは，スタールビーに相違ない，というビルマ人もいる。

(73)　Manuha 碑文。緬暦636（1274）年に刻まれた。マヌハ仏寺を建立したのは，タトンの偉大な王であったマヌハであること，この仏寺のために土地を寄進すること，その功徳が自分の祖父マヌハをはじめ，かつてタトン王国を治めた84人の諸王に分け与えられますように，などということが記されている。

(74)　*K. Insc. I. A.* p. 151

(75)　冒頭段落「第５回目のご教法の系譜」の箇所であるここまでは，『サーサナヴァンサ』に欠く。

(76)　*Tha. sadan* p. 59，本書§15の「アシン・ウッタラージーワとアシン・サッパダ」の項，参照。

(77)　『サーサナヴァンサ』においてもウッタラージーワの宣教を第５次としているが，極めて簡潔に「ウッタラージーワ長老はソーナ，ウッタラー両長老系統より仏教を修得し，スッダンマプラ（タトン）からアリマッダナ（パガン）の都に行き，宣教した」とその骨子を述べるのみである。*Sās.* B 版 p. 73，生野訳 p. 137参照。

なお，これ以下については，このサーダンのような第６回～，第７回～という形式を踏んではいない。

(78)　比丘授具足戒式以後10年を経て“Thera 長老”と称され，Upajjhaya（和尚），あるいは Ācariya（師僧）となり，自分の弟子をもつことが認められる。cf. *Dic. of Early Buddhist. Monastic Terms*. p. 111 etc.

(79)　*Tha. sadan* p. 60, 本書§15の「アシン・サッパダがパガンへ帰られたこと」の項，参照。

(80)　Khuddasikkhā. 律蔵をガーターにして小編にまとめたものといわれる。*Gandhavaṃsa* によれば同名の書物があり，それは Buddhaghosa 以前の Dhammasirī により編まれた（4 cent.）とされており，さらにこれを基礎にした Revata および Saṅgharakkhita 編の古注釈等も存在したという。*Mal. Dic.* pp.722-23, 片山一良「パーリ語文献史」『佛教研究』第４号（国際仏教徒協会，1983年）pp. 81, 102

(81)　Kiñcipura > Kāñcipura（Pāli）. 南インド東海岸 Conjeeveram 市。

(82)　確かにこの言葉は「Maṅgala-sutta 吉祥経」の中にそのまま出てくる。PTS 版 Khp.（クッダカニカーヤ中の小誦経の１つ）p. 5, *SN.* p. 47: 第６結集版 Khp. p. 4, *SN.* p. 319, ウェープッラ南基聖 p. 16参照。

(83)　vacīviññat > vacīviññatti（Pāli）. 本書序文註（46), *Ray.* p. 117, *K. Insc. I. A.* pp. 31, 153 etc. 参照。

(84)　『サーサナヴァンサ』においても以上§17の「第６回目のご教法の系譜」以降と同じ内容の言及があるが,「第６回目のご教法の系譜」という言葉もなく，そのような扱いをしていない。また，これ以後第７，第８，第９回目とご教法の系譜が続いているが,『サーサナヴァンサ』ではそのような言及はされておらず，述べる内容も異なっている。

(85)　hloka kyo. 王朝時代に河水上で使用した軍艦船の一種で，とくに船首と船尾が高く立ち上がった形となっている。*Myanma Abhidhan akyinjou* Vol. 4, p. 135

(86)　『サーサナヴァンサ』では「sattahi dvarehi（７門により)」とし，B 版に「atthasattatidvarehicati Sāsanālaṅkare（タータナーリンガーヤサーダンにおいては，78の門としている)」と原註している。底本のサーダンには明らかに「pyuting bau」という語が挿入されていて，「窓」を意味している。

(87)「ティーホ」は現在のスリランカ（旧セイロン島）を指し，「ヤウ」は着く，到着の意で「スリランカより渡来の」という形容詞。「……ジー」(大)，「……ゲー」(小)の意味で，大・小両長老としたが，それは身体の大きさ等によるものではなく，年齢あるいは法臘の差によっている。ティーホヤウジーは Sirīsaddhammālāṅkāra 長老，ティーホヤウゲーは Sīhaḷamahāsāmi 長老の呼称。

(88)「su, ci, pu, bha」で，それらは各々パーリ語「suṇeyya, cinteyya, puccheyya, bhāseyya（聞くべし，考えるべし，尋ねるべし，唱えるべし)」という語の初頭の文字をとったものである。

(89)『サーサナヴァンサ』では，これ（第７回目の教法の系譜）を「ミャンマー地域のヤタナプール城市におけるシーハラ島系の２長老による最初の仏教の確立」としている。とくに第７回目という扱いをしていない。cf. *Sās.* B版 p. 103, 生野訳 p. 195

(90) Soyannaung ; Sawyannaung. ナラパティ王（1443-69在位）のプローム在住時の呼称。

(91) Guhtut tayoumō.『サーサナヴァンサ』では Kutwak tarupno 村イラワジ河下流域西岸で，ヘンザダへ通じる鉄道の一起点，現在のミャン・アゥン Myan-aung を指すという。

(92) Bhou hkaung.『サーサナヴァンサ』では Pho khon.

(93) Kon hkaung.『サーサナヴァンサ』では Kum khon.

(94) Malun.『サーサナヴァンサ』でも同じ。イラワジ河中流域東岸，マグウェの南でミンラの対岸。

Taung hkung kyun do.『サーサナヴァンサ』に言及なし。

(95) tā. １ターは７肘尺で約3.2m。したがって800ターは2.56kmほどとなる。

(96) hrwe phyn krī.

(97) この Saddhammaṭhiti 長老にまつわるエピソードは，『サーサナヴァンサ』には採り上げられていない。

(98)「王子 ming tha」が捨てたのだから，ここも「王子 ming tha」とあってもよい筈だが，「王 ming」となっている。そこには時間的推移が介在し，王位についてから王子だった時のことを尋ねられたということであろう。なお，その当時のスリランカは Parakkamabāhu 6 世王の治世（1412-67）で，この王の時代の出来事と受け取られる。

(99) Jambudip（>Jambudīpa 閻浮提洲)。ビルマの仏教徒は，このようにビルマの地を指す際に，しばしばこの語を使用している。cf. Michael Aung Thwin, "Jambudipa: Classical Burma's Camelot"（*Contribution to Asian Studies* Vol. 16) 1981.

(100) Tayoumō. 上記註（91）と同地。

(101) hsinkyoun: An enclosure for catching and taming elephants.

(102) Mahāsirījeyyasūra（大吉祥征夷将軍)。ミンチーニョー王（1486-1531）の称号。

(103)　Leyatehsingdo dewanaga.

(104)　Kaṅkhāvitaraṇī abhinoṭīkā, Surāpānasikkhāpadavannanā. 第6結集版 p. 402

(105)　Sāratthadīpanīṭīkā, Surāpānavagga. 第6結集版 Vol. 3, p. 79

(106)　Vinayavinicchayaṭīkā. 第6結集版 p. 521

(107)　Mūlasikkhāṭīkā. 未見で頁数不詳だが，新・旧ティーカー，さらにその各ニッタヤも存在する。

(108)　than: tāla (Pāli). palmyra 扇椰子。

(109)　aun: nālikera (Pāli). coconut.

(110)　upalakkhaṇa.

(111)　『飲酒決定』

(112)　Ketumatī. 底本に原註があり「Taungu（タウングー）に同じ」と記している。

(113)　『サーサナヴァンサ』においては，この「第9回目の教法の系譜」は，「ミャンマー地域のケートゥマティ城市における仏教史」として語られ，第9回目と数えてはいない。

§18　ブッダ20安居を経てミャンマー国へおいで下さったこと

ミャンマー国では，このように常々言われてきており，９回あるいは11回という長い間(1)にわたって降来してきた教法の師資相承次第において，禅定〔静慮〕，神通，道果に到達したお方をはじめ，戒や徳をそなえた方々の師資相承【p. 106】により，現在に至るまでご教法は，確固として繁栄し清浄に輝いてきました。

教主ブッダは，20安居を経たと，チューラプンナ〔スーラポン(2)〕，マハープンナ〔マハーポン〕の招請によりみずから姿をお見せになられて，４指幅ほどで価格10万の値打ちのあるサンダグーニー〔赤檀香木〕楼閣僧院の寄贈を受け満７日間ご滞在なさいました。その時に集まってきた人々，ナッ(3)，梵天たちへ甘露の教法をお授けになられました(4)。

７日のあいだ，各々１日につき８万4000ずつの有情が，悟りの第１段階である預流などの聖者になりました。辺境の地は諸仏の過ごすところではないので，サヴァティ Savatthi 国のゼータウン〔祇園〕精舎に７日間お過ごしになられました。心地よいみ輿400台でお越しになる旅の途中で，〔ブッダは〕サッチャバンダ Saccabandha 山に住むサッチャバン〔タッサバン〕ヤディ〔修験者〕をも解脱させ，六神通を備えた阿羅漢に到達させられました。ヴァーニジャガーマ〔商人村〕のイシディンナ長者の息子をはじめ著名な方々にも法の甘露をお与えなさいました。

このようにチューラプンナ，マハープンナ，サッチャバンダ，イシディンナをはじめ７日間に道果〔四向四果〕を得たすべての聖者たちは，わがミャンマー〔ビルマ〕国における教主ブッダ〔在世〕当時からのまず最初の聖者方なのです。

『ミリンダパンハー』の中で，解脱を得た８万4000の人々を数える時も，「Sunāparantasamāgame caturāsitiyāpāṇasahassānaṃ dhammābhisamayo ahosi.（トゥナーパランタに〔伝道師が〕来られた時に８万3000の人々が解脱したと言われている。）」と述べています(5)。

ブッダが般涅槃〔ご入滅〕なされた後235年を経て第３回仏典結集が行われ，終了時にモッガリプッタティッサ尊者は，自分の近侍の弟子ヨーナカ〔国の〕

ダンマラッキタ大長老を従者の僧４人と共に五群僧伽(6)を揃え，授具足戒の儀式(7)【p. 107】ができるようにして，アパランタ国へ宣教させようとなさいましたが，〔ダンマラッキタ大長老は〕「アッギカンドーパマ〔火蘊喩〕経(8)」の説示によって，その王国の人々に仏教を尊信させられました。７万人もの人々へ道果〔四向四果〕の甘露の法をお授けになられたのでした。(9)

《これが仏滅235年経た時宣教をなさった大長老の時代に，道果を得られた聖者のすべてです。》

世尊が安居20〔年〕を経た時よりミャンマー〔ビルマ〕国へおいで下さったことの次第を終わります。

註

（1）「９回」というのは，既述のミャンマー国への教法伝播の回数と一致するが，「あるいは11回」と述べていることについては，他に言及がないので，どのような受け取り方をするのか詳らかにし得ない。

（2） 本書§６註記（23）参照。なおこの語に続くマハープンナ〔マハープン〕は同§６註記（24）参照。

（3） ミャンマー土着の民間信仰における精霊，守護霊，死霊への呼称。樹木の精や土地神などアニミズム的な没個性的な精霊から非業の死を遂げた歴史的な人物の死霊，さらにはヒンドゥー教の天神や仏教系の神々まで「ナッ」としてまつられている。より詳しくは『東南アジアを知る事典』（平凡社，1986年）pp. 206-07参照。

（4） ミャンマー国への釈尊巡錫については，既出で，本書§17の「最初のご教法の系譜」参照。なお，それは『サーサナヴァンサ』にも受け継がれている。*Sās.* B版 p. 60，生野訳 p. 117

　トゥウンナボンミ（ラーマニャ国）への釈尊巡錫の伝承は，本書§15の「尊者ガワンパティご宣教のこと」: *Sās.* B版 p. 41，生野訳 p. 76 etc.

（5） *Milindapañhā*. Trenckner本 p. 350，南伝第59巻下 p. 236

（6） pañcavagga. 原註あり「５群（総計５比丘）」と。

（7） upathampadakaṁ（>upasampadā kamma). 原註あり「具足戒を授ける儀式」と。

（8） 本書§17註（12）参照。

（9） §18の冒頭よりここまでの内容については，すでに§17の「最初：第２回目のご教法の系譜」中に述べられているが，ここでは釈尊のビルマ巡錫という観点から，とくに再び取り上げたものと考えられる。

§19　3眼あったドゥッタパウン王のこと

ヤディ〔仙人〕，ダジャー〔帝釈天〕，ナガー〔竜〕，ガロン〔金翅鳥〕，ゴンバン〔甕形夜叉〕，サンディー〔シヴァ神の妃・ドゥルガー女神〕，パラミートワーヤ〔シヴァ神〕，これら7衆(1)により〔建国された〕タイェキッタヤ(2)というヤディ国は，仏暦〔滅〕101年を経て眼が3つある比類のないドゥッタパウン(3)大王の治世で，その国にはブッダのお弟子である阿羅漢が3000人いらっしゃいました。その阿羅漢方へ〔王は〕毎日途切れることなく四資具〔衣・食・住・薬〕をご寄進し支援なさいました。ブッダの舎利6つを1つずつ安置して，“ニィニィ，セィセィ，ポーポー，リョーリョー，ミャティーティン，トゥーチャマー(4)”というゼディ〔パゴダ〕6基をご建立なさいました。〔仏舎利である〕右腕の遺骨を安置して〔別に〕建てた“ミンバーフ(5)”と合わせると7基となります。

〔さらに〕頭蓋骨の仏舎利をカンヤン王国から持ってきてパゴダ1基を建てさせましたが，完成しませんでした。〔その仏舎利は後に〕アノーヤター王の治世に，パガンのシュエジーゴン・パゴダに安置されました。

仏暦〔滅〕433年を経た時チェガウンサーガタバー(6)が王位に即かれました。その王の治世にその王国には阿羅漢500人がいました。〔王は〕阿羅漢500人へ【p. 108】四資具〔衣・食・住・薬〕をご寄進し支援なさいました。預流，一来，不還の聖者方は，その数限りなく極めて多くいらっしゃいました。これがヤディ王国において，後から次第に増加した聖者のすべてです。師資相承文書の一つにはタイェキッタヤ・ヤディ国を，ご教法宣布9国・9か所のうちワナワーティのことであると述べています。〔しかし〕依拠する典籍はありません。

「Vanavāsintivanavāsiraṭṭhaṃ（ワナワーティとはワナワーティ国）」とティーカーにいっているのにしたがって，ワナワーティというのは国名である，と受け取るのが適切です(7)。

眼が3つあるドゥッタパウン王のことを終わります。

註

（1）　Yathẹ, Thagya, Naga, Galoun, Goumbhaṇ, Candi, Paramithwara.〔> Isi, Sakka, Nāga, Garula, Kumbhaṇḍa（Pāli), Caṇḍī（Skt.), Parameśvara（Skt.)〕
　欽定年代記『マンナン・ヤーザウィン』では，このタイェキッタヤ建国説話の7衆をあげる際，その第1にガウンパティ（Gawaṁpate.）の名をあげ，ここで5番目に出ているゴンバン（Goumbhaṇ甕形夜叉）が省かれている。パガンの同様碑文にもガウンパティの名があげられている。
　なおCaṇḍī〔シヴァ神（f.）＝Caṇḍa（m.)〕は，仏教に入り観音の化身の一つ准提観音とされる。またParameśvaraは，インド等においてシヴァ，ビシュヌ，インドラ神のいずれに対しても用いられたようだが，ビルマの古文書にあっては，とくにシヴァ神に対する呼称としてよく使われたらしい。(U Hpoukya『*37min*』p. 17 etc.)

（2）　Thayekittaya＞Śrī Kṣetra（Skt.): Sirīkhetta（Pāli）室利差（察）坦羅。プロームのピュー族フモーザ遺跡に比定され，4－5世紀から7－8世紀の遺品が出土している。本書§3の註（10）参照。

（3）　Duttapaung. 仏暦101年より70年間（443-373B.C.）タイェキッタヤの地を統治したと伝承される。*Hmannan* Vol. 1 pp. 170-77 etc. 本書§3の同上註（10）参照。

（4）　Nyi nyi, Si si, Popo, Lyolyo, Myathiting, Thokyama. これらゼディ6基の名前については，『サーサナヴァンサ』には語られていない。

（5）　Myiṅbāhu.

（6）　Kyegaung sa Ngataba.「雄鶏のとさかを食べたンガタバー（王）」の意，111-60 B.C.まで統治したと伝えられる。*Hmannan* Vol. 1 pp. 179-81

（7）　タイェキッタヤ国をワナワーティVanavāsiと言っているが，それは別国であって，そうではないというのが，*Tha. sadan*の著者パタマ・マゥンドゥン（Ñāṇabhivaṃsa）長老の見解と述べる。
　なお，『サーサナヴァンサ』ではこの見解を無視するかのように，「チェガゥンザー（パーリ語名はKukkuṭasīsa）王の資助による相承伝持の仏教繁栄」をもって，ワナワーティVanavāsi王国シュリ・クシェットラすなわちタイェキッタヤSirikhetta城市の仏教確立としている。*Sās.*B版pp. 58-60，生野訳pp. 112-116

§20　ヒマラヤ・ガンダマーダナ山よりおいで下さった阿羅漢方のこと

仏暦〔滅〕1601年，緬暦419（1057）年アノーヤター王がタトンを征服して教法をもたらした時，タトンから阿羅漢だけで1000人にのぼるほどパガンへ連れてきました，と「パリッタ・ニダーナ」(1)の中でいわれます。預流，一来，不還の聖者方の数は，かぞえきれず極めて多かったのです。チャンジッター(2)というティーフラインシン大王の治世にヒマラヤ〔雪山〕のガンダマーダナ山(3)から阿羅漢８人が王宮に托鉢にやってきました。大王は，鉢をもってご供養なさってから「どこからお越しなされたのですか」と尋ねますと，ヒマラヤ〔雪山〕のガンダマーダナ山から来たとおっしゃいました。大王は，篤く信心なされて，「安居期間のあいだ満３か月間安居なさって下さい」と懇願し，安居をするための僧院を建造してご寄進なさいました。安居の３か月間は王宮に〔招い〕て途絶えることなく食事の供養〔施食〕をなさいました。

ある日〔大王は〕阿羅漢方に「ガンダマーダナ山のナンダムーラ洞窟と同じ【p. 109】形のものを神通力によってお見せ下さい」と懇願しました。阿羅漢方は神通力によってナンダムーラと同じものをお見せになられました。大王はナンダムーラ洞窟(4)と同じ形で大きくした大窟院を造られて“ナンダグー(5)”という名称をお付けになりました。

このようにティーフラインシン大王の治世にヒマラヤ〔雪山〕のガンダマーダナ山ナンダムーラ洞窟から阿羅漢方がおいで下さったことは明らかです。その阿羅漢方の時代に書かれた文書中の文字に確かに表れているのです。

テーミ・ジャータカに，悪人を意味する「カーラカンディー kālakaṇḍī」とあるのを「カーラカンニー kālakaṇṇī」とのみあるべきだ，とピンヤのサトゥリンガバラ大臣は「アビダーン・ティーカー」に訂正しました。そのティーカーに従ってサガインのアリヤウンタ長老も訂正しました。〔しかし，それは〕阿羅漢方の時代の語句に合致しません(6)。

アーターナーティヤ・スッタのアッタカター〔註釈書〕，律蔵のアッタカターなどに「aṭṭhavīsayakkhasenāpati(7)（28の夜叉将軍）」とありますが，それを現在の書物で調べても〔具体的にそれだけ〕出ていません。経典本文の中に夜叉将軍の名称が36以上混じって出てきます[8]。律蔵のティーカーを編纂したタウンビーラ長老[9]も註釈していないのは，ナンダグー文書が阿羅漢方の時代の表現で書かれたものなので疑わずにいるのであり，それはその時代の阿羅漢方のお蔭なのです。

このように述べたのは，極めて多くの阿羅漢の聖者方がいらっしゃったからです。そののち年月を経ますと，以前のようには多くの阿羅漢は現われていません。波羅蜜行の成満した方のみ，あちこちから１人か２人が阿羅漢になるのです。定・道・果を得ずに嘘を言うならばパーラージカ〔教団追放〕の罪になるおそれがあり，その通りであっても他人や沙弥に言うならばパーティッティヤ〔単堕〕罪になるという戒律があるので，定・道・果を得た方も言いたくても言えません。性向〔習気[10]〕ともども煩悩を遮断することはできません。性向は残っているので，性向にしたがって凡夫のような態度となって，阿羅漢の聖者であるのかどうかは分かりにくいのです。

【p. 110】

シン・ピリンダワッサ Pilindavaccha 阿羅漢は，前生はポンナー〔婆羅門〕でしたが高慢心の激しい性質をもっていたので，誰に出会っても「ガー（俺）」「ニン（お前）」「ティン（てめぇ）」と言う癖がありましたが，〔ある時〕牛車でピッチンという実[11]〔ヒハツ〕を運んでくる男たちに「こらっ，馬鹿もん，何を運んできたか？」と尋ねました。馭者たちは怒って「ねずみの糞を運んできた」と，うっかり言うと，ピッチンの実は全部ねずみの糞になりました。謝るとピッチンの実に再びもどったといい，〔そのような激しい〕性向があるためであると典籍で述べています[12]。

このように性向〔習気〕にしたがって阿羅漢の聖者になるまで凡夫の態度が残っているので，阿羅漢の聖者の存在は知り難いのです。

それでマハーカッサパ僧正がお世話の方１人のみと森林僧院に住んでいられた時のこと，村へ托鉢に向かって歩んでいる時，鉢とやかんをもって後ろについていった世話人が，「この世において阿羅漢，阿羅漢といって名声のあることを，聞くだけは聞いている。でも一度もはっきり見たことがない」と言うのをお聞きになられ，後ろを振り向かれて，「男よ，鉢とやかんを持って阿羅漢の後からいつも一緒について行くのに，阿羅漢の存在に気付かないのだね」とカッサパ僧正が申された，ということが典籍に載っています[13]。

ガンダマーダナ山よりおいで下さった阿羅漢方のことを終わります。

註

（1） 原文は paritta nidān。「パリッタ・ニダーナ」としたのはパーリ語の音写に戻したにすぎず，「護呪序文」あるいは「護呪因縁談」「護呪経前書き」の意と受けとってのことである。何れにしてもそれが如何なる文書を指しているのか不詳。

（2） Kyansitha: ＝Kyanzittha（1084–1113在位）．パガン王朝第3代目の王，ティーフラインシン Htihlainshin の通称。

（3） Himavantā Gandhamādana〔健陀摩羅：香酔〕山。経典によれば，ヒマラヤ山中，7つの山を過ぎたその向こうにあり，独覚 Pacceka-Buddha〔辟支仏；縁覚〕が住んでいる山という。赤沼印仏固辞 p. 194, *Mal. Dic.* Vol. I pp. 746–47

（4） Nandamūla 洞窟。ガンダマーダナ山にナンダムーラカ Nandamūlaka という渓谷があり，そこには金 Suvaṇṇa，銀 Rajata，宝珠 Maṇi 各窟堂 guha があって独覚 Pacceka-Buddha〔辟支仏：縁覚〕の住処となっていたという。赤沼印仏固辞同上，*Mal. Dic.* 同上。

（5） Nandagū. パガンのアーナンダ・パゴダの正式名称。

（6）『テーミ・ジャータカ *Temi-Jātaka*』中の「kālakaṇḍī」は，サトゥリンガバラやアリヤウンタ長老までが「kālakaṇṇī」でなければならないとして訂正したが，時代ということを考慮すべきで，当時はそういう用語が使われていた。したがって訂正の必要はなく，それはそれで正しいのだ，と自分（パタマ・マウンダウン長老）の見解を提示しているわけである。

（7） cf. *A Critical Pali Dic.*（Vol. I. Part 2）p. 67

（8）『長部経典第32経阿咤囊胝経 Āṭānātiya-suttanta』*DN.* Ⅲ PTS pp. 204–05，第6結集版 Vol. 3 pp. 151–52。同ビルマ語訳 p. 184，南伝第8巻 pp. 279–280。
拙稿「ビルマの民間信仰研究ノート」〔2〕『大谷中・高等学校研究紀要』（第24号，1987年）p. 1参照。

（9） Taunbhīla＝Taunphīla 長老（1578–1650）。タールン王より Tipiṭakālaṁkāra なる称号を与えられ「ティピタカーリンガーヤ長老」とも称せられた。沙弥時代15歳でリンガー詩形式の「Vessantarā-pyou（Wethandaya-pyo）」を編んで注目され，後にビルマ語による経典物語文学の古典で西暦1619年作の *Yasavaḍḍhana-vatthu*（称誉増大物語），アッタサーリニーの冒頭20偈に対するビルマ語による注釈書 *Vīsati-vaṇṇanā* など多くの著述も残している。
なお，ここで言及されている律蔵のティーカーとは，この長老編の『*Vinayāla-ṁkāra-ṭīkā* 律荘厳復註』を指していると思われる。

（10） vathana（＞vāsanā）．ビルマ語としては，「趣味」などの意味で使われるようだが，パーリ語＞vāsanā は「薫習，習気」と漢訳されている。ここではパーリ語本来のものに近い「性質」とか「性向」という意味で使っていると解される。

（11） Pit hkying thi ヒハツ。P. longum L. インド原産の胡椒の一種。別名「インドナガコショウ」。

(12)　『サーサナヴァンサ』においてもピリンダワッサ Pilindavaccha 長老の名前を出してはいるが，ここで述べているような具体的な話の紹介はない。*Sās.*B 版 p. 77，生野訳 p. 143

(13)　ここで述べているマハーカッサパ長老と「世話人」との会話は，『サーサナヴァンサ』では「一共住弟子」との会話になっている。*Sās.* B 版 p. 77，生野訳 p. 143

§21 ンガスエシン，パウンラウンシン，シン・スメーダー〔長老方〕のこと

ンガスエシンがセイロン渡航を考えたこと

パガン王国では，ンガスエシン・パントゥグージー，パウンラウンシン・カッサパ，シン・スメーダー方(1)は阿羅漢の聖者であると噂されていました。

ナラパティスィードゥ大王(2)はトゥーユイン山へ登って帰る途中で，川の中にルビー〔紅玉〕の輝いているのを見て，自分に功徳を積ませようとしていると【p. 111】想像し，この地にパゴダ〔仏塔〕を建立しようと言って，その川を国の人々皆に埋めさせました。その時にパントゥグー・ンガスエシン大長老は，このように申し上げました。「大王よ，功徳を積もうとして今なさっていることは，功徳にはならず，悪業になるだけです」と言われて，大王の施与した斎飯をお受けになりませんでした。ナラパティスィードゥ大王は「師よ，私の国に住んでいないのならば，私の斎飯を食べなくて済むでしょう。〔たとえ，私の供えた斎飯を食べなくても〕国の人々の供えた斎飯〔を食べるなら，それ〕も私の斎飯ではないでしょうか」と，申しました。

パントゥグー・ンガスエシン長老は，このように大王が言われたので，セイロン島へ渡ろうと考え，一先ずスエジョウ森に移りました。大長老が出て行こうとしていることを知ったタラバー門守護番のバルー〔羅刹・悪鬼(3)〕は，大王が出かけようとした時に道をあけずに門の上に立ちはだかりました。

攘災師たちに薬物を用いたり呪文を唱えさせたりしましたが，羅刹は道をあけませんでした。〔王は〕その理由をフーヤービュやフーヤーニョ〔占星術師〕たちにお尋ねになると，「ンガスエシン・パントゥグー大長老に，〔王が〕相応しくない無礼なことを申したので，羅刹は道を開けないのです」と答えました。それで〔王は〕朝臣たちを派遣して，幾度も戻るよう招きました。〔しかし，〕大長老はいらっしゃいませんでした。「セイロンへ渡ります」と言い，行ってしまわれました。そのことをお聞きになられた大王は，「〔大長老を〕連れ戻すように」と，朝臣トゥリンガピッスィー(4)を派遣なさいました。

朝臣トゥリンガピッスィーの招きによりご帰還になられたこと

トゥリンガピッスィーは，博識な人でしたので，黄金の仏像１体を黄金のご座船に安置して運んで行きました。〔セイロン島へ向かうため〕港へ行かれる途中の大長老に出会うと，〔トゥリンガピッスィーは〕「最勝なるブッダ(5)が，この地においでになられ，パントゥグー大長老をお呼びになっていられます」と申し上げました。大長老は，最勝なるブッダのご下命という威力に従わないわけにいかず，ついて来られました。船の上に乗られると，最勝なるブッダ〔の像〕に礼拝し，ご供養をなさいました。

そのように礼拝供養をなさっている間に，ご座船は，大長老を乗せたまま，すばやく櫓を漕いで流れを遡行しました。トゥリンガピッスィーは「ご教法を【p. 112】奨励下さいませ」と，特別に懇願なさいました。大王はすべての朝臣たちを従えてお出迎えなさいました。ご座船の上から大長老の腕をおとりになられ，王宮へとお連れになられました。

タラバー門に到着すると羅刹は門から降りてきて，主人〔大王〕へ頭を垂れ礼拝しました。王宮へ到着すると，大王はみずからの手で斎飯を準備してご供養をなさいました。

「今後は尊師〔大長老〕の訓戒をお受け致します」と，大王は申し上げ，最後にゼヤトゥーラ，ラジャティンカ，ラージャトゥー，カンガトゥー，ピャンチーという５人の王子たちを，大長老に献上なさいました。王子５人は，主人である大長老と共に〔僧院へ〕行ってしまいました。長老は，道の途中で大地に５つの輪〔円相図(6)〕を描き，王子たちに見せてから帰らせました。

王子たちは帰って，そのことを大王に申し上げると，「わが子たちに功徳を積ませようとしたのだ」と言って，大王は王子たちの体重と等量の金を計り，その金を使い，教主仏陀生存時代のパッセナディー・コーサラ大王(7)によって白壇で造作した仏像と同じような〔姿の〕——

（１）サージョ・パヤーフラ

（２）ミュボンダ　・パヤーフラ

（３）カンゾンタウン・パヤーフラ

（４）タジャータウン・パヤーフラ

（５）チョウ・パヤーフラ

〔という仏像５体を作製させました。〕

これら〔の仏像を安置する〕５つのパゴダは，タジャーミン〔帝釈天〕が監督して建立なさいました。〔すなわち〕ナラパティ〔王〕がこのパゴダ５基を造られた時，タジャーミンはみずからの手でもってお受けになられたのです。(8)

ンガスエシンと呼称された理由

その大長老が，ンガスエシンと呼ばれるようになったわけは，〔次の通りです。〕

この師僧〔大長老〕は，カテナイ衣(9)を受け取られない〔お方でした〕。墓地内の遺骸を被っていた布切れのみを拾い上げられ，〔それで作られた〕糞掃衣(10)をいつも用いました。ところで，友達と一緒に牛を飼う牧童をしていたンガス(11)【p. 113】エゲという若者がある時友達にこう言いました。「君らよ，お前さんたちも功徳を積みなさい。おれにも功徳を積ませてくれ。おれは死ぬことにする。おれの身体の上にお前たちの衣服を被せて，師僧に“糞掃衣として拾い上げて下さい”と申し上げるように」と言いました。

友達らは，ンガスエゲの言う通りにして，申し上げました。師僧は，墓地においでになって糞掃衣を拾い上げられました。師僧が帰って行ってしまわれると，ンガスエゲは本当に死んで息をしていませんでした。それを見た友達らは両親のところへ行って，それまでの一部始終を話しました。ンガスエゲの両親はじめ兄弟たちは，師僧へお話し申し上げました。

師僧がおいでになり，パリッタ〔護呪〕のメッタ・スッタ〔慈経〕を唱えると，ンガスエゲは起き上がって，師僧を礼拝しました。ンガスエゲの両親は，ンガスエゲを師僧に献上いたしました。その時からこの大長老は，ンガスエシンと呼ばれるようになりました。本名は，“ティーラブッディ Sīlabuddhi”で，シェー〔前〕サーサナー系統のアシン・アラハン派の長老です。(12)

パウンラウンシンと呼称された理由

ナラパティスィードゥ大王の治世に，シン・カッサパは，パウンラウン(13)という所へ説法に回られていましたが，その時に年配のパウンラウン人たちが，若者２人を弟子として預けたりして，パウンラウン人たちにより尊信されていたので，“パウンラウンシン”と呼ばれました。

そのパウンラウンシン・カッサパが，セイロンへ行きたくなると，帝釈天などのナッ〔神々〕が虎の姿となって背中に乗せて渡しました。時には船に乗って行ったこともありました。船に乗って行った時のこと，海上で船が動かず立ち往生してしまいました。好ましくない人が混じって乗っているということで籤を引くと，シン・カッサパのみに3回も籤が当たってしまい，船から降ろしました。海へ降ろすと，鰐が〔現われ，長老を〕背中に乗せてセイロンまで送り届けました。

バルー〔羅刹〕島へ〔長老が〕説法に回った時にも盲目のバルーたちに慈悲を垂れ，水を飲ませて，眼が見えるようにしました。それを感謝してバルーた【p. 114】ちはイェマン，ンガティンジーというバルーの兄弟2人を長老に献上しました。セイロンのマハーゼーディとローハパーサーダの絵，仏舎利，大菩提樹の種などを持って帰ったと述べている碑文があります(14)。

シン・スメーダー

シン・スメーダーについては，ハリン市の南方のメッティータヤイン村(15)から南東に，かつてディン・チャウン(16)という僧院があり，そこに住んでいたお方でしたので，“ディン・チャウン・シン・スメーダー”と呼ばれました。そのシン・スメーダーも，いつも糞掃衣を着けていました。戒律を厳しく守って，禅定，神通力を得ているといわれ，名声が高かったのです(17)。

ンガスエシン，パウンラウンシン，シン・スメーダー方のことを終わります。

註

（1） Ngasweshing Paṁthukugyi, Paunlaung Shin Kassapa, Shing Sumeidha.

（2） Narapatisithu（1174-1211在位）.

（3） bhilu.

（4） Amat Turingapissi.

（5） Bhuya Shin.

（6） 王子に対して口頭で「帰れ」と命ずることをはばかったものと解される。

（7） Passenadī Kosala〔Passenadī＞Pasenadī（Pāli), Prasenajit（Skt.）波斯匿〕. 釈尊と同年代のコーサラ国王パセーナディ。篤く仏教に帰依し，ブッダが三十三天に昇り人間界に不在の際には，栴檀木で仏像を作らせ安置して礼拝したと伝えられている。

その故事に倣って，香木で仏像を作り造塔して祀ったというのであろう。

（8）『サーサナヴァンサ』にも以上のことはほぼそのまま紹介されているが，5名の王子の名や建立したパゴダの具体的名前まではあげていない。

（9） Kathin thingan〔kathin＞kathina〕カティナ（迦絺那）衣；功徳衣，堅固衣。安居が終わった後5か月間だけ着用を許される臨時の衣。安居期間3か月精励した比丘にとくに授けられる。これは施された材料で一日の間に作らなければならないことになっている。ビルマのカティナ衣式についての詳細は，ウェープッラ南方儀式 pp. 62-75参照。

（10） panthuku〔＞paṃsukūla〕糞掃衣。比丘は本来塵埃の中，あるいは亡骸に巻かれていて墓地や遺体焼き場に，捨て置かれた襤褸（ぼろ布）を洗って染め縫い合わせた衣を着るべきものとされ，これを糞掃衣と呼んだ。貪著を離れる功徳があるとされ，常時これを着て他の施衣を用いないということが，十二頭陀行の一つに入っている。

（11） Ngaswenge.

（12）『サーサナヴァンサ』では，この長老のンガスエシンと呼ばれるに至った経緯についてはふれていない。

（13） Paunglaung マグウェ管区パコックク県のチィンドウィン河畔。パコックク市の北西部にある村落およびその地方名。ビ地名要覧 pp. 837-38

（14） 以上，カッサパ長老がパウンラウンシンと呼ばれるようになった経緯およびスリランカへの渡・帰航の様子については，『サーサナヴァンサ』もほぼそのまま語り継いでいる。*Sās.* B版　pp. 80-81, 生野訳 pp. 148-49

（15） Hmei. hti: thayaing ywa 村。

（16） Din Kyaung.

（17） 以上のシン・スメーダー長老についての簡単な紹介も『サーサナヴァンサ』に受け継がれており，さらに「仏塔に通って作務をつとめた」ことなどが付加されている。*Sās.* B版 p. 81, 生野訳 pp. 148-49

§22　スメーダー沙弥とテッテージー，テッテーゲ(1)のこと

禅定〔静慮〕，神通(2)を得た方々

今から100年前パカンジー(3)の町にマヒンという僧院があり，そこのスメーダーという沙弥は禅定，神通を得ており，神変をおこすことができました。師である先生が，〔この沙弥のことを〕知りたく思い，幼年時に遊んだゴゥンニン〔モダマの実(4)〕をそこに行き着くのに２日間はかかるところに埋めて，その場所を告げずに「子供の時に遊んだゴゥンニンを持ってくるように」と命じました。沙弥はすぐにその実を持ってきました。そのために禅定，神通を得ており，神変をおこすことのできる沙弥として有名になりました。

ピー〔プローム〕市のミンナンタゥンミャー(5)師は，ペグー(6)のスィンビューミャーシン大法王が崩御されたことを，亡くなった直後に知り，「ああ，お祖父さん」と言いました。その言葉を一緒にいた人が聞いて，記録しました。その後で大法王逝去の知らせが入ってきた時に，この師の言葉を聞いて記録した日付けとぴったり合致したので，禅定，神通を得ていたことが明らかに知られるのです。

また同じく，その師は，牛１頭が川辺に放牧されていて川に落ちて死んだこ【p. 115】とを，自分の眼で見たわけではないのに，「牛が川に落ちて死んだ」と言いました。言うたびに当たっていたので，禅定，神通を得ていたことが分かります。

ナッが助けたテッテージーとテッテーゲ

パガンのテッテージーとテッテーゲ２人のうち，テッテージーのところに，毎日マハーギリ・ナッ(7)が憑きまとうようになりました。何か変わったことがあった時に，聞いてきなさいと頼めば，頼むたびに聞いてきてくれました。

アヴァの王ミンガウンジー(8)の時に，テッテー〔ジー〕高僧が，パガン市における織布税の喜捨を受けたのですが，その際に王が「妃に相談しなければならない」と言うと，「王よ，貴殿のことは妃が支配しているのでしょうか」とテッテージー高僧が言われました。そのことを王妃ボーメ(9)の耳にいれると，「僧侶なので仕方がないが，俗人なら殺すのに」とおっしゃいました。

王妃がアヴァから下って行啓なされ，パガンへお着きになってから，ときどきシュエジーゴン・パゴダへ雌象の妃用乗物で参詣しましたが，たまたま行ったある時，テッテージー高僧がやってきて「お后さま，私を殺すと言うなら殺しなさい」と王妃に言いました。王も王妃も「自分たちだけ隠れたところで言ったことをテッテージー高僧は知っていた」と後悔して，修行者のひとりに調べさせると，テッテージー高僧にテッパティン・ナッ(10)が告げた，ということが分かりました。(11)

テッテーゲ〔高僧〕にもナッの神々が斎飯や花を施与しました。ナッの神々より斎飯をいただいたということで名声が上がりました。これら２人の先生は，禅定，神通を得ていたと『ヴィスッディマッガ・ディーパニー(12)』に述べています。

スメーダー沙弥とテッテージー，テッテーゲのことを終わります。

註

（１） Takse krī ṅay Tethei gyi（と Tethei）nge, かっこ内は原本にないが，訳者が補う。なお，この§22の内容は，『サーサナヴァンサ』では「さらに他の多くの事項があるが，詳細に述べると甚だ長びいてしまう」等を理由として，すべて省かれている。

（２） zan abhinyan（＞jhāna，＞abhiññā），jhan は一応「禅」と訳出したが，初禅より第５禅までのいずれかの状態に到達していることを示す。

（３） Puhkan gyi＝Pahkangyi, Pakokku パコーックの北方，イラワジ河辺の町。パコーック県パコーック郡イェザジョ町村区。

（４） guṁññaṅ＝guññaṅ＝khunññaṅ，蔓性植物の一種，モダマ。黒色で膝頭位の大きさの種子をおはじき，ボウリング遊びに使う。原田・大野，ビ辞 p. 63。

（５） Ming nan taung mya

（６） Pe gu. 現在はバゴーと呼称されている。

（７） Mahāgiri nat, ミンジャン平原中に突起するポゥパ山に祀られ，パガン時代から王朝の守護霊となり，また各自の家の守護神としても祀られている。ビルマのナッ（神）信仰のなかで中心的役割を占めている。

大野徹「上座部仏教とナット信仰」『ビルマ――その社会と価値観』（現代アジア出版会，1975年）pp. 59-62，田村克己「宗教と世界観」『もっと知りたいビルマ』（弘文堂，1983年）pp. 99-102，『東南アジアを知る辞典』（平凡社，1986年）ナットの項 p. 207（拙稿）etc. 参照。

（８） Ming hkaunggyi＝Minkhaung，第１次インワ王朝の第４代国王（1401-22在位）

（９） Mihpuya Bhoume＝Shin Bhoume，ミバヤー・シン・ボーメ。ミンガウン王の妃であったばかりでなく，次々にティーハトゥー，ミンフランゲー，カレーチェータウンニョー，モーニン・タドーと5人の王の王妃でもあったことでビルマ史上でも有名。*Harvey* p. 324（東亜研究所訳 pp. 479-81）など参照。

(10)　Tepasaṅ nat. パガンの城門を守護するナッ。*Hmannan* Vol. 1 p. 352，マンナン荻原訳第5部 p. 18

(11)　このことは，年代記『マンナン・ヤーザウィン』にも出ていて，語り方は異なるが同じ内容で，その後に「王と妃御二方が再び，パゴダ参詣に〔プカンへ〕下られた時，プガンの織布税〔その〕高僧に献じられた。云々」（マンナン荻原訳第8部Ⅰ，p. 1）と付け加えられている。*Hmannan* Vol. 2 p. 1

(12)　*Visuddhimaggadīpanī*，ズィンメ（ヨーナカ国）のウッタマラーダ長老編。既出。*Tha. sadan* p. 78，本書§16の「ヨーナカ国の典籍編纂諸長老」の項，参照。

§23　ご教法5000年という時代のこと

緬暦674（1312）年ピンヤ都造スィンビュー・タズィーシン〔一頭白象主〕・ティーハトゥー[1]の治世に，羅漢トゥエ・〔僧名〕シン・ディッバセッ[2]という阿羅漢がいました。その僧は，阿羅漢アシン・ディンナ[3]が沙弥にし，アシン・マヒッディパーラ[4]が観法を与えて阿羅漢にしました。法臘50年になってクル[5]国か【p. 116】らサリン[6]市へ到着したお方です。法臘60年になってピンヤ市のシュエジーゴンの建っているところにおいでになり，教主ブッダが予言〔授記〕してあった通りに教法宣布に尽力したと，歴史文書に載っています。

〔ところで〕現在，禅定，神通を得られる人がいるのだろうか，あるいはいなくなってしまったのだろうか，という疑問があります。そのような疑問は，以下の典籍の記述などにより取り除かれるべきです。

> Paṭisambhidāpattehi vassasahassaṃ sukkhavipassakehi vassasahassaṃ anāgāmīhi vassasahaṃ sakadagamīhi vassasahassaṃ sotāpannehi vassasahassanti evaṃ pañcavassasahassāni paivedhasaddhammo ṭhassati.[7]
> （無碍解通達者〔阿羅漢〕により1000年　乾観者〔阿羅漢〕により1000年　不還者により1000年　一来者により1000年　預流者により1000年と，このように5000年間通達〔証悟〕の正法は住立〔存続〕する。）

無碍解通達阿羅漢，乾観者阿羅漢，不還者，一来者，預流者，各々1000年と，教法は5000年間のみ道果が得られるであろう。

《以上が『比丘尼犍度律蔵註疏』〔による記述です。〕》

> Paṭisambhidāpattehi vassasahassaṃ chalabhiññehi vassasahassaṃ tevijjehi vassasahassaṃ sukkhavipassakehi vassasahassaṃpāṭimokkhena vassasahassaṃ.[8]
> （無碍解通達者により1000年　六神通々達者により1000年　三明通達者により1000年　乾観者により1000年　波羅提木叉を守る者により1000年）

無碍解通達阿羅漢，六神通々達阿羅漢，三明通達阿羅漢，乾観者阿羅漢，波羅提木叉(9)を守る者，各々1000年と，教法は5000年間を通じ存続するであろう。

《以上が『長部自歓喜 Sampasādaniya 経註』，『相応部註』の２典籍》

Buddhānaṃ parinibbānato vassasahasameva paṭisambhidānibbattetuṃ sakkonti. tatoparaṃ chalābhiññā, tatopi asakkontātisso vijjā nibbattenti. gacchante kāletāpi nibbattetuṃ asakkontā sukkhavipassakā honti. etenevanayena anāgāmino sakadāgāmino sotāpannāti.(10)
（ブッダの般涅槃より1000年間は無碍解を生じさせることができる。それより後に六神通，それより後には〔六神通を生じさせることは〕できないが，三明は生じさせることができる。時間が経ってくると，それもできず，乾観者は存在する。その方法によって，不還者，一来者，預流者と〔同様に考えなさい〕。）

【p. 117】無碍解に通達した阿羅漢，六神通を得た阿羅漢，三明を得た阿羅漢，乾観者の阿羅漢，不還者，一来者，預流者，各々1000年ずつ，教法は5000年間を通じ存続するであろう。

《以上が『増支部註』，『分別論註　*Sammohavinodani-aṭṭhakathā*』の２典籍》

このように，典籍に種々出ていることを知り，今現在に至るご教法の年限とを考え合わせ，どのような阿羅漢あるいは聖者の時代であるのかないのかと，疑問に思ったことを取り除きなさい。

以上述べてきた禅・神通・道・果を得た阿羅漢である聖者，持戒者，高徳者方によって，ご教法はミャンマー〔ビルマ〕王国において長い間繁栄し光り輝いてきたのです。(11)

「ご教法5000年」という時代のことを終わります。

註

（1） Hsinhbyutasishin Thihathu（1312-22在位).

（2） Shin Dibbase＝Shin Dibbacakkhu，*Sās.* B版 p. 93（生野訳 p. 175), *Hmannan* Vol I p. 376（マンナン荻原訳第6部 p. 6）。

（3） Ashin Dinna

（4） Ashin Mahiddhipāla

（5） Kuru tain 諸仏典に言及のある Jambudīpa16国中の Kuru（拘樓，句留 etc.）国，あるいは Uttarakuru（北倶盧洲）の Kuru の国土の意か。

（6） Salin myou, サリン市。マグエ管区ミンブー県内，イラワジ河西岸ミンブーの北西に位置する中小都市。本書 p. 362の略地図参照。

（7） これに相当するところは，下記の箇所と考えられ，意味は同様だが，文章の細部は異なっている。*Cūlavaggādi-aṭṭhakathā* 第6結集版 p. 127。

「Vassasahassanti cetaṃ paṭisambhidāpabhedapattakhīṇāsavavasanena vuttaṃ，tato pana uttaripi sukkhavipassakakhīṇasavavasena vassasahassaṃ, anāgāmi vasena vassasshaṃ sakadāgāmivasena vassasahassaṃ sotāpannavasena vassasahassanti evaṃ pañcavassasahassāni pativedhasaddhammo ṭhassati.」

（8） 相当箇所ディーガ・ニカーヤの『サンパサーダニヤ・スッタ・アッタカター』*Pāthikavaggaṭṭhakathā* p. 83では，引用文最初の Paṭisambhidāpattehi vassasahassaṃ の直後と，最後の Pāṭimokkhena vassasahassaṃ のあとに，atthāsi なる語が付いており，第6結集版ではそれに「ṭhassati（?）」と註記がなされている。

『サンユッタ・ニカーヤ・アッタカター』には引用箇所と同じ文章は見当たらないようだが，下記の箇所に同様趣旨のことが述べられているので，ここに2典籍としたのであろう。Saṁyutta-nikāya *Nidānavaggaṭṭhākatha* pp. 186-87.

（9） 戒経。比丘の守らねばならない比丘戒227か条の『比丘戒経』および比丘尼の守らねばならなかった311か条の『比丘尼戒経』をいう。

（10） *Aṅguttaraṭṭhakathā.* 第6結集版 Vol. 1 p. 67。*Sammohavinodanī-aṭṭhakathā* 第6結集版 p. 412

増支部註の相当箇所については，細部で少しく異なる語が挿入されてはいるが，ほぼ同文である。『サンモーハヴィノーダニー・アッタカター』に関しては，これと全く同じ文章は見られないようだが，Paṭisambhidā 無碍解についての章があり，そこで仏の教え，すなわちパリヤッティ（教法），パティパッティ（実践），パティヴェーダ（証悟）は，いずれ失われると述べ，同様のことを推察させる。ただし，その教法存続年数にまでは言及していない。

（11） 『サーサナヴァンサ』でも，ここと同様典籍を引用し，同様に引き継いで述べており，さらに今日でも阿羅漢になりうる可能性があると強調し，仏教は崩れていないと主張している。*Sās.* B版 pp. 81-82, 生野訳 pp. 149-50。

§24　法典編纂とシン・アッガパンディタ方のこと

【p. 117】
ブッダが般涅槃に入られた後，仏暦紀元930年を経た時（386年），ミャンマー王国のティンレチャウン王，セイロン島ではマハーナーマ王の治世に，ブッダゴーサ長老，ブッダダッタ尊者方が，アッタカター〔三蔵の註釈書〕をパーリ語に翻訳することから始めて，典籍の編纂をなさいました。それ以前には典籍は編まれていませんでした。正念，禅定，智慧の働きが活発で，その熱意によって，本来の三蔵とアッタカター，およびその意味内容を把握してきていたので，説く必要がなく編纂しませんでした。

〔ところが〕正念，禅定，智慧の働きが活発でなくなり，本来の三蔵とアッタカターの意味内容が分からなくなったため，説明する必要が出てきて編纂されたのです。したがって，仏暦紀元930年以前においてはタイェキッタヤ・ヤディ国には，編纂仏教典籍はありませんでした。仏暦紀元100年を経てドウタパウン大王の治世に，阿羅漢3000人に相談して「法典 dhammathat[1]」を編纂したことのみが，『王統史』の中に述べられています[2]。

セイロン〔スリランカ〕とパガンの比丘が文法能力を競い合ったこと

【p. 118】
仏暦紀元1601年，緬暦419（1057）年に，アノーヤター王が仏教をタトン国からパガンへもたらしました。仏暦紀元1697年，緬暦516（1154）年に，パガンのシン・アッガパンディタが，三蔵における基本語句の諸文法に通達すべく，三蔵すべてを調べ，検討し解明して『サッダニーティ *Saddanīti*〔声則論[3]〕』なる〔文法〕書を編んだ，とその書物の前書きに偈文で示しています。

パガンのウッタラージーワ長老やサ〔チャ〕ッパダ長老方が，まだセイロンへ渡航せぬうちに，典籍に通達した著名な方が３人いました[4]。

1．親教師〔和尚〕であるシン・マハーアッガパンディタ

2．親教師〔和尚〕の弟子である２代目〔ドゥティヤ〕アッガパンディタ

3．その師の甥である３代目〔タティヤ〕アッガパンディタ

これらの３人の中で３代目〔タティヤ〕アッガパンディタ師が『サッダニーティ声則論』を編纂したのです。アッガウンタという〔その師の別〕名も，書

物の奥付けに記されています。

その書の編纂によりパガンの比丘たちは，パーリ語文法に非常に堪能である，とセイロンにまで名声が拡がったため，セイロンの比丘たちが競い合いをしようと言って，パガンへ渡来しました。パガンの比丘たちが『サッダニーティ』の書物をとり出して見せると，「文法書においてこれほどの書物は，セイロンにもない。私たちは，この書物に出ている通りには，とても到達できない」と言って，セイロンの比丘たちは帰ってしまった，と現在に至るまで長い間語られてきました。

法典編纂とシン・アッガパンディタ方のことを終わります。(5)

註

（1） Dhammathat ダンマタッ。仏教徒ビルマ人の慣習や文化・社会的法規律，および従前の判例などを集成した社会的文献を指す。古くは西暦1249年のパガン碑文に「ダンマタッ」なる表現が見られるという。

詳しくは，奥平龍二「ビルマ古代法におけるインド法の受容とその限界――〈マヌ〉のビルマ的展開――」東南アジア史学会編『東南アジア――歴史と文化――』12平凡社，1983年）など参照。

（2） ここでは如何なるヤーザウィンとも特定していないが，ウー・カラーの『マハーヤーザウィンジー』や欽定年代記『マンナン・ヤーザウィン』では，ドゥタパウン王治世（443-373B.C.）に，阿羅漢3000人と相談して，後世のために「Apāyagatimupā-yaṃ」という語で始まる偈を最初においた『ダンマタッ書 *Dhammathat Kyam*』を編んだと述べている。(*Hmannan* Vol. I p. 174, *G.P.C.* p. 17)

つまり，B.C. 5世紀中葉頃すでにピュー族の手でダンマタッ（法典）が編纂されていたというのである。

（3） *Saddanīti* は，Saddanītipadamālā, Saddanītidhatumālā，Saddanītisuttamālā の3部より成る。「声則論」と訳されたのは，『サーサナヴァンサ』の「Saddanītipp-akaranaṃ」(原本 p. 83）に由来すると思われるが，パーリ語文法書の古典とされている。パーリ三蔵から豊富な引用がなされており，ミャンマーでは現在も学習者必須の基本的な教科書となっている。*cf. Pitakatdothamaing* p. 139, *Law* p. 636.

（4） Shin Mahā Aggapaṇḍita, Dutiya Aggapaṇḍita, Tatiya Aggapaṇḍita.

（5）『サーサナヴァンサ』では，ダンマタッの編纂につき，ヴァナワーシー王国シュリ・クシェットラ城市において一つ整備されたという伝承がある，と紹介している。*Sās.* B版 p. 60，生野訳 p. 115。また，そこでは仏教は満月のように輝いたが，仏教書を著作した長老は現われなかった，とも述べている。

§25　仏典を編纂した諸師のこと

サッパダとサッパドー

セイロンからパガンに帰ったサッパダ Hsappada は，文法に通達していたので『経義釈 *Suttaniddesa*』なる書物も編纂しました。最勝義〔論蔵〕に通達していたので『略疏 *Saṅkhepavaṇṇanā*』〔というティーカーと〕，『名所行燈 *Nāmacāradīpaka*』という書物も編纂しました。律〔蔵〕に通達していたので『律秘義明燈 *Vinayaguḷhatthadīpanī*』と『結界荘厳 *Sīmā-laṅkāra*』という書物も編纂しました。サッダンマゾーティパーラ Saddhammajotipāla【p.119】と，奥付けに名前が記入されています。バティン〔バセイン〕地方のサッパダ Hsappada 村出身であったので，村名よりサッパダとして有名になり人々に知られました。「サッパダ」としているのは，パーリ語で文法に合致するよう綴るなら主格の〔o〕符号を付け「サッパドー」となるべき箇所ですが，そうせずにカリヤーニ碑文や諸王統史の中に言及されているのが，セイロン渡航パガン宣教のサッパダ大長老と受け取るべきです。

「サッパドー Hsappado」と〔o〕符号を付けて諸碑文に述べているのは，「ウートゥサウン[1]〔帽子をかぶったという意〕」といってパカンジー妃寄進パゴダの碑文に言及しているウートゥサウン・プエー・チャウン〔寺院系の師〕と受け取るべきです。

このように意味を区別してよく考える，ということをしなかったので，トン派[2]はサッパドー師の流派であると，アトゥラ文書[3]に述べていますが，それは〔間違いで，サッパドー〕はプエー・チャウン派系統〔で別人〕なのです。

ウッタラージーワ大長老とサッパダ〔沙弥[4]〕がセイロンへ渡ったのは，仏暦1715（1171）年，サッパダ〔長老〕がセイロンから帰ってきたのが仏暦1725（1181）年。このようにカリヤーニー碑文，王統史などに出ています[5]。

『経義釈 *Suttaniddesa*』，『略疏 *Saṅkhepavaṇṇanā*』など，先述の書物の奥付けには，「Puṇṇedasenavanavutiguṇecavasse, vassesahassagaṇanejina-nibbutamhā.〔仏滅後1810（1266）年〕と〔あり〕，セイロンへの渡航と到着という２つ〔のことも〕あるので，それらに応じてよく考えて理解検討すべきです。[6]

アトゥラ Atula 師編纂の『師資相承史』[7]では，「アノーヤター王の曾孫でチャンジッタ〔王〕の孫ナラパティスィードゥ王の治世に，ウッタラージーワ大長老はセイロンへ渡りました。〔また〕サッパダ大長老方がセイロンから帰ってきました」と，カリヤーニー碑文，諸王統史〔の記述〕をよく考えずに，間違って述べてしまいました。ナラパティスィードゥは，アノーヤターの孫でもありません。アラウンスィードゥだけがアノーヤターの曾孫で，チャンジッターの孫，というのは正しい。『王統史』と比べ考え合わせてみなさい。

仏典編纂師と諸典籍

パガンにはアラウンスィードゥ王の治世に，ヴィマラブッディ・ジー〔「大」の意〕Vimalabudhi-gyī とヴィマラブッディ・ンゲー〔「小」の意〕Vimabud-dhi-nge という聖典に通達した師が 2 人いました。

（1）『ニャッ〔ニャーサ〕書（*Ñāsagandha*〈パ〉*Ñath-kyam*〈ビ〉)』をシン・ヴィマラブッディ・ジーが編纂しました。

《セイロンのシン・ヴィマラブッディ編纂，と一部のビダガ〔＝ピタカ〕・タマイン中には述べています。》

【p. 120】

（2）『韻律古復註 *Hsan ṭika haung*』をシン・ヴィマラブッディ・ンゲーが編纂しました。

（3）『韻律中復註・韻律神髄義闡明 *Hsan ṭikalat-hsadotharatthavikathani*』をパガンのシン・タッダマニャーナ Saddhammañāṇa が編纂しました。

（4）『韻律小復註・語義照見 *Hsan ṭikange Vacanatthajoti*』をパガンのシン・ウェープッラ Vepulla が編纂しました。

（5）『ニャッ〔ニャーサ〕書開明・タンビン復註 *Ñath-kyam ahpwing. Tha-ṅbying-ṭīka*』をパガンのタンビン・アマッ[8]〔朝臣〕が編纂しました。

《ナラパティスィードゥ大王の治世に，仏典に通暁しつつあったある男が大王外戚[9]の王女にすっかり心を奪われ，落ち着きを失ってしまいました。

そのわけを大王が聞き，「大事に用いられるような〔有益な〕仏典を編纂しなさい」と仰せられましたところ，『ニャーサ書』の復註書を編纂しました。その後還俗して土地管理の高官〔タンビン〕の地位を与えられたので，「タンビン・アマッ」として有名になりました。その書物も『タンビン・ティーカー』と呼ばれています。

Paṭhamam kale padacchedaṃ, samāsādiṃ tako kale. Samāsādo kate pacchā, atthaṃ niyyātha paṇḍito.

(最初に文の区切りをつけるべきで，それから六合釈などをすべきです。六合釈をなした後で，賢者は意味を表しなさい。)

といって，どのような場合も意味を表す方法の偈を示して註釈するので，〔その書物は〕大層好ましい。諸々の『ビダガ・タマイン〔三蔵編纂史〕』に，『タンビン・ティーカー』をタンビン朝臣が編んだ，と伝えています。[10]この書物自体に奥付け〔後書き〕はありませんでした。》

(6)『カーリカー本文 *Kārikāmūla*』,『カーリカー註釈 *Kārikāṭīkā*』をパガンのシン・ダマセーナパティ Dhammasenāpati が編纂しました。

《ティーラインシン・チャンジッタ王寄進のナンダ窟堂に近いナンダ僧院に住み編纂しました。その時代にガンダマーダナ山ナンダムーラ窟堂から阿羅漢方がおいでになり，大王が寄進した安居〔を過ごすための〕僧院で安居に入られましたが，それら阿羅漢方が明らかに存在していた〔時代な〕ので，〔人々はダマセーナパティの編纂書を〕堅固な文法書だ，と信用しました。[11]》

(7)『語義源考 *Saddatthabhedacintā*』をパガンのトゥーユインジェ村に住んでいた行者の息子シン・タッダマティリー Saddhammasirī が編纂しました。

(8) その師は，ヴェーダ聖典の『ビョヒッ書』のニッタヤ[12]をも編纂しました。

(9)『一支字宝蔵 *Ekakkharakosa*』をパガンのシン・タッダマキッティ

Saddhammakittiが編纂しました。

《緬暦887（1525）年に至った時に，誤った考えをもったシャン族ザロン(13)の
【p. 121】
乱によってみ教えの輝けるタンバディーパ国全土が滅亡しかけて，三蔵典籍類が焼かれたり地方へ分散したりしてしまいました。比丘たちが〔経典を〕暗唱伝持して学習することができなくなり，教法が衰退していくのを知って，「教法〔伝持〕が存在しなくなれば，教行〔教法の実践〕も失われるだろう。教行が失われるなら教証〔仏法の証悟〕も存在しなくなるであろう」と，心配と恐怖を感じこの書を著した，とその註釈書〔ティーカー(14)〕に述べています。》

（10）『入門精書 *Mukkamattasāra*』をパガンのシン・ターガラ Sāgaraが編纂しました。

《『ニャーサ書』8章に応じて概要を偈文に要約して編纂したものです。》

チャズワー王のこと

緬暦581（1219）年に，幼い王子が亡くなったことで，〔老・病・死に対して〕恐怖を抱き，辟支仏〔になるようにと〕誓願を立てたナンドゥンミャ(15)，ゼーヤティンカ王の王子チャズワー（kyaswa）は，即位（1234年）して，「法王 Dhammarājā」という称号を受けました。三蔵典籍の内容を知り尽くしていたので，「チャズワー〔しっかり把握したの意〕」と呼ばれています。そのチャズワー王は，聖典，註釈書，復註書などの意味内容を詳しく解説し，問答論争の場合に，彼と同じ程度にできる人はいないと言われました。三蔵を9回繰り返して学習しました。比丘増伽にも1日7回教授しました。

トゥーユウィン山麓に溜池を造らせて閑静な仮宮殿を建てて，そこに住み仏典を講義しました。学習する王の側女たちに覚えさせるために，

（11）文法小論『語一滴 *Saddabindu*』

（12）第一義小論『勝義一滴 *Paramatthabinadu*』

をも編纂しました。

〔チャズワー王は〕仏法と仏典にのみ親しんで過ごしました。政治のことに目を向けませんでした。裁判や処刑に関することなどを皇太子ウザナーに譲りました。

昔アノーヤター王がピェケユエ山(16)の麓で，「将来私が再び王になった時に生えてくるように」と誓願して，多羅椰子樹の種を蒔きました。その椰子の種が，この〔チャズワー〕王の時代に，芽を出してきたということを聞いて，王は大層喜びました(17)。

【p. 122】

（1）タムッダヤ(18)，アノーヤター，チャズワー〔王〕は，3度〔生まれ変わってきた〕同じ人物です。

（2）ピューミンティー(19)，ティレチャウン(20)，チャンジッター〔王〕は，3度〔生まれ変わってきた〕同じ人物です。

（3）クラージャ(21)，サレーガクェー(22)，タヨウピェー(23)〔王〕は，3度〔生まれ変わってきた〕同じ人物です(24)。

『王統史』のその〔チャンジッター〕王の章に，「Paññasīlasampanno natthi na me na vijjati.（私には慧と戒とが具わっていないのではない。）」という言葉があり(25)，それは明らかにその王に残されていたものである，と述べています。意味〔するところは〕深長です。『王統史』によく通じた者が，考えて正しく意味をとるようにしなさい。

その王は，仏塔も建立しましたが，三蔵典籍の修学にのみ尽力し，〔建立のための〕労働鼓舞には厳しくなかったので完成しませんでした，と『王統史』に載っています。塔を建てるために煉瓦造りを始める日は仏滅〔厄日〕，杭打ち〔地鎮祭〕をするのも仏滅〔厄日〕，煉瓦積みを始める日も仏滅〔厄日〕，行うことすべてを仏滅の〔厄〕日にのみ行わせたもので，「ピャッダダー・パヤー〔仏滅（厄日）仏塔〕」と，現在まで言い伝えられています。

ディターパーモッカのウー・ジーブェ(26)

パガン国ナラティーハパテ王の時代に，60歳を過ぎ年老いて出家した比丘ひとりが，学習するため〔石板用〕凍石筆の芯を受け取ろうと王宮に入ってきて，そのわけを尋ねられ，学習用の凍石筆の芯を受け取るために来たと話したところ，王が「杵に芽が出たら書籍に通達できるだろう」と，〔戯れに〕おっしゃいました。[27]〔その老比丘は〕１日にダブ[28]〔爪楊枝〕分ほどずつ，文法，摂阿毘達磨義論から始めて，仏典を学習していきました。ほどなく仏典に通達しました。

杵に木の新芽の出ている枝をくくりつけ〔たのを手にし〕て，再び王宮に入ってきて，そのわけを尋ねられると，〔老比丘は〕「杵に芽が出たので王宮に入ってきました」と述べ，〔それは〕仏典に通達したということでした。

六僧院の三蔵に優れた衆僧に質問させるようにとの勅令があり，質問させましたが，質問されるたびに返答することができました。「皆様は私に質問なさ【p. 123】いました。今度は私が質問しましょう」と，許可を得て，「同他心所 aññasamān cetasik〔>aññasamana cetasika〕における他の奪格[29]を示して下さい」と，その老比丘は質問し返しましたが，それに対し六僧院の衆僧は，誰も奪格を出すことができませんでした。[30]

そのことを聞いたナラティーハパテ王は，老比丘に“ディターパーモッカ Dithapamokkha”という称号を与え，王師として敬信した，と今日に至るまで師から師へ代々伝承されてきました。

《この長老には編纂典籍はありません。しかし参考にすることができるので，そのことだけ記しておきます。》

以上のように，パガンでは典籍編纂師の方々が多くの仏教典籍を編纂なさいました。

《特別に意味のあることのみを取り出して記しました。とくに意味のないことは取り上げていない，と理解しなさい。》

仏典編纂をした諸師のことを終わります。[31]

註

（1） uhtou hsaung.

（2） Toun nwe.

（3）　Atula sa. *Piṭakatdothamaing* p. 242，書名リスト No.1671の中に出る 'Atulahsayado hpyathtoun' を指しての言及かとも考えられるが，詳細は不明。

（4）　原本はシン・サッパダ（Shin Hsappada）。シン（Shin）は，ここで出家僧に対する尊称として用いられている。サッパダはスリランカへ出かける時は，まだ「沙弥」であったので，このように訳した。またミャンマー帰国時には具足戒を授けられて10年以上を経た長老僧になっていた。

（5）　ウッタラージーワ長老とサッパダ長老の出発と帰国年時について，*Sā. cātam* も『サーサナヴァンサ』も，カリヤーニ碑文を根拠にしているようである。（*K. Insc. I. A*. Vol. XXⅡ pp. 17-31, *K. Insc. B*. pp. 6-11）

ここで『王統史』と言及しているものが何かは不明だが，『マンナン・ヤーザウィン』では，その年時を緬暦542（1180）年から553（1191）年としており，約10年のずれが見られる。（*Hmannan* Vol. I pp. 320-21, *G.P.C.* pp. 142-44）

（6）　その当時まで『スッタニッデーサ』『サンケーパワンナーナー』などの著者として，ウッタラージーワと共にセイロンへ渡ったサッパダをあげており，ここでも一応そのように述べたが，これらの書物の奥付けにあった年時は，さらに後年付加されたものであることを示している。別人の可能性が強い。よく検討してみなさい，といっているわけである。

なお，現在のビルマの学僧は，別人，つまり2名としている（北九州市門司区在住 U. Wepulla, U. Vijihananda 両長老など）が，その当時は判断がまちまちであったので，注意を促している，という。

（7）　原文 *Hsayāsinthamaing*. これが如何なる書か資料もなく未確認。

（8）　Thanpyin amat，タンビン・アマッ。後世に「ミェダイン・アマッ」と呼ばれるに至った土地管理の郷官で，かなり多数の村落を管理した朝廷の高官だったようである。

（9）　amyit asun. アミッアスゥン。王の第1，第2，第3夫人以外の后から生まれた子（王女）で，しかも，その后が王族出身ではない女性である場合の呼称。

（10）　『ビダガドゥ・タマイン』にも確かに『タンビン・ティーカー』として解説している。*Piṭakatdothamaing* pp. 137-38.

なお，これには Dakkhiṇārāma 長老の編纂したネイタヤもある。

（11）　ここに言及されている阿羅漢方については，本書「§20　ヒマラヤ・ガンダマーダナ山よりおいで下さった阿羅漢方のこと」（原本 p. 108）参照。なお，『サーサナヴァンサ』でも，ここと同様の内容を引用し紹介している。（原本 pp. 76, 77，生野訳 p. 142）

（12）　*Byouhad kyaṃ nissaya.* なお，『サーサナヴァンサ』では，「Brahaja（P版は Bhīhaja）という名のヴェーダ関係占星書をビルマ語に訳した」と述べる。（*Sās.* B版 p. 85，同P版 p. 75）

（13）　Hram Jaluṃ.

（14）　ここでティーカーとしているのは，『一支字宝蔵 *Ekakkharakosa*』そのものを，指している。三蔵以外の典籍についての註釈書をティーカーと呼んでいるためである。

（15）　ナンドゥンミャ Nan tauṅ mya とは，この王の母親が「幾度も王になることを願った」という意味から付けられたゼーヤティンカ Zeyyathinhka 王の呼称。

(16) 原本「Pyehkei. i」,『マンナン・ヤーザウィン』では「Pyehkaywei ピェカユェ」と綴っている。*Hmannan* Vol. I p. 333参照。

(17) 誓願の前兆があって，植え付けられた多羅椰子の樹の実から芽を出すと，文芸や学問に秀でた人物が現われるということが信じられており，たとえば，インワ時代15世紀中葉にビルマの古典文学上でも顕著な活躍をしたマハーティラウンタなど４人の高僧が登場してきた際にも，タンドゥインジー市近辺の村々から多羅椰子の大きな新芽４つが土の中から現われ，「ペーレーピン，シンレーバー（多羅椰子４本，高僧４人）」と，人々の口の端にのり拡がった，などと語られている。ビ文学史，原本 p. 63，訳本 pp. 41-42 etc. 参照。

(18) Thamuddaraj. 19か村を統合してアリマッダナなるパガンを創建した（107A. D.）と伝えられる最初の王。cf. *Hmannan* Vol. I p. 187

(19) Pyuming hti. 同上王統第３代目の王。

(20) Theinlekyaung. Thiripyissaya を創建したと伝えられる王。(344-87A. D. とされる。)

(21) Kula kya（＝kalagya). ナラトゥー Narathu 王（1165-70在位)。

(22) Saleingakhwe（＝Sale Ngahkwe). サレー・ガクェー王（906-15在位）

(23) Tayoupye（＝Taroppye). ナラティーハパテ王（1255-87在位)。1284年タヨウ〔蒙古〕人を恐れて逃げたため，この名称がある。

(24) ここには３人ずつ３組が掲げられているが，『サーサナヴァンサ』では最初の３人，つまりタムッダヤ，アノーヤター，チャズワー各王が「一つの相続する者 ekasantā-nāti」と述べるのみで，ここでその次に言われている他の２組は挙げていない。(*Sās.* B版 p. 86)

(25) 「『王統史』のその王の章に」とあるが，*Hmannan* のこの王の章中には「Balavas-īla sampanno natthi me samo. (厳しく戒を守っている人で私と同じ人はいない)」(*Hmannan* Vol. I p. 334）となっている。

なお，*G. P. C.* では「I care for naught save the fulfilment of strong virtue !」(p. 156）と訳出している。

(26) dithapamokkha u gyibwe. ディターパーモッカは，地方からやってくる学生に教授する師僧。ウー・ジーブエのジーブエは，「杵」の意。

(27) 木材を削って作った杵に新芽が出てくる筈はない。それと同様，すでに年老いた汝に学問通暁の成就は覚つかぬ。もし杵に新芽が出るなら，汝の学問も成就するかもしれない。しかしそんなことはありえないだろう，と言って，王はその老僧をからかったわけである。

(28) danpu. ダブは，僧が使う長さ15㎝ほどの木片で，一方の端は爪楊枝，他方は端が少しつぶしてあり歯ブラシとして使う。ここではその木片の長さを，長さを表す単位として使っている。

(29) パーリ語文法上の名詞，代名詞曲用で使用する語尾変化，八種の格用語の一つ。奪格（Ablative case)「…から（from)，…より（since)，…の（as)」などの意味を示す語尾の形。

(30)「sobhanehi añño（善から余他のもの）」あるいは「asobhanehi añño（悪から余他のもの）」と答えればよかったのだが，すぐさま応答できる比丘が，そこにいなかった，ということであろう。

cf. *Abhidhammatthasaṅgha*（Sudhammavati 社出版）p. 17，ウー・ウェープッラ・戸田忠訳『アビダンマッタサンガハ』注 p. 47。

(31) 以上の§24と§25で収録されている編纂書籍のすべては，『サーサナヴァンサ』でもほぼそのまま紹介されている。なお『サーサナヴァンサ』のこの箇所相当分では，さらに Dhammadassi 沙弥著「Vaccavācaka（文法小論15編中の第９編）」，およびチャズワー王の一王女が著した「Vibhatyattha（語形変化によせて）」という２編も付け加えられている。*Sās.* B 版 pp. 83-88, *Sas.* 生野訳 pp. 153-64参照。

§26 パガンのチョーズワー王を廃しミンザインにて即位した兄弟王3人のこと

ミンザインにおいてパガンの王チョーズワー(1)（kyoswa）を廃位して，緬暦664（1302）年に3人の兄弟が王位に即きました。その時，チョーズワーの王子ソーフニッ(2)は，中国皇帝へ使いを送って攻め上らせようとし，多くの中国兵たちがミンザインにやってきました(3)。

それで三蔵およびヴェーダ〔聖典〕にすぐれた長老を招き相談すると，「私は比丘僧にすぎない。政治上のことに〔関わるのは〕相応しくない。ジュン(4)たちと相談しなさい」と申されました。ジュンたちを呼び相談すると，彼らも「よく考えなさい(5)。事件を起こす人がいなければ，何も言うことはない」というように，カー〔盾〕舞いをし，戯れ唄いました。

兄弟王方も，カー〔盾〕舞いの踊りと歌とを見聞し，チョーズワーを殺害し【p. 124】て「王位継承者はいなくなった」とチョーズワーの首を見せました。中国兵たちも「王位継承者がいなくなったのなら，帰ろう」と言って，贈り物を受け取って帰りました，と諸王統史に載っています。

「ジュンたちと相談しなさい」と，間接的な〔殺人示唆の〕言葉が入るので，その長老は破戒の罪を免れません(6)。

> Pariyāyo ca āṇatti, tatiye dutiye pana. āṇatti yeva sesesu, dvaya metaṃ na labbhati(7).
>
> （第3〔波羅夷罪〕においては教唆あるいは指示を与えるなら成立せり。第2〔波羅夷罪〕においては指示すれば成立せり。残余の〔第1，第4波羅夷〕両罪は〔教唆あるいは指示を与えても〕成立せず。）

と，律典に載っている通り，人を殺害させる場合，直接させる言葉，教唆して殺させる言葉，両方とも言ってはなりません。

人のものを盗む場合，直接盗ませるように言ってはなりません。性行為，もしくは禅・道・果を得ずに嘘をつく場合には，直接させる言葉，教唆でいう言葉，両方とも破戒の罪にならない，という律の規定があります。〔殺害については〕教唆の言葉を発した比丘は破戒の罪を免れることはできないのです。

《これは仏典に関連して思い出すために記しました。ミンザインで編纂された仏典ではありません。》

チョーズワー王を廃して即位した兄弟王３人のことを終わります。

註

（1） Kyoswa チョーズワー王（1287-98在位）。パガン王朝末期の王。ナラティーハパテ王の王子でシャン族王たちにより退位させられる。

（2） Sohni ソーフニッ王（1298-1325）。チョーズワーの王子。

（3） 当時中国は元の時代で，『マンナン・ヤーザウィン』では「緬暦662（1300）年に90万のタヨゥ（中国）軍が来寇し，同年に引き返した」との碑銘の記述を紹介し，それを正しいと考えて書いている。*Hmannan* Vol. I p. 366（マンナン荻原訳 pp. 30-31）

（4） gywam. この語には①「曲芸士」の意味もあるが，②「カンボジアやクメール民族」をも指す。*Sās.*（B版 p. 92）では「nātaka（舞踏者）」とパーリ語訳しており，それを重視する限り問題はなさそうだ。ただし，「クメール族と相談しなさい」という意味にとれないことはない。次の註（5）の箇所と共に疑問を残したままの訳出であることをお断りしておきたい。

（5） 原文 “wayadhayatit twe sana”。また『マンナン・ヤーザウィン』でも，“wararotit twe sana” と，ビルマ文字で綴る。（*Hmannan* Vol. I p. 365）

なお参考までに「マンナン荻原訳（第５部 p. 30）」を，この箇所の前後を含め，あげておく。「曲芸師達は「ウァヤヨー wayayô。静かに考えをめぐらし人を憐む事がなくなれば，言うは易し〔簡単だ？〕」という歌詞で，歌を唄いながら，楯を使って舞った。」

（6） この判定の根拠として次に示されている律典のパーリ文は，『サーサナヴァンサ』でも全く同様に引用されている。ただし，ここでのサーダンの著者の「罪を免れない」とする見解とは反対に，『サーサナヴァンサ』では「かの長老は芸人たちに相談しなさい，とだけ述べたので比丘性から逸脱していない，と認識すべきである。(Soca thero nāṭakehi saddhiṃ mantethāti ettakameva vuttattā bhikkhu bhavato na mocetīti dattha-bbaṃ.)」(Sās. B版 pp. 92-93, 生野訳 pp. 173-74）と主張し，相違を見せている。

（7） Khuddhasikkhā Dhammasiri 編，ビルマ文字版 *Vininge le saung* p. 90。（パーラージカの章，18偈中の第11偈）

§27　ダズィーシン・ティーハトゥー(1)の治世に偽僧アリー(2)が多数いたこと

緬暦674（1312）年，ミンザインのシュエナンシン・ヤーザティンジャンが亡くなる3年前に，ピンレーで象1頭を所有したティーハトゥーは，ピンヤの都城を造営しました。都城造営の後2年を経た時，サモン川に死んで流れてきた雌の白い象を得たので，「ダズィーシン〔(御象）一頭（所有）王〕」と呼ばれました。

その王の治世に，ピンヤの都には恥を知り持戒の高徳な比丘衆僧は存在しませんでした。パガンのアリーたちの残存であった偽僧アリーたちだけが非常に多かったのです。その後，阿羅漢トェー，僧名ディッバセッ(3)〔ディバチャッカ〕がこの地に来てから，恥を知り戒を愛する比丘たちを敬礼することができるようになりました。

【p. 125】王宮内で，毎日ディッバセッ長老に食事供養がなされました。アノーヤター王時代から容器にご安置して，代々の王が礼拝してきた7個の仏舎利のうち5個をシュエジーゴン〔パゴダ〕へ安置しました。

2個の仏舎利をサガインのプンニャシン仏塔にプンニャ朝臣が安置しました。

ある時〔父の王が〕3人の王子たちに兵力について尋ねたところ，皇太子ウザナーは，「緊急事態が起これば，戦象100，馬800〔頭〕，鎧を身につけた兵士1000人(4)は得られる」と申し上げました。次男チョーズワーも「突発事態が起これば，戦象80，馬600〔頭〕金箔張りの盾を持つ兵士1000人が得られる」と申し上げました。末子のアティンカヤー・ソーユンも，「私には，アリー僧たちを除くと，護衛の者たちは80人がいるだけです」と申し上げました。ダズィーシン〔ティーハトゥー王〕は，「汝よ，私が居なくなれば，おまえは他人から苛められるだろう」と仰せられました。このように，アティンカヤー・ソーユンが申し上げた言葉を考えると，その当時，王子たちには，常に仕えている多くの偽僧アリーがいたことが知られます(5)。

ダズィーシン〔ティーハトゥー王〕の治世に，偽僧アリーが多数いたこと〔の章〕を終わります。

註

（1）　ダズィーシン・ティーハトゥー王（1312-22在位）。「ダズィーシン」はティーハトゥー王の通称。

（2）　偽僧アリー，Shinyaun Ari. アリー僧については，この *Tha. sadan* にもすでに何度も言及されているし，（本書§17の「アノーヤター王がお嘆きになったこと」「アリー僧の経文を焚焼したこと」etc.）諸年代記に記述があるが，その内容については従来より疑念が表明されてきた。近年タン・トン教授（Dr. Than Tun）は，「Ari というのは，āraññika（forest-dweller）を指すものであり，その盛時は13-16世紀に及ぶ，森林住僧であった。（*J.B.R.S.* Vol. LXI part Ⅰ&Ⅱ pp. 124-25, 1978年 etc. ）」という新説を発表，現在はこれまでの把握に見直しを迫られている。

（3）　Dibbase＞Dibbacakku.

（4）　『マンナン・ヤーザウィン』では，兵士の数は１万人となっている。チョーズワーについても同様に，そこでは，１万人と述べている。『サーサナヴァンサ』には，このことについてまでは，触れられていない。

（5）　『マンナン・ヤーザウィン』にも同様のことが述べられている。また，『サーサナヴァンサ』（B版 pp. 93-94）では，「伝えによると，その頃，アリー僧たちは在家者の如くに，王侯貴族たちの許にて随侍した」（生野訳 p. 176）と述べる。

なお，*Harvey* は「――apparently they were like the warrior abbots of contemporary Christendom. 」（*History of Burma* p. 79）と述べている。

§28　ウザナー大王がサガー七僧院[1]を寄進したこと

緬暦684（1322）年，長子ウザナー皇太子が王位についた時に，ピンチャーの地にサガー七僧院をご建造なさいました。緬暦702（1340）年にそれらの僧院を完成させ，ご寄進なさいました。

（1）サンパカ[2]という名の中央〔本〕僧院をサコーペーティンという朝臣の子息トゥッダマハーターミ[3]〔長老〕に，ご寄進なさいました。そのお方は，先に言及したパガン・サンガ4派のうち，〔シン・〕アラハン系統のプリマ〔前〕・サンガに属しています。

【p. 126】
（2）ウェールウン〔竹林〕という付属〔周辺〕僧院を阿毘達磨に通達したシン・ニャーナダザ[4]〔長老〕にご寄進なさいました。そのお方もシン・アラハン系統のプリマ〔前〕・サンガに属しています。

（3）ゼータウン〔祇園〕という付属僧院をアッタカターも含め律蔵5巻を暗記できていたシン・グナービラーマ[5]〔長老〕にご寄進なさいました。その長老はシン・アーナンダ系統のピッシマ〔後〕・サンガに属します。

（4）カラー〔印度式〕僧院と呼ばれていた付属僧院は，シン・アーディッサヤンティー[6]〔アーディッチャランシー〕〔長老〕にご寄進なさいました。そのお方もシン・アーナンダ系統のピッシマ〔後〕・サンガに属します。

（5）シュエ〔黄金〕僧院という付属僧院は，シン・トゥッダマーリンガーヤ[7]へご寄進なさいました。そのお方も，また同じ系統の派に属していました。

（6）エィンネィン〔皇太子位〕という付属僧院は，今述べた中央僧院に住んでいた師の弟子で，韻律，修辞，カラッ[8]梵語文法書，ヴィダッ[9]弁論書，ダンディ[10]詩書，外道の経典[11]，占星術〔各学問〕と共に，〔それらの書籍に関する諸〕文法，ニャ〔パーリ語文法〕書に通達しており，ティッパン・ミンザインなる地に住んでいた年齢28歳のシン・ワラパッタ[12]〔長老〕にご寄進なさいました。そのお方も中央僧院に住んでいた師の系統に属します。

（7）タゥンズン〔南端〕僧院という名の付属僧院は，シン・ティリープンニャワーティー[13]にご寄進なさいました。そのお方も先の中央僧院に住んでいた師の系統に属します。

中央僧院の東北には，王みずから菩提樹をお手植えなさいました。サガー七僧院に，境内となる土地や労役者たちを寄進なさいました。

《サガー樹〔キンコウボク〕材で建立されたので，「サガー七僧院」と呼称されました。》

【p. 127】
それらサガー七僧院を寄進された７人は，タトン系前サンガかパガン系後サンガに属していて，持戒有徳の恥を知り戒を愛する修学に熱意のある方々でしたので，ミンザイン，ピンヤ地方におけるご教法は，その時実際に最も栄え清浄に輝きました。その七僧院の師から続いて，ミンザイン，ピンヤ，サガイン，アヴァへと拡がり，僧数は何千，何万以上にもなりました。

このように，タトンとセイロンより伝承し清浄であったサガー七僧院の僧伽は，〔その中から律蔵の〕パーラージカの章〔波羅夷品〕に出ているキターギリ〔鶏咤山〕地方出身のアッサジ，プナッバスカ(14)比丘たちのように，〔戒律を破って〕悪事放逸をなすようになり，〔今や〕プエ・チャウン〔祭礼僧院〕・ガーマワーティー(15)〔村落住者〕となってしまいました。恥を知り戒を愛する比丘たちは，サガー〔七〕僧院から出て，他の場所に移り住むようになったのでした。

サガー僧院の比丘たちがプエ・チャウン・ガーマワーティーになったこと

サガー僧院の比丘たちが，プエ・チャウン・ガーマワーティー（祭礼僧院・村落住僧）となった事情は，〔次の通りです。〕

ウザナー大王が多くの寺領となる土地を寄進した時に，〔サガー〕中央僧院に住んでいるトゥッダマ・マハーターミ長老は，その田地から得られる租税の分け前を請求する労をとるのを嫌い，財産管理僧，教法主任僧，配当使用僧と別々に衆僧を任命しました。

（１）財産管理僧は，租税を受け取り，管理保存します。

（２）教法主任僧は，教法を遵守するよう教えます。

（３）配当使用僧は，分け前を受け取って，使用できます。

ある時，寺領の田地に関する問題が増え，〔サガー僧院の〕教法習得や修行実践〔への熱意〕が減退したのを好まなかったシン・タータナダラ，シン・パ【p. 128】ラッカマ兄弟〔長老〕方は，サガー僧院を去りました。そしてシン・タータナダラ〔長老〕は，トゥユイン山麓にお住まいになり，シン・パラッカマ兄弟〔長老〕方は，タウンバルー丘陵，サガイン峡谷などにお住まいになりました。その長老方は，「トゥネエーカサーラ tone-ekacāra〔森林住独行者〕」と呼ばれました。都市や村の近くに残っていた〔他の〕比丘たちを「ガーマワーティー gāmavāsī〔村落住僧〕」と呼びました。[16]

それ以来「アランニャワーティー〔森林住僧〕」，「ガーマワーティー〔村落住僧〕」という居住地による２つの〔の派〕に分かれました。寄進された田地や租税を受け取り管理している比丘僧方も，「ティンガヤーザー」，あるいは「ティンガザー」[17]と呼ばれ，〔それらとは異なる〕別の存在です。

偽僧アリーと無恥破戒僧との区別

「偽僧アリー Shinyaun Ari」と「無恥破戒僧 Alazzidutthila」と呼ばれるビルマ語２つの区別は，

（１）「真の正等覚者〔の〕胸中から現われる智慧〔を〕得ようと追求し，昔から善人の方法により，アリーらしく〔何にも愛着せず一切を〕放棄してしまった〔人だ〕」と，昔の人たちが言われた通り，学処を授けられたことも結界処に入った〔沙弥戒も比丘具足戒を受けた〕こともなくヤディヤハン〔出家行者〕で過ごす人を「アリー」〔という〕。

（２）学処を授けられ，結界処に入り〔沙弥戒も比丘具足戒も受け〕ながら，律〔蔵で説かれた〕法通りに行わない人を「無恥破戒僧〔アラッジー・ドゥッティーラ＞Alajjīdussīla〕」と覚えなさい。

サガー七僧院を建立したことを終わります。

註

（１） ザガー（ビルマ語）。和名キンコウボク（モクレン科）学名 Michelia champaca Linn。瞻蔔（センブク）（香木）campaka（サンスクリット語・パーリ語）。この香木材で造った７か寺の僧院。

（２） campaka（パーリ語で，素馨）。

（3）　原文パーリ語綴りはSuddhammamahāsāmiであるが，ビルマ語読みで「トゥッダマママハーターミ」とした。

（4）　Ñāṇadhaja

（5）　Guṇābhirāma

（6）　Ādiccaraṃsī

（7）　Sudhammālaṅkāra

（8）　kalāp

（9）　vīdak

（10）　daṇḍī

（11）　bahī. パーリ語のbāhira起源の語で，ここではbāhira manta（外道の経典）を指すと考える。なお，*Hmannan*にも同様の記述があり，荻原訳では「bāhībedaṅ（占星学)」と，bāhīを次の語にかかる修飾語ととっている。しかし，手許の*Hmannan* 1967年刊本（Vol. I p. 377）でも，この*Tha. sadan*（p. 126）においても，2語の間にコンマが挿入（bāhira, mantaの意）されている。

（12）　Varapatta

（13）　Sirīpuññavāsi

（14）　Assaji, Punabbasuka. 仏陀在世時代に2人は一緒に住み，非時食をとったり，女性に近付いたりして悪行をなし，仏陀に教誡を受けた。

（15）　gāmavāsī. ビルマ語の発音で仮名書きすれば「ガーマワーティー」。パーリ語読みでは「ガーマワーシー」となる。

（16）　Shin Sāsanadhara, Shin Parakkama.

（17）　原文Thingharaza: Thinghaza.

§29　ウザナー大王の御弟チョーズワー即位のこと

スィンビュー・ンガーズィーシン〔白象五頭所有王〕

ビルマ暦704（1342）年，〔サガー〕七僧院寄進者ウザナー大王の存命中に，弟君チョーズワーが，ご即位になられました。

ご即位の事情は，チョーズワーがピンレィの禄を食んで，ご乱行を楽しみ狩猟をしての帰途，夜タジャーミン〔帝釈天〕が夢の中に婆羅門の姿で現われ，「善いことをせよ。布薩を守れ。やがて白象が訪れるであろう」と告げました。

夢告のあった日からチョーズワーは，大いに自制して過ごしました。「布薩【p. 129】戒が不浄になる夢(1)を見て，〔竜のとぐろを巻いた骨，野牛の皮を得たことがあったので(2),〕必ず白象を得ることができよう」と探させ，見つけるとみずから〔出かけて,〕捕獲なさいました。そして白象５頭をご入手なさいました。〔その５頭と，それら５頭の象に付けられた名称は，以下の通りです。〕

（１）牙なし１頭――プレタムー

（２）牙１本１頭――マハーケータラ

（３）牙２本１頭――タンミャンゾワー

（４）牙なし１頭――ウポタ〔サ〕

（５）右牙１本１頭――チーゾワーマレー

これら５頭の白象を獲たことを朝臣１人が，ウザナー大王へ申し上げました。ウザナー大王は，「俺の弟が白象を獲たというのか」と，お尋ねになりました。そのことをンガーズィーシンが聞かれると，「〔兄は自分を〕弟と呼んだ」と大いに喜んで，聞いてきた者に雌象１頭を褒美にお与えなさいました。〔王は〕怪しんで再度尋ねさせると，前と同様に自分を弟と呼んだと聞き，得心なさって，その者にもまた雌象１頭をお与えなさいました。「〔これまでは〕弟と呼ばなかったのに，弟と呼んでくれた」と心から満足なさいました。

チョーズワーを弟と呼ばなかった理由は，〔次の通りです。〕妊娠３か月になっていた妃ソーウーに，ダズィーシン王が正妃として〔皇后の〕位を与え，ウザナー〔の誕生〕をみましたが，ウザナー〔父君〕はダズィーシンの実子ではありませんでした。チョーズワーのみが実子でした。そのために弟と呼ばなかったということです。

弟君チョーズワーが白象を獲てから兄君のウザナーは，大層〔チョーズワーを〕畏怖して，王位を譲り渡しました。兄君が西門からでると，弟君は東門を開けて〔王宮にお入りになり,〕王位に即かれました。白象５頭を獲たので，「ンガーズィーシン〔(白象）五頭王〕」と呼ばれました。〔王の〕称号は，父君と同じ「ティーハトゥー Thihathu」である，と『アビダーン・ティーカー』,『ジャーリニー・ティーカー』(3) 等に述べています。

ンガーズィーシン(4)〔王〕の治世に善僧悪僧が同数ほどいたこと

ンガーズィーシン〔王〕の治世には，プエチャウン村落住者となったサガー【p. 130】僧院に住むパガンのアリー僧や，その残党の偽僧アリーも多くいました。タトン系前サンガ，パガン系後サンガの者たちも多数いて，善僧と悪僧は同数くらい存在していました。

ある時，ンガーズィーシン〔王〕が食事をお召し上がりになろうとしていると，偽僧１人が八資具をかかえて〔王の〕御前に立ち止まりました。理由を尋ねると，托鉢のために来たと言います。〔王は〕お召し上がりになるため手を洗い終わっていたのですが，〔その方に対する〕尊崇の念がわき起こり，お盆の上に並べられていた食物をすべて差し上げました。その僧は托鉢時間が過ぎて，正午少し前に托鉢に来たのでした。

「凡夫の僧ではなく神通力を有している阿羅漢であろう。わしに善業功徳を得させようと，わしの前に立った」と朝臣に言って，１人の従者に，行って見てくるようにと命じました。〔その従者が〕様子をうかがうと，善僧ではありませんでした。偽僧であって，〔その僧の〕妻が〔托鉢してきた〕鉢を受け取ったのを見たのです。

その従者は，よく考える智慧のある男でありましたので，「大王も大層信仰心と功徳を増大させ，私も面目をほどこせる。偽僧も罪から逃れられる」と心に決めて〔ひそかに考えて〕,「ご指令通りに行って見てきました。見ているうちに姿が見えなくなりました」と申し上げました。ンガーズィーシンは，「わしの考えた通り，間違いなく正しい」と腕を振り上げられ〔喜び〕ました。

その日にピンヤの領主が，白象１頭に等しい値打のある早馬を連れてきました。〔王はその馬が〕到着したのをお聞きになると，「わが供養の功徳である報いが得られた」と仰せられました。

その馬が着くと，従者の１人に白い帽子〔ビルマ式のターバン〕をかぶせてピョンドゥー〔という所〕へ走らせました。それを見た人々は，鷺が飛んでいるように思いました。その馬は，朝に鶏が〔止まり木から〕とび降りてきた時刻頃ピンヤから走らせると，夜鶏が止まり木にとび乗る時刻タウンドゥインジーに到着すると言われました。〔その馬は，それほど早かったので〕「ティンダイクンミュー〔雲が飛ぶ〕」という名で呼ばれました。(5)

《このような事情によって，その王の治世に祭礼僧院村落住僧や偽僧アリーたちも存在していたことが知られます。》

ウザナー大王の御弟チョーズワーが，即位した事情を終わります。

註

（1） *Hmannan*（Vol. I p. 378）に同様の記述があり，そこでは「御指５本を汚物に触れ塗りつける夢」（マンナン荻原訳第６部 p. 68）となっている。

（2） 原文そのままの訳出。「布薩戒が不浄になる夢を再び見て，必ず白象を得ることができよう」のみでは，意味が分からないと考え，*Hmannan*（Vol. I p. 378）の記述より〔 〕中を補った。

（3） *Abhihan-ṭīkā*，後出§31の註（２）参照。*jālinīṭīkā*.

（4） ンガーズィーシン・チョーズワー王（1342-50在位）

（5） この内容も，ほぼそのまま『サーサナヴァンサ』に訳出され紹介されている。

§30　ミンガウンジー治世の拳闘士僧ティンガヤーザーのこと

【p. 131】
キッタギリの比丘たちが，「相撲をなし拳により闘う Nibbujjhantipi hatthehipi yujjhanti.(1)」と律蔵にあるように，その当時のプエ・チャウン村落住者は，娯楽に加わり拳闘をしました。アゥンスィーコン・ティンガヤーザーは，拳闘の褒美として毎年馬15から20頭くらい貰ったといいます。

ミンガウンジー王の治世(2)にコンバウンの領主が拳闘に優れたシャンジーをアヴァの都に連れてきて拳闘の試合をさせようとしましたが，アヴァとサガインには格闘する相手がいませんでした。ティンガヤーザーに打診すると，〔彼は〕「以前の王方の時代には，わしはまだ若く，ただ名誉を得るためのみで闘ってきた。今はもう69歳になってしまったので，〔勝てばよいという自分の名誉のためということではなく，相手を〕殺すまでやる」と言いました。王は「殺すほどやることはない。相手を倒す位にしておいてくれ」と頼みました。そして「サガー僧院」という看板の立っている門の東方５ター〔35肘尺〕離れたところに王と領主が座っていました。比丘衆や一般人もその辺りにびっしり群がり見ていました。

シャンジーとアゥンスィーコン・ティンガヤーザーは，「ホーハー〔やぁーやぁー〕」と叫びつつ，いざ闘わんと踊り出てきました。ティンガヤーザーが足蹴りをするような構えで脅し，右手でシャンジーを殴打しました。シャンジーは顔が後ろ向きになってしまいました。コンバウン領主が「死んだほうがましだ。これでは見られたものではないぞ」と言われた時に，また左手で打ちました。シャンジーの顔は，もと通り前向きになりました。王と領主は，「ものすごいなぁ」と，驚嘆して馬２頭，布３巻，金銭１ペイッター(3)〔緬斤〕を褒美として与えました。

このように，プエチャウン僧院の住者たちは，教えに全く合わず背いたこともしていました。ご教法が危機に瀕していたことを心配し，今後も危難をこうむることのないように，ご教法を保持するために史書に記されている通りに述べました。心配してのことであり，それ以外，他意はないのです。

ミンガウンジー治世の拳闘士僧ティンガヤーザーについてのこと(4)を終わりま

す。

註

（1） *Vinaya Piṭaka Suttavibhaṅga* PTS 本 p. 180。（南伝第1巻 p. 304）

（2） ミンガウンジー王の治世としているが，『サーサナヴァンサ』*Sās*. B 版では王名をあげていない。また拳闘士は僧ティンガヤーザー（＝ティンガザ）と闘った拳闘士をシャンジーとはせず，カンボーザ闘士としている。アゥンスィーコン・ティンガヤーザーはアリー僧で，当時盛んなアリー僧の非行の一つの例話として人々の宗教心を起こすべく記すのであって，他意はないという。*Sās*. B 版 pp. 98-99，生野訳 pp. 185-88参照。

（3） 重量の単位（緬斤）で，1ペイッターは，約1.6キロ（大野ビ辞による）。また3.65ポンドに相当。当時の1チャット銀貨100枚の重さという。

（4） この拳闘士僧のことも，同様に『サーサナヴァンサ』に引き継がれ，紹介されているが，アリー僧〔偽沙門〕の非行として語られており相違が見られる。

§31　スードゥインピッ(1)長老のこと

刺ある藪に放り出された小僧

【p. 132】緬暦(2)713（1351）年タードーチョーズワーがご即位なさいました。父君と同じ名称を受けられました。

父君の治世に〔捕獲された〕白象５頭のうち４頭が生き残っていたので『アビダーン・ティーカー〔語彙辞典復註(3)〕』の後書きに〔その王のことを〕「サトゥセィティビンドゥ catusetibhindo」と言っています。その「イブァ ibha」という語は,「象」を表し,「白象４頭を有する王」という意味です。モーパナラトゥー(4)の治世には３頭のみが残っていて，モーシャン〔族〕たちは，ナラトゥー〔王〕を白象３頭と一緒に捕らえ連れ帰った〔と言います〕。その〔タードーチョーズワー〕王の治世に典籍に通達したサトゥリンガバラ(5)という名の大臣が『アビダーン・ティーカー』を編纂しました。梵語経典と共に三蔵という大森林において，引っ掛からない〔悩まされない〕知識をもって理解することができた，と自分の力量のことを奥付けで述べています。

サガー〔樹〕僧院の近くでンガーズィーシン・タードーは，レーズィーシン・チョーズワーの治世に，立派な大寺院を建造して，誰に寄進するとも名前を示すことなく「チョーズワー寺院」としておきました。そして「持戒堅固で徳が高く勇敢沈着な人物が，この寺に住むべし」と報じ，皆に知らしめました。〔すると〕その寺院北方のタージー村出身の人物の１人がやってきて住みました。

その人物については,〔次のようなことが伝えられています。〕タージー村のある庶民〔アティ〕の１人が，自分の幼い息子を，勉強させるために寺院に預けました。

〔ところが〕寺に居着くのを嫌がっ〔て，しばしば家に帰ってき〕たので,〔両親は〕脅かすために，刺のある藪の中に放り出しました。その子は〔藪から〕抜け出して家には戻らず，それ以来いつも寺院に留まるようになりました。両親の許に帰らず，しだいに勉学に精を出し，あちこち行って沙弥から比丘になり，パガンの都に行き着いたのでした。

智慧すぐれ経典に通達していたため，行った所どこでも師に称賛支援され，名声が高くなりました。

スードゥインピッ長老となったこと

【p. 133】
その時には，すっかり歳月が経過していて，両親たちは，〔息子がどうなったか，その〕生死もわからないまま，待ちながら過ごしていました。それ〔先述のこと〕を聞いて「自分たちの息子に違いない」と考え，父親はパガンへやって来て，息子の比丘に食事供養をし世話をしました。

修学中は何も言わずに，供した食べ物だけを召し上がりました。〔ところが〕食事供養している父親に，ある日は「今日は塩からい」とか，またある日は「今日は塩が足りない」などと，たびたび口に出すようになりました。それで父親が「以前は，どのようであろうと何も言わなかった。だが今は言い洩らすようになった」と言って，尋ねると「以前は学問が成就していなかった。今はもう修学し終わったので，身体を丈夫にしたい」と，息子の比丘僧は答えました。

その言葉を聞いて父親は，「それなら母親も懐かしがるので，故郷の村に帰り，顔を見せてやりなさい」と，勧めました。すると「北方の故郷の村へ帰りましょう」と言って，帰途につきました。その途中で，ピンヤ城市の仏塔を巡拝しようと立ち寄り，その〔先述の〕寺院の近くにやってきた時に，さきほどの言葉〔持戒堅固で徳が高く勇敢沈着な人物が，この寺に住むべし〕を聞いて，その寺院に入り居住しました。

監視人たちが，それを見て，王へ申し上げました。王は宰相サトゥリンガバラに「調査せよ」と命じ，遣わしました。宰相が行ってその人物に，三蔵や註釈書，復註など典籍の難解な箇所につき質問をしてみました。質問するたびに確実な応答が得られたので，王へそのように伝えると，王はその寺院をこの方へ寄進なさいました。幼少のことに因んで「スードゥインピッ長老」と呼ばれます。比丘名は「シン・ナーギタ」です。

ピンヤの典籍編纂長老

（1）王師になって，『タッダターラッタジャーリニー *Saddasāratthajālinī*』

小文法書を編纂したと，現在に至るまで人に知られています。したがって『タッダターラッタジャーリニー』をシン・ナーギタが著した，と『ピダガ・タマイン〔経典史〕』類に述べられています。(6)

《その長老の時代には，三蔵の修学と実践に関しても，一方に学問に精通し典籍をよく憶持している比丘が多数おり，また禅定法を実践し内観に励【p. 134】む年輩の比丘も1000人ほどいました。〔ナーギタ長老を〕供養した父親にもタデエー〔長者・財務官〕の地位を与え，称賛したことにより，今日に至るまで，「タデエー村タージー」と呼ばれています。》

（2）『カッチャーヤナ註釈 *Kaccāyanavaṇṇanā*』をピンヤ城市のアバヤギリ丘にあるハンターワディー・スィンビューミャーシンの御孫ミンイェー・チョーズワー〔建立の〕寺院に住むシン・マハーヴィジタヴィー Mahāvijitāvī が著しました。『ワーチャコーパデーサ *Vācakopadesa*』も，その長老が著しました。

（3）『タッダヴッティ *Saddavutti*』をピンヤのシン・タッダマグル Saddhammaguru が著しました。(7)

このようにして，ピンヤでは典籍編纂長老方が多くの典籍を編纂しました。

《緬暦685（1323）年にダズィーシンの王子アティンカヤー・ソーユン〔王〕は，大〔都〕サガインを煉瓦造りで建立なさいました。サガインで編纂された典籍はありません。》

スードゥインピッ長老のことを終わります。

註

（1） Hsu twin pi. 長老名スードゥインピッ。ビルマ語で「刺ある藪に放り出された」という意味。

（2） 原本は緬暦813年と記すが誤植で同713年。*Sās.* B 版 p. 99参照。

（3）『*Abhidhān-ṭikā*〔語彙辞典註〕』の原典となった *Abhidhānappadipikā* はスリランカの Moggallāna が12世紀に編んだパーリ語の語彙辞典。

（4） ナラトゥー王（在位1361-64)。モーパがつけられているのはマオ（＝モー）・シャン族に捕えられ連れてこられた（＝パ）の意でモーパナラトゥーは王の別称。

（5） サトゥリンガバラ Saturingabala.〔緬暦675-725（1313-63）年。*Sahsoutomya atthuppatthi* p.21による。〕ピンヤ時代に四音節一行のヤドゥ詩などを作り，ビルマ文学史上初期の著名な人物で『*Lokanīti*〔処世訓〕』（パーリ語詩）の編者とも伝えられている。*Piṭakatdothamaing* p. 145によれば，（*Māgadha*）*Abhidhanṭīkā* を緬暦714（1352）年に編んでいる。

なお，サトゥリンガバラの詩については，ビ文学史，訳本 pp. 14-17，p. 527 etc.

（6） 確かに *Piṭakatdothamaing*（Hanthawati 1959年版）pp. 141-42に，ナーギタ長老が編纂したことが，同長老のチョーズワー寺院に入った因縁譚と共に記述されている。

（7） *Saddavutti* の著者について，『サーサナヴァンサ』でも同様に Saddhammaguru とするが，*Piṭakatdothamaing* p. 143では，パガンの Saddhammapāla 著としている。

§32　タドーミンビャーの治世に無恥僧たちが悪行を為しえなかったこと

緬暦726（1364）年，カソン月〔緬暦の第２月〕にサガインが滅亡し，ナヨン月〔第３月〕にはピンヤが滅亡しました。同ダバウン月〔第12月〕にはアヴァをタドーミンビャー王が建設しました。その際，河の上流の入江で，ナワヤシュエバゥン〔九宝石付金飾りご座船〕に乗り，都を造ろうと計画しているうち，夜に次のような夢を見ました。

（１）都城建造の場所に１本のレパン〔ワタノキ〕の大樹が生えた。

（２）その樹の頂上にサッダン(1)〔六牙〕象が〔鳥のように〕飛んできて止まった。

（３）樹の大枝４本に，八資具(2)をもった阿羅漢４人が住んでいた。

（４）樹の根元に獅子が守護していた。

（５）根の先端でナガー〔竜〕が守護していた。

【p. 135】

（６）大枝４本に住んでいた阿羅漢４人をガルダ〔金翅鳥〕が連れ去った。

この夢で見た６場面をパトゥージー・ティンガヤーザーが読み取り〔判断し〕ました。

（１）レパン樹が３年に１度特別に勢いがよくなるように，３年に１度国がとくに繁栄するであろう。

（２）水曜日生まれの者が，この都城を造るであろう。

（３）周辺四方に教法が広まるであろう。

（４）すべての敵は恐れ敬意を示すであろう。

（５）この国の最後の王は，土曜日生まれである。

（６）日曜日生まれの王が即位の時には，とくにご教法を浄化するであろう。

と，夢の６場面を順序通りに判じ，「３年に１度とくに栄えるということは，この国は滅亡することがない。幾度も繁栄するということです。最後の王は土曜日生まれであるということは，土曜日生まれの王の治世から変わった時に，この国は滅亡する。他の曜日生まれの王の治世から変わった際には滅亡することがないという意味です」と，言いました。

この言葉は，『ヤーザウィン〔年代記〕』に明らかに書き残されていますが，とくに注意してほしいので，ここに引用しました。[(3)]

パトゥージー・ティンガヤーザーは，占星術に優れていました。世間的知識は豊富でしたが，三蔵については若干理解しているのみでした。したがって，占星術の方法によって『ローキーディーパニー *Lokīdīpanī*』書を編纂しました。〔それで語句の〕性や語尾に間違いが多い，と賢者たちが言っています。

タドーミンビャーの治世に，サガイン峡谷のある無恥僧は，菓子商いの婦人から預かっていたお金を，約束を破って返しませんでした。王がみずから調べ，「比丘僧であるのに，約束〔不妄語戒〕を破ってよいのか」と，みずから手を【p. 136】おくだしになり処刑して，王宮の床下の穴に落としてしまいました。そのことを聞いて無恥僧たちは，すっかり恐れをなして，明白な悪行はできなくなりました。[(4)]

タドーミンビャーを「Satvivonama Uttarāpararājakumāro〔サトヴィヴァという名前の北岸王子〕」と『ジャーリニー・ティーカー *Jālinī-ṭīka*』中に述べています。それで「サトヴィヴァをタドーという」と『マハータッチャ・ティーハ・タマイン *Mahāsakyasīha-Thamaiṅ*』に，第4次〔サトウッタ〕ヤダナプラ都城宮殿造営サッダン象王主法王のアマッ〔朝臣〕・マハーダマティンジャンが，詩中に書き残しました。ノーヤターミンソーを「アヌルッダ・デーワ Anuruddha-devo」と『スーラウィン *Cūlavaṃsa* 小王統史』の中で，パーリ語化したのと同じように覚えなさい。

無恥僧たちが悪行を為し得なかったことを終わります。

註

（1） hsaddan（ビルマ語）＞cha-danta（パーリ語，「六牙」の意)。
cf. *Pālithewohāra-abhidhan* p. 65

（2） 八資具＝Atthaparikkhārā. 比丘生活で許されている日常使用する必需品。
①重衣 ②上衣 ③内衣 ④鉢 ⑤帯 ⑥剃刀 ⑦針と糸 ⑧水こし，をいう。

（3） このことは，『サーサナヴァンサ』には載っておらず，訳出されていない。また，本文に述べるように，『マンナン・ヤーザウィン』にも同様のことが記されている。
cf. *Hmannan. Vol. I* p. 395，マンナン荻原訳第6部 p. 82。

（4） このタドーミンビャー王みずからの比丘僧処刑のことは，*Sās.* B版 p. 104にも述べられている。cf. 生野訳 pp. 197–98

§33　ミンチースワーソーケーの治世における有名な大長老3人のこと

『ローカターラ・ソンマザー〔世間の真髄・教訓書(1)〕』を編纂した長老

緬暦730（1368）年にミンチースワーソーケーが王位につきました。平穏無事のきざしとなるように，とターラ椰子の団扇を手にしてご即位になりました。

かつて，ヤカイン〔アラカン〕に住んでいた時に，兄弟3王子が王になるのを夢にみた師の長老僧が，「王になったら，わしを忘れるだろう」と，機嫌をそこねて，「ご威光高く命長らえたければ，王宮の南西にジーゴン〔なる仏塔〕を建てなさい」と勧め〔たことがありましたが，ミンチースワーソーケーは，それ〕に従い，緬暦735（1373）年にアヴァのシュエジーゴン〔パゴダ〕をご建立になりました。

イン・イエ岩峡近くに以前からあったムットウ(2)〔パゴダ〕が打ち寄せてきた流水で崩れましたが，その仏舎利の容器をイラワジ河に棲むエーヤパタナ竜王が入手し，敬礼守護していました。シュエジーゴン〔パゴダ〕が建立されるようになった際に，〔竜王は〕ダーターナーガ長老へ容器と共にその仏舎利5個を献呈しました。長老が，それらをミンチースワーソーケーへ贈呈しますと，仏舎利2個をインイエ・ムットウに安置しました。仏舎利3個をシュエジーゴン〔パゴダ〕に安置しました。このように古文書に記録されています。

【p. 137】

シュエジーゴンが完成した時，アヴァ都城の人々は，みな〔不吉な徴候と〕恐れおののきました。そのことを師のヤカイン長老が耳にすると，「自分は比丘僧である。〔沈黙しているのは〕適当ではない」と言って，アヴァへおいでになり，コッコー〔尸利沙〕樹〔ビルマネムノキ(3)〕〔を植え〕，象調御棚碑，タラドー門，さらにヤダナー〔宝〕窟院を建てて，シュエジーゴン・パゴダと並んで繁栄を競い合うようになさいました。すると人々の恐怖は去り平穏になりました。ミンチースワーソーケーは，長老へ多くの供物を捧げ，「マハーティンガヤーザー」なる称号を贈りました。そのヤカイン長老は，確かにガーマワーシー〔村落住〕系統のティンガヤーザーでした。有恥僧ではなく，ご教法継承の師資相承〔次第のリスト〕には入っていません。

《ヤカイン〔アラカン〕において王子３人を教えながら『ローカターラ・ソンマザー〔世間の真髄・教訓書〕』をヤカイン長老が編纂しました。ヤカインで編んでアヴァへやって来て献納した，ともいわれています。》

ダジャーミン〔帝釈天〕逝去と太鼓を打ち鳴らしたシン・ケーマサーラ

皇太子時代に禄を食んでいた〔ミンチースワーソーケーは〕アミン城都に，大寺院を建立して，ご帰依なさっていたその城都の長老に，白傘と共にご寄進なさいました。サーサナーバイン〔教主〕〔として教権〕をもご委託になりました。アヴァ城都のダンドゥという所にも，ジーゴン仏塔と寺院とをご建立なさいました。

ご建立の事情は，〔次の通りです。〕当時サガー樹僧院出身で典籍によく精通したパラッカマ系統，マナーピンガースーという所の寺院に住んでいたシン・ケーマサーラ Khemāsāra は，夜中の２時を過ぎた頃，静まりかえっていた時に，仏塔の基台に掛けられていた太鼓を何回も叩かせました。

宮廷〔の王〕が聞きつけて，「長老の〔誰かが亡くなり，その〕葬儀だろうか」といぶかり，尋ねさせると，「長老の葬儀ではない，ダジャーミン〔帝釈天〕が亡くなったので，太鼓を鳴らした」と，僧たちがきっぱり答えました。〔それで王は〕「何故ダジャーミンが亡くなったことを知ったのか」ともう一度お尋ねになり，「ブッダが涅槃に入られる直前に，ご教法を守護致しますとダジャーミンが誓約しましたが，ご教法を護持している私たちへの擁護は為されていません。それでダジャーミンが亡くなったのだろうと言ったのです」と，【p. 138】僧たちが答えたことをお聞きになられ，王は信仰心を起こし帰依敬礼なさって，ウンベ・イン〔池〕北方ダンドウなる地に寺院を建て，シン・ケーマサーラにご寄進なさいました(4)。ジーゴン仏塔に戒壇〔結界処〕をも設けました。そのジーゴン仏塔と寺院とを指して，「アヴァ，ダンドウのジーゴンと共に寺院」と『王統史』中の寄進リストに入っています。

その師〔であるケーマサーラ長老〕は，タトンの系譜をひくセイロン系統の有恥僧であり，師資相承次第に含まれています。

王子を足蹴りにした師僧

ミンチースワーソーケー王の治世に，9歳の王子ミンスエ，7歳の王子ミンティッダッたちをピンレー地方ティンガヤーザー〔系長老〕に預け学習させました。ティンガヤーザーは三蔵やヴェーダ聖典に精通していたので，王子たちのザーター〔出生星位置票〕を見て，早く王位に即けたくなり，「シッダン・ナモーブッダーヤ〔成就しますように。仏陀に帰依致します。〕，アアー，イイー，ウウー，エオー，アンアー」〔いろは〕より始めて，学習させました。

ミンスエが12歳になった時，自分の身体から腸がとび出しアヴァ城都に巻きつく夢を見て，夜明け頃に長老〔ティンガヤーザー〕を起こして，そのことを申し上げました。長老はそれを聞くなり立ち上がって，王子を蹴とばしました。王子はひっくり返り，丸太のようにのびてしまいました。

「長老さま，どうしてこんなことまでなさるのでしょうか」と，王子が尋ねると，「自分がまだ若く安居5年目タウンバルーパラッカマで学習していると，自分の帽子が落ちたのを自分の足で踏みつけてしまい，〔それによって〕あまり遠くないうちに王師になるであろう。王師になれば，橋桁に板を通し屋根をつけて，ダダーウーに橋をかけると決心した。王子の見た夢は，あまり遠くないうちに王になるということであり，王になったら私を忘れるのではないかと心配して，足で蹴ったのです。王になった時には，私が決意した通りにして下さい」と言いました。王子も「心配しないで下さい。ご希望通り完成させます」と申し上げました。

王位につきパガンのシュエジーゴン仏塔へ参詣に到着した夜，夢で「ミンガウン〔「最高の王」の意で称号〕を受けて下さい」と告げられ，“ミンガウン”という称号をお受けになりました。

長老との約束通りに，橋桁に板を通し屋根をつけて，ダダーウーに橋をおか【p.139】けになりました。長老の言葉を受け入れ，遺産と寺院の権利をもご喜捨になられました。その長老は，有恥僧ではなく，したがって師資相承次第には入っていません。

ミンチースワーソーケーの治世における大長老3人のことを終わります。(5)

註

（1） *Lokasāra-hsoun masa.* なお，「ソンマザー（教訓書）」については，ビ文学史の原本（1971年版）pp. 99–100，訳本 pp. 92–93 etc. 参照。

（2） Muṭṭho. パゴダの一種。月蝕の終わった時に建築完成したパゴダで，頂上にティ（傘）を乗せず円形をなしており，門が付いていて，内部に入って行けるようになっているもの，という。cf. *Pālisakvohāra-Abhidhān* pp. 254–55.

（3） Koutkkou＝Koutkou. コオウッコ〔尸利沙〕樹。学名 Albizzia lebbek, Benth, 合歓の木，和名ビルマネムノキ，梵語名 Sirīsa etc. cf. *List of Trees, Shrubs, and Principal Climbers,* etc. p. 203，和久博隆『仏教植物辞典』p. 66。

（4） ケーマサーラ長老が太鼓を叩かせたことについては，『サーサナヴァンサ』でも，そのままパーリ語訳している。（B版 p. 105，生野訳 p. 199）

（5）『サーサナヴァンサ』では，ケーマサーラ長老のことについては記述されているが，ここで言及のあるヤカイン長老とダダーウー橋に屋根をかけた長老の話は，訳出されていない。

§34 ヤーザダリッ(1)〔王〕アヴァへ〔河を〕攻め上がってきたが，サジョー・トーミャ(2)により阻止され退却したこと

緬暦766（1404）年ヤーザダリッ王は，カットゥ(3)，ルンチン(4)，クユッ(5)，テッヤッ(6)〔など軍艦・舟艇〕3000隻，将官16万，アマッ〔朝臣〕ディンマニュッ，タミン・ピャッザ，タミン・アワナイン，タミン・エイパイエの4将軍と共にペグーからイェウンまで水路を遡って攻めてきました。

その時ミンガウン王は，臣下一同やサンガの比丘僧みなを集めて，ヤーザダリッを退却させるため会談や武力により如何にすればよいか，ご相談になりました。ご廷臣，長老僧一同は，誰も口を開かずひっそり静まりかえっているのみでした。ピンヤの寺院に住む年齢31歳，安居〔比丘生活〕11年を経過したサジョー・トーミャ〔尊者〕おひとりが，「ヤーザダリッはおろか，南閻浮提洲全土〔全世界〕の王がやって来ようとも，私は会談によって退却させることができる」と，申し上げました。

ミンガウン王は非常に意を強くして，「できる限り上手にお話し下さい」と，懇請しました。サジョー・トーミャは，ヤーザダリッ王に会見したい旨を記した信書「ミッダザー〔慈愛の書(7)〕」を送り許可を得て，ヤーザダリッ王とお会いになり，好ましく喜ばしい独特の素請らしい法話により教訓を垂れ，〔王を〕ペグーへ向かって退却帰還させることができました。

このように徳が高くヴェーダや三蔵に通達していたサジョー・トーミャは，パガン4宗派のうち前サーサナのシン・アラハン派系統有恥僧で，学に志し師資相承次第に入っています。

【p. 140】

パガンの下〔南〕方のサジョーからピンヤへ勉学にやってきて，ピンヤにおけるミンガウンジーの朝臣ヤーザナンダティンジャンがシュエジーゴン・パゴダ近く建てた「アティジョン〔上級僧院〕」と呼ばれる僧院に住んでいたので，ピンヤ・サジョー・トーミャとして有名になりました。

モーニン法王の治世に暦法を改めるようサジョー・トーミャ，ミンジョン〔王立寺院〕・トーミャ方が申し上げた，といわれていますが，それはこの人を指しているのです。

ヤーザダリッ〔王〕をサジョー・トーミャが阻止し退却させたことを終わります。

註

（1） Yazadhari. モン語から翻訳された語。パーリ語で「Rājādhirājā（王中の王の意味)」よりの造語。当時ペグーを首都として下ビルマに強大なモン族の国家を築いていた王。ヤーザダリッ，ヤーザディリッ（ビルマ語読み）(1385–1423)。cf. ビ文学史 p. 546 etc.

（2） Sakyou Thumyat. サジョーはサレー市の旧名で，トーミャは尊者の意。本名はシン・ゾータヤンタ，1383–1443年頃の人。ビ文学史 p. 481参照。

（3） Kattu. 木造船の一種。

（4） lun kying. 戦艦。

（5） kuyut. 戦闘用舟艇。

（6） htera.

（7） 徳の高い僧が王など高貴な方のために書いた教訓の書を「ミッダザー Mettasā〔慈愛の書〕」と呼んだ。インワ時代に成立した散文形式の書簡スタイル。

身分の低い人のために書いたのは「ソンマザー〔教訓の書〕」と呼ばれたが，国王陛下等に対するものは，そう言わずに「ミッダザー」と呼んだのである。また，このミッダザー形式は，その後時代や各文人の好みにより，それぞれ独自の特長をもつスタイルにまで発展するに至っている。ビ文学史，原本 pp. 91–93etc. 訳本 pp. 90–93他参照。

§35　モーフニン・ミンタヤー〔法王〕が暦を改めたこと

緬暦788（1426）年パガン王統の家系で太陽神〔ナッ〕なるモーニン法王が，王位に即かれました。その王の治世にティーホヤウジー，ティーホヤウゲーの大長老２人が，セイロン島からおいでになり，ミャンマー王国にセイロンからの正法が降来しましたが，その事情は，すでに教法の系譜についての説明の箇所で示しました[1]。

当時，緬暦800（1438）年に暦を改めるべきで，改めないとよくないと，サジョー・トーミャ〔尊者〕，ミンチャウン〔王立寺院の意〕・トーミャ〔尊者〕方が申し上げました。

モーニン法王は，「暦法を改めるのと改めない場合との功罪は，どのような次第となるのか」とお尋ねになり，賢者たちが，「廃止すべき時に廃止しないと，国は平和にならず全有情は幸福にならない，と梵書[2]の師方が述べています」と申し上げました。〔また，〕「暦を改める王は，長生きしません。改めた年に無常〔死〕に至るという決まりがあります」とも申し上げました。モーフニン法王は，「有情が喜ぶのを知っているのに，私が死の恐怖から暦法を改めないとすれば，世界が滅んでも，そのことを伝える話は残るであろう」と申さ【p. 141】れ，三蔵に通じヴェーダの典籍に通達した智慧ある人たちすべてに相談して，丁度緬暦800年になった時に，バシュ・チドラ・ムニ[3]の計算方法により，798年を廃して２年のみお残しになられました。

アヴァの黄金宮殿の右方向にある広場タウンバルーという所で，ングエシン市場の入口に大きなテントを張り，王子，王女，王族，王孫，シャン族領主たち[4]，大臣，将軍，比丘，バラモン，四衆[5]の人々の中に白傘を飾り国王の即位式の慣習にならい，記録の古い暦を廃止し，記録した新しい暦の２年のみを残されました。

金銀の宝，象，馬，水牛，牛，衣食，米穀物を残さず，非常に多くの物品を布施なさったと，シリーゼヤトゥーラ寺院碑文に述べています。

この伝承において，サジョー・トーミャというお方は，すでに述べたピンヤの上級〔高台〕僧院に住した優れた高僧であり，ミンチャウン・トーミャは，パガン・ミンチャウン〔王立寺院〕のお方です。その師方は，前サーサナ派シン・アラハンの系譜をひく有恥心あり持戒心のある方々であって師資相承次第の師の中に含まれます。国王のこと，占星術のことなどを語ったのは，教法や国家に関連してやむをえず法に従ってなしたわけであり，過ちはありません。

モーフニン法王の暦法を改めたことについてを終わります。

註

（1） 本書§17の「ティーホとティンゴー」の項参照。

（2） 原文「sanketa-kyam」で，sanketa に注記（原注）が施され「ahmat-astha（記録書)」としている。

Sās. B 版では「veda satthesu（*Sas*. 生野訳「ヴェーダ書」）となっている。

U. Vijjhānanda 師（九州，門司市，世界平和パゴダ在住）は，thaṅketa は，ビルマ語 thakkata（サンスクリット）のミスプリントだろうという。

（3） Bahsyūchidramuni は，bahsyū（＝動物の八特性の意）が 8，chidra（＝人体の九穴の意）が 9，muni（＝聖者七種の意）が 7 で，数字897を指すが，その逆数の798は，暦学上好ましくない年数とされ，それが「バシュ・チドラ・ムニ」と呼ばれた。モーフニン法王は新紀元にするに際して，緬暦800年から798年を除き 2 年を残して大布施を行い，新紀元を立てた。cf. R. L. Soni, *A Cultural Study of the Burmese Era* 1955年刊 pp. 58–60, *Sās*. 生野訳 p. 204

（4） sobhvā sokham. シャン族酋長およびその兄弟を指す。

（5） 仏教サンガ構成要員として七衆を挙げることもあるが，ここでは四衆，つまり①比丘　②比丘尼　③優婆塞（男性在家信者）　④優婆夷（女性在家信者）を指す。

§36 トゥーパヨン仏塔施主ナラパティジー即位のこと

緬暦844（1482）年にトゥーパヨン仏塔施主ナラパティジーは，ヤダナープラ黄金大都アヴァにてご即位なさいました。

その王師シン・タッダマティッティ Shin Saddhammaṭṭhiti の弟子，シン・マハーターミ Shin Mahāsāmi と同僚の比丘３人，およびセイロン王師シン・ターリプッタラー Shin Sāriputtarā の許で具足戒を受けて住んでいたことのあるシン・タッダマサーリー Shin Saddhammacārī が，セイロンの比丘サンガを招き，到来したので，ミャンマー国内にセイロンの法脈が根付きました。【p. 142】その事情は，以前にすでに正法降下の説明のところで述べました[(1)]。その師方は，後サーサナ派に入るセイロン系統の有恥心ある方々なので，師資相承次第の師の中に含まれます。

トゥーパヨン仏塔施主ナラパティジー即位のことを終わります。

註

（1） 本書§17の「マハーターミ長老がセイロンへ行かれたこと」，「タッダマサーリー長老が閻浮提洲へおいで下さったこと」の項，参照，ビルマ語原本 pp. 101–103。

§37 イェンゴン大和尚とシン・マハーアリヤウンタ，シン・タッダマキッティ方のこと

典籍通達者となるも，それを知らなかった大長老

トゥーパヨン仏塔施主ナラパティ大王の治世頃からヤダナープラ・インワの都で，典籍に通達していたシン・マハーアリヤウンタ Shin Mahāriyavaṃsa は，大変有名でした。この長老は，ピンヤのサガー樹七僧院から出た立派な比丘の系統をひくパガン前サーサナ派・後サーサナ派の系譜に入れられるべきお方でした。ピンヤのサガー樹七僧院において三蔵，アッタカター（註釈書），ディーガー（＝ティーカー・復註書）典籍を修学し，１人の妊婦が頭上にのせて運ぶ貝多羅葉経典の分量ほど(1)の典籍を暗記口誦していました。それでも通達したと自覚できずに，サガインにいる典籍に精通した長老たちの許で教えを受けようと，サガインへ河を渡って行きました。

当時プンニャゼディの南方に，典籍に非常によく精通していたイェンゴン大和尚がいて際立って有名でした。欲するままにあれこれ無駄話をしたりすることのないようにと，口に水を含んで過ごしていらっしゃったので「イェンゴン〔水を口に含んでいる〕ポンジー〔和尚〕」と呼ばれていました。シン・マハーアリヤウンタは，そのイェンゴン和尚のもとで修学を願い出て，師の説を拝聴したいと教えを乞うたのでした。２日目までは言葉を交わすことができず勤めを果たして引き下がりました。３日目に皮の座具をたたんでいる音を聞いて大和尚は，口から水を出し話してくれました。教えを受けにやってきたと言うのを聞いて，学習した典籍を尋ねました。すると，「〔私の〕師は，学習してない【p. 143】ものはなくなった，と言いましたが，典籍に精通したと言われても，まだよく納得していないのでやってきたのです」と答えました。〔イェンゴン大和尚は，〕「私は１日に３回典籍の教授をしています。夕刻にはプンニャ仏塔へ行って掃除の務めも果たします。ひまが得られません。でも典籍通達の程度を納得していないというのであれば，掃除の務めを〔しばらく〕放置しておき，『ディーガー・レッタン *Ṭīkā-lethan*〔略復註(2)〕』を教えてあげましょう」と言って，学習の機会を与え，『ディーガー・レッタン』を教示しました。

3日授業に出たのみで師が典籍を編纂させたこと

イェンゴン長老は，種々の方法により教授なさいました。3日間学習すると，教えられた方法により思考できるようになり，〔シン・マハーアリヤウンタは〕2，3日は師のもとに来ませんでした。「典籍に通達し，文書に通達した」といわれた理由に気がついたのです。〔それで，早速,〕師に申し上げようと，シン・マハーアリヤウンタはやってきました。

イェンゴン和尚は，ピンヤから来たお方は3日目まで学習して，あとは来ない。身体の具合がわるいのだろう。プンニャ仏塔の東北にあるタマリンド(3)の樹林の中に仮小屋を建てて住んでいるそうだ。行ってみてきなさい，と自分の弟子たちを遣わしました。彼らが訪ねていく途中でシン・マハーアリヤウンタと出会い，一緒に和尚の許にやってきました。2，3日来なかった事情を尋ねると,「教授された方法により思考方法が分かり，経典に通達したと言われたことを知り得たのです」と申しました。イェンゴン長老は,「そのように弟子が『ディーガー・レッタン』の根拠と共に，すべてが分かったのなら，恩返しをしなさい。『ディーガー・レッタン』を開示し『復復註』を著しなさい」と言いました。

シン・マハーアリヤウンタは，師の言った通りに『ディーガー・レッタン』を註釈した『マニサーラマンジューサー *Maṇisāramañjūsā*〔摩尼宝筐(4)〕』を編みました。プンニャゼディ北東にある谷間に住んで編纂しました。教授もな【p. 144】さいました。弟子僧も増え繁栄したということです。

誤り2か所を示し褒美を得た僧のこと

『マニサーラマンジューサ』をアリヤウンタ長老が編んだ時には，完結した部分を布薩日の8日目毎に，プンニャ仏塔の境内で比丘衆へ読誦し教えていました。当時パガンから仏塔巡礼にやってきた1人の比丘が端のほうで聴いていましたが，ある時「エー，エー」と2回，声をたてました。それに気付いた長老は，その箇所にしるしをつけておき，また〔その声をたてた比丘の〕居住している所を尋ねさせました。

僧院に帰ってから，しるしをつけておいたところを見ると，1つの文章が重なって繰り返し述べられていました。もう1か所では，〔パーリ語の〕「imaṃ

（男性形）gantham̩」となるところが，「idam̩（中性形）gantham̩」となっていることが分かりました。それで，「エー，エー」と声をたてた方を招き，次のように言いました。

「友よ，この書を私は並の仕方で編纂しているのではない。人声や小鳥のさえずりが止んだ夜中に貝多羅葉を広げて書き記し，人声や鳥の鳴き声がする昼間は，貝多羅葉を覆って過ごすのです。このように大いに努力して書いているのに，エー，エーと〔あなたは不満の声を〕繰り返しました。」

そう言うと，エー，エーと言ったお方は，このように申しました。「尊者よ，編纂なさった書物は，欠点としてあげねばならないことは，あまりありません。ある人が砂利〔石ころ〕を握って壁に向かって投げると一つ残らず間違いなく砂利が壁に当たるように，書物の中の言葉は，期待する意味に達したところを表すことができています。〔ただし〕文章が１か所，重なっています。もう１か所では，言葉の付け〔綴り〕方に誤りがあるためにエー，エーと言ったのです。」

そう申しますと，長老は得心なさって，自分の使っている重衣を与えました。「あなたに与えるのではない。あなたの徳に対して供養するのである」とその方が受け取り易くするようにおっしゃいました。後にミンガウン王は，それを聞いて称号と徽章を授与した，という伝承があります。

ある時ミンガウン王は，僧院へ出かけて説法をお聴きになりました。説法が済んだ後に，「セィカイン[5]のインクン[6]象を〔放生のため〕自由に釈放してやって下さい。〔その寄進なら〕托鉢して受けます」と言いました[7]が，ミンガウン王は，そうしませんでした。

〔ところで，王が〕船に乗り帰る途中，シュエチェイェ[8]で，船の舵を鰐が嚙みついて離さず，船が動かなくなりました[9]。「インクン〔象〕を受けると言わ【p. 145】れた通り，〔放生して〕寄進します」と叫んで，寄進させると，船の舵を鰐が離した，ということです。

もう一度出かけた時には，乗物用の雌象が僧院近くの菩提樹の枝を折り取って食べ，その場で倒れてしまいました。アリヤウンタ長老が，真理〔波羅蜜〕を誓願して慈悲の水を注ぐと，もと通りに雌象は治ってしまいました。ミンガウン王は，雌象１頭に値するほどの石畳みを，その僧院から河岸までの通路に敷いて寄進した，ということです。[10]

シン・マハーアリヤウンタの編纂した諸典籍

シン・マハーアリヤウンタ Shin Mahāriyavaṃsa は，『マニサーラマンジューサー』，『マニディーパ』，『ガンターバラナ』，『マハーネイッタヤ』，『ジャータカ・ヴィソーダナ』などの典籍を編纂しました。

（１）『*Abhidhammatthasaṅgaha*〔摂阿毘達磨義論〕』を『レッタン（小）・アッタカター』ともいいます。

（２）そのアッタカターの註釈を『ディーガー・レッタン』といいます。それは，解説が優れていることで知れわたり『ディーガー・フラッ *Ṭīkāhla*〔素晴らしい復註書〕』と古人が言い習わしてきました。それを学習者が学んでいくうちに，シン・マハーアリヤウンタの時から『ディーガージョー *Ṭīkāgyo*〔著名な復註書〕』と呼ばれるようになり，現在に至っています。[11]

（３）『*Maṇisāramañjūsā*〔摩尼宝筐〕』はその『ディーガージョー』の解説書です。

（４）『*Maṇidīpa*〔摩尼灯〕』は，『ムーラ・ディーガー *Mūlaṭīkā*〔根本註〕』中の「Dvārakathā〔門説〕」の註釈書です。

（５）『*Ganthābharaṇa*〔書物の瓔珞〕』は，Upasāranipāta〔接頭辞不変詞〕[12]の意味内容や形態についての文法書です。

（６）*Mahānissaya* は Mūlaṭīkā〔根本註〕と Anuṭīkā〔復復註〕を合わせて解説した「ネイッタヤ〔逐語句釈〕書」です。

（７）『*Jātakavisodhana*〔本生浄化〕』は，『ジャータカ』10巻[13]における経典本文の語句，難解箇所のガンディ〔Gaṇṭhi 難語句釈〕書です。

シン・タッダマキッティ[14]

【p. 146】

レージュンミェ[15]にお住まいのシン・タッダマキッティ Shin Saddhammakitti は，シン・マハーアリヤウンタ長老の許で典籍を学び，通達してから，マハーアリヤウンタ長老の指示で，ゼータウン僧院へ移って学問を教え過ごしました。

イェンゴン大師僧，シン・マハーアリヤウンタ，シン・タッダマキッティ方は，パガンの前サーサナー・シン・アラハンの系譜，〔および〕後サーサナー・シン・サッパダの系譜に入れられています。

イェンゴン和尚と弟子２人のことを終わります。

註

（1） 貝多羅葉の相当量を重さに直して言及している。せいぜい10kg程度と考えられる。

（2） *Sā. cātam* 原本 pp. 143-44，および以下の註（11）を参照。

（3） ビルマ語「マジーピン」。豆科の高木で，黄赤状の花をつけ，長い莢状の実をならせる。果皮には酸味があるので，料理の時に調味料代わりに使用される。

学名 Tamarindus indica.

（4） この書については，本文中に説明もあり，以下の註（11）を参照のこと。なお，ビルマ語原本，およびその「ネイッタヤ〔逐語句釈〕書」が刊行されている。（大谷大学図書館所蔵）

Maṇisāramanjūsā-ṭīkā Vol. Ⅰ, Ⅱ, 1963, 1964年, U.Pandicca 編 *Maṇisāramanjūsā-ṭīkā-nissayathi* Vol. Ⅰ, Ⅱ, 1985, 1986年

（5） sikain

（6） Yinkhun

（7） *Sās*. B 版 p. 110（生野訳 p. 210）では，「yānabaliṃ sukhatthāya yāci.〔王の〕福楽のために乗物を施物に求めた。」となっているが，*Sā. cātam* の原文は，「インクン象を自由に釈放してやることを求めた」となっており，本文のように訳出した。なお，ビルマでは様々な動物（たとえば川魚や雀などの小鳥 etc.）放生の慣習は，功徳を積む善行とされて，現在でも人々の間で奨励されている。

（8） Shweikyeye（シュエチェイェ）サガインとマンダレイの間を流れ下るイラワディ河が，アヴァ鉄橋をこえたあたりで西方に蛇行するため水流が旋回し，幾つもの渦巻きをつくる。その河辺りの地名で，そこには岩が突き出し瀬を見せている。

（9） *Sās*. B 版 p. 110（生野訳 p. 210）でも，ここに述べられているのと全く同様に記されている。しかし，この説明は，ビルマのインテリの理解をあてにした表現とでもいうべき箇所であろう。つまり，鰐は下ビルマに生息しているが，上ビルマのこの辺りで姿を現わすことはまずあり得ない。上記註（8）に記した河水の渦巻きに，王の乗った船が吸い寄せられて旋回し，進むことができなかったということを言いたいため，こうした表現を採ったと考えられる。

（10） この雌象とアリヤウンタ長老とのエピソードは，*Sās*. B 版 p. 111（生野訳 p. 210）にあっても，同様の内容で，そのまま訳出している。

（11） 原本 p. 145に脚註が施されており，「*Ṭīkā-lethan* = *Ṭīkā-hla*, *Ṭīkā-gyo*, Abhidhammattha vibhāvanī（同じ）」と記す。

したがって，それらは何れも *Abhidhammatthavibhāvanī*〔阿毘達磨義論広明〕の別な呼称というのである。なお，これはセイロンの Sumangalamahāsāmi 編纂のもので，*Abhidhammatthasaṅgaha* の新註釈書である。cf. 橘堂正弘著『スリランカの

パーリ語文献』（山喜房佛書林，1997年）p. 11 etc. ビルマ文字版には*Ṭīkākyo-pāth*〔Abhidhammatthavibhāvanī-ṭīkā〕1995年刊本（初版1962年，Yangon）などがある。

（12）　*Ganthābharaṇa*. ビルマにおける伝統的パーリ語小文法書15の中の１書。また，Upasāra は upasagga に同じで「接頭辞」の意味。

（13）　*Jātaka-aṭṭhakathā*. ビルマ第６結集版は全７巻（三蔵中の本典は２巻）だが，ここでは，当時の貝葉形態で10巻とされていたのか，と推定される。

（14）　Shin Saddhammakitti（パ），＝Shin Thaddhammakitti（ビ）

（15）　サガイン町の東北部にある街の名。

§38　ミンガウン２世の治世にタウンドゥインジーへシン・マハーティーラウンタが到来したこと

緬暦842（1480）年ミンガウン２世が即位しました。「ティリートゥダマヤーザーディパティ〔吉祥正法王君主〕」という称号・徽章を得られました。その王の治世にタウンドゥインジーからシン・マハーティーラウンタ Shin Mahāsīravaṃsa が都アヴァに出てきました。緬暦845（1483）年には，「パーラミカン」，「ブッダアランカーラ」，「タウンドゥイン・リンガー」という３種のピョ〔仏典叙事詩[1]〕を持参してきたのです。トゥパーヨン・パゴダ[2]のやや東北にあるヤダナービマーン僧院を〔ミンガウン王がマハーティーラウンタに〕建造ご寄進なさって，典籍を教授させました。

「寺影に籠もった僧の後，８代目」と碑文に言っているので，その僧院に住んだ住職の８代目に当たります。そのシン・マハーティーラウンタは，緬暦815（1463）年に生まれ，30歳でアヴァに来たと，古文書に伝承されています。

シン・ラッタターラ Shin Ratthasāra は，緬暦830（1468）年に生まれ，アヴァにのみ住んだお方です。シン・ティーラウンタは，シン・マハーラッタターラより15歳年上で，これら２人の長老は，ピョ〔仏典叙事詩〕，カビャー〔韻文・詩〕，リンガー〔４音節１行の古詩〕を習得しました。

シン・ティーラウンタは，『ネッティ・ネイッタヤ *Netti nissaya*』と『パラーヤナ・ウットゥ *Parāyanavatthu*〔彼岸道物語[3]〕』，この教法関係書２典籍を編みました。シン・ラッタターラが編んだ教法典籍はありません。

ブッダが禁止なさったピョ，カビャー，リンガーなどの詩を習得することを【p. 147】奨励したため，その師僧２人は，前サーサナー派，後サーサナー派のいずれにも入れられず，師資相承次第の８書[4]にもこれらの師を入れてはいません。

シン・マハーティーラウンタが到来したことを終わります。

註

（1）　４語構成のリンガー詩の１種。仏典に出てくるブッダの故事来歴，『ジャータカ』などから啓蒙的な話を抜粋してビルマ語の韻律にのせ，美しく修飾して詠んだものである。ビ文学史，原本 pp. 68-70，和訳 pp. 59-61etc. 参照。

（２） Htupayoun bhuya. サガイン町の南部イラワディ河辺り近くに位置する現存パゴダ。

（３） 緬暦863（1501）年編。ビルマ語による最初の散文物語文学作品として有名である。ブッダの教法から人々の教訓となるもの，良心の呵責に訴えるようなものが採りこまれ，それまで多く使用されてきたパーリ語をできる限り少なくしている。

ビ文学史，原本 pp. 73-74，和訳 pp. 64-65etc. 参照。

（４） 具体的な書物名は不詳。

§39　ピョ，カビャー，リンガーをブッダが禁止なさったこと

ピョ〔仏典叙事詩〕，カビャー〔韻文・詩〕，リンガー〔4音節1行の古詩〕をブッダが禁止なさった事情は，〔以下の通りです。〕かつてベナレス国でダサバーティカ王兄弟10人は，ガンジス河を流れてきた蟹のはさみで作ったアーニカ ānika という太鼓を持っていたそうです。その太鼓の音は，12ヨージャナ(1)の遠くまで響き聞こえました。時が経ち太鼓が破れたので金銀の釘を打ち修繕しました。その修繕が度重なると，太鼓そのものが減って修繕した釘などの材料だけが残ったので，12ヨージャナまで聞こえた音が，12ヨージャナどころか，近くでも聞こえなくなってしまったそうです。

そのアーニカ太鼓の本体がなくなったように，後世になれば，詩歌の作家たちは珍しい音の詩偈だけを習い，四種における甚深であり深遠な教法(2)により出世間の結果をもたらすことのできる，ブッダの説かれた空行(3)についての教法典籍類が消滅してしまうのではなかろうか，〔と心配されました。〕

したがって，突飛な音韻のある偈を編んだ歌詞を習ったり教えたりせずに，あなた方はブッダの説かれた経典のみを教示しようと心掛けねばならない，と『サラーヤタナ・サンユッタ〔六処相応〕』や『アーニカ経 *Ānika-sutta*(4)』に説かれているのです。

アマラプラ都宮建造六色牙象王主の白象尊君〔スィンビューミャーシン〕大法王の治世には，経典のパーリ語本典とその完全な意味〔ビルマ語訳〕を，全【p. 148】国のサンガの衆僧たちが暗記し伝持しなければならない，という勅令を発しています。

六色牙象王主スィンビューミャーシン大法王は，皇太子マハーウパヤーザをして44の小島と共にヤカイン〔アラカン〕地方4県を占領させた時に，「三蔵典籍を失わぬよう持ち帰るように」と勅令を出して，ヤカイン4県にあった三蔵および文典をことごとく持ち帰らせました。律蔵のパーリ本典5巻さえ揃えて得られないほどで，経典関係典籍は含まれていませんでした。ピョや詩偈などであって，内容の空虚な文書のみでした。そのことも，先述の『アーニカ経』に説かれていることに類似しているので，覚えておくように。

ピョ，カビャー，リンガーをブッダが禁止なさったことを終わります。

註

（1）　yūjanā（ビルマ語），パーリ語の yojana で「由旬」。長さの単位（ここでは距離数）で約14km。

（2）　四種とは，教法の深遠さ gambhīra を指しており，それらは①Dhamma（法）②Attha（意）③Desanā（説）④Paṭivedha（理解）においていうのである。

（3）　suññatapatipadā

（4）　*Nidāna-vaggasaṃyutta* の *Āṇi-sutta*（*SN*. 20，7 南伝13巻 pp. 394–95）中に説かれた内容を指し，この経をミャンマーでは *Ānika-sutta* とも呼んでいる。

§40　ミンガウン２世の治世に結戒処設置のときシン・マハーティーラウンタ，シン・ラッタターラ大長老２人を入れなかったこと

緬暦842（1480）年〔ミンガウン２世〕即位の年にシャンゼー大通りの東方，マノーランマン園庭に近すぎず遠すぎない所に結戒処〔sīmā〕が設けられました。結戒処の北方にパゴダも建てました。その結戒処は，「ミンガウン２世結戒」と呼ばれました。シュエジーゴン南方の堀の向こう側にあった結戒処は，「ミンガウン１世結戒」と呼びました。

ミンガウン２世結戒を認定する際に，他の衆僧が「歌詠み〔の比丘〕を〔認定式に〕参加させるのであれば，私たちは行くことができない」と言いました。そのことからシン・ティーラウンタ，シン・ラッタターラ長老方は結戒処認定式に入れなかった，と師資相承次第に伝承されています。

ハンターワディー・スィンビューミャーシン大法王がアヴァに到着なさった時，〔大法王は〕サガインの著名なシン・ティタータナダザ Shin Tisāsanadaja に会って，「〔高説を伺うべく〕シン・ラッタターラを〔表敬〕訪問してみたでしょうね」と尋ねられました。「訪れてはいません」と聞いて，「なぜ訪れていないのですか」と再び尋ねられ，「シン・ラッタターラ方は，都会人のしきたり〔習慣〕が多かったので〔それが嫌いで〕，私は伺いませんでした」と答えられたということが今でも言われています。

【p. 149】

ブッダの教えを長い目でみて，為してはならないこと〔非道 agati〕４種(1)に陥らぬように伝承のまま古文書通りに記しました。

結戒処認定式にシン・ティーラウンタ，シン・ラッタターラ方を入れなかったことを終わります。

註

（1）原本に脚註があり，agati として以下の４つを挙げ，簡単な説明をつけている。①chandāgati やりたい放題をしない。②dosāgati 憎しみをもってことをなさない。③mohāgati 無知のまま行わない。④bhayāgati 恐怖からことをなさない。

§41　シュエナンチョウシンの治世におけるシン・タッダマキッティ，シン・マハートゥドージー方のこと

緬暦863（1501）年にシュエナンチョウシン・ナラパティが，ご即位になりました。称号「ティリートリ　バヴァナーディトヤ　ナラパティ　パヴァラマハーダマヤーザーディパティ〔吉祥三界太陽人主最勝大法王君主〕」と徽章を授かりました。

その王の治世にシン・ティタータナダザは，ゼータウン寺のシン・タッダマキッティ Shin Saddhammakitti の許で修学して住んでいました。パガンからも学問を教えた経験のある１人の僧が，やってきました。シン・タッダマキッティが，レージュンミェ(1)に住んでいる時に，インワ王国にて学問を教示しようとやってきたのです。

パガンから来た僧は，僧院の階下にて学問を教えているタッダマキッティの〔２階の〕声を聞いて，〔この教え方は〕パガンの従来の教え方と異なり，経典内容の説明の仕方，文章のつなぎ方，問答，肯定否定の仕方がめずらしく，その僧の耳にはカラスや小鳥の鳴き声のように聞こえました。この師の許で私も経典を学びましょう。しかし，この師は，私より若いようだ。私より年上のようにして習おう，と考えてから２階に上がって丁寧に礼拝し，座りました。シン・タッダマキッティが，「私よりお年をとっているようですね」と言うと，「あなた様を私より上座に据えて，勉学したいのです」と許可を得てから学習しました。

註釈経典の要旨，文章の前後関係に対する問答，様々な分析・解釈法，文法的解釈の編者の意図，語句の前後関係(2)を教示したものに至るまで確実に記憶し【p. 150】ました。シン・タッダマキッティも，その大比丘を尊敬し，親しみ重んじて「シン・マハートゥドージー〔僧・大善人〕」と呼びました。その頃にタッピェーター町から来ていた沙弥で18歳のシン・ティタータナダザも経典に通達してきており，シン・タッダマキッティに重んじられて，同じく共に住んで過ごしました。

トーハンボァーがアヴァにて即位のこと

「最後に５が88の数字の後にきた長暦の年に，すべての惑星が集い，天に太鼓を打ち鳴らし轟かせる如く[(3)]」

といわれるように，緬暦885年からアヴァ王国の内政事情が悪化し，888年になると「ガゲトングー，ミャンマーピージー，オシェットゥ〔８が３個，ミャンマー国，前兆・噂が現実となる[(4)]〕」と，モーニン・ザロンは，息子のトーハンボァーをアヴァにて王位に即けました。

トーハンボァーは，比丘僧たちには妻子がいないのに，弟子たちを育てて従者にしようとしている。もし，彼らが反乱を起こせば，相手を倒し王位を獲得できるだろう。〔それが起こる前に〕僧たちを捕らえ殺害すべきだ，と考えて，ダダーウー町の北方で池の堤防の東方，タウンバルー原野に天幕を張らせ，水牛，牛，豚，鶏を殺し，食事の供養をするようにして，サガイン，ピンヤ，アヴァ周辺に住んでいる比丘たちを招待しました。弟子と共に衆僧を天幕の中に座らせてから，象・馬軍で包囲し殺害しました。1300人以上が殺されたといいます[(5)]。比丘僧だけでも360人以上でした。三蔵，註釈，復註など典籍に通達し優れた僧も30人以上含まれていました。比丘たちを殺害した後に仏教典籍を焼き払いました。仏塔・仏閣を破壊し，それらの中から胎蔵品を奪いました。その時緬暦901（1539）年，彗星が扇椰子葉の先端に届く長さほどの尾を見せました。シュエスィーコン仏塔からも涙が流れ出てきた，と『王統史』に記されています。

シン・タッダマキッティ方がタウングーへ出られたこと

【p. 151】
その時シン・タッダマキッティは，招待されたところへ出向きませんでした。マハートゥドージー，シン・ティタータナダザ方と共に，タウングーへ行ったのです。当時シン・ラッタターラは，ピェー〔旧プローム〕へ出て行ったということが，一部のサーダン〔古文書〕に述べられています。

《『王統史』に，「885年にピェー領主タドーミンソーが，〔シン・ラッタターラを〕ピェーに招いた」と述べていますが，その言葉は，事実に合ったものではありません。》

シン・タッダマキッティは，南方にシャン族がいたので，サガイン側へ行って，チャウタロンの所から河を渡って移動しました。旅の途中に同行者の比丘仲間が，〔食べもの〕を与えても皆が飢えている際なので受け取らずに，食事をしませんでした。旅の間で木々の間にモクモクと湯気のあがっている斎飯があるのを見つけた時には，食事をなさいました。ある人たちは，「ナッ神(6)の斎飯」と呼び，またある人々は，「施与しても受け取らないので，受け取ってもらうために人間が吊り下げておいた」と言いました。タウングーに到着する以前に「ナッ神から斎飯をもらった」と評判になりました。

タウングーに到着後，マハートゥドージーが修学法に精通するべくシン・タッダマキッティの許で学んでから，シン・タッダマキッティは亡くなりました。シン・ティタータナダザもタウングーに来てから具足戒を受けて比丘になり，師〔シン・タッダマキッティ〕が亡くなった後には，マハートゥドージーの許で学んだのでした。難題に出遇って争論になった時には，師僧が生前に書き残してくれた教科書を参照して合致するところを受け止め学びました。シン・ティタータナダザが，経典に精通すべく修学した後に，〔師マハートゥドージーは〕タウングーで逝去しました。

シン・タッダマキッティ，シン・マハートゥドージー方のことを終わります。

註

（1）　サガイン町中の地名。

（2）　底本原文「kyam you ganyou, ahtwe, ate, cud, sodana, abho, akhye, atan」となっていて，一語ごとに訳出して意味の分かる文章にすることは，現在の私にはできなかったため，本文のようにせざるを得なかった。なお，ウー・ヴィッジャーナンダ長老の教示によると，これらはアッタカター，ティーカーを読解するための方法・手順をあげたビルマ独自の呼称，という。

（3）　ビルマ文学史上でも有名なシン・マハーラッタターラ編「コーガン・ピョ，正式名サトゥ・ダマターラ・コーガン・ピョ（仏典叙事詩・四法の真髄・九章）」から，結びの章第８句目にある詩偈を引用したもの。Shin Maharatthathara, *Satudhammathara Kou hkan Pyoụ*（Buddha Sāsana Ahpwẹ, 1957年刊）p. 194.

なお，コーガン・ピョの文学史上の評価に関しては，ビ文学史，原本 pp. 86–91，和訳 pp. 78–83参照。

（4）　この語句はビルマ史上の顕著な出来事を語る有名な言葉となり諺のように使われる。

（5）　*Sās.* B版 p. 113（生野訳 p. 216）では，「3000人もの比丘たちが死んだ」と記す。

（6）　§18の註（２）参照。

§42　シン・ティタータナダザのこと

シン・ティタータナダザは，緬暦912（1550）年にスィンビューミャーシン大法王がハンターワディーをご統治なさってから，ハンターワディーに到来しました。

【p. 152】
その後，〔シン・ティタータナダザが〕43歳の時，緬歴913年，モービェー・ナラパティの治世にサガインへ一度帰ってゼータウン〔祇陀林〕僧院近くのサガー・ウーミン〔洞窟僧院〕に住みました。シン・マハーアリヤウンタ派系統に属するゼータウン和尚も近侍し教えを乞いました。

その頃，ゼータウン和尚は，病気だったので，自分の地位をハンターワディーから来てウーミン僧院に住んでいるお方に譲ろうと考えていましたが，その時にシン・ティタータナダザは，以下に述べるような夢を見ました。

（1）初夜[(1)]には，屍が出てくる夢でした。

（2）中夜[(2)]には，屍が洞窟の中に入る夢でした。

（3）後夜[(3)]には，人間の肉を切って食べる夢でした。

このような夢見は，「その内容を繰り返し人に告げないと，夢のままで終わる」という言い習わしがあったので，かたわらに寝ていた弟子の見習い僧を起こし，そのことを告げました。〔緬暦〕889（1517）年に，われらのアヴァが壊滅し，今に至っています。ときに，見た夢は実現するのか，しないのか，と思い出し，「パリッタ〔護呪経〕」の慈経を唱えていると，ほどなくゼータウン和尚が呼びに来られました。

お着きになると，「自分の地位を維持統括できる次のお方に委譲しようと思います。業が尽きないうちに委譲すべきでしょう」と言って，ゼータウン僧院を委譲しました。

シン・ティタータナダザは，ゼータウン僧院を統括して典籍を講じ，教授しました。モービェ・ナラパティ，サリン・ナラパティ２代にわたり，ご信仰ご帰依を受けられました。

緬暦916（1554）年，ハンターワディー・スィンビューミャーシンが，願いかなった〔征服し統治するに至った〕際には，ゼータウン・シュエチャウン

〔黄金僧院〕を建立し，ご寄進なさいました。「ティタータナダザ Tisāsanad-aja」という称号と徽章をもお受けになりました。そのように師資相承次第の一節に述べられています。

シン・オウタマジョーの許で修学したこと

シン・ティタータナダザのことにつき，ある箇所に〔以下のように記しています。〕

タウングー都の廷臣の息子で，祖父が亡くなった後，宮廷に仕えるように【p. 153】なった人がいました。その人には，僧院住みの伯父もいました。ある時，母親が「伯父の先生の所へ行ってきなさい。お前の伯父さんは，人物を見て，うまくやっていけるかどうかを見分けることのできる人なのだから」と言いました。それで伯父の先生の僧院へ行くと，その外見や態度，性格をじっと見て，「〔世俗〕人としてなら廷臣になれる。比丘僧になるなら他人と比較できないほど優れた僧になるであろう」と言いました。それを聞いて家に帰り母親に告げ，王の許可を得て比丘となり，一生懸命に学習に励みました。7安居を過ごすと典籍に通達し，ティタータナダザとして名が知られるようになりました。タウングー都で学んでいるだけでは満足できずに，パガン，ピンヤ，サガイン，アヴァでも勉強しようと，〔その途路に〕タウンドゥインジーへ到着しました。

その当時シン・オウタマジョー Shin Uttamakyo(4)は，タウンドゥイン〔ジー〕の町で教えていました。僧院近くへ来たシン・ティタータナダザは，その僧院の中に入っていきました。シン・オウタマジョーが「何処の村からどのような理由でやってきたのか」と尋ねると，以前から考えていたことを話しました。それまで学習してきた典籍についても尋ねてみると，よく返答することができました。ときにシン・オウタマジョーは，『ネッティ・ティーカー *Netti-ṭīkā*〔指導論〕』を調べている最中でしたので，それをシン・ティタータナダザに手渡して翻訳させました。分析された用語をそれぞれ「語根」なのか，「接尾辞の意味」なのか，指し示すように言いました。引用語の原典も言わせました。早馬の駆けるが如く，その場で即座に正解するのを聞き，すっかり気に入ってしまいました。「タウングー・シン・ティタータナダザは，…了解してしまっている。パガン，ピンヤ，サガイン，アヴァへは，行かないように。

私のところでもっと学習しなさい」と言ったのでした。

そのように言われたシン・ティタータナダザには，とくに異議はありませんでした。「この人物も他に比べられる人のないほど優れた人だ。私の伯父の師僧も他人に比べられるべくもない，と申したことがある。この師の許で学習していこう」と考えて，「シン・オウタマジョーの許で３年間学びます」〔と，言いました。〕シン・オウタマジョーも「汝に比べられるほどの者はいない。学習させましょう」と，許可を与えました。

大王に〔珍珠〕を豚の結石と証明して見せたこと

【p. 154】

シン・ティタータナダザは，以前の考え通りにタウングーへは帰らず，パガンへ行き，パガンの典籍に通達した長老方と相談し，サガイン，アヴァへと出てきて，プンニャ・ゼディ山の渓谷にあるケェミンガラー・パゴダの宿坊に滞在しました。ゼータウン長老師僧の許にも行き，典籍についても語り合いました。ゼータウン長老も彼を気に入られて，「見たいと思う限りの典籍を取り出して見てよい」と許可しました。ときにゼータウン和尚は，健康がすぐれなかったので，「シン・ティタータナダザにゼータウン僧院を委譲しよう」との考えをもっていました。シン・ティタータナダザは，その夜に兎の骨を与えられる夢を見て，「タウングーならば夢がかなえられるであろう。ここでは，私が何者であるのか知られていないし，また彼についても私は知らない」と考えて，また寝入ってしまいました。

〔夜があけ〕明るくなって，肉の付いた兎の骨を供養された夢を，もう一度見て，「間違いなくその結果が実現されるだろう」と考え，起きて顔を洗い，「パリッタ〔護呪経〕」とメッタポン mettā-bhābanā〔「慈の修習」の偈頌〕を唱え，サガインへ托鉢に出かけました。

ゼータウン住職は，サンガの衆僧の面前でゼータウン僧院を〔シン・ティタータナダザに〕委譲しました。衆僧も大層喜びました。ゼータウン長老が逝去すると，ゼータウン僧院へ移り住み典籍を講じました。王宮に招かれて，絶えず教法を説きました。

ある時，王は入手した珍珠を仏舎利として宝石飾りのついた花籠に入れて尊び礼拝していました。シン・ティタータナダザが王宮に来た時に，その花籠を見せました。彼はそれを手のひらに載せて見るだけでした。礼拝しませんでした。【p. 155】王は師僧が信じていない，と感じて祈願をなし，王冠に留まらせました。宝石飾りの花籠にも留まらせました。それを見せた時に，師僧は，「灌水を持ってきなさい」と申しました。

長老が珍珠を握って前と同じように〔王に〕祈願させ，手のひらを広げると，祈願した所に進まずに，灌水の所へ降って〔水中に〕入ってしまいました。そのことを見て，それは仏舎利ではなく，ひとりでに自然とできた珠であると知ることができました。

師僧は，「それは，信仰対象とすべきものではない。〔ただし，〕威力のあるものなので，お守りとしておきなさい」と申し上げたのでした。(5)

こうした事情が考慮され，これ以来，代々の王は，仏塔・仏閣を建立するに当たり，仏舎利を選定する時に，ゼータウン僧院から比丘僧50人を宮廷に招き，仏舎利を選定させるという慣習ができた，と古文書その他の文書に記されています。

シン・ティタータナダザのことを終わります。

註

（1）　nyịū yan. 午後６時頃–午後10時頃。

（2）　than hkaunyan. 午後10時–午前２時頃。

（3）　Mou thauyan. 午前２時頃–午前６時頃。

（4）　緬暦815–904（1463–1542）年生存。アヴァ時代モーニン法王の治世に，「４本の多羅葉椰子，４人の法師」と，ダバウン（流行りことば）にもうたわれて文芸諸典籍に通暁した法師４人のうちの１人。とくに現存する「トーラー（森の情景）詩」の中で，シン・オウタマジョーのものが最も優れていると評価されている。
　ビ文学史，原本 p. 53，和訳 p. 43etc. 参照。

（5）　この珍珠についての挿話は，『サーサナヴァンサ』には訳出されていない。

§43　比丘衆がダウチャー帽[1]，多羅椰子の扇[2]を使用したこと

ゼータウン僧院に住していたシン・ティタータナダザは，老齢になって出入息観ānāpanāのカマターンkammaṭṭhāna修行に励むようになり，夜に漁師が船を漕ぐ音を嫌い，森に入ってローカマンキン・パゴダ近くの僧院にお住まいになられた。

《いま述べたティタータナダザ〔の時代と〕は，ハンターワディー・スィンビューミャーシンの孫で，タウングーに至り着いたミンタヤー〔法王〕の王子ミンイェーチョーズワーが，アヴァにて統治していた頃かもしれません。》

ゼータウンとローカマンキンとは，同じ派でした。シン・マハーアリヤウンタの系統で，パガン前サーサナ派および後サーサナ派のすべてを含んでいます。シン・ティタータナダザの時代からダウチャー帽は，かぶらないようになりました。白い扇や赤い色の扇も持たなくなりました[3]。

【p. 156】
ハンターワディーにまで至った王ボードーの治世に，レーターLesā僧院長老が，かぶらねばならない，と薦めた時から，シン・ティタータナダザは，教誡による行いが崩れ，変節してしまったのです。

《シン・ティタータナダザのことについては，〔同名の長老が２人いるので〕２か所は〔別人のことであり，〕一致しない。先に述べた言葉[4]は，タビェーター市のシン・ティタータナダザ，後に述べた言葉[5]は，タウングーのシン・ティタータナダザの別の異なったことなのです。シン・ティタータナダザが２人いる話は，それであっているのです。古文書に言われている伝承がよろしいので，詳しく記しました。》

ゼータウン師僧シン・ティタータナダザの系譜は，弟子たちが多く，数えきれないほどでした。そのうち，もっとも優れて典籍に通達した弟子たちは，

（1）タインジー村の人，兄弟3人

（2）試験に勝ち残れるというわけで，「セイン・ジョウ」〔ダイヤモンドの意〕と呼ばれたシン・ワラバー Shin Varabā という人が1人

（3）ミェドゥー市出身のミェドゥー僧院住職1人

これら5人です。

ハンターワディー・スィンビューミャーシンが，ゼータビン僧院とパゴダとをご建立になり，僧院管理をする人物で誰か適当な人物がいないか，とシン・ティタータナダザに尋ねたところ，私の弟子のミェドゥー僧院の人物がふさわしい。何故ならば，『パッターナ・ティーカー *Paṭṭhāna-ṭīkā*〔発趣論復註〕』中の「Pucchavāra〔質問段階〕」を開示したところにある「sāmānenti〔導く〕」という語について尋ねた時に，記憶しておく価値のあるほど立派に質問に答えました。このように典籍が整理されているということから，適当である，と言いました。それで緬暦917（1655）年に，ゼータビン僧院をミェドゥー僧院住の僧にご寄進なさったのでした。

比丘衆がダウチャー帽，多羅椰子の扇を使用したことを終わります。

註

（1）Ū htou dauhkya，ダウチャー帽。ヤディ（行者）がかぶる丈の高い帽子の一種で，ポルトガル人宣教師の真似をしてかぶるような習慣が生まれた，という説もある。『サーサナヴァンサ』では，この節で述べられているような詳細な記述が見られず，「ダウチャー帽」に相当するパーリ語として「siracchādana（頭を覆うもの，日傘）」という言葉を用い，「siracchādanaṃ nānāvaṇṇappa ṭimaṇḍitañca tālavaṇṭaṃ gahetvā ācāravikāraṃ āpajjiṃsu.（～日傘や様々な色で装飾された多羅葉扇を手にし，正行に混乱を引き起こした)」(*Sas.* B版 p.115,生野訳 p. 219-20）と簡単に記すのみである。

（2）tarapat（>tālāpatta 多羅葉)。多羅椰子の葉でつくられ把手のついた一種の扇。

（3）それまでサンガでは特別の規制がなかったので，比丘や沙弥に帽子をかぶる者もいたり，多羅葉椰子の葉の扇を使うものがいた，ということが前提となっている。

なお，*Sīlavisodhanī-kyam*（p. 101, Sāsanaye-ūcīthāna, Yangon, 1992年）には緬暦729（1354）年ミンチースワソーケの治世にタウンバルー，シン・パラッカマ方の系統ピンレーチェー・サンガフージャたちが帽子をかぶったことを『ヤーザウィン』に伝える，と述べている。

（4）§42の説明を指す。

（5）§43のここでの説明を指す。

§44　御弟タドーミンソーを太守に任命したこと

緬暦917（1655）年にスィンビューミャーシン大法王は，御弟タドーミンソーを〔自分の〕娘である長女と共にアヴァの太守〔バインガン〕の地位に就けました。

【p. 157】

アヴァの太守となったタドーミンソーは，スィンウーの地に僧院を建立なさいました。スィンウー〔「象の頭」の意〕なる地名は，ウテナ王象(1)に乗って行くと，アヴァから，ミンムエー山を含む2000ターのタベースエー山までを指します。そのスィンウー僧院には誰がふさわしいのだろうかと，タドーミンソーは，シン・ティタータナダザに尋ねました。

「私の弟子の年長者であるヴァラバーフ Varabāhu が適当である」と言うと，スィンウー僧院をシン・ヴァラバーフへ寄進なさいました。僧院は，スィンウー僧院，人物はスィンウー長老と呼ばれました。

タドーミンソーが没した後は，ンガーズーダーヤカ〔王〕が招いて，スィンウー王師は，ハンターワディーへ行き，ハンターワディーからタウングーにやってきました。

ンガーズーダーヤカが王宮を譲り，ハンターワディーにてタウングー王君となってから，ヨードヤ〔タイ〕人たちが進撃してきていたので，仏歯や鉢をはじめ金銀の仏像，仏典，文書など長老の集めたものを前面に配置させてタウングーに移動し，タウングーに〔新〕王宮を建立しました。したがって，ンガーズーダーヤカ・タウングー王を「タウングー黄金宮殿建立者」と呼称するのです。タウングー楼閣僧院もスィンウー王師へご寄進なさいました。タウングー王妃も斎飯供養につとめ，お世話なさいました。

師長老の養育なさっていたパゼインゲ〔新参出家者〕にも斎飯供養しましょう，と王妃が申しましたが，「新参出家者は，まだ若者です。私に供養すると，私の弟子への斎飯供養にもなります」と言ったので，供養はできませんでした。利得が多いと学習の邪魔になる恐れがあるということで断られたのでした。

養育なさっていた新参出家者は，仏典を学び通達するとピンヤのウーミン僧院へ4代目として行きましたが，緬暦1001（1639）年にタールン法王がボンサン僧院を建立して，スィンウー王師の養育した新参弟子であった比丘に寄進しました。「マハーラタナーガラ Mahāratanāghara〔大宝蔵家〕」という称号と【p. 158】徽章をも授けられました。

そのシン・マハーラタナーガラは，「Sirīsudhammamahārājādhipati〔吉祥善法王大君主〕」というタールン法王の称号を韻律，修辞，文法，ネッティ〔導論〕法により修飾して種々様々に開示して『*Rājindarājānāmābhidheyya-dīpanī*〔帝王御尊号表掲解説〕』なる書籍を編纂しました。その書籍中で，修正すべきところをタールン法王が指摘なさって，タウンビーラ Taunbhīlā 長老が，不要なものをとり修正しました。

緬暦928（1566）年に，シン・ティタータナダザは，ウーミントンゼ〔僧院〕の西方の山腹で人里離れて空閑処となっている森林に入られました。

タインジー村の兄弟比丘３人のうち長兄を上座にすえさせて，サンガの衆僧に教学を教えました。タドーミンソーも，その第２ゼータウン長老を尊敬し，資助なさいました。

註

（1） Utena-min-i-hsinto. 象の種類名。

§45　大地震のためシュエターリャウン・パゴダ崩壊のこと

緬暦952（1590）年，大地震が起こり，シュエターリャウン・パゴダが倒壊しましたが，ミンイェーチョーズワーが，その内部の収蔵庫を開いて供養礼拝し，新たに再建しました。第２ゼータウン和尚も新しい碑文に書き直して，刻記させました。ニョンヤン法王の治世には，叔父のタドーミンソーが建てた四重楼閣僧院をご寄進になりました。アノゥペルン法王の治世にもミンウンという所に，四重楼閣僧院を建立し，第２長老に寄進しました。３人のうち中のお方は，ゼータウン僧院の３代目として住し，仏典を教示しました。３人兄弟の末っ子のお方もローカマンキン僧院第２代目住職として住し，仏典を講説しました。後には，ミンウン四重層楼閣僧院第２代目としても住しました。これがシン・ティタータナダザの弟子で仏典通達者５人のことです。

《以上の説明は，ティタータナダザ２人のうち，緬暦870年タビェーター市に生まれたタビェーター市の住人のシン・ティタータナダザである，と記憶しなさい。》

【p. 159】
ニョンヤン法王の治世にはサガインのシュエウミン僧院・持律師の長老，マハーミャムニのアシェレッチャービナンドゥ僧院長老，四重楼閣僧院に住する長老，第１代タウンビーラ僧正方がシン・ティタータナダザ長老の著名な弟子でありました。長くなりすぎるのでこれ以上は言及しません。

シュエターリャウン・パゴダ倒壊のことを終わります。

§46　アヴァ都の２回目の建設をしニャウンヤン法王が統治したこと

緬暦961（1599）年ダバウン月白分12日[(1)]に，〔ニャウンヤン法王は〕アヴァ黄金大都 Ratanāpura の２回目の建造をなさり統治なさいました。「ティーハトゥーラ大法王 Sīhasūra Mahādhammarājā」なる称号と徽章もお受けになりました。マハーミャムニ・パゴダ四重楼閣僧院の建造を緬暦964年ダグー月満月すぎ第２日[(2)]から建設予定の低地に土を盛り，金製の紐をもって線を引き，紅玉石が100個も付いた金製ショベルを手にとって，みずから作業を始められました。親族や廷臣たち全員も銀製ショベルをとって土を掘りました。仏塔と僧院の場所の広さの土を直径５ペー[(3)]，高さ６肘尺[(4)]を29日かけ完成しました。その深さは75肘尺をメドとして金張り煉瓦，銀張り煉瓦を基礎に入れて建立しました。四重楼閣僧院は，タウンバルーの第１代長老〔に寄進することを〕目当てにして建立なさいました。〔しかし，〕パゴダに頂上の傘蓋を取り付ける以前，僧院に長老を迎え入れる前に，〔王は〕ティンニー市に向けて遠征しました。〔しかも〕その帰途に崩御なさってしまったのでした。

ニャウンヤン法王の統治のことを終わります。

註

（1）　ダバウン月は，ビルマ月12月（太陽暦のおよそ３月，30日間）。白分 lazan は新月から満月までの15日間（ビルマ月上旬）中の第12日。

（2）　ダグー月は，ビルマ月１月（太陽暦のおよそ４月）。満月すぎ labyegyo（黒分）第２日。

（3）　pe 面積の単位。１ペーは1200平方キュービットで，1.75エーカーという。*The Universal Burmese-English-Pāli Dictionary* p. 460.（パーリ語 karīsa）

（4）　ton. 長さの単位で「肘尺」。１肘尺は，約４分の１尋で，約18インチ。

§47　皇太子が改めて善行功徳を積まれたこと

シン・マハーラーマへ四重楼閣僧院を寄進したこと

【p. 160】
緬暦967（1605）年タバゥン月満月すぎ（黒分＝下旬）13日に皇太子が，マハーウパヤーザー王〔として〕即位なさいました。「大法王 Mahādhammarājā」なる称号，徽章をお受けになりました。父君の功徳を積む行為でしたが，いまだ完成していない〔パゴダ建立の事業〕を続けて遂行して緬暦968（1606）年ナヨウン月〔ビルマ暦３月（太陽暦６月頃）〕黒分に黄金の傘を〔マハーミャムニ・パゴダの上に〕お載せになり完成させました。

壁は二重で周囲に40の僧坊をもつ壮麗な大四重楼閣僧院も完成させて，上イェイン・タゥンバルー第１代僧正が亡くなっていたので，トゥユインチェ山に住む僧正を招こうとみずから述べて，王宮の供養会に招待しましたが，２回とも来られませんでした。３回目に，サンガの衆僧が「お行きになるべきです」と勧めた時に，「ラッタピーラナ raṭṭhapīlana〔王国圧迫〕飯(1)」を食したくないので，私は行かない。〔しかし，〕サンガの衆僧が行くように，と望むなら行きましょう」と言って，供養の招待を受けることを承知しました。

僧正が行く際に，「パゴダと僧院との間を通っておいで下さい」という王の伝言のあった通りに行きますと言って，翌日その通りお行きになり，「王宮に通じるパゴダと僧院の間を歩いて来なさい，と言われた法王の勅命があった，というので来ました」と僧正が申しました。

「僧院は広くのどかである。パゴダに遠すぎず，近すぎない。瞑想，森林住僧にふさわしい。善人方には大いに楽しみのあるところだ」と王が言われるのを聞いて僧正は，「おっしゃる通りですが，森林住僧には，鹿に弓を見せたようなものです」と言いました。すると王は，「私は，まだ僧正をこの僧院に招くとは言っていない」と言い，僧正は，「たとえ，招いてくれても住むことはできない」とおっしゃって，話が済むと，食事供養を受け説法をし，去って行きました。

【p. 161】
トゥユインチェ山に住む僧正は，四重楼閣僧院に住むのを望んでいない，ということを明確に知り，幾度も誘っては迷惑するであろう，招くことはできないとして，「僧院にふさわしい人物を推薦して下さるように」と勅令を出しました。すると，トゥユインチェの地に住むシン・マハーラーマ Shin Mahārāma を，典籍に通じており布教活動の実践もしている，と推薦し，〔王は〕その通りにトゥユインチェ山に住むシン・マハーラーマに四重楼閣僧院を寄進なさいました。「大僧伽主 Mahāsaṅghanātha」という称号と徽章もお授けになりました。

〔ところで〕僧院内の40の宿坊のうち東北方の宿坊に住むワラービティンガナータ Varābhisaṅghanātha という長老が，『マニコンダラ・ウットゥ *Maṇikuṇḍalavatthu*〔摩尼珠の耳環譚〕(2)』という書を編みました。南西方の宿坊に住むお方が，『タッタヤーザダマ・ウットゥ *Sattarājadhammavatthu*〔七王法譚〕(3)』という書物を編みました。

バーメ，バータモなどモン族の長老方

ある時，ハンターワディーのンガーズーダーヤカ・タウングーヨゥ法王は，依止阿闍梨〔持戒生活指導僧(4)〕を尋ねられても答えられず追い出されてきたバーメアチョー Bhāme-akyo とアーサーラアチョー Āsāra-akyo(5)という呼称の２人のモン族僧を師とし，世間のことについて伺い尊敬崇拝していました。緬暦967（1605）年にレージーなる地に三楼閣をもつ僧院を建立し，バーメアチョーへ寄進なさいました。そのモン族僧方は，世俗のこと，ヴェーダ薬品学，イン占相，お祓いを習って通達していました。しかし，教学にも行道にも重きをおいていませんでした。そのため先に説明したラーマニャ国の教法師資相承次第の７人の中には入れていません。師資相承次第書には戒律を守り恥を知り学業に精進する立派な僧のみを入れるべきだ，と覚えておくように。

緬暦673（1311）年に父君の大法王が，坊〔茅〕舎を壊してマハーミャムニ・パゴダの前方に並べて四僧院を建造しました。トゥンズン僧院をタウン【p. 162】グー・タドー法王の師僧に，北方の僧院をバータモ・モン族僧に，その次の北方にある僧院をレーヤービナンドゥー Leyabhinanthu 師に，真北隅の僧院をタウングー妃の師僧へ寄進し，四資具(6)を援助しました。経典も教えました。それら４人の師僧の中でレーヤービナンドゥー師がもっとも典籍に通達していました。ティタータナダザ，ティローカグルなど著名な方々が，〔彼から〕学習しました。

ジードー〔ナツメ林〕師僧(7)

かつて緬暦700（1338）年過ぎ頃ミンガウン２世の治世ににおける著名な王師ジードー Hsi do は，サリン市の行商人の息子でした。ミンガウンの御弟タードーチョーズワーが，サリン市を治めて住んでいた時に，タードーチョーズワーの妃は，その長男の５歳の子を引き取って養育しました。タードーチョーズワーが亡くなった後では，息子や娘全員を呼び集め，妃がアヴァに来た際には，その長男の子も連れて行きました。成長すると妃が出家させて，典籍に通達しましたので大層有名になり，ミンガウン２世も帰依しました。後に王の息子であるシュエナンチョシン・ナラパティも，ミンウンの地に黄金僧院を建て寄進なさいました。僧院の周囲にはナツメの樹が多く植えられていたので「ジードー黄金僧院，ジードー師僧」と呼ばれました。〔緬暦〕888（1526）年にアヴァが陥落し，ザロンの息子トーハンボアー，コーマインダー・モービェーの支配者，サガインのナラパティ，これら３人の時代25年間，トーハンボアーの治世にジードー師をオウンバウン領主が招請して，オウンバウン領主の師となりました。

オウンバウン市のコーマインダー・モービェー統治者が，アヴァから下って王位を継承した時にもオウンバウンから招いて帰依しました。〔緬暦〕916（1554）年にはハンターワディーのスィンビューミャーシンが征服し，サガインのナラパティがハンターワディーへ連れ去られた後に，アヴァを弟タドーミンソーが統治した時にもタドーミンソーが帰依しました。タドーミンソーの治【p. 163】世緬暦931（1569）年に，ジードー師は，逝去しました。以上のように６代にわたる王に対し王師としての役目を果たし「ジードー王師」と呼ばれました。

《ジードー師僧，ジードー黄金僧院師僧，ジードー王師という３つの名称で呼ばれた，と言われています。》

そのジードー王師が亡くなられた際に，サリン町の著名なタウンビーラー僧正の母君のところに，夢の中で現われ，「われ，ジードー王師，〔胎内に〕入りて住む」と告げたそうです。母君の夢見と同時に結生して10か月経ち，緬暦940（1578）年の木曜日に生まれました。その後13歳になって出家し，学習に入りました。

ガースーダーヤカ・タードー大王が後に〔彼を〕招いてピェー都に迎えられ，優秀な沙弥として有名になりました。〔緬暦〕954年15歳の時『Vessantarā Pyo〔ウェタンダヤー太子仏典叙事詩〕』を編みました。〔緬暦〕959年にヤンナインムーが王位に即いた年に，ピェー都にてヤンナインムーが〔資助して〕具足戒を受け比丘になりました。

アナゥペルン法王が攻めてきてピェー都が滅びてからは，アヴァに連れて行かれましたが，同法王が帰依なさいました。ペグーへ法王が下降した時には，ペグーへ同行しました。〔緬暦〕977（1615）年，御弟サリンの支配者ミンイェーチョーズワーが，3度招き〔法話を聞いた後に〕，帰依なさいました。

〔緬暦〕979（1617）年，ミンイェーチョーズワーは，サガインの河辺り近くに四重楼閣僧院を建造しました。984（1622）年にその僧院は寄進されました。

タールン法王は，「Tipiṭakālaṅkāra〔三蔵荘厳〕」なる称号と徽章をお授けになりました。緬暦1000（1638）年タバウン月満月15日，御歳60でタウンビーラの森へお入りになりました。緬暦1002（1640）年にはタウンビーラ僧院が建立され寄進されました。緬暦1012（1650）年，御歳72でご逝去なさいました。

註

（1）　これは上座部の出家比丘僧が托鉢食を受けてのみ生命を維持できるのを前提としてのことである。国王の供養招待食を断固拒否するのは，王を国王として認めないに等しいとみなされ，反逆者扱いをされかねないという心配があるため，サンガの衆僧が行くように勧めたということである。つけ加えるならビルマ語に「ダベイ・フマウ thabeit-hmau」という言葉があり「出家が托鉢を伏せて食べ物の受取りを拒否する。ストライキあるいはボイコットをする」（大野ビ辞 p. 701）という時に，一般用語として現在でも使われる。

（2）　*Mahāsutasoma-Jātaka* に潤色を加え，ジャータカ550編ほとんど全部が網羅的に採り入れられたスケールの壮大で構成力の確かなビルマ語散文文学の一級品と賞賛される作品である。

（3）　*Piṭakatdothamaing* などにも見られず，現存するのか不明。

（4）　nithayi. ネイタイー，パーリ語 nissaya-ācariya（依止阿闍梨）の転化した語。比丘になってから最低5年間は持戒生活のための指導僧が必要となっている。その師僧の名を尋ねられて返答できなかったというのである。

（5）　akyo は，「著名・有名」の意味だが，固有名詞化されているとみなして，そのまま訳出。

（6） 具体的には，①住居（僧院），②衣，③食物，④薬。僧の４生活必需品。

（7） 本文中で説明されているように，イヌナツメ「hsidō」ともいうアンマロクの樹林中の僧院に居住していらっしゃったことから，このように呼ばれた。

§48　僧正2，3人のこと

シン・カラヴィカ

〔サガイン〕河辺の四重楼閣僧院のことを歌った「四重楼閣僧院タマイン〔由来記〕」を，シン・カラヴィカ Shin Karavika は編纂し，その文頭を「ミンイェーチョーズワーなる高名にして，うら若き法王の～」という偈文から始【p. 164】めました。

シン・カラヴィカというお方は，タールン法王の治世に，「まばゆき光ほとばしり」で始まるモーグン〔記録詩〕[1] 3句に続いて，「蔭行き渡る　真白き傘蓋　人の世の王　四大威徳　日々増大[2]」と，国王を人間であらせられるみ仏様というように讃える編者でした。

また，そのモーグン3句を，ターラー椰子の長い葉に記し，〔王へ〕献納なさいました。〔王は〕金製の筒に入れて常に枕元に置いておかれた，と古文書に記されています[3]。

タウンビーラ・ポウゴジョー

タウンビーラ僧正 Taunghbila-puggoukyo は，ピェー都の北方ナヌイン黄金寺院のセイロン帰りのシン・アトゥラウンタ Shin Aturavaṃsa の法脈を継ぐ方でした。ピェー都ナヌイン黄金寺院にて修行して，あらゆる典籍に通達し「ピェーの著名な比丘〔ポウゴジョー〕」として有名になり，よく名前が知られるようになりました。

サガイン河辺の四重楼閣僧院に住んでいた時に，『アッタサーリニー *Attha-sālinī*〔勝義説[4]〕』の冒頭20偈を開示したチャンヨー〔標準教科書[5]〕『ヴィーサチワナナー *Vīsativaṇṇanā*〔20偈註釈〕』を編みました。その後ミンイェーチョーズワーが懇願したので『ヤタワッダナウットゥ *Yasavaḍḍhanavatthū*〔称誉増大物語[6]〕』をも著しました。

森林中に入りタウンビーラ僧院に滞在して『ヴィナヤーランカーラ・ティーカー *Vinayālaṅkāra-ṭīkā*〔律荘厳復註[7]〕』を編纂しました。タールン法王からの如何なる質問にも答えた種々なる「アメードーボウン〔問答書[8]〕」は，現在に至るまで有名な書物です。アナウペッルン法王がピェー都から招きアヴァに来た時には，マハーミャムニ〔仏塔〕周辺にあるトゥダマー Sudhamma 宿坊に滞在しました。

その時は四重楼閣僧院のマハーティンガナータ Mahāsaṅghanātha 長老がサンガ主〔サーサナバイン〕に任じられました。学問，経典に非常に通達していたので，タウンビーラ僧正も教えを乞い典籍について相談なさいました。〔マハーティンガナータ〕長老も大層喜んでいました。

アヴァの著名な比丘僧とピェーの著名な比丘僧

当時アヴァにシン・アリヤリンガーヤという経典・典籍に非常によく通達したお方で「アヴァの著名な比丘僧」として有名になり，人々に知られるように【p. 165】なったお方がいました。タウンビーラ僧正も典籍に通達し「ピェーの著名な比丘僧」として非常に有名になりました。受具足戒後７安居を経ていました。

ピェーの著名な比丘僧がやってこられたことをお聞きになられて，「田舎でのみ有名なのであろう。王都では有名にならないだろう」とアヴァの著名な比丘僧が，バータモ Bhātamo 長老の許で話したところ，「腐らないなら臭わない。本物でないなら有名にならない(9)」と，バータモ長老は申しました。

智慧に到達した人の処へ行って話をしたい，といっても自分自身が行くのはよくない。客人であるから失礼となります。「事情を知りたいのなら，偈文で尋ねたら分かるだろう」と，バータモ長老が言われた通り，アヴァの著名な比丘僧は，自分が会いたがっていること，受具足戒後の安居数や年齢などについても偈文を用いて尋ねました。

ピェーの著名な比丘僧も，お目にかかりたいということ，安居数，年齢など尋ねられたことに対し偈文で答えました。

「僧正２人の問答」という文書の形態もあります。アナウペッルン法王は，著名な比丘僧２人のことをお聞きになって，その２人と，他に典籍に通達した僧たちに，四重楼閣僧院にて説教させ合おうと招き，〔四重楼閣僧院の〕大長老の前で法談し合わせました。

『ダートゥカター・ティーカー *Dhātukathā-ṭīkā*〔界説論復註〕』について２人が語り合っている際に，「著名なアヴァの比丘よりもピェーの著名な比丘僧の方が優れている」と，四重楼閣僧院の大長老が２度言われました。

人々の集まった所で，四重楼閣僧院の大長老がそのように言いました。難語句釈に関してティピダカリンガーヤ〔長老〕に尋ねると「竹を割ったようである」，論争 Viggahavacanattha に関して，アリヤーリンガーヤ〔長老〕に聴くと「小雨が降っているようである」と，２人の勝れた特長〔細部にわたって知っていること〕を言われました。

【p. 166】

タールン法王の治世（1629-48）になった時に，ピェーの著名な比丘に「ティピダカリンガーヤ Tipiṭakālaṅkāra」，アヴァの著名な比丘に「アリヤーリンガーヤ Ariyālaṅkāra」なる称号と徽章が贈られました。アヴァの著名な比丘にカウンムードージー・ダッキナウン僧院を寄進しようとなさいましたが，寄進する前に逝去してしまいましたので，典籍に通達した真正の学徒である僧正にアリヤーリンガーヤなる称号と徽章が授けられたのでした。

僧正２，３人のことを終わります。

註

（１）「モーグン」とは，マハーティーハトゥーラの治世（1468-80）に生まれた詩の１タイプで，パガン時代の「アムークン（寄進リスト）」という語を起源とすると言われる。詳しくは，ビ文学史（原本 pp. 45-51，和訳 pp. 35-41etc.）参照。

ただし，ここに紹介されている詩偈は，ウー・ペーマウンティンが「パイソン（三節一首）・ヤドゥ」として言及しているものである。（同上ビ文学史，原本 *Onsañcapetuik*1971年版 p. 191，訳本 pp. 182-83）

（２）詩偈の和訳は，ビ文学史 p. 183の原田正美訳を，そのまま使わせていただいた。

（３）ビ文学史 p. 183にも同様に，国王に献納され，金の筒に入れられていたと紹介されているが，そこでは「自ら暗唱し，返答ヤドゥ（アライ・ヤドゥ）までしたためたという言い伝えさえある」と付け加えている。

（４）パーリ七論中の『Dhammasaṅgaṇī〔法集論〕』に対する註釈書。

なお，佐々木現順著『仏教心理学の研究』（法藏館，1960年）という和訳・研究書がある。

（５）ビルマの比丘サンガにおいて，これだけは比丘たる者が修学していなければならないとされている典籍があり，それを「チャンヨー」と呼ぶ。それらは①*Vinaya-Piṭaka*，②*Dīgha nikāya* のすべて，③*Abhidhamma-Piṭaka* の３つである。

（６）緬暦981（1629）年編纂だが，現在でも読まれている。仏法に照らして生きるべきであるということに主眼をおいた教訓的な散文文学で，パーリ語の偈文も多く仏典から引用されているが，たとえば釈尊の一生涯における安居の場所を詳細に記入してある，など仏教についての知識も得られる貴重書である。

cf. Taunbhila hsayado, *Rasavaḍḍhanavatthū*, Hanthawatī Press, 1964.

（7） *Vinayasaṅgaha*〔摂律論〕*-Aṭṭhakathā*（Sāriputta 長老編）に対するティーカー。Taunbhila hsayado 編 *Vinayālaṅkāra-ṭīkā* Vol. 1 & 2, Sāsanāye Ucīthāna, 1984）

（8）『タールン法王・アメードーボウン』。なお，同僧正編として，同上『ビルマ文学史』には，『アナウペッルン法王・アメードーボウン』，『ウンベーインザン法王・アメードーボウン』（原書1987年版 p. 150）もあることを挙げている。

（9） 原文 “mapoubhei gou mapo, mahoubhei gou magyo”。

§49　タールン・ミンタヤー〔法王〕が第2代王位につく灌頂をお受けになられたこと

緬暦996（1634）年にヤダナープーラ〔アヴァ〕にてタールン法王は，神聖な最高位に到達なさいました。ティリーダマ・アソーカ阿育大王の慣例にならって，すでに満4年間王国の政務を執行なさってから緬暦997（1635）年に第2代(1)の王位につく灌頂の儀式をお受けになられました。「吉祥正法王大君主Sirīsudhammarājāmahādhipati」なる称号をも授与されました(2)。

ところで，ハンターワディー大国の西北にある静かなご領地の仮宮殿にご滞在なさっていた時に，モン族の朝臣や比丘たちが，「ビルマ族の比丘たちは仏典に通達していない」という言葉をお聞きになられ，「年齢が30歳から40歳までの者で，三蔵やヴェーダ聖典，世間，出世間のことにも詳しい賢明な者2，3人をハンターワディーに来させるように」と，タールン法王は四重楼閣僧院長老の許に招請しました。

四重楼閣僧院長老は，勅令通りに，ティピダガーリンガーヤ，ティローカーリンガーヤ，ティタータナーリンガーヤ，これら3人のリンガーヤ師に，それぞれ後に従う各10人ずつの比丘をつけて派遣しました。ハンターワディーに到着すると，シュエモードー・パゴダの前方に仮僧院を3棟建てて典籍を講義さ【p. 167】せました。布薩日には時に及んでシュエモードーの善法講堂にて仏典に通達したモン族僧たちと法談会をも行わせました。モン族の師僧は「ビルマ族の比丘たちは典籍に通達している。智慧・知識も増大している」と誉め讃えました。モン族の朝臣や比丘たちもビルマ族の能力と努力のほどを明確に知ったのでした。

緬暦996（1634）年に法王がアヴァ都に上がられましたので，3人の〔リンガーヤ〕師は帰途につくことになりました。その際にモン族僧ティローカガル長老に挨拶に行くと，タウンビーラ長老にティローカガル長老は，「アヴァに到着したらティピダガーリンガーヤ師が他の誰よりも早く寺院を得られるだろう」と申しました。それで師が「何を見てそのように言われるのでしょうか」と尋ねると，「ティピダガーリンガーヤ師は，托鉢に行く時竹割りや藤蔓があるとそれを持ち歩き，つねに僧院の壊れた箇所を縛ったりして修復した。僧院を修繕する比丘は，容易に僧院が得られる，と昔の師たちが言っている」と申しました。

ティローカガル長老の申した通りになりました。河辺りの四重楼閣僧院を他の誰よりも早く得られたのでした。(3)

タールン大法王，第２代の王位につき灌頂を受けられたことを終わります。

註

（1） ニャウンヤン（第２次アヴァ）王朝の初代王は，ニャウンヤン領主イエナンダメイ（1597-1605在位）で，その長子のアナウペッルンの統治時代（1605-28）を経てタールン王の統治となるので，ここで第２代としているが，それは初代ニャウンヤン王に直接続く次王ということではなく，正しくは第３代国王。

（2） タールン王は，前王アナウペッルンが緬暦990年に暗殺された後，991（1629）年から王としての政務についており，その後満４年〔以上〕経過して997（1635）年に戴冠の灌頂式を受けた，という。

（3） *Sās*.（B 版 pp. 120-21，生野訳 pp. 230-31）にも，このことについて同様の説明がなされているが，「タウンビーラ長老に語った」というような特定の長老名を挙げていない。そこでは表敬訪問した方々と談話中に語ったとしているのみ。

なお，タウンビーラ長老とは，ティピダガーリンガーヤ長老のことであり，後にサガインのタウンビーラに住したので，ここでその呼称を使ったと考えられる。

§50　王子アミン・ミョウザー〔領主〕シン・タヨッのこと

緬暦1009（1647）年，王弟のミンイェーチョーズワーが逝去されました。王子アミン・ミョウザーのシン・タヨッは，悪漢どもの言葉を聞き入れ〔謀叛を企て〕，早朝４時過ぎに城内に侵入しました。城の前につくと鉄砲の音がしました。太鼓も打ち鳴らされました。

〔タールン王が〕その音を聞いて偵察させると，アミン・ミョウザーの仕業であることが分かり，内務長官ナンダゼーヤが「只今早急に出城すべきである」と申し上げました。〔タールン王は〕つねに５本の紐を通してキンマの容【p. 168】器に入れていた値のつけられないほど高価な指輪などの装飾品を抱え，持ち物の一方は〔高官の〕ナンダゼーヤ，他方は〔高官〕ヤーザヨーダに持たせ歩いて西門へ向かいました。王宮の外側で馬に乗り小門から出ました。王子たちにも，連れて行けるだけの臣下と共に四重層楼閣僧院へついてくるように，と門衛を遣わしました。すると王子ミンプービューとミンクッタとが西門へと後を追いました，と『王統史』は述べています。

〔タールン王は〕誰にも知られず１人だけ王宮西門からウィンマナー門を出て，グエゼィン河辺に着くとグエゼィン河に水がある時期で，渡れませんでした。たまたま１人の沙弥が舟で托鉢に来ているのに出会い，南岸に渡してほしいと頼みました。沙弥は，「おじさんを渡しているとご飯を食べるのが遅くなる」と愚痴をこぼしました。それで「指輪をあげるから」と何度も頼んで南岸に送ってもらいました。舟に乗ると，王の身体が震えているので，「おじさん，寒いのですか」と沙弥が聞きました。南岸に着いたら沙弥に言いたいことのみを言って四重楼閣僧院へ送らせました，と代々の師方の文書に述べられています。根拠を適当に判断して記憶しておきなさい。

大法王をサンガの僧たちが守護してあげたこと

〔タールン王は〕四重楼閣僧院へ着くと長老と話をして「悪漢どもが入ってこれないように傘蓋の柄をもち，自分たちを彼らから防禦して下さい」とお願いしました。長老は「われらは出家僧である。どうしたらよいのか特別の策はない。サン僧院(1)の方々も呼びましょう」と言ってサン僧院の長老方を呼びにやらせました。到着すると法王は，先に述べていた通りに邪悪な王子の謀叛のこ【p. 169】とを語って品位を保っていらっしゃいました。サン僧院長老は托鉢に出かけませんでした。残りの比丘，沙弥たちを呼び，傘の柄や杖をもって僧院の中へ人を１人も入れないように見張らせました。

ガースーレージー，タウンバルーなどピンヤ，ダダーウーの比丘全員を早急に集来させるべく無理やり呼び寄せました。やってきた400人以上500人ほどの僧を４つの入口の門に，傘の柄や杖を持たせて配置し，通行を遮断させました。後でやってきた比丘は1000人ほどが棒や杖を持ちニョンゼン通りをさえぎっていました。そのような事態になってから王族の若者，大臣，臣下の家来たちが，そろって到着しました。

緬暦でトーダリン月(2)の黒分５日からダディンジュ月(3)の黒分５日まで１か月以上を経ましたが，その間にシン・タヨッの謀叛を臣下の者たちにより結末をつけ，自分の望みをかなえたのでした。その後７日間四重楼閣僧院に滞在して王宮にお還りになられました。

満１か月以上，サンガの僧たちが第一僧院に集まって「パリッタ〔護呪経典〕」を唱え，法王は必ずそれを聴いて過ごしました。パリッタを唱えている僧たちにキンマ(4)１，２個ずつを王みずから施与しました。その際に多くの僧は手を伸ばして受け取りましたが，ある僧が重衣をもって受けました。

またある日のこと王は，「〔運勢を善くする占いのための〕ローソクがない。占い用のローソクが欲しい」と言いましたが，僧たちは，応答を避けて無視していました。重衣でキンマを受け取った比丘僧１人だけが「僧侶方にはローソク占いをする習慣はないのです」と申し上げると，〔王は〕「ローソク占い(5)をしたかったので申した」と言ったそうです。

イェネーのナッセヤウン

またある時，王が「サンガの僧たちの中でヴェーダの数字占いが得意な者はいないだろうか」と尋ねたことがありました。比丘僧方には，ヴェーダの数字占いを学んだり使ったりできるものはいませんでした。「イェネーから来た若【p. 170】い僧に，ヴェーダの数字占いを学び覚えている者がいます」と僧たちが申し上げますと，その若い僧を呼び出し尋ねました。するとその比丘は「ヴェーダはそれほど学習していません。“カーラジー〔大時間〕”一つのみ通達しています」と言いました。「カーラジーを使って占いをして下さい」と言われたので，「〔占いで〕当たったカーラジーの意志によると，心配しないように，ダディンジュ〔第７月〕満月日になると成功します」と言いました。その通りになりました。

その若い僧は，ウンベインサン法王の治世に「イェネーナッセヤウン（「イェネー・ナッ神の威光」の意」)」として有名になりました。シュエジーゴン・パゴダに近い東北の方角に素晴らしい門と共に漆塗りの僧院を建立寄進されました。「教法歓喜法王師 Dhammanandadhammarājaguru」なる称号も授与されました。(6)

幸せもお盆一杯，不幸でもしゃもじ一杯

その年の緬暦タディンジュ月の黒分14日に四重楼閣僧院に住む長老，サン僧院長老など全長老僧を王宮に招いて食事供養会をなさいました。お説教の聴聞もなさいました。

その際に大法王は次のように申しました。

（１）四重楼閣僧院長老は，〔この世のみならず終わりなく続く〕輪廻（を説くため）の師となるお方である。

（２）サン僧院長老は，今生〔現生涯〕のための師である。

そう言ったということが『王統史』に述べられています。(7)〔一方〕

（１）四重楼閣僧院長老は，非常に比丘らしい僧である。

（２）サン僧院長老は，武将になる性向をもったお方である，と申した，と師資相承次第文書にいわれています。(8)

《兄上の息子であるタキンプーと弟のミンイェーチョーズワーの娘キンマラサンピューとを結婚させた際には，四重楼閣僧院長老を衆僧と共に招いて「パリッタ〔護呪経〕」をお聴きになりました。しかし，サン僧院長老は招かれませんでした。「幸せもお盆一杯，不幸でもしゃもじ一杯〔食べられる〕」と昔の人たちが言っている通りで，〔サン僧院長老が招かれな

かったのは〕仏法の道理にかなった僧らしい僧ではない，と王が感じられたからです。[9]》

【p. 171】
「パリッタ」を唱え終わると，以前にキンマを差し上げた際に重衣で受け取った僧が，巻いてあった綿糸を首にかけて下さいと言うのを聞いて，大法王は，「この僧は言葉も丁寧で身振りも上品である。私が四重楼閣僧院に滞在していた際に，キンマを差し上げると重衣で受け取った，ローソクを求めた際にも僧が避けて行ってしまったのに，この僧のみが，頷いて話を聞いてくれた」と尊敬し，四重楼閣僧院の裏に大臣の１人が建てた黄金寺院を，そこに住むようにと寄進しました。

《サン僧院長老は，〔タールン王に〕生き長らえることを許ってほしいと言われたので，王の命を救うための方策をとり，通行を遮断し周囲をかこませて，敵から守りました。敵〔王子〕を殺すために命令を行使したのではないため犯戒の罪過はありません。

ドゥタガーマニー王の追手から逃れるためにサッダティッサ Saddhātissa 王[10]を，僧侶方が助けたという『マハーヴァンサ〔大史〕』の記述にある通り，同様のことをしたのです。[11]》

四重楼閣僧院長老は，トゥユンチェ〔「山の麓」の意〕系統，パガン前派，後派両教団に入っているお方です。他の何れの派の四資具をも使用せず，他人の水さえも飲まずに，出かける時には常に水差しや皮の座具を肩にかけていました。

大僧院４か寺

タイェキッタヤ・ヤディ国内に，ドゥッタパウン大王が寄進したパゴダ６塔のうち，タヤマー・ゼディーの形をとって建てられたヤーザマニスーラ・パゴダの周囲四方に，〔タールン大法王は〕ピューバウン〔東苑林〕，ダッキナウン〔南苑林〕，ピッシマーウン〔西苑林〕，ウッタヤーウン〔北苑林〕の大僧院４か寺を建立しました。そのうち，ウッタヤーウン僧院が火災に遭いました。残りの3か寺をパーリ三蔵，アッタカター，ティーカーなどの典籍に通達した長老方に寄進しました。学徳にふさわしい称号徽章も授与しました。ウッタヤーウン寺はンガータッ・ダーヤカー〔施主〕法王(12)の治世になってから新しく建て直し寄進しました。

シーマー〔結界・布薩堂〕を認定しようと思って長老方が皆に相談している【p. 172】間に，供養塔に傘蓋をまだのせないでいるうちと言われていますが，〔王は〕天界に逝去してしまわれました。大僧院4か寺の4長老の中で，ダッキナウン長老は，〔カッチャーヤナ文法の〕各スッタ毎に6通りの解釈方法(13)により，『タッダー・シサウン・ネイッタヤ *Saddā shi-hsaun Nissaya* 文典8章逐語訳』を編纂しました。

ピッシマーウン寺長老は，ニャーサ書の偈文 *Ñāsagandha Pāṭh* を「連結 sambandha 6解釈法」により解明して『ウィジョワサナッタ・アヤカウ *Vigy-ouvacanattha-ayakau*』を『ニャーサ書骨子〔伝統的教本〕*Ñāth kyan-you*』と共に編纂しました(14)。

註

（1） San Kyaung サン僧院の「サン San」は「(神，国王が) おわす，お暮しになる，お住いになる」の意味。(大野ビ辞 p. 167) この僧院の固有名詞として使われている。cf. 生野訳 (p. 235註記)

（2） 緬暦の第6月。(太陽暦の9月頃にあたる)

（3） 緬暦の第7月。(太陽暦の10月頃にあたる)

（4） ビンロウ〔檳榔〕の実を刻み，蔓草の一種であるキンマ〔蒟醤 (くしょう)〕の葉に包んで噛む習慣があり，ここではその檳榔樹の実を中に入れたキンマ葉の包みを指す。

（5） 原文「bhayaun khyei」，ここでは「phayaun khyei」を指すものと受け取って訳出した。

（6） *Sās.* B版 p. 123，生野訳 p. 233では，その僧名を「ビルマ語通称エー・ネ・ナッセヤウン」,「ヴェーダを了知せる一比丘」と伝えるのみで，カーラジーの占いをしたことなどの詳細は省略されている。

（7） *Sās.* B版 p. 123においては，王が話した内容を「四重楼閣僧院に住す僧正は，未来の利をもたらす阿闍梨。一方，サン僧院に住す僧正は，現世の利をもたらす，と『ヤーザウィン』(王統史) に述べられている」(生野訳 p. 233) とあり，使われている言葉や表現が少し異なっている。

（8） この（1）と（2）の部分は，*Sās.* B版同上頁，生野訳　同上頁においても同様の表現となっている。

（9）「幸せもお盆一杯，不幸でもしゃもじ一杯〔食べられる〕」ビルマの諺。
この部分は『サーサナヴァンサ』には訳出なく省略されている。

（10） Saddhātissa 王(77–59 B.C.)。Duṭṭhagāmaṇī Abhaya 王の弟。兄即位の時追手を逃れて僧院に隠れた際に，長老たちの方策により難を避けることができた。cf. *Mal. Dic.* Vol. II pp. 1019–20.

（11） この《 》部分の内容は，*Sās.* B版 pp. 123–24（生野訳 pp. 233–34）において同様に言及。

（12） アナウペッルン王（1605–28）。

（13） *Ñās*（Kaccayana 文法の註釈書）中に記す6種のスッタの解釈法「sambandha, pada, padattha, padaviggaha, codanā, parihāra」（ウー・ヴィッジャーナンダ師のご教示による。）。

（14） これら両長老のビルマ語註釈については，『サーサナヴァンサ』でも同様に紹介している。cf. *Sās.* B版 p. 124（生野訳 p. 234）。

§51　タードゥミンイェヤンダミッ〔ピンダレー〕王(1)治世に中国軍が侵攻してきたこと

緬暦1010（1648）年タードゥミンイェヤンダミッが王に即位なさいました。「吉祥歓喜法王最勝君主 Sirīnandadhammarājāpavarādhipati」なる称号徽章の授与もお受けになりました。父君の住居であったヤーザーマニスーラ宮殿を改装して立派な僧院を建立し，ティローカーリンガーヤ Tilokālaṅkāra 長老(2)へご寄進なさいました。その長老は，先に示したアリンガーヤ・ポウゴジョー(3)３人の中の１人に入っている人です。サガインの四重ボウンダートゥルッ〔楼閣〕僧院もダーターナーガ王師 Dāṭhānāgarājaguru 長老へご寄進なさいました。その長老は『ニャーサ』８章を註釈した『ニルッティサーラマンジューサー *Niruttisāramañjusā* 言語真髄宝箱』を編纂なさいました(4)。

緬暦1012（1650）年タバウン月に，サガインの預流果のナッ Sotapan-Nat の99守護霊(5)が移動するという夢告を示したため国中の人々が供養礼拝した，と『王統史』に記しています。しかし，ナッの移動があったのではありません。予告をしたのです。その当時から中国軍が襲来(6)してきたのであって，仏教教団は不安に襲われていました(7)。

註

（1）　ピンダレー王（1648-61在位）。

（2）　ティローカーリンガーヤ Tilokālaṅkāra 長老は「タールン王時代（1629-48）の王師であったアリヤリンガーヤ長老の弟子」と伝えられる。（*Sās.* B 版 p. 125，生野訳 p. 236参照）

（3）　§49に述べるタールン法王に招請され四重楼閣僧院長老が派遣した以下の３人の仏典通達者①ティピダガーリンガーヤ，②ティローカーリンガーヤ，③ティタータナーリンガーヤを指す。いずれの長老名にも「-alaṅkāra アリンガーヤ（と発音）」を含んでいるからである。また，これらの名に付けられているビルマ語の「ポウゴジョー」は「著名な人物・人格者」の意。

（4）　*Sās.* B 版 p. 124，（生野訳 p. 237）においても同様に言及。

（5）　サガインには，アヴァ時代に預流果のナッ Sotapan-Nat となった99守護霊を祀った祠堂が造られ，その祭典にはシャン州から多くのシャン人が集まってきていたという伝承があり，「ソータッパン」という集落名が残されている。（なお，*Sās.* B 版 p.

125，生野訳 pp.237-38参照）

（6） 当時（1658年頃）中国，明軍の残党群が雲南からシャン州経由でアヴァ近辺にまで侵入し掠奪をくりかえし僧院を焼くなどして脅威を与えたため，このように言われる。明朝最後の毅宗帝の子ユンリー（由榔，永明帝）がサガインに居を許されたこともあったが，1662年雲南太守に引き渡されている。

（7） *Sās.* B 版 p. 125（生野訳 p. 237）においても，同様に言及。

§52 御弟ピーミン〔王〕の治世における王宮寺院長老お２人のこと

緬暦1023（1661）年に御弟ピーミン〔王〕が即位なさいました。「大最勝法王世間君主 Mahāpavaradhammarājalokādhipati」なる称号・徽章の授与もお受けになりました。【p. 173】その時に出生票が不浄である，と言って今の北宮殿寺院境内に茅葺き屋根仮皇居を建てさせ「ボンタワティー Bhounthawati」と名付けてしばらく滞在なさいました。その北宮殿寺院境内の跡に，北宮殿寺院を建立しました。

南宮殿にも都の真東に南宮殿寺院を建立しました。そしてサガイン皇太子寺院(1)のアッガダマリンガーヤ Aggadhammālaṅkāra 長老へ北宮殿寺院を寄進なさいました。

その長老は，『タッダー・ネイッタヤ *Saddā-nissaya* 文法逐語訳(2)』，『*abhidhammatthasaṅgaha-nissaya* 摂阿毘達磨義論逐語訳(3)』，『アビダンマッタサンガハ・チャンヨー abhidhammatthasaṅgaha-kyam you 摂阿毘達磨義論骨子(4)』，『マーティカーアヤカウ *Mātikā-ayakauk* 論母摘要(5)』，『Dhātukathā-ayakauk 界説論摘要(6)』，『*Yamaka-ayakauk* 双論摘要(7)』，『*Paṭṭhāna-ayakauk* 発趣論摘要(8)』を編みました。

皇太子が，北宮殿寺院の長老の弟子で別院に住していた僧ジナアーラーマ Jinārāma へ，ダダーウーの田圃の中に建てたレービン(9)僧院を寄進しました。北宮殿寺院長老の弟子でチンドィン村に住んでいた僧グナガンダ Guṇagandha にもダダーウーのマンシー(10)僧院を建立してご寄進なさいました。彼は第１マンシー長老として知られるようになりました。その長老は，若い時にインワで勉学に励んでからバドゥン市のチェージーピン内の自分の生まれ故郷であるチンドィン村に住んでいたのでした。資具〔僧の日用品〕を寄進供養する人が少なくて苦労することも多かったそうです。

このころ王は，チンドィン村のガマウという人から提供させた良質の宝石の原石を愛好し，「チンドィン・ガマウ石」として有名となりました。その時，北宮殿長老が，「チンドィン村では値踏みできないほど高価な宝石があるだけではない。三蔵の壺(11)も１つあって，世の中で使われず知られていない」と王に聞こえるように言いました。すると王は，グナガンダを召喚して帰依なさった，という有名な伝承があります。

マウンダウン〔村〕のシン・グナーターラ Shin Guṇasāra，パライン〔村〕のシン・トゥザータ Shin Sujāta 方はシン・グナガンダと同じ系統の共住弟子でありました。

ある日，タウンビーラ長老が，北宮殿長老のアッガダマリンガーヤに，「われわれがいなくなれば，〔貴方が〕典籍通達者〔の第一人者〕になる」と冗談を言いました。するとアッガダマリンガーヤ長老は，「尊者よ，貴方がたがいなくなると，私だけが典籍に通達する者とされるであろう」と〔言ったとい【p. 174】う〕伝承があります。さらに「今でも私たちが典籍通達者ではないだろうか」と言ったともいわれています。ピー法王の懇願により「王統史抄」も編みました。現在まで『北宮殿寺院王統史』[(12)]と呼ばれています。

北宮殿長老は，ピーミン王の大臣のネーミョーノーヤターの息子の家臣系統の人です。たまたまある時，還俗したタドーミンジーが大臣や近侍の随員と僧院に来られて長老と話をしている際に，自分の持ち物や随員たちを示して「長老さま，還俗して世俗の人となったら，これほど多くの大臣を自分のそばに侍らせ裕福なものも得られるのに」と言いました。すると，長老は「これくらいの裕福さなら，われわれの便所に一度行くほどの価値もない。なぜならば，一度便所へ行くだけでも“不浄の観法の行 asubha-kammaṭṭhān（＞kammaṭṭhāna）”ができるではないか」と言い返したという伝承があります[(13)]。

《このようにいわれている言葉は，師資相承の言及と異なっています。譬えを出して昔の長老方の生活習慣をわきまえておくべきこととして記したのです。》

王宮寺院長老お２人のことを終わります。

註

（1） エインシェ・チャウン（「皇太子僧院」の意），王が皇太子であった時に建立寄進した寺院であったので，この名がついている。

（２）「カッチャーヤナ」系統の文法書。

（３） *Piṭakatdothamaing* の書名リスト No.778。

（４） *Piṭakatdothamaing* の書名リスト No.798。『アビダンマッタサンガハ』を美しいビルマ語で区切りをつけて「ポッセ Put-sit」（小文法書名の一冊）の書き方に直し訳をつけた書。

（５） *Piṭakatdōthamaing* の書名リスト No. 549。なお，「アヤカウ ayakau」は，アビダンマ学習のため著されたビルマの仏教典籍。アヤは「内容・中味（meaning, purport of words)」を指す語で，カウは「すくい上げる・取り出す（pick up, lift out of place)」という意味である。したがって「言及された内容である事項を取り出して具体的に示す」ために編まれた典籍である。拙論「南方上座仏典土着化の過程――ミャンマー仏教研究ノート［１］――」『大谷中・高等学校研究紀要』第26号，1989年参照。

（６） *Piṭakatdothamaing* の書名リスト No. 556。

（７） *Piṭakatdothamaing* の書名リスト No. 564。

（８） *Piṭakatdothamaing* の書名リスト No. 570。

（９）「レービン」は，田圃・平地（scapular region）の意で，ここでは固有名詞的に使われている。

（10） Hmanci.「ガラス・モザイクの玻璃」の意味。

（11）「三蔵の壺」と言ったのは，三蔵に通達したグナガンダ長老の存在を暗に指している。なお，言い方は微妙に異なるが，『サーサナヴァンサ』にも訳出されている。*Sās*. B 版 p. 126，生野訳 p. 239。

（12）『ミャウナンジャウン・ヤーザウィン Myaunan kyaung -Yazawing』

（13） この箇所も『サーサナヴァンサ』に訳出されており，そこではさらに「この話は仏教史に重要ではないにせよ，先師たちの獅子吼せる言葉は〔我々が〕臨終まで記憶されるべきである，と深く考えて述べたものである。」（訳文，生野訳 p. 240による）との文言が付加されている。*Sās*. B 版 p. 127。

§53　タードー・ナヤーワラ[1]王の治世に還俗しようとしたある若い比丘のこと

緬暦1034（1672）年に王子ナヤーワラが王位に即き戴冠なさいました。「大獅子太陽法王 Mahāsīhasūradhammarājā」なる称号徽章もお受けになりました。その王の治世に，シュエジーゴン・パゴダの北の登り階段の近くのゼータウン・チェーダイン僧院で学習している青年比丘１人が，仏典に通達してきていたのに，年をとっていなかったので若気の至りで還俗しようと考え，衣類や装飾品などをもって仲間の比丘たちとイェンイエー埠頭にやってきて，「還俗する前に仏を礼拝しよう」と窟院の中に入り参拝しました。その時に在家信者【p. 175】のある女性が，窟院の外で水を注いで「この功徳によって苦界，地獄から免れることができますように。どこに生まれ変わっても還俗した男の妻になることのないように」と願いごとをしていました。

その誓願の言葉を聞いた若い比丘は，驚愕して「自分は還俗しようとしてやってきたが，在家信者の女性が外で思いがけない誓願をしていた。尋ねてみよう」と考えて窟院の外に出ると，「還俗した男の妻になることのないように，と言っていたが，何故そのように誓願したのか」と問いただしました。するとその女性は，次のように答えたのです。「還俗した男の妻になることのないように，というのは，愚か者の妻になりたくない，ということです。還俗するのは愚か者になるということではないでしょうか」と聞き返し，「還俗する比丘は，どうして愚かでないと言えるでしょうか。そんなことは決してありえません。どの比丘であっても，比丘は人々が寄進供養する対象であり，人々の依り処として生活していて心配ごともなく過ごすことができます。学問や仏典を学びたければどれほどでも学ぶことができます。学びたくなければ黄衣を脱ぎ蹴り上げて，眠たければ寝ていることもできます。それなのに他人の奴隷になり女性の奴隷になって養育するなんて。還俗する比丘ほど馬鹿な者は，この世にいません。愚か者の妻になって苦労しないですむ筈はないでしょう」と言いました。それを聞いた青年比丘は，反省し，イェンイエーの城門の外に出て考えこみ立ちつくしていました。

ときに在家用の衣服を手にしていた仲間が呼ぶのを聞いて，彼は一切の事情を話し，さらに「私は町に帰っても還俗はしない」と言って，サガインへと河を渡って行きました。

《誓願していた在俗女性は人間ではない。ナッ・サウンマ（女守護霊）であったのだろう》

〔後の〕賢者たちもそう明言しているとのことです。

サガインへ到着すると，彼は仏典に通達した長老の許で，弟子になり，プンニャゼディ・パゴダ(2)の山に現存するティローカガル僧院のところの小さな僧院に住んでいました。

比丘衆を教えることが多く，学習にやってくる者の居場所が足りなくなり，【p. 176】掘立小屋に屋根をかぶせ，壁を造ってもらって住んでいました。

ある時アヴァ〔インワ〕の王がプンニャ・ゼディに参拝にいらっしゃって掘立小屋に住んでいるのを見て，窟院と共に僧院を建立して，その若い僧に寄進して下さいました。「ティローカガル」という称号も授かりました。

ティローカガル師僧の弟子で7安居をそこで過ごしたシン・テーゾディーパ Shin Tejodīpa は，『パイェジー・ディーガー *Pareigyi-ṭīkā* 大護呪復註(3)』を編纂しました。後に「Tilokalaṅkāra 三界荘厳」なる称号徽章の授与も受け，「アリンガーポウゴジョー〔名解説者たる著名人〕」3人の中に入っています。

《説明が滑らかで，ティローカガル〔三界の師〕として知られました。ナヤーワラ王の治世でした。アナウペッルン王の治世とも言い，資師相承次第に入っているともいわれています。》

サガインのシンビュー・シンフラ〔パゴダ〕北方にいたアシェ・パラッカマ，アナウ・パラッカマ長老たちは，ピンヤが繁栄してきた時からサガー樹僧院を出て，タウンバルーへ移って住んでいました。その時代にはアヴァ都は建設されておらず，チャンジッター寄進のティーライシン・パゴダがあるだけでした。そのパゴダの近くに村があり，パラッカマ僧院の比丘衆は，その村への托鉢によって生活していました。

ミンガウンジー１世王の王師であったピンヤーチー長老方も，タウンバルー・パラッカマ系統です。したがって，「わがパラッカマ派から始めた帽子であり，たまたま自分で踏んでしまったので，私が必ず王師になるであろう。そういう前兆があった」とミンガウンジー王治世の伝承に述べられています。

「インワ〔の都〕の建設用地からタウンバルーまではわれわれが住むべき処ではない」として，長老方はサガインへ渡り，アンドーフム・パゴダの裏側の峡谷に住みました。東西２僧院を建てて住んだので「アシェ〔東〕・パラッカマ」「アナウ〔西〕・パラッカマ」と呼ばれました。その僧院の衆僧をアシェ僧院住，峡谷西側のレッパン村にはミンガウンジーが食事の供養をなし，面倒をみました。供養をされた食事を料理してもらって住したことから東〔僧院住の比丘〕は「レッパン村住僧」，西〔僧院住の比丘〕は現在に至るまで「ウッ【p. 177】チェ〔調理義務の意〕村住僧」と呼ばれたという伝承があります。

その長老は，パガンのシン・アラハン系統サンガのお方であり，シン・サッパダ系統の後サンガにも含まれる森林住の尊い比丘でもありました。

還俗しようとした若い僧１人のことを終わります。(4)

註

（1） Narāvara 王（1672-73在位），ピーミン王の子息。「タードー」は王子の意味だが，ここでは固有名詞のように用いられている（他例もある）のでそのままにした。

（2） ２仏舎利が奉安されていると伝えられるサガイン丘上にそびえる最も美麗で歴史的にも著名なパゴダ。現在もサガインを訪れる参詣者，観光客が必ずといってよいほど立ち寄る。

（3） *Piṭakatdōthamaing* の書名リスト No. 345。そこではビルマ暦991（1629）年編としている。また，第６結集版に，Ashin Tejodīpathera 編，*Parittaṭīkāpath* と編者不詳，*Parittaṭīkānissaya*，1971年初版，1990年再刊がある。なお現在「パイェジー〔Mahāparittaṃ大護呪〕」とされているのはニダーナ（序偈）の冠せられている11経である。cf. 大野ビ辞 p. 363

ただしボードーパヤー王の治世（1782-1819）にはマンガラ，ボッジャンガ，プッバンハの３護呪経は「パイェゲー〔小護呪〕」と見做されていたようである。cf. 拙論「ビルマの護呪経典序偈パリッタパーリ・ニダーナとその試訳」『大谷中・高等学校研究紀要』10号，1973年。

（4） この節における前半の内容は，ほぼ同様に『サーサナヴァンサ』（*Sās.* B版 pp. 127-30，生野訳 pp. 242-44）に訳出されている。生野訳で訳者が「若き頃，還俗しようと考えたティローカガル長老事蹟について」と見出しをつけている箇所である。その後のタウンバルー・パラッカマ系統の長老・比丘衆についての動向に関する部分は，別な箇所（原版 p. 95，生野訳 p. 177）で言及されてはいるが，当時帽子を使用しており，それが踏まれ王師への吉兆となるなどの記述は，『サーサナヴァンサ』に訳出されていない。

§54 パカンジー市のシュエウミン長老系統のこと

パカンジー市のシュエウミン長老系統については〔次のような次第です。〕インワの都がまだ建設されておらず，ピンヤが栄華を誇っているころからミンイェティンカーヤが，パカンジー市の面倒をみて仏塔や窟院を建立しました。インワの建設もしたタードーミンビャー，ボードーアティンカーヤは5代目までパカンジーの面倒をみています。黄金寺院や窟院を建立し，パガン・ガソェシンの中のティーラボッディパンダコージーの系統，シン・ゾーティプンニャの弟子を招いてシュエウミン僧院を建てて寄進した，と資師相承次第に言っています。そのシン・ゾーティプンニャの弟子シン・ダマナンダ，また同じ弟子のシン・ザブダザ(1)は，パーリ三蔵，アッタカター，ティーカーなどの典籍に通達していました。ビルマ語もよく熟知していました。

律蔵5巻，三蔵，アッタカター，ネイッタヤを編纂しました(2)。現在でも頼りにされています。シン・ザブダザ自身が書き残した律蔵，アッタカター，ネイッタヤは，資師代々手放すことができずに依り処として尊んできたのでした。現在でも僧院内にあるとのことです。

ある時タウンビーラ長老は，マン〔河〕セットウヤー〔仏足跡〕塔(3)へ参詣に行き，帰途にパカンジー・シュエウミンのシン・ザブダザの居処に入って討論なさったことがありました。恥も知り学を志す人こそ立派であると親しみをもち大切になさいました。シン・ザブダザとタウンビーラ長老は，修学の安居数は同じでした。僧院からの帰り際に，見送りに出てきたタウンビーラ長老は，シン・ザブダザ長老へ「私は王師です。貴方から先にお行き下さい」と言いました。シン・ザブダザ長老は「貴殿こそ王師でいらっしゃった。貴殿が先にお行き下さい」とタウンビーラ長老に応答したとのことです。

【p. 178】

尊者お2人の意図したところは，「自分自身が先に行くと，王師であるから行くのである」と他人は思うであろう。そう思われないように，王師でない人が先に行くように，と言ったのです。［これがタウンビーラ長老の意図です。］

〔一方ザブダザ長老は，それに従うなら〕王師に任じられていない者が先に行く，と他人は思うだろう。そう思われないように王師である人が先に行かれるように，と言ったのです。［これがシン・ザブダザ長老の意図です］。

《タウンビーラ長老が教法の義務に従い，シン・ザブダザ長老が世間の義務に従いました。これは２人の立場をよく表している，と考えてよいでしょう[4]。》

タウンビーラ長老は，サガインやアヴァへ行ってからタウンビーラ・シードウ・ミンウン山の東方の谷間に森林住なさいました。そのことを兄弟２人の王が聞いて，素早く長老に出会って僧院を建立寄進しようと，われ先にと競って長老を探し回りました。弟君のミンイェーチョーズワーが先に会えたので，「北レージュンシーミー仏塔」を，タウンビーラ渓谷内にゼータウン黄金僧院を建立し寄進なさいました。

《善き人々のこうした事情や功徳の果報を一度聞いて，たとえ一度喜悦の心が生じたとしても天神として７回，人間として７回までの報いを受けるということが『アルナワティー経 *Aruṇavatī-sutta*[5]』に説かれている通り，喜悦の心を起こしてもらうために，この話を記すことにしました。》

タウンビーラ長老も，シン・ザブダザのことをタールン大法王に，談話の折に伝えると，法王も尊敬の念をもたれ，「ザブダザ」というもとの名前の中に「ザブディーパダザ」として２文字を入れて称号徽章を授与しました。

その他にも地方の村落で，ネーイン村のマニヤダナ僧院の住職[6]も，『アッタサーリニー〔法集論註〕』，『サンモーハビノーダニー〔分別論註〕』，『カンカヴィタラニー〔戒本註〕』などをはじめとするアッタカター，著名なティーカー，『サンケーパヴァナナー *Saṅkhepavaṇṇanā*[7]』などのティーカー類にいたるま【p. 179】で種々なるネイッタヤを編んでいます。その長老は，ビルマ語訳に優れていました。パラバイに記さず，貝多羅葉に直接鉄筆で書いて書籍を編纂しました。

ネーイン村のプッバヨン僧院住職[8]は，『マニディーパカ *Maṇidīpaka*』の残りの『ドワーラカター・ティーカー *Dvārakathā-ṭīkā*』を註解して『グーラッタ・ディーパニー *Guhḷattha-dīpanī*[9]』を編纂しました。『ヴィスッディマッガ・ガンティ *Visuddhimagga-gaṇṭhi*』,『ネッティ・パーリドゥ・ネイッタヤ *Nettipāḷidaw-nissaya*』なども編纂しました。比丘になるまで村落住派のなかで過ごしました。その後，帽子や扇子[(10)]を捨てて，森林住派に入りました。この僧も智慧深く知識も広かったのです。すべてのパーリ語彙の分析解釈について，もとの形，変化形の２つずつを取り出して説明しながら，分かり難いところでも，この僧は説明できるのでした。

シュエウミン長老系統についての事情説明を終わります。

註

（1） Jambudhaja 長老は，後述されているように，王師となり，タールン王からその名に「dīpa」なる語をつけた jambudīpadhaja という称号を得ている。なお，『サーサナヴァンサ』でも同様に述べる。cf. *Sās.* B 版 p. 131。（生野訳 p. 246）

（2） *Piṭakatdōthamaing* にはビルマ暦1199年ザンブディーパダザ長老編の『*Yamaka*〔双論〕』10巻，およびその逐語句釈『アカウ』書名リスト No. 568と，『*Paṭṭhāna*〔発趣論〕』24巻の『ネイッタヤ *nissya*』書名リスト No. 574が挙げられている。

（3） ここは釈尊巡錫の伝承をもつ仏足跡のある聖地で，ビルマ中央部アラカン山脈連峰が南方へ延び尽きて平地とぶつかる所に位置し，昔から「河の中に生まれる村」として有名である。そこまでゆるやかに周行してきたマン河はミンブーの町を遡ること約21マイルの地点で急に眼前が開け広い浅瀬となり白砂によって限定された砂洲の空間をつくりだす。その砂洲に出現するのが仏足石塔のあるセットウヤ村である。

マン河は東方へ流れ下ってミンブーの町の近くでイラワジ河と合流するのだが，雨期には毎年河の水が谷あいの村まで氾濫して，すべて押し流し，村は水面下に没してしまう。しかし，乾期になると再び前年と同じく運ばれてきた砂洲の上に新しい村が造られて，また各地から多くの巡礼者を迎え新しい市（場）が立ち，交易の中心地となる。

（4） ここまでの内容は,『サーサナヴァンサ』(*Sās.* B 版 pp. 130-31，生野訳 pp. 245-46）でも同様に紹介されている。説明に使用された用語は異なるが，タウンビーラ長老は教法本来の指標である出世間者の立場をより尊重し，ザブダザ長老は王師という世間のしきたりを，より尊重しようとした発言と考えられる。

（5） *SN.* 6-14（南伝12巻 pp. 262-66）

（6） ネーイン長老 Shin Ariyālaṇkāra.

（7） *Piṭakatdothamaing* の書名リスト No. 834

（8） Shin Upatissa.

（9） *Piṭakatdōthamaing* によれば正式書名は *Jinālaṅkāradīpanī* という。*Piṭakatdothamaing* の書名リスト No. 237

（10） 原文 tarabhat＝tarapat（＞tālapatta），多羅樹葉を使用した扇。

§55　御弟ヤメティン大王ミンイェチョウティンの治世におけるミャウナン〔北宮〕僧院長老方のこと

緬暦1035（1673）年御弟ヤメティン大王ミンイェチョウティンが王位につきました。「吉祥最勝大法王 Sirīpavaramahādhammarājā」なる徽章・称号をお受けになられ，「ウンベーイン〔あひる池〕」に住んでいたので「ウンベーインサン法王」とも呼ばれました。ウンベーインに造られたアウンミェボンジョ僧院をティリータダマパーラ Sirīsaddhammapāla 長老にご寄進になりました。マハームニ四重楼閣大寺院の南楼閣僧院や北宮僧院長老方はじめ村落住，森林住僧のサンガに帰依信仰なさいました。

ニョウンヤン王朝10世代の王のうち後半の５代の王は，「煉瓦も色々，石も色々〔玉石混淆〕」というように見分けせずに〔どの方にも〕帰依しました。そのように帰依信仰していたので師資相承を受けたもともとからすべての僧に帰依していました。そのため恥を知る学究者のダマワーディ Dhammavādi 師資相承も崩れることなく次第してきたのであり，〔著者が〕以下に示す３方法で考慮してみなさい。

【p. 180】
その王の治世に，先に言及したイェネーナッセヤウン・ポンジー(1)〔和尚〕に世情や王国のことなどにつき予め招いて相談しました。そうした会談がなされるようになったことについては，それ以前に同和尚がイェネーから都へやって来て新窟院のパターン堂に滞在なさっていた際に，〔王の〕ザーター〔出生票〕を見てもらったことがあり，その時に「緬暦1034（1672）年に間違いなく王になるだろう」と言い，それが当たったのでした。それを考慮し信頼なさって相談するようになったということが，『ローカゼーヤ(2)』書の中に述べられています。

ミャウナン〔北宮〕僧院長老方についてのことを終わります。

註

（1）　bhungyī「福徳（功徳を積んだ果報）が大きい，盛ん，強力なお方」の意味で，お坊様，和尚，住職，僧侶を指すビルマ語。

（2）　*Lokazeyya.*『ビダガドゥ・タマイン *Piṭakatdothamaing*』中にも見当たらず不詳。

§56　イェネー長老の指導で行われた祭典にパッターナ〔発趣論〕法が説かれたこと(1)

緬暦1038（1676）年カソン月黒分８日からイェネー長老の指導にしたがって新窟院パターン房舎(2)にてビルマ僧では初めてパッターナ〔発趣論〕法を説きました。次のナヨン月白分１日からはモン〔族の〕長老たちがパッターナ〔発趣論〕法を説きました。儀式は盛大に行われました(3)。王国の人々が供養したり誦唱したりしました。

この王の治世から，初めて貝多羅葉に漆塗りをして金箔を張って雄黄(4)で文字を書く習慣が行われるようになりました。それ以前は鉄筆で刻んだ文字，墨で書いた文字があるだけでした。

パッターナ〔発趣論〕法が説かれた事情についてを終わります。

註

（1）『サーサナヴァンサ』においても，この節の内容が同様に採り上げられていて，ところによってはさらに詳しい説明の言葉が加えられていたり，見解が述べられている。（*Sās*. B版 pp. 131–32，生野訳 pp. 247–48）

（2）パターン・ザヤ（Paṭṭhan zaya）。発趣論読誦のためのお堂あるいは房舎。

（3）このパターンの法会の詳細については，語られていないので不明だが，ビルマでは最近「パターン・ボエ〔誦唱祭〕」が各地の僧院やパゴダの境内などで行われている。

それは，サンガの布教活動の一環として南伝七論の中の『*Paṭṭhāna*〔発趣論〕』の本文をパーリ語のまま誦唱し続けるもので，比丘たちが途中で交替を繰り返しながら夜間も途切れずに誦みついで唱えていく。一度の誦唱祭は，３日間，５日間，７日間あるいは９日間続けられる。もし仏教が消滅していくとすれば，最も難解なアビダンマの「パッターナ」からと考えられ，忘れ去られることのないようにとの願いから，こうした誦唱祭が挙行されるという。しかしそうした末法思想的な動機が何時頃から起こってきたのかよく分からない。また，他にも最近は新開地の地区浄化を目的にしてパターン誦唱祭がなされている例もある。それはともかく，ここに触れられているように，ビルマ僧が初めてパターン誦唱祭をしたとして，よくその起源がここに求められる。拙論「ミャンマーにおける最近の仏教儀礼―地鎮祭とパターン祭―」光華女子大学真宗文化研究所『真宗文化』第10号（2001年）参照。

（4）雄黄，黄色顔料（黄色染料となる鉱物，yellow orpiment）。

§57　偏祖派と通肩派に分裂しはじめた事情[1]

緬暦1060（1698）年トゥタリン月白分９日火曜日に，王子である皇太子が王宮の御殿をお開けになり即位なさいました[2]。「吉祥大獅子太陽善法王 Sirīmahāsīhasura-sūdhammarājā」なる称号徽章もお受けになられました。

【p. 181】

御父上の住居の所に仏塔を建立し「マンアウン・ヤダナー」との呼称も与えられました。その王の治世に〔チンドウィン河の〕西方のトン村僧院のシン・グナービリンガーヤ Guṇābhilaṅkāra 長老は沙弥たちが村に出入りする際に上衣偏袒式[3]を採らせ腕に巻かせ，また頭を覆う多羅葉を持たせず多羅扇を持たせてトンドネ・ガイン[4]〔トン森林住派〕として分立していました。

そのグナービリンガーヤ長老は，三蔵・アッタカター・ティーカー典籍の意味をよく理解していませんでした。スッ，ソーダナー，アーボー，チャントェ，チャンテー，チャンヨー[5]に熟達していませんでした。ニャワー[6]〔安居期間における夜間学習会〕の教科書『アカウ[7]』の勉強だけをしていました。

その頃にタウングー都〔に住する〕シン・ボディンクラ Buddhinkura 長老やシン・シッタ Sitta，タバイン市のチェ村〔に住する〕シン・トゥナンダ Thunanda，タヨゥ城市のガヤン・オゥ〔村の〕シン・カリヤーナ Kalyāṇa 長老たちは，沙弥たちが村に入る際に上衣偏袒式を採らせず，法衣を通肩にさせ，多羅扇を把らせてアヨンドネ[8]・ガイン〔アヨン森林住派〕という派をなしていました。そのシン・ボディンクラ，シン・シッタ，シン・トゥナンダ，シン・カリヤーナ方は，三蔵，アッタカター，ティーカー典籍の意味をよく了解していました。典籍によく通じてもいました。ニャワーにおいて『アカウ』の学習を実践すると共に沙弥戒に関する典籍もよく学習していました。

このハンターワディーに至れる王ボードー・マンアウン・ヤダナー施主の時代に，通肩派１派にのみ師資相承があったところに，偏祖〔右肩〕派が現われ，通肩・偏祖の２派に分かれたのでした。このように分派しましたが，「用事がある人がいなければ，話す要もない」というように所用を処理する人である正法護持者の王が関心を示さなければ，気付かないままで，お互いに言い争うことも邪魔しあうこともなく過ごしていました。

（1）通肩派は，典籍に明らかに言及されている。書かれている通りにそれに従い心を向けて黙していた。

（2）偏袒派は，典籍に明確な言及はなく，常に行われてきた慣習でもないと考えて，セイロン帰りのシン・タッダマサーリー Saddhammacārī た【p. 182】ちの系統の慣習であることを頼りにしていること，また現存している書物に偏袒にすべきであるという言葉が入っているようなことをピャーティ・セイユア〔10か村〕郡の還俗者に上告させ，『スーラガンディ *Cūlagaṇṭhi*』書に入っていると言わせながら根拠を探していた。

（「〔水瓶の水が〕減っているのを頼りにする yadūnakaṃ taṃsaṇatā[9]」という格言のように，水が満杯の壺を水が満杯でない壺のように言う。）

その当時，ニャウンシン黄金寺院の長老が，村落住比丘たちを誘い出して集め，「ウットゥ・ドウチャー帽をつけない，新芽も中身もない吉祥のない比丘たちを住まわせないように」と，森林住の比丘たちの僧院を破壊させたため，〔彼らは〕出て行ってしまいました。

シンディ村の東南，タテ池の西南の森林住の僧50人余りをも追い出してしまおうと，村落住僧たちが再び運動しはじめました。

その経緯をマンアウン・ヤダナー施主の大法王がお聞きになられ，「ニャウンシン黄金寺院の長老は村落住である。森林に住む僧は，阿蘭若〔林，空閑処〕住 araññavāsi〔派〕である。村落住の比丘たちは，阿蘭若住の比丘たちを追い出し迫害してはいけない。気にいった処に住んでよい。」という詔勅を出し，〔彼らも〕楽に過ごすことができるようになりました。

偏袒派・通肩派に分裂しはじめた事情を終わります。

註

（1） この節§57は，『サーサナヴァンサ』に同様に訳出され，言葉を補ったり，簡単に記述している箇所をさらに詳細に説明している箇所もあり，パンニャサーミ長老の見識が窺われる。（*Sās.* B版 pp. 132-34，生野訳 pp. 249-51参照）

（2） サネ王（1698-1714）。

（3） 上衣 uttarasaṅga の着方２種については，生野善應著『ビルマ仏教――その実態と修行』（大蔵出版，1975年）pp. 232-37に写真を入れて詳しく説明されている。

（4） Tountone-gain.

（5） これらの語は，ビルマの寺院における学習の際に使われる言葉であり，教授用語となっている。

「スッ sud」質問されたこと，>cuddita（パーリ語，「問われた」の意）

「ソーダナー sodanā」質問すること，>codanā（パーリ語，「問う」の意）

「アーボー ābho」解釈の目的，>ābhoga（パーリ語，決意・ねらい・目的の意）師が弟子に読ませて，どのような「ねらい」がその文章に含まれているかを尋ねる際に使われる。

「チャントェ kyan htwe」ビルマ語，文章の前後のつながりの理由を尋ねること。

「チャンテー kyan te」ビルマ語，文章の前後のつながり（接続の仕方）を尋ねること。

「チャンヨー kyan you」ビルマ語，とくに外的な要請に応えるものではなく，普通にビルマ語で説明すること。（以上ウー・ヴィッジャーナンダ長老による）

（6）　nyawa（ビ）出家僧（比丘，沙弥 etc.）に対する夜間講義。とくに雨期安居3か月の vassa 期間中に南伝7論などアビダンマ（阿毘達磨）について師である学問僧からパーリ語原典をビルマ語で解釈し解説する学習会。その際に使用されるテキストが「アヤカウ」とか「アカウ」と呼ばれる。拙稿「南方上座仏典土着化の過程——ミャンマー〈ビルマ〉仏教研究ノート〔1〕——」『大谷中・高等学校研究紀要』（第26号，1989年）p. 21参照

（7）「アカウ akauk」ビルマ語，「アヤカウ ayakauk」の略語で，意味は同じ。言及された内容である事項を取り出し，具体的に示す意図をもって編まれたアビダンマ論書を学ぶための典籍である。前出§52の註（5）参照。

（8）　Ayontone-gain.

（9）　これはパーリ語詩偈 *Dhammanīti* 第118偈の冒頭の部分から引用しており，その詩偈の全文とその訳を示すと以下のようになる。

yad ūṇakaṃ saṇati taṃ yaṃ pūraṃ santam eva taṃ
aḍḍhakumbhūpamo bālo pūrakumbho va paṇḍito.

（水減りし鉢は音をたて，満杯のそれは静かなり。そのように愚者は水減りし瓶，賢者は満ちたる瓶の如し。）(*PALI NITI TEXTS OF BURMA*, PTS, 1981年刊, p. 11)

§58 スィンビューシン王の治世に偏袒派・通肩派が完全に分裂したこと(1)

緬暦1076（1714）年に王子の皇太子が王位につきました。「大獅子太陽法王帝君 Mahāsīhasūra-dhammarājādhirājā」なる称号を受けられました。ローカマーンアウンパゴダ施主タニンガヌエ法王とも，スィンビューシン法王とも呼ばれました。この王の治世にシュエインミョウ大村のシン・ウッカンタマーラー Ukkaṃsamālā をトゥィンティンムージー〔長官〕(2)が招き，アヴァに着くとシュエチェイェ村に寺院を建立して寄進しました。

【p. 183】
〔その長老は，〕三蔵，アッタカター，ティーカーなど典籍をよく学び熟達していました。世間のことや政治に関しても賢明で，有名でした。ビルマ語やビルマの古文の解釈法にも精通していて，代々におよんで書き伝えられた通りに『ワ（ウ）ナボーダナ *Vaṇṇabodhana*〔音節覚知〕』を編纂しました。〔シュエインミョウ〕大村〔仏塔隷民〕出身であったので，王は，王師に任命して帰依するわけにいかず，トゥィンティン長官に任せた，と伝承されています。(3)

その王の治世に，沙弥たちが村に入る際に通肩にさせるか，偏袒であるべきなのか，ということで２派の間に言い争いが起こりました。シン・ウッカンタマーラー Ukkaṃsamālā と通肩派の比丘たちは書物から種々取り出して示し，通肩にさせるべきだと主張しました。タウンバルー Tauṅbhīlū 僧正と偏袒派の僧たちは，通肩派の師たちが示した書物を無視して代々の師の慣習に従って偏袒にさせるべきであると主張しました。

王は，フマンシー Hmansi，モーディ Mou thi，レッカウン Lekaun，ボディンクラ Buddhinkura の４人の村落住長老をヴィニドゥ〔戒律判定官〕に任命し，これら４師の面前で両派の主張をさせました。それら４人の師は，三蔵・註釈書等の典籍に精通してはいませんでした。律にも詳しくはありませんでした。王と極めて親しかった長老たちだったわけで，そうなったのでした。藪の茂みに籠もっている豹は捕まえられないように，典籍に精通し世俗のことや宗教についても優れていたシン・ウッカンタマーラ長老も話をまとめることができず，事件の解決には至りませんでした。

《『アトゥラ・タマイン』書では，シン・ウッカンタマーラー自身が解決できなかったので謝った，と書いていますが，それは全く違います。[4]》

偏袒派・通肩派が完全に分裂した事情についてを終わります。

註

（1）『サーサナヴァンサ』にも§58の内容は，ほぼ同様に訳出されているが，最後の箇所で「ウッカンタマーラ長老が解決できなかったので謝った，と述べている『アトゥラ・タマイン』の言及は間違い」と指摘している箇所は，省かれている。

（2） Twin thin hmu kyi.

（3） この本文§58の前半の部分は『サーサナヴァンサ』の記述のほうが直截で明確であり，理解しやすい。cf. *Sās.* B版 pp. 134-36，生野訳 pp. 253-54。

（4） ここでは，「そうではなくて，同長老は黙していただけである。」との含意を示していると見られる。

§59　通肩派チョアウンサンダー長老と偏袒派シン・パータンタ長老のこと

緬暦1095（1733）年王子の皇太子が王位につきました。「大王君主 Mahārājādhipati」なる称号徽章をお受けになられました。その後の1113年にハンターワディーに連れ去られ，「ハンターワディーに至れる王」とも呼ばれました。その王の治世にパカンジー，チェパイティン村のシン・ニャーナワラ Ñānav-【p. 184】ara〔長老〕を招き信仰されました。その師は，三蔵，註釈書等の典籍に詳しく，三蔵すべてに通達していました。トゥダマ〔宗教会議派〕の暗記試験「パタマジョー〔最上一級〕」に合格し称号を獲得，『ティンジョ・ガンディ *Abhidhammattha-saṅgaha* 難語句釈[1]』を編纂しました。後には『アッタサーリニー・ガンディ』および『トゥヤーヴィニッサヤ *Surāvinicchaya*〔飲酒決定〕』を編みました。ハンターワディー・ヨー王の依頼で『語彙辞典逐語訳[2]』も著しました。

「マハーヤーザアディパティ *Mahārājādhipati*〔大王君主〕」という王の称号を解釈して「韻律」，「修辞」，「文法」，「ネッティ」，「ヴィデッ」，「ダンディ」，「ビャンジー」の方法[3]などで飾りたて，『*Rājādhirājanāmatthapakasanī* 王君主名義解明』という書物をも著しました。

スィンデー[4]にあった仮宮殿を解体させた王は，100か寺以上になるように僧院を建立し，「チョアウン・サンダー〔100か寺以上の模範僧院の意味〕」と名付けて〔その長老に〕寄進しました。それで「僧院100以上のチョアウン・サンダー」としても有名になりました。

その時代から現在のボードー父王の治世に，決着がつかないでいた通肩・偏袒の論争が，再び起こりました。通肩派がチョアウン・サンダー長老，偏袒派がシン・パータンタ Pathaṃsa 長老をそれぞれ頭として言い争いました。王と親しかったアウンミェシュエボン長老をヴィニドゥ〔判事〕として任命しました。そのアウンミェシュエボン長老は，仏典に本格的には通達していませんでした。戒律についても精通していませんでした。「水牛の頬を叩く〔＝「馬の耳に念仏」の意〕」ようなもので決着できませんでした。

国内では通肩にしたい僧は通肩に，偏袒にしたい僧は偏袒にしており明確になってはいませんでした。その後緬暦1113（1751）年にヤダナープーラのインワが崩壊へと傾きました。

緬暦1113年に至って「大王君主」の称号を受けられたローカサラブー仏塔施主大法王の治世に，著名な，あるいは平凡な王君などを含めて32代まで続いたヤダナープーラ黄金インワ大王国は，滅亡してしまいました。

うわさ，前兆，きっかけ，埋蔵記録，星座，太陽，月，の運行などが重なり狂って〔運勢がよくなくなって〕きたのを知り，厄払いをしてみたけれども直【p. 185】らず正しく運行しませんでした。そのように時に応じ手当てを実施したので，その王は「ベーディン・セッチャ〔占星術転輪聖王〕」と呼ばれたのでした。

偏袒派・通肩派長老方についてのことを終わります。

註

（1） *Piṭakatdothamaing* の書名リスト No. 913，そこでは『古ティンジョ難語句釈 *Abhidhammatthasaṅgaha-gaṇṭi-haung*』とされている。

（2） *Abhidhan-nissaya.*

（3） hsan, alinka, saddā, netti, videt, daṇḍī, byanzi と７方法が挙げられているが，これはビルマにおけるパーリ語文章作成上の最高水準の著名な指導書名を示しており，これらの書に範をとって知的に高度の名前や称号，詩や称賛文などを作ることが伝統となっていたようである。(cf. *Pitakatdothamaing* p. 133)

①hsan は，chanda（パ）（韻律）で *Vuttodaya*（スリランカのサンガラッキタ編パーリ韻律論)。

②alinka は，alaṅkāra（パ）（修辞）で *Subodhālaṅkāra*（同上サンガラッキタ編)。

③thadda は，saddā（パ）（文法）でパーリ語文法。

④netti は，netti（指導）で *Nettipakaraṇa*（ビルマでは三蔵に含まれる)。

⑤videt は，*Vidgadhamukha-maṇḍana* を指し，技巧的文章作成法を説くという。

⑥daṇḍī は，ダンディン著 *Daṇḍī* を指し梵語修辞論を説くという。

⑦byanzi は，梵書の *Pañjikā* を指すという。(*Sās.* 生野訳 p. 257註記参照)

（4）「スィンデー」(「象小屋」の意）という地名は，多くあるようだが，ここでは都の中の「象舎」の跡地に付けられた地名。

§60　ナラパティスィードゥ〔王〕からの先祖代々の系譜のこと[1]

その後緬暦1114（1752）年になりパガン・ナラパティスィードゥ王の娘であるチョンドゥティとアラウンシットゥ王の曾孫のアナンタトゥリヤとが結婚して生まれたミンティディカ，ベージーヤダナ，ベーゲーヤダナ，ランブーヤンタトゥー，パウミャインミンパレー，ミェネソディーガーまでの太陽王系統モーフニンを治めたタドーミンビャー法王からワパーノーヤター，ミョウベノーヤター，ティンカヤー，ミンネーウン，ミンイェトエ，ミンジーユエ，ミンボーキン，ミンセイナイン，ティリマハーダマヤーザーまでの先祖代々世界の始まりのマハータマタ Mahāsammata 王の純粋な王家・パガン王系太陽王系統であるアラウンパヤーは，タラインのゲリラたちが反抗して王国を荒らした危険のために，上ビルマの村，州，県，海岸地方まで〔ミャンマー全土が〕荒廃し，在家・出家・全国民が苦しみ，めらめらと大火が起こってきた時に，王の威力というアノワタッタ湖の水の雨を降らせてゲリラによる危機の火事を消し鎮めながら，王朝代々が継承してきた王位を受け継いだのでした。

ナラパティスィードゥ〔王〕からの先祖代々の系譜のことを終わります。

註

（1）『サーサナヴァンサ』においては，こうしたアラウンパヤー王に至る先祖の系譜に関する記述はなく，インワ王国滅亡後２年にしてヤダナシカ〔シュエボ〕城市を創建し，人々は「我々の王は菩薩〔パヤー・アラウン〕である」と明言した…，と記す。(cf. *Sās.* B版 pp. 137–38，生野訳 pp. 257–58)

§61 ヤダナーティンカ[(1)]とヤダナーティンガ[(2)]という2種のこと

緬暦1113（1751）年には，挽き臼や杵にいたるまでインワ都のすべてが海岸【p. 186】まで流されました。その時に福徳と智慧のそなわった大臣の息子も，これまでのようには防衛できませんでした。ゼインガマキンにおけるティンカという市は国の都になる，とガウンパティ，ヤディ〔行者〕，帝釈天が予告した通りに，

（1）ヤダナーティンガ大都と共に王宮，楼閣を建立した。

（ある記録には「ゼインガマジュン」と書いてあります。「〔ゼインガマ〕キン」と書いたほうが正しいのです。〔また，〕ヤダナーティンカという言葉においても勝利獲得によって人々の頂点・髷のようになった王，髷が5つあるので「ピンサティンカー・ナッダー」と書かれたように，「宝石すべてが集まる処」であり，あらゆる国々の中で頂点となったので，「ヤダナーティンカ」の都という意味を採ったので，第2の文字「カ」のほうが正しいのです。

「ミャンマーの頂点で髷をそびえ立てて「コウンバウン[(3)]」と認定された宮殿の楼閣から転輪聖王のように威力を発揮すれば，すべての敵は滅びる」と，昔の人々が詩偈に詠んで編んでいます。

「ティンカ」とは，頂点，髷のことで「そびえ立つ」の意味，「ティンガ」は早いという意味です。そのため都の広場で「ヤダナーティンガ大都」と4番目の「ガ gha」で書いたのを見て「早く滅びる」との意味と思って知識人たちは好まなかったのです。）

（2）宮殿，市街，堀，ナッ祠堂，溜め池，時を告げる太鼓台，シュエチェッドー・仏塔[(4)]〔の7建造物〕を7か所に同時に建立しました。

（3）〔アラウンパヤー王は〕正法を繁栄させる教法の支援者であることを口頭で約束しただけであり，〔サンガから〕徽章称号を受けませんでした。

（4）波羅蜜行を満たす菩薩という意味のアラウン大法王という名前は，地上からあふれでて天界まで広まり有名となりました。

（5）1か月の4布薩日には必ずサンガの僧たちに食事供養をなしました。

（6）王妃，側女，大臣，従者たちと一緒に布薩戒[(5)]を守って過ごしました。

【p. 187】
（7）三宝の徳のパーリ，ビルマ語の偈文を王宮全員に学習させ暗記させました。
（8）プエジョン無恥の村落住僧たちを正法に従って訓誡し，仏法を清浄にしました。
（9）オシチェ村僧院のタウンバルー長老の弟子で偏袒派のシン・ヤサを「マハー・アトゥラヤサ法王尊師」との称号を贈り，王師として帰依なさいました。

その当時，通肩派のパラインシン・スジャータ方は，沙弥たちが村に出入りする際に，衣を通肩にさせることは，法のきまりであると典籍を示して，〔王に〕奏上しました。偏袒派のアトゥラ長老方もインワが栄えていた頃タニンガヌエ王，チャータワディ王の時代にマーンオンヤダナー善法〔講堂での会議〕で長老サンガの面前で判決しており，決定して済んでしまったことである，と伝えました。法王は論議させたい願望をもっていましたが，話せませんでした。王国の政治上の国事を優先させてから宗教上のことは，後で議論し相談して正しくさせる，という詔勅に従い延期しました。

註
（1） Ratanathinkha.
（2） Ratanathingha.
（3） Kounbhaung.
（4） チェッ khe は，「への緒」，それを埋めて生誕の地に建てた記念のパゴダ。
（5） 南方上座仏教の信者は布薩日（毎月4日ある）に八戒ないしは九戒を僧の面前で授けられて誓い，当日は静かに過ごす。詳しくは拙著『ビルマ仏教』（法藏館，1995年）第9章参照。

§62　タウンドゥインジー・ポウゴジョー[1]について

緬暦1122（1760）年皇太子が王位〔第２代国王ナウンドージー王（–緬暦1125在位）〕に即きました。「吉祥最勝大法王 Sirīpavaramahādhammarājā」なる徽章称号を受けられました。マハーゼーヤプラ・サガイン大都を重ねて再建したので，サガイン都建立王とも呼ばれました。当時タウンドゥインジー市の僧院住僧シン・ニャーナは，非常に博識で智慧にも秀でていました。１日に貝葉を１ガイ[2]ほど暗記できたので「タウンドゥインジョー[3]」と呼ばれて有名でした。彼が受具足まもない新参比丘の頃でさえ『ポッセ・アヤカウ *Pudcac-ayakauk*[4]』，『ニャッ・アヤカウ *Ñāth-ayakauk*[5]』，『ヤマイ〔双論〕語義解釈 *Yamai-hkehsi*』，『パッターナ〔発趣論〕・アヤカウ *Paṭṭhāna-ayakauk*』を書き【p. 188】ました。王は，そのタウンドゥインジョーを招いてマハーボンタ僧院を寄進し，「ニャーナリンガーヤ大法王尊師 Ñāṇalaṅkāramahādhammarājaguru」なる称号徽章をも授けました。

そのタウンドゥイン長老は，通肩派の系統であって，ダンマワーディ僧方が頼りにしていて有名なお方でしたので，バドン市やカンニー市の沙弥たちが村落に出入りする際には通肩にするよう，典籍の根拠を示して〔王に〕手紙を送りました。

しかし，アトゥラ長老は，以前と同様にインワ王朝時代に〔その件については，決着がついて〕済んでしまったことであると返答し，王の認可を仰ぐ機会は得られませんでした。

緬暦1125（1763）年に弟君のスィンビューシン〔第３代国王（–1776在位）〕が即位し，「吉祥最勝正法大王因達羅君主 Sirīpavarasudhammamahārājindādhipati」なる称号をも受けられました。ヤダナープーラ〔インワの黄金〕都の３度目の再興をなしとげたので「第３次黄金インワ建立王」と呼ばれました。マグエ市で有名となった６牙の大白象を入手したので，「スィンビューシン〔白象の持ち主〕」とも呼ばれました。

〔王は〕ザイェ村の第１シンナンダワラ Paṭhama Shin Nandavara 長老にボンジョトフルワ僧院を寄進なさいました。「南閻浮洲無限幢幡大法王尊師

Jambudīpanantadhaja-mahādhammarājaguru」なる称号も授与なさいました。この王の治世にはゾーティワーダ Jotivāda(6) を信じる人たちが現われ，教えの展開をみたが，王が諫め抑止しました。

タウンドゥインジー・ポウゴジョーのことを終わります。

註

（1） タウンドゥインジーは地名で，ポウゴジョーは有名な人物の意。cf. §51の註（3）。

（2） ガイ：貝多羅葉12枚，パーリ語の１anga＝１ガイ，で貝多羅葉の分量（長さ）を示す単位。『サーサナヴァンサ』によれば，毎日学僧が暗唱する９ないし10倍の量を誦唱することができた，と伝える。*Sās.* B版 p. 142，生野訳 p. 264参照。

（3） Tauntwinkyo.

（4） ビルマ語によるパーリ語文法の解説書。*Padacaya,*『サーサナヴァンサ』では *Pada vibhaga* としている。*Sās.* B版 p. 142，生野訳 p. 265註（5）参照。

なお，後にこの書に範をとりビルマ文を美麗なスタイルで書き記すこともなされている。本書§52の註（4）参照。

（5）*Piṭakatdothamaing* 書名リスト No. 928。

（6）当時北部ビルマ・シャン州などに広がりを見せた新興仏教宗派という。現在でも残っているともいわれるが詳細は不明。

§63　ンガスィングー王の治世における偏袒右肩派が律蔵に合致しないと謝ったこと

緬暦1138（1776）年にンガスィングー王〔第4代国王（-1782在位）〕が即位して「大法王増上王 Mahādhammarājādhirājā」なる称号徽章も受けられました。即位以前にンガスィングー都を建立するための労役に従事したお方でしたので「ンガスィングー王」として知られました。王都の前面のモーティ僧院跡に五層楼閣僧院を建てて「アウンミェサンルッ」僧院と名付け，マンリー長老に寄進しました。「功徳牟尼帝王正法旗大法王帝君尊師 Guṇamunindābhisāsanadhaja-mahādhammarājādhirājaguru」なる称号徽章も授与しました。

【p.189】その当時，バンジードインタイポウミン出身のシン・ナンダマーラー Nandamālā なる長老が，サリン市のシェ〔東〕僧院にて安居を過ごし教授していらっしゃいました。〔師は〕村の出入りに腕に巻くだけで出入りする偏袒派の沙弥たちは律蔵の教えに合わない，と言って教誡しました。パーリ三蔵本典，アッタカター，ティーカなどに書かれている衣の着方を教え書き示しました。

偏袒派の僧たちも，その書物を入手して王の耳にもいれたのでした。水陸を支配する法王も，帝釈天やナッに守護され，罪悪から離れ正法に合致するようにと志して(1)，イラワジ河下流サリン市に住んでいるシン・ナンダマーラーを，イラワジ河の上流，ヤダナープーラ・インワへ召喚すると勅令を出し，迎えの大臣を派遣しました。到着すると，エータンという水上の王宮に滞在させました。〔そして，かつて〕モッガリプッタティッサ長老がティリーダマ・アソーカ王に，正法と邪教の思考を教えたように，ナンダマーラ長老も，沙弥たちに村への出入りの際の衣の着方・律蔵の法の規範を教授しました(2)。

功徳広大智慧甚大の偉大なる王も，偏袒にすべきか通肩かについての律蔵の規範を納得し，王宮にて両派の僧たちに法に示して言わせると，偏袒派の見解はアッタカター，ティーカーなどに示されていない。通肩派の見解のみ三蔵，アッタカター，ティーカーに示されている。偏袒派は，「沙弥の村への出入りに偏袒にすべしと三蔵，アッタカター，ティーカーに示されてはいない。誰かがするのを真似して習慣になっただけである。」と白状しました。

《２派の申し述べた言葉については，すでに触れました。》

【p. 190】
通肩派が勝利したこと

水・陸の支配者である法王には，パーリ三蔵，アッタカター，ティーカーの浸み込んでいる正法守護の義務があり，沙弥たちに村に入る際には通肩にするように，と緬暦1142（1780）年ナヨン月黒分15日に勅令を発布しました。

勅令は，その通りに全国一斉に従いました。ローカサラブー仏塔の東方に塔門２つと高楼２棟と共に四層楼閣僧院を建立し，「ボンジョー・ウェーヤン」と名付けてシン・ナンダマーラー大長老に寄進しました。「ナリンダービダザ大法王帝君尊師 Narindābhidhaja-mahādhammarājādhirājaguru」なる称号徽章も授与しました。

その長老は，三蔵および註釈典籍に通達していました。スッ，ソーダナー，アーボー，チャントェ，チャンテー，チャンヨー(3)に堪能でした。比丘具足戒を授けられて間もない頃にさえ，『*Vinayavinicchaya-nissaya* 律決定ネイッタヤ』や『*Suttasaṅgaha-nissaya* 経摂ネイッタヤ』，『*Sut-mahāvagga-aṭṭhakathā-nissaya* 経（長部）大品註ネイッタヤ』，ビルマ語による『*Sāsanasuddhidīpaka* 仏教浄化灯』などの典籍を著しました。

律蔵の法規定に合致せず謝ったことについてを終わります。

註

（１）『サーサナヴァンサ』によれば，帝釈天が夢枕に立ち前に触れたマン河の仏足石塔（Padacetiya）を清掃し清浄にするべきで，その時に至れば一比丘が現われ来たって訓戒を授けるであろうと，ンガスィングー王に告げたという。王は，それを動機としてナンダマーラ長老を召喚させた…，と伝える。*Sās.*B版 pp. 143-44，生野訳 pp. 266-67。

なお，この「チェートーヤ・パダーゼーディ〔仏足石パゴダ〕」は，ビルマの仏教徒にとって釈尊巡錫の「シュエゼットウ・タマイン」なる有名な伝承がまつわる聖地と崇められており，とくに近年は毎年雨期明けに多数の巡礼者が訪れる。

（２）『サーサナヴァンサ』においても同様に記し，ナンダマーラ長老の「偏袒式着衣は随法ではない」として教誡をたびたび授けたこと，三蔵，註釈書，その他の典籍の根拠も示して，出家の僧は通肩にて村落に入るべきであるということを，王はじめ一般臣民に知らしめた，と述べて同長老の事蹟を高く評価している。*Sās.*B版 pp. 143-44，生野訳 pp. 266-67。

（3）　§57註（5）参照。

§64　サガイン大法王〔ボードーパヤー〕の治世に正法に奉仕し見守ったこと

緬暦1143（1782）年ダボドェ黒分15日にヤダナーティンカ Yatanasinkha〔シュエボ〕市を建設し王宮を建立したアラウン・ミンタヤージー〔大法王〕の王子，サガイン都を建てた王〔であり〕インワ都建立の王の実弟である〔ボードーパヤー〕王(1)は，ヤダナープーラ〔インワ〕を没収支配し，跡を継いで実質的に王となりました。ティリーダマ・アソーカ大法王が，父君ビンドゥサーラ王の跡継ぎのパータリプッタの王となっても，４年間の政務を片付けてから灌頂式をした，と書物にいう通りに，王宮に居住し支配していましたが，【p. 191】灌頂式を受けずに３年を過ぎ４年目に至ってから政務や宗務の仕事を完遂して２回におよぶ灌頂式を催しました。

「国政を真先に遂行しなさい。宗教上の正法については，後で相談検討して間違いのないように行いなさい」

という父君の残してくれた遺言を思い出し，即位するとその通りに，正法に関する宗務は，〔王師その他の長老方と検討相談して〕処理することを目指しました。

かつてインワの代々にわたる王方も解決できなかったことがありました。ンガスィングー王の治世に解決し偏袒派が沙弥の村落出入りに偏袒にさせるようにとの根拠を三蔵および註釈書にて示すことができずに謝って〔通肩式に着衣させることを〕承知したといいます(2)。しかし，それについても王宮内において王の面前で競合し話さねばならなかったので恐れ，王に気遣って承知し謝ったのかもしれません。

現在の王のご治世には，〔王を〕恐れ気遣うことのないようにと，長老僧のいる僧院へ出向き，沙弥たちの村落への出入りについて，ありのままに言ってもらい，その述べたところをそのまま書き記してくるように，と命じました。

賢明な書記官たちは，トインティン大臣ウーニョと共に偏袒派の僧たちの寺院へ日時をかけて派遣し，長老たちの言っている通り記録して王に伝えました。

《トインティン大臣ウーニョは優秀で実直・真面目な人と皆に知られてい【p. 192】ましたので，彼を呼んで派遣しました。そのように派遣したのは，長老たちが恐れず気遣いもせず真実を言うようにさせるためでした。》

偏袒派がそろって誤りを認めたこと

偏袒派の長老サンガは，沙弥たちが村落に入る際に衣を腕に巻き付けさせていましたが，そのようにさせることはパーリ三蔵，アッタカター，ティーカー，諸典籍には記載されていません。一人から一人へと真似され，しだいに外れて伝承され実行されてきただけである，と皆そろって白状しました。〔これからは〕三蔵，註釈書，諸典籍通りに，沙弥が村落へ入る際には通肩にさせると約束しました。このように偏袒派の長老僧方の処へ別々に各僧院へ訪ねて行き，長老が述べたことを，まるで統一して一斉に答えたかのように，一言ずつすべてそのまま記録して〔王へ〕報告しました。

御主君〔ボードーパヤー〕法王も次のように仰せられました。

「会談し話し合って戒律通りに行うようにしますと誓うことになるのを期待していたが，〔両派の主張に関して〕会談や調査の要もなく長老僧方が，みな真面目に一斉に告白して約束したのは自分の行為を自分で判決したことです。特別に裁定する必要はなくなりました。正法を護持する威徳があったので，宗教上の事件は容易に解決できた。長老僧たちも一斉に告白し非を認め，約束した通りに，沙弥たちに「〔衣で〕全円に覆って(3)村落に入るように衣を着させました」と一切智者である仏に対する祈願の清浄な気持ちで申されました。」

その申した通りに王国中の偏袒派の長老衆僧すべてが一斉に戒律に従って実践しました。

このように緬暦1143（1781）年に即位すると，先に正法のことを父君の仰せられた通りに〔王師その他の長老方と検討相談して〕処理しました。

マウンダウン長老へ称号・徽章を贈呈したこと

【p. 193】緬暦1143年ダボドェ黒分15日に即位してタグー月白分２日に，「在家の師であるウー・ニョ，ウー・ピェたちが話していたところの，仏典に通達したとして非常に有名になっているマウンダウン Maung Daung(4)の若い僧は，今何処にいるのか」と大臣たちに尋ねました。「まだマウンダウンにいます」と申し上げると，「直ちに早く招いて連れてくるように」と勅命を出し，南宮担当大臣ミンジョー，シュエタウンを迎えに遣わせました。「なかなか来ない」と，議事堂内からたびたび遣いを出したのでした。

この年のタグー月白分８日に学僧の比丘85人と一緒にアヴァ都に到着し，モーティ僧院北西の臨時の学習所にて宿泊なさいました。当時マウンダウン長老は法臘６年を過ぎて７年目に入ったばかりでした。その年ワーゾー月白分８日に皇太子は，その仮修学僧院に出向いて金製の水差しを用いて滴水作法を行い，修学僧院(5)を寄進しました。「ニャーナービ正法旗幟大法王尊師 Ñāṇabhisāsanādhaja-mahādhammarājaguru」という称号・徽章も〔若いマウンダウン長老に〕授与しました。三蔵も大切に守護しました。師は，『ヤーザビテーカ王灌頂 *Rājabhiseka*』なる書物もポンナー〔バラモン(6)〕と共に翻訳しました。王がまだ灌頂式を済ませていなかったので，三蔵書写の作業はしていませんでした(7)。

サガイン王正法宣布の事情を終わります。

註

（１） ボードーパヤー王（1781-1819在位），アラウンパヤー王の第４王子。

（２） 前節§63において，ンガスィングー王の面前で両派の長老たちに査問し，偏袒派が依拠する聖典の記述がないことを告白し謝った，と述べられていて，それを受けての言及であろう。『サーサナヴァンサ』では，この際の王宮内での問答についても，かなり詳しく記されている。*Sās.* B版 pp. 144-45，生野訳 pp. 268-69。

（３） 衆学法 Sekhiya-dhamma75か条の第１条および第２条は，着衣に関する規定で，その両方の冒頭の語が「Parimaṇḍalaṃ〔全円に〕」なる語で始まっており，内衣も外衣も全円に「suppaṭicchanno〔すっかり覆うように〕」衣を着ます，という戒律の規定に従うべく誓約したということを示している。

（４） 「Maung Daung」はもともと村名。サガイン管区チンドウィン県内モンユアから北方，アロン町を越えた所に位置する村である。シン・ニャーナはこの村の出身のため「マウンダウン長老」〔Paṭhama Maung Daung Sayadaw（緬暦1115-94)〕と呼称された。

（５） Sathinkyaung「サディンチャウン」を寄進したとしているが，その呼称はあげていない。『サーサナヴァンサ』では Antoyudhavihāra を寄進したと記している。(生野訳 p. 271-72）あるいは，後にでも，そうした名が付されたのかもしれない。

（６） puṇṇā（ポンナー)。ミャンマー王国の宮廷に仕えて儀礼を司ったり占星術などを仕事にしていた主にインド系種族に属した婆羅門 Brāhmaṇa 階層の人たちへの呼称。
（7）　新王は，即位すると仏教護持，正法維持のため三蔵書写をさせることが慣例となっていたため，こうした言及がなされている。

§65 埋蔵予告・授記・前兆や流行り言葉[(1)]をもとにアマラプーラを創建したこと

ブッダは，遊行途中トゥンドゥブーティ[(2)]に到着なさった時に，タウンビョン，タウンミェ，タウンジー，タウンタマンという鬼神[(3)]〔羅刹〕の親子４人から肉【p. 194】入りのご飯の鉢を受け取り，タウンタマンに着いてから召し上がられました。〔ブッダは〕食べ終わられて微笑まれました。その理由を阿難〔アーナンダ〕尊者が尋ねると，「このマンダレーにヤダナーボンという名の大国ができるであろう。これら鬼神４人は王になる。この国は，この世界において４人のブッダの御代に有名になるであろう」と授記〔予言〕をさずけて下さいました[(4)]。その通りに，

（１）４つの大山は黄金の立派な太鼓のように鳴り響いて大国になるであろう。

（２）傘蓋が茸の生えるように現われるであろう。

（３）その傘蓋に王たちの星座が集まるであろう。

以上ガウンパティ，行者，帝釈天，秘宝書などが言っているように，緬暦1144年ダボドェ白分12日火曜日にウッタラパラグニー星宿〔翼〕が月と並んだ時，正午に，王宮と共にアマラプーラ[(5)]都を建立しました。緬暦1145（1782）年カソン，ナヨン，ヴォーハ，ヴィーサカという星座と月とが並んだ時に，経典，『王統史』などに従って即位の儀式を行って都の統治を受け継ぎました。

その後1145年に12宮のカソン，ナヨン，と呼ばれた時期，ウイタカ星座と月が並んだ時に，ヴェーサンタラー王，デーヴァーナンピヤティッサ王などが２度も即位の灌頂式を受けたと典籍に出ていた慣習に従って，王法を石傘のように尊重し，頭にきざみつけて３つの法螺貝で３カースト社会人階級によって灌水する灌頂式を，あらためて受けました。

灌頂式の最後に「吉祥最勝勝利歓喜栄誉三界太陽君主賢者大法王帝君 Sirīpavaravijayānantayasatribhavanādityadhipatipaṇḍita mahādhammarājādhirājā」との８つの新しい威力を表した称号・徽章をお受けになられました。

灌頂式の威光により得られた至福

【p. 195】
このように2回にわたって灌頂式を受けられて，〔以下のように〕王宮の威力が高められました。

（1）タヨ[(6)]〔中国〕とタイェ[(7)]〔トルキスタン〕2国を支配するウディ王[(8)]，ヴァッジ国を支配するヴェーターリー王[(9)]，セイロン島のティリーヴァッダナ Sirīvaḍḍhana都[(10)]の首長であるティリーラーザ・ティーハ Sirīrājasīha たちが奉納してくれた多くの様々な贈り物を受け取ったこと。

（2）三蔵典籍，医薬典籍，ヴェーダ典籍などを学習して，即刻通達・記憶できる智慧に満たされていること。

（3）パガンのアノーヤター王方が招いて〔運んで〕くることのできなかった，釈尊の面前で，御身体のぬくもり〔体温〕を7肘匀[(11)]〔一抱え〕入れて造られたマハームニ Mahāmuni 仏の像[(12)]をアラカン[(13)]王国から持ち帰り礼拝することができたこと。

（4）アウンミェローカ仏塔，アソーカ園僧院，ヤダナーボウンジョー僧院など多数の仏塔・僧院の施主となったこと。

（5）一切智者への誓願において途絶えることなく永続する一心で仏法を大切にし，正法を浄化して護持したこと。

（6）コンソー王へと帝釈天が捧げ持ったアリンダマー槍，ティーラウンタ剣も，ティーゾーとソッカテたちの時代には見えなくなり，アノーヤター王の治世に現われてきたと言われるように[(14)]，御父君アラウン〔パヤー〕大法王の治世に得られた武器であり，一度撃つと何発も発射して自分の撃ちたい目標を撃つことができた機能の優れた大砲が，3代〔目の〕王たちの時代を経て現われてきたこと。またダニャワディ[(15)]大都市の街から代々の王たちの時代に得られなかったダニャーヴッダという大砲を得られたことな
【p. 196】
どにより武器転輪の持ち主として知られたこと。

（7）「六牙の白象王[(16)]」種の相に満たされた涅槃に因縁のある「サッダンタ・ナーガラージャ〔六牙の竜王〕」なる6牙の白象，「ラタナムクダ」，「アンジャナ・ギリ」などの白象，良象などの持ち主であることにより「六牙象王」であり，「白象の所有主」として知られたこと。

《白象の色を，「白い蓮のような皮の色をしている」として「六牙象・ジャータカ Chaddanta-jātaka」に説かれているところと合致しますので，6牙の白象は，皮の色が自然に白くなっている，と知られます。皮の色が自然に白くなるのではなく，毛だけが白くなると考えている人もいますが，経典に出ている通りに，現在の六牙の象王の皮の色が元来白いのを見ているのだから，疑いを捨てるべきなのです。》

長老方へ称号・徽章を授与したこと

このように述べた，優秀な法王の功徳・栄誉・栄光・無比なる権力に満たされた武器をもつ転輪王君主で，六牙の象王，白象たちの所有者でもある自由自在に統治できる大法王は，国政と共に正法のことも考えながら，秘宝，鳥の鳴き声による占い，お告げ，数占い，前兆，流行り言葉，徴候，授記などがあったのに従って，ヤダナープーラなるインワの都から大法王のお住まいになられるアマラプーラ大都に大国の政庁と共に移転なさって過ごされました。

〔大法王は,〕正法を安定させるために三蔵・註釈典籍に通達し威徳あり能力のある持戒者，功徳者の長老・衆僧方に，王みずから，王妃，王女，王子，大臣，従臣たちにも分相応に，それぞれ4種の品物〔生活必需品[(17)]〕を供えるように依頼し支援供養をさせました。灌頂式の前後2回にわたり〔長老方に〕称号・徽章を授与なさいました。宣教使やサンガ主を任命して教誡・教化に当たらせました。

アマラプーラ都を建立なさったことについてを終わります。

註

（1） dhat-thaik byadit nimit tapaung.

（2） Thwantuṃ pūtak.

（3） bhīlū バルー，ビルマの饕形夜叉。

（4）『サーサナヴァンサ』においても，同様にブッダが授記をなしたことを記しているが，その予告の内容が一部欠落していて，以下のように伝えるのみである。
「アーナンダよ。将来，かならずや，この地方に大いなる城市が出現するであろう。この4夜叉たちは，この城市において王者となるであろう」と，予言した。
（*Sās*.B 版 pp. 146-47，上記は生野訳 p. 271による。）

（5） Amarapūra. マンダレー市の南方に隣接して位置する旧王都。そのため「タウンミョ」とも呼称される。ここに述べられているようにボードーパヤー王が緬暦1144(1782)年に造営した。バジードー王が1823年に再びアヴァに首都を戻したが，タラワッディ王が，またここに遷都(1838年)，ミンドン王の時代もマンダレーへ遷都する1859年まで王都であった。

(6) Tarup.

(7) Tarak.「撻靼人」,「蒙古」の呼称ともなった現トルキスタン。

(8) Udi ming Udi(=Uti)はパーリ語のUdayaを起源とする語とされ，その王(酋長)は「日東王」などと訳されたこともあったようであるが，19世紀頃のビルマ人たちは，この語を「中国皇帝」の別称として使用していたようである。(cf. 模緬華辞 p. 657 etc.)実際は，雲南・ビルマルートとして中国にとっても重要な拠点であり，すでに元(モンゴル)軍の攻略に遭遇し，時にはその配下に入っていた「大理国」，あるいは「南詔」などを指して使ったとみられる。

(9) Vajji国のVesali，ブッダ在世時の古代インドでは，16大国の1つで，リチャッビー族の首都がVesaliであった。この当時の状況の詳細は不詳だが，ブッダ成道の聖地からもそれほど遠隔の地でもなかったことから仏教関係の遺跡や典籍などが残されていた可能性もあり，ビルマ仏教徒からの接触交流の期待も大きかったと思われる。

(10) Sirīvaḍḍhana.13世紀parakkamabāhu 2世王によって建造された都市。同王の君臨していたJambuddoṇi都から半由旬ほどの距離に位置していたという。*Mal. Dic.* Vol. II p. 1147

(11) 7 lepwẹi.

(12) この巨大な仏像マハームニは，仏在世時に造られたというタマイン(縁起)をもち現在でもその信者はいるが，歴史上は2世紀にヤカインの王都シットウエーSittwayで鋳造されたという。青銅製，高さ約4m，宝冠(王)仏〔Jambupatiザブパティ〕姿，触地印の仏座像である。1785年にボードーパヤー王がアラカン王国との戦勝記念にアマラプーラへ持ち帰るべく運び来させた。現在は古都マンダレー市の「マハームニ・パゴダ」に安置され，毎日非常に多くの参詣者がひきもきらず訪れる。

(13) Yahkaing. かつては「アラカン」と呼ばれた地方だが，現在は「ヤカイン」と呼ばれ，ミャンマー国の1州となっている。

(14) コンソー(Kwan hsō)王はアノーヤター王の父，ティーゾー(Kyisou)・ソッカテ(Soukkate)は，兄弟でニャウン・ソウラハンの子と伝えられる。そうした先王の時代の優れた武器が，アリンダマー槍やティーラウンタ剣で，いったん姿を隠していたのだが，アノーヤター王の治世に改めてこの世に現われてきた，という伝説を指している。

(15) Dhaññawati. 350ないし370年頃までヤカインの首都であったと推定されている古代都市(現在第3期の遺跡のみが残る)。Kaladan河東方6マイル，Vesaliの北方約16マイルで，ミャウ・ウMyauk-Uの北方21マイルほどの所に位置する。

(16) hsaddan-hsingming. hsaddanはパーリ語，chaddanta(6牙の意味)をビルマ後に写したものでhsing-mingは象王(ビ)。

(17) pacci 4 pa「ピッシーレーバー」，比丘僧にとっての日常生活必需品，四依法の規定による食・衣・住・薬の4種の物品。

§66　4人のサンガ主を任用して仏教浄化をなさったこと

宮殿のある大都内に同時に礎石を置いて建造した大僧院4か寺の中で,

【p. 197】

（1）〔王は,〕第1王妃僧院を「アウンミェ・ボウンジョー」なる碑銘を付してミンオウ長老[1]に寄進しました。「グナービリンガーヤタッダマ・大法王帝君尊師Guṇābhilaṅkārasadhamma-mahādhammarājādhirājaguru」なる称号・徽章も授与しました。

（2）カンニー王女[2]〔建立〕僧院を「ボウンターウェーヤン」なる碑銘を付してマンリー長老[3]へご寄進になりました。「グナムニンダーディパティ・大法王帝君尊師 Guṇamunindādhipati-mahādhammarājādhirājaguru」なる称号・徽章も授与しました。

（3）皇太子妃〔建立〕僧院を「ミンガラーウェーヤン〔吉祥庭園〕」と碑銘を付してソンター長老[4]へご寄進になりました。「ティピダカタッダマターミ・大法王帝君尊師 Tipiṭakasadhammasāmi-mahādhammarājā-dhirājaguru」なる称号・徽章も授与なさいました。

（4）中宮殿妃〔建立〕僧院を「ミンガラーサンルウッ」と碑銘を付してミンユアー長老[5]へご寄進になりました。「ニャーナザンブディーパ・アナンタダザ大法王帝君尊師 Ñāṇajambudīpanantadhaja-mahā-dhammarājā-dhirājaguru 」なる称号・徽章も授与なさいました。

これら4人の大長老をサンガ主に任命してご正法浄化に努められました。
その一方

（5）北宮殿妃〔建立〕僧院を「ミンガラーボウンジョー」と碑銘を付してニャウンガン[6]長老へご寄進になりました。「カヴィンダービタッダマダザ・大法王帝尊師 Kavindābhisaddammadhaja-mahādhammarājaguru」なる称号・徽章も授与なさいました。

（6）ピェー市長〔建立〕僧院を「トゥルウッボンサン」と碑銘を付してシュエダウン長老[7]へご寄進になりました。「カヴィンダービタッダマパワラ・大法王帝尊師 Kavindābhisaddammapavara-mahādhammarāja-guru」なる称号・徽章も授与なさいました。

（7）内務大臣〔建立〕僧院をセィンデー長老(8)へご寄進になりました。「ニャーナービリンガーヤタッダマダザ大法王帝尊師 Ñāṇābhilaṅkārasaddhammadhaja-mahādhammarājaguru」なる称号・徽章も授与なさいました。

【p. 198】
（8）近衛左師団総師が建立した僧院をメーディー長老(9)へご寄進になりました。「パラマティリウンタダザ大法王帝尊師 Paramasirīvaṃsadhaja-mahādhammarājaguru」なる称号・徽章も授与なさいました。

（9）大臣補佐官が建立した僧院をローカマンキン長老(10)へご寄進になりました。「カヴィンダサーラダザ大法王帝尊師 Kavindasāradhaja-mahādhammarājādhirājaguru」なる称号・徽章も授与なさいました。

このようにして三蔵や註釈書典籍に正確に通達して戒を備え徳のある著名な人物方に，称号・徽章を授与したことは，上に述べただけにとどまりませんでした。非常に多かったので，これ以上は省略します。

サンガ主4人を任用して正法を浄化したことを終わります。

註

（1） Min ou hsayado (Min-O Sayadaw)，比丘名 Guṇābhi，緬暦1070-1153（1708-91）

（2） Kanni，現在のモンユア Monywa 近くのカンニー町の名。

（3） Manli (Manley Sayadaw)，比丘名 Guṇamuninda，緬暦1076-1167（1714-1805)。

（4） Hsoun hta (Sonthā Sayadaw)，比丘名 Nandābhidhaja，緬暦1080-1146（1718-84)。当時同長老は，三蔵とアッタカターの nissaya など7典籍，ganthi（難語句釈）2典籍，問答書1典籍など合計11典籍の編纂に貢献している。
cf. *Ganthawin-Puggokyo-mya* p. 27

（5） Min ywa Hsayado，比丘名 Jāgara，緬暦1085-1166（1723-1804）

（6） Ñaunkan (Paṭhama Nyaung-gan Sayadaw)，比丘名 Puññasettha，緬暦1092-1172（1730-1810）

（7） Shwedaung (Pathama Shwedaung Sayadaw)，比丘名 Guṇasārā，緬暦1092-1172（1730-1810）

（8） Hsindei (Paṭhama Hsin-de Sayadaw)，比丘名 Ñāna，緬暦1106-78（1744-1816）

（9） Meidhi (Paṭhama Me-dhī Sayadaw)，比丘名 Parama，緬暦1104-59（1742-97)。三蔵註釈書の nissaya 6典籍と gaṇṭhi（難語句釈）1典籍，合計7典籍の編纂などに貢献している。

（10） Lokahmanking（Lawka-hman-gin Sayadaw），比丘名Kavi，緬暦1129-1213（1767-1851）

§67　仏教浄化委員12人を任命して仏教浄化をなさったこと

その後〔緬暦〕1140（1778）年になると仏教浄化のためのサンガ主であった４人は，平凡な仕方に堕してしまい，容易に主体的に決めて運営できなくなりました。〔王は，このままでは〕運営不能と考えて，正法浄化の仕事を，強力な大長老４人に若い長老８人を加えて，仏教浄化委員に12人を任命しなおしました。(1)

（1）ミンオウ長老
（2）マンリー長老
（3）ソンター長老
（4）ミンユアー長老
（5）シュエダウン長老
（6）バーガヤ長老(2)
（7）カドー長老(3)
【p. 199】
（8）メーディー長老
（9）ムンド長老(4)
（10）サリン長老(5)
（11）セィンデー長老
（12）マウンダウン長老

この12人が仏教浄化委員を拝命し仏教浄化に努められました。

「１人が100人の恥知らずをつくる Eko alajjīpi alajjīsataṃ karoti.」と律蔵にあるように，恥知らずと付き合うと，その１人によって恥を知る僧を一度に100人をも，ただちに恥知らずにすることができるので，〔そのような〕比丘とつきあうべきではありません。代々の系統を調べて同類か異類か明確に区分けするべきです。

「阿羅漢さえも師から離れてはならない。師以外の他の比丘たちと一緒に沙弥や比丘の得度式をしてはならない」と律蔵にあるので，依止阿闍梨，和尚阿闍梨，元依止阿闍梨，依止を受けている衆僧すべて欠かさず，そろって律蔵〔の文句〕を誦唱しなければなりません。(6)

その頃，これまでに述べたように〔ボードーパヤー〕王即位の時から招きトゥインティン寺の四重楼閣僧院に居住していて７法臘を経ていたマウンダウン若僧に，〔改めて〕アマラプーラ王都の中でセインチョウシュエグーのトゥダマ講堂の経蔵近くに仮僧院を建造してお住みいただき，帰依なさいました。〔そのお方に〕三蔵整備のことも託して貝多羅葉書写108人，貝多羅葉作製者・定規担当者54人，経文調査・編集長老50人，随行僧50人の方々で，金〔で書写した文字〕，墨〔で書写した文字〕，鉄筆〔を使って書き刻んだ文字〕と３種の文字による三蔵書写の編纂校正の任に当たらせ，それらを監修させたのでした。

その後〔緬暦〕1151年タバウン月になった時，ヤカイン・パヤージー[7]なるマハームニ仏塔の高楼閣から真南の方角で約４ペー[8]ほどある地所に二重の塀に囲まれヴェランダ〔張り出し縁〕と共に五重楼閣の頂上に無比なる輝きをもつダイヤモンドのセィンブーやセィンプイン[9]で飾られた八角の尖塔をもつ本堂，説【p. 200】法堂を備え，「アソーカ園林寺」なる碑名と，重ねて「ヤダナボウンジョ」という碑名もつけ，２回もモーグン〔記録詩〕[10]にその名で詠まれた大寺院を前述の法臘若き比丘僧に寄進しました。

〔その僧には〕「ニャーナービウンタ・ダマセーナーパティ大法王帝君尊師 Ñāṇābhivaṃsa-dhammasenāpati-mahādhammarājādhirājaguru」なる称号徽章も授与しました。

後にも，都の中のセィンジョーシングー・トゥダマ宿坊や経蔵の近くに，優れて安穏で調和がとれ細部まで飾りつけて建立された仮僧院を寄進しました。前に述べた称号と同じ称号・徽章を改めて再び授与しました。その後も，アウンミェボウンジョー，ミンガラウェーヤン僧院の２か所をさらに寄進しました。ウンシンドゥ領主が建立寄進したアウンピンレー森林住僧院と合わせ僧院５か寺に，代わる代わるに居住し，正法の布教に精進しました。昼夜を分かたず経典の教示をなさいました。『両分別 *Ubhatovibhaṅga*』をも暗唱し，常に一座食支[11]の頭陀行を受持しました。

仏教浄化委員12人を任命して仏教浄化をなさったことを終わります。

註

（1）『サーサナヴァンサ』においても，同様に仏教浄化委員を任命したことを伝えるが，

『サーサナヴァンサ』では先に任命した４人が「老衰のために思うように浄化ができないだろう」と，王が考えた結果，さらに８名の長老を浄化委員として追加補充，サンガ主職に据えたとしている。すなわちそこでは追加した長老の名前を８人挙げているだけなのである。

（２）　本文（１）から（５）までと，（８），(11)，(12) に名前の挙げられている長老については，すでに註記したので，これまで触れていない長老についてのみ，簡単に記すことにする。

Bagaya hsayadō (Bāgaya Sayadaw)，比丘名 Dhammābhinanda，緬暦1100-62 (1738-1800)。当時，アビダンマ教学の権威で編纂あるいは校訂した典籍は31書に及ぶ。cf. *Ganhtawin* pp. 34-36。

（３）　Kato hsayadō (Kadō-Sayadaw)，比丘名 Paññā，緬暦1122-97 (1760-1835)，Jātaka Aṭṭhakathā の Nissaya ３典籍の編纂に貢献している。

（４）　Moundo hsayadō (Moundo Sayadaw)，比丘名 Vara，緬暦 1102-84 (1740-1822)。

（５）　Saling hsayadō (Saling Sayadaw)，比丘名 Muninda，緬暦1125-1202 (1763-1840)。

（６）　この§の本文２，３段落目の部分は，編者マウンダウン長老の仏教浄化運動に関する見解および実践記録として編まれている。したがってそのパーリ語訳『サーサナヴァンサ』の記述とは微妙な相違を見せている。『サーサナヴァンサ』では，〔王が〕依止阿闍梨免除の適格な比丘たちに資格を与え，依止免除資格のない（法臘５年目までの）比丘には必ず依止阿闍梨と共に住せしめた，と述べている。cf. *Sās.* B 版 p. 149，生野訳 p. 273。

（７）　Yahkaing-bhaya gyi. マハームニ仏塔。

（８）　pay ペー，土地面積の単位。パーリ語の「karīsa」に相当。１ペーは約4046.8平方メートル，約４反24歩。

（９）　sin-hpu セィンブー，僧院やパゴダの尖塔頂上に取り付けられた蕾形（球体）ダイヤモンドなどで作られた飾りもの。

sin-pwing セィンプイン，上記に同じ飾りものだが，花形をなしているもの。

(10)　mōgun モーグン，インワ時代15世紀後半に成立したビルマ語韻文（詩）の一形式 cf. ウー・ペーマウンティン著，大野徹監訳『ビルマ文学史』(勁草書房，1992年刊)。

(11)　ekāthanit-dhuting.「〔１日〕１回のみ食する習慣〔頭陀行〕」との原註あり。

§68　サンガ主長老が誓願(1)をなさったこと

その後緬暦1152（1790）年のヤダナーボウンジョー僧院を寄進する１年前に，ニャーナービウンタ・ダマセーナーパティ大法王帝君尊師長老(2)を，正法伝道のサンガ主（タータナー・バイン）に任命しました。先に任命した12名の長老方が運営管理に関して，型通りの平凡な決め方をしたので満足するには至らなかったと考え，とくに１人に定めてサンガ主に任命し直したのでした。サンガ【p. 201】主の長老も，任命委託された日に，サンガの衆僧の中央に進み仏像の面前において，以下のように誓願をなして御約束をなさいました。

「仏教に関しては，欲，瞋，恐怖，無知の四非道に陥らぬように正法に従って行道します。命でさえ捨てます。教法は捨てません。正法の施主である尊き大法王が勅令を下しても，正しい法に従います。正法を捨てて〔大法王の〕勅令に従うことはしません。聴いてくれないのなら沈黙を守ります。」

このように誓願をなして仏教に関する要件を非常によく処理し運営に奉仕しました。その誓願は，現在に至るまで残存しています。

サンガ主長老が誓願をなさったことについてを終わります。

註

（1） adhiṭṭhān（>adhiṭṭhāna パーリ語），南方上座仏教における実践徳目「十波羅蜜」中の第８番目に「adhiṭṭhāna-pāramī 決定波羅蜜，受持波羅蜜」が挙げられるが，その adhiṭṭhāna 起源のビルマ語である。決意，決心，決定，誓い，願などの意味で使用される。ここでは，ただ１人のみ改めてサンガ主に任命されたマウンダウン長老が，責任の重大さを認識して，仏前において決意のほどを請願として披瀝している。

（2） マウンダウン長老 Paṭhama Maung Daung Hsayado，比丘名 Ñāṇa，緬暦1115-94（1753-1832），この書サーダンの編述当事者。さらに詳細は，生野善應著『ビルマ上座部仏教史』編者序文およびその註記 pp. 1-3，本書序文など参照。

§69　サンガ主長老がビルマ語訳した典籍類のリスト

そのサンガ主長老が編纂した書物(1)は，

（1）具足戒を受けて法臘５年になった時から三蔵典籍すべてを読み学習するつもりで『*Netti* 指導論』中に含まれる譬喩品の註釈をしていました。法臘６年になって『ペータカーランカーラ *Peṭakālaṅkāra*』という名の指導論の新復註(2)を編纂しました。古復註５支分がありましたが，それより広義であったので『*Mahāṭīkā* 大復註』と碑文に呼ばれています。

（2）その後着衣法について述べた典籍『*Ariyavaṃsalaṅkāra* アリヤウンタ荘厳(3)』

（3）『*Sādhujanavilāsinī* 信徒精解(4)』という名の Sīlakkhan-ṭīkā

（4）勅令によって編纂したジャータカの『パキンナカ・ニパータ』のネイッタヤ〔逐語訳(5)〕

（5）『テーサクナ・ジャータカ』のネイッタヤ〔逐語訳〕

（6）『*Catusāmaṇeravatthu* 四沙弥事(6)』

【p. 202】
（7）『*Rājovādavatthu* 王訓誡事(7)』

（8）『*Tigumbhathomanā* シュエダゴン讃美』，『*Chaddan-hsinmin bhwei* 六牙象王称号』

（9）『*Rājādhirājavilāsinī* 王帝君精解』，この書をはじめ同様な他の典籍も編纂しました。

（10）大法王のご下問に対してご返答なさった20以上の『問答書(8)』があります。

（11）王宮内において「ピンサローハ」なる純銅１万5000以上の重さを使って，第４次ヤダナープーラ〔アヴァ〕都建造王の孫君法王がマハーサッチャ・シーハ像をご鋳造なさって，聖マハームニ仏塔から西方で王宮から南方にあった元の場所の煉瓦造りの楼閣僧院に安置しましたが，そのことを勅令と共にパーリ語偈頌の称号も含めて『マハーテッチャ・ティーハ・タマイン〔大釈迦牟尼像史〕詩偈とその意味』貝葉３枚以上が，明確に残されています。

緬暦1147（1785）年にサンガ主長老は，ヴァンガ国ナヴァディーパ[9]，セイロン島のシーハラ・ディーパなどに，仏教関係書や世間一般のことに関する書物がたくさんあるので，運搬させるべきだと知らされ，ヤーピャティリーサンダラッとザヤナーラーマ，プシラーマなどのバラモン種の者たちを船で渡航させ，緬暦1148（1786）年に運んでこさせました。

その後ナワディーパ，セイロン島など多くの場所から７回にわたって運送させました。文法書，授記書，食餌療法書，修辞学書，韻律書，辞書，ヴェーダ書，医薬書，法典，処世訓〔ニーティ〕書，イティハータ *Itihāsa* 書，などの種々なる典籍すべてで11種類253部，持参した時の元あった用紙２万3731枚，ビルマ文字写本貝葉1115束[10]と４枚でした[11]。また，その中でサンガ主長老が翻訳したリストは，次の通りです。

（1）サーラスワティ〔弁財天〕ビャーカイン・ネイッタヤ *Sāraswati-byākayaiṇ nissaya*18束２枚

（2）バーラパボーダナ逐語訳 *Bālapabodhana-nissaya* １束３枚

【p. 203】（3）アビダーン逐語訳 *Abhidhān-nissaya*25束１枚

（4）エーカッカラコーサ逐語訳 *Ekakkharakosa-nissaya* ９枚

（5）ナーナッタドワーニー逐語訳 *Nānatthadvanī-nissaya* １束６枚

（6）ラージャマッターン逐語訳 *Rājamatthan-nissaya*32束４枚

（7）ビョーハ逐語訳 *Byohaj-nissaya*18束10枚

（8）サラドヴェ逐語訳 *Saradve-nissaya*19束６枚

（9）ジャーティスジャータカ逐語訳 *Jātithujātaka-nissaya*10枚

（10）ラッグサングラハ逐語訳 *Laghusaṃgraha-nissaya* ９束９枚

（11）スピナーダヤーヤ逐語訳 *Supinādhayāya-nissaya* １束１枚

（12）ラッカナー書逐語訳 *Lakkhaṇā-kyam -nissaya* ３束４枚

（13）スーリヤシッダンタ逐語訳 *Sūriyasiddhanta-nissaya* １束２枚

（14）バートゥティ逐語訳 *Bha thuti -nissaya* １束２枚

（15）バートゥティ散文 *Bha thuti saka pye* ２束８枚

（16）バートゥティキンサン *Bha thutikin hsan* ３束３枚

（17）ラーザービセカ書逐語訳 *Rājābhiseka-kyam-nissaya* ２束１枚

（18）ドラビャ功徳逐語訳 *Drabyagun-nissaya* ９束１枚

（19） サーラコムディ逐語訳 *Sārakomudi-nissaya* 17束３枚

（20） オーサダラタナーカラ逐語訳 *Osadharatanākara-nissaya* ３束６枚

（21） タララトゥカタナ逐語訳 *Sararatukathana-nissaya* １束１枚

（22） ダートゥピャッタンタ逐語訳 *Dhatuprasaṃsa-nissaya* パラバイ16枚約21束

（23） カーマラタナ逐語訳 *Kamaratana-nissaya* パラバイ５枚約７束

これらの典籍の合計23，束数合計199束８枚をサンガ主長老がビルマ語に翻訳した。

その詳しいリストは，サンスクリット書をあつめたモーグン〔記録詩〕の中に含まれています。

緬暦1162（1800）年にセイロン島から真の仏舎利10体を持ってアマラプーラ都にやってきたアンパガハティッサ Ampagahatissa とマハーダンパ Mahādampa，コーサゴーダ Kocchaghodha，ビャーフマナヴァッタ Brāhmaṇavatta，ボーガハヴァッタ Bhogahavattha，ワートゥラガンマ Vāturagamma という名前の６人の沙弥たちをセインジョ・シングー結界において，ニャー【p. 204】ナービウンタ・ダマセーナーパティ長老を親教師とし，北王宮長老，シェイェーサウン僧院長老，楼閣僧院長老などをはじめ３人ずつに羯磨文を誦唱させ比丘具足戒を受けさせました。ナーダ Nāda という在家信者も沙弥にさせました。その後幾度もセイロン島からやってきた僧たちへ，新たに重ねて学処を授けました。沙弥たちも新参比丘にさせ，在家信者たちも沙弥にさせました。(12)セイロン島ティリワッダナ都のラージャーディラージャ・ティーハ王へも布教の方法についての手紙と共にスリランカ人比丘と沙弥たちを送り還しました。このことはセイロンへ送った「タンデーサカター Sandesakathā 文書」などに明らかにされています。

サンガ主長老がビルマ語訳した典籍類のリストについてを終わります。

註

（1） サンガ主マウンダウン長老が編纂あるいは著述した書物は，ビルマ語およびパーリ語の両方によるものがあり，書物によっては別々の名で同一書が紹介されている場合もあるので注意する必要がある。§69では，その表題が「サンガ主長老がビルマ語訳した典籍類のリスト」となっており，ここで挙げられている（1）から（10）までの典籍は，ビルマ語によるもののみである。ただし，以下の註記で示すように，それらの中にはパーリ語名での呼称も持っているものがある。

なお，(10) の問答書以外（1）から（9）までの典籍については，『サーサナヴァンサ』でも言及されている。*Sās.* B 版 pp. 149-150，生野訳 pp. 277-78。

（2） 『*Petālaṅkara-ṭīkā-thi* ペーターリンガーヤ新ディーガー』，*Piṭakatdothamaing* 書名リスト No. 230，「Netti-mahāṭīka-sac ネッティ・新マハーディーガー」とも呼ばれている。

（3） *Piṭakatdothamaing* には記載はないが，『サーサナヴァンサ』，*Ganhtawin*，および *Encyclopedia Birmanica* 中の同長老著述の書名リストに載っている。

（4） *Piṭakatdothamaing* 書名リスト No. 188。

（5） 本文（4）と（5）のジャータカの逐語訳については『サーサナヴァンサ』では「ボードーパヤー王の要請により訳された」と，両書をまとめて記している。*Sās.* B 版 p. 150，生野訳 p. 277。

（6） この書にはビルマ語による「Sāmaṇekyo-lepa-watthu」なる呼称もあり，*Piṭakatdothamaing* では，この典籍名を使用している。書名リスト No. 1038。

（7） この書も *Rājavādavaṇṇanā* なるパーリ語による呼称をもっており，*Piṭakatdothamaing, Encyclopedia Birmanica* でも，パーリ語名を挙げている。*Piṭakatdothamaing* の書名リスト No. 1040。

（8） *Ameto ahpyei kyam*, cf. *G-Pugguilkyo* p. 45。

（9） Vanga-tuin Navadīpa. ヴァンガは，現在のインド・ベンガル地方にあった王国名。(cf. *Mal. Dic.* Vol. II p. 802) Navadīpa は不祥。当時のヴァンガ国の地名ともみられる。

(10) aṅga＝束，1 aṅga は，貝多羅葉12枚。

(11) ここに紹介されているインドやセイロンから仏教関係書，ヴェーダ関係書，文典，法典，ニーティその他の典籍，貝多羅葉などの文献資料を，マウンダウン・サンガ主長老が積極的に使者を派遣して収集したこと，またそれらの翻訳に当たったことなどについて，『サーサナヴァンサ』では省略されていて全く言及されていない。

(12) セイロン島から6名の沙弥，1在家信者がやってきて，アマラプーラの結界処において授具足戒式，沙弥式を行ったこと，その後同様の来訪比丘に再度の授具足戒式をしていることなど，スリランカにおけるアマラプーラ派成立に大きな契機を与えたことは，当然のこと『サーサナヴァンサ』にも訳出されている。*Sās.* B 版 p. 150，生野訳 p. 278。

§70 『スーラガンディ[1]』なる書籍は根拠がないということ

その後緬暦1146（1784）年に至った時，アラウンパヤー大法王の治世に王師になられたアトゥラ Atula 長老が，「『スーラガンディ *Cūlaganṭhi*』に，沙弥たちは〔外出する際に黄衣の着方は〕偏袒にすべきであると書いてあり，この書はセイロン島のアヌラダ市の南方ポッカンティ村に住む阿羅漢モッガラーナ長老によって著された」と王に再び奏上なさいました。〔すると，ボードーパヤー王は，〕アトゥラ長老に「経典を調査する師僧方と検討し協議しなさい」と勅令をお出しになりました。それで師僧方は，トゥダマ講堂に顔をそろえて検討審議なさいました。

（1）その際には，沙弥たちは，上衣を偏袒にして胸に帯を巻くべきである“cīvara paṭalupatalauparisaṃghāṭikatvā urabandhanavattaṃbandhitabbaṃ（一枚の〔上〕衣のうえに二重衣を置いて胸に帯布を結ぶべきである)”とアトゥラ長老は，『スーラガンディ』に出ているところを，そのパーリ語を唱えて発言しました。

「このパーリ語の意味内容ととくに関連した経典があるのか，ないのか」と尋ねられると，「他の経典には載っていない」との返答でした。

【p. 205】

（2）「その書物は，如何なる師が編んだのですか」と，師方が尋ねると「セイロン島アヌラーダプラの南方ポッカンティ村において阿羅漢のシン・モッガラーナによって著されたものであり，セイロン島より伝えられてきた『*Piṭaka-hman* 三蔵鏡[2]』には載っている」と，アトゥラ長老が主張しました。

（3）また，長老方が「その『*Piṭaka-hman* 三蔵鏡』は誰が著したのか」と尋ねると，「シン・ブッダゴーサ〔仏音〕がセイロン島から経典を持参してきた際に，セイロン伝承の典籍リストにブッダゴーサが記述したものが，『三蔵鏡』であって，それは私の手もとにあります」と，アトゥラ長老が言い返しました。

（4）「その通りに，手もとにある『三蔵鏡』を提出しなさい」と師僧方が言うと「これが私の手もとにある『三蔵鏡』です」とアトゥラ長老がとり出して，あらためて見せました。

（5）その『三蔵鏡』を衆僧皆の面前で調べると，『*Vinaya-gaṇṭhi-pada* 律蔵難語句釈』はセイロンのパラッカマバーフ王治世にシン・モッガラーナ長老により編纂された，とそれのみ『三蔵鏡』に出ているだけでした。「『スーラガンディ *Cūlagaṇṭhi*』はセイロン島アヌラダプラの南方ポッカンティ村における阿羅漢のシン・モッガラーナによって著された」とあるのみで，アトゥラ長老の言った通りには出ていませんでした。

（6）「『スーラガンディ *Cūlagaṇṭhi*』とは，大ティーカー3種(3)の中のそれを指すのか」と問うと，「その通りである」と答えました。

（7）「それなのに，今述べた『スーラガンディ』は挙げているが，『ワディラブッディ・ティーカー』において，『サーラッタディーパニー・ティーカー』において，『ヴィマティヴィノーダニ・ティーカー』において，というように，何故大ティーカー3種を提出しなかったのですか」と，師僧方が問うと，泥棒が盗んでいる時に頭をしっかり摑まえられたかのように，アトゥラ長老は無法を主張している間に自分が頼った書物に固執し何も言えませんでした。

【p. 206】
（8）『スーラガンディ』に「パリマンダラ・スッパティチャンナ Parimaṇḍala, suppaṭicchanna〔全円に，覆われたる〕」になるように，と着衣することが説かれています。「レッカドウ(4)」「ドゥコウティン(5)」「インジ(6)」して着衣することにも言及しています。「何故前後の話が一致しないようなことを言ったのか」と，問うと，偏祖派には頼りになるパーリ経典・註釈書はなく，自分が頼りにした『スーラガンディ』のみを出しましたが，前後のつながりが合わなくなり，「〔それを〕頼りにしたところから災難が起こった」〔と『ジャータカ』にある通りに〕，泥棒が盗品と共に捕らえられてしまったのと同様に，非法の説明者が依り処とした書物と共に捕らえられたため，何も言えませんでした。

このように，3度まで言い返すことができなかった次第を武力の転輪聖王・白象所有主の法王が，お聞きになって，偏祖派の参照した『スーラガンディ』が根拠のないものであることをお知りになりました。徹底してご尋問なさり〔着衣についての問題を〕解決して正法を浄化することができたと，〔法王ボードーパヤーは〕ご満悦でした。

《偏袒，通肩について言及する文書がすでに存在したのでした。》

『スーラガンディ』に根拠がなかったことを終わります。

註

（1） *Cūlagaṇṭhi*, *Sās.*B 版によれば，これのパーリ語書物名は *Cūlagaṇṭhipada*。この書について *Piṭakatdothamaing* p. 135では *Cūlagaṇṭhi-pud* として「スリランカのジョーチパーラ Jotipāla 長老編，Jambudīpa（インドやミャンマー）にはいまだもたらされていない」との指摘がなされている。

なお，*Sas.* 生野訳 p. 280etc. 参照。

（2） *Piṭaka-hman*，この書については *Piṭakatdothamaing* にも言及がない。

（3） ①*Vajirabuddhiṭikā*，②*Sāratthadipanīṭikā*，③*Vimativinodanīṭikā* の３種。

（4） 右腕に上衣の一方の端部分をまとって巻きつけ，仏や師に対する尊敬を示す着衣法。

（5） 二重衣を二重あるいは三重に折りたたみ，肩にのせかけること。

（6）「イン」とは胸をいい，胸に胸帯となる布を用い結ぶこと。この着衣法は，かつてビルマでも行われていたこともあったようだが，通肩に統一され廃れた。タイ国僧伽では現在でも得度式の際に儀礼的服装の一部として用いられ，マハーニカーイ派の沙弥は常用するとのことである。(cf. *Sās.* 生野訳 pp. 283–84)

§71 「ウッキンタ〔即位式〕」の意義を詳しく説明すること[1]

きわめて大きな功徳のある〔アラウンパヤー王の〕孫君なる皇太子〔バジードー王〕は，ボードー大法王が後継候補者としておかれた通り，緬暦1181(1819) 年ナヨン白分15日にマッガデーワなどの８万4000の王の系統における威徳を讃える入城の祝祭と即位の祝祭と，この２つを転輪聖王の慣習に従って，一緒に１日で一度に挙行なさいました。

「レモンの果実の丸く大きいのを，選んで持ってきても，一部が愛する人や私たちのものになるのみである。枝の出ているところにはよい実はならず枝先によい実がぶら下がって，食べる人が幾らいても食べきれないほどである」

と，前兆，予言，〔町のうわさ話〕があった通りに，ミディラー王朝中のマガゾー王，ネミ王のように，アリマッダナ〔パガン〕王朝中のサムッダレ王，ア【p. 207】ノーヤター王，チャズワー王たちのように，王統を受け継いで生まれ，アマラプーラ大王の王宮で宮殿を引き継ぎ，過ごしていたのでした。

アソーカ吉祥法王のあと，ビンドゥサーラ王がパータリプッタで王になった時，灌頂式を受けずに４年間国内の政務をかたづけてから灌頂式を行ったという典籍の言葉にしたがって，また王位を得て３，４年統治し，政務を済ませてから２度にわたって灌頂式を受けたボードー法王の慣習にならって灌頂式を受けずに即位式のみを開催したのです。

（１）『スルシ本生[2]』にはスメーダ王妃とスルティ王とが一緒に即位式を開催したこと

（２）『ウダヤバッダ本生[3]』ではウダヤバッダ王妃とウダヤバッダ王とが一緒に即位式を開催したこと

（３）『サンブーラ本生[4]』ではサンブーラ王妃とソッチセーラ王とが一緒に即位式を開催したこと

（４）『ブッダヴァンサ』，『アパーダーナ』などには，ヤソダーラ王妃とシッダッタ王とが一緒に即位式を開催したこと

などが述べられ，典籍に説かれた伝統にしたがって，1000年に１度しか花の咲

かないアーサーワティ天花(5)のように，愛されるべき信仰，教養，恥を知る心など，南右妃宮殿棟に値する条件すべてが整った素晴らしい女性で，雑多の者が混入していない純粋な王系譜に所属し南宮殿の主である第1王妃と共に，めでたい吉祥である即位式を挙行して，その後4年間，仏事や政務をかたづけました。

〔「ウッキンタ」という語について『アビダーン・ティーカー(6)』は〕「カラ・ヴィレカネ Kala-vilekhane(7)」とし，〔「ka（カ）」は〕「カンダザ kaṇ-ṭhaja第1文字(8)」と説明します。〔さらに「ukkaṃsa」の「u」には「頂上，優【p. 208】れた」の意味があるので〕「guṇātisayavasena〔優れた徳の威力による〕，宣誓式であると，言われた」と解説しているのです。

そのように述べている『アビダーン・ティーカー』と同じように，徳が計り知れないほどすぐれ，寿命が100歳以上にも延び，正法は発展し，自分の利益は子孫・曾孫の世代まで末永く増大し，国民やあらゆる生き物が幸せになるように努めることができ，最上にすぐれた諸々の徳を将来整えることのできる原因となるので，パーリ語によれば「ウッカンサ ukkaṃsa」，ビルマ語によれば「ウッキンタ」，という名称になりました。そのように覚えなさい。

ウッキンタの意味を広く説いたことを終わります。

註

（1）§71の内容である灌頂式については『サーサナヴァンサ』に特別な説明もなく翻訳されていない。

（2）*Suruci-Jātaka,* Jāt. No. 489,『善喜（修僂脂）王本生物語』。

（3）*Udayabhadda-*（＝*Udaya-*）*Jātaka*, Jāt. No. 458,『優陀夷跋陀王本生物語』。

（4）原本では「Sambhūla-Jāt.」と綴るも，Sambūla の誤植と見られる。*Sambūla-Jātaka*, Jāt. No. 519.

（5）Āthāwati-nat-pan.

（6）原文は *Abhidhan-ṭīkā* であるが，緬暦714（1352）年ピンヤの Sirimahācaturaṅga-bara がパーリ語により編んだ *Abhidhānapadīpika-ṭīkā* を指す。第6結集版 p. 492，詩偈 No. 761参照。

（7）kala の意味は，vilekhane で「書く」ということであると記しているが，kala は kasa の誤植（cf.*Abhidhānapadīpika-ṭīkā* p. 492etc.）で，kasa が「書く」という意味を示す。

（8）ここでは ka 音が「kanthaja（喉音の語）」であって，他の口蓋音ではないということを示し，その第1文字の ka を使用しているということである。

§72　タドーミンビャー〔王〕(1)の夢をパトゥージー僧伽主が解き明かしたこと

緬暦1183（1821）年第１安居白分４日水曜日朝１打過ぎ12ナーイー〔現今の時計で朝９時過ぎ頃〕，木星が３分目に位置し，金星が10分目に位置する時，ナカ〔星〕12星と４分の３目の時に，インワ〔ヤダナープーラ〕の都を再建しました。

建立に至るまでには，緬暦726（1364）年カソン月満月の日に，サガインが滅びナヨン月にピンヤが滅びるという経過もありました。タバウン月にはインワ〔アヴァ〕の大都をタドーミンビャーが初めて建立しました。

その時に「都を造る場所にレッパン樹(2)の大木が１本生えていて，その根元の先に竜 nagā が守っている夢を〔タドーミンビャー王が〕みた」といわれており，そのタドーミンビャー王の夢について

レッパン大樹が繁っていた意味は

1．この国は３年毎に，より一層栄えるようになり衰退することがない。

2．根元に竜が守っているというのは，王名サネという王の治世になった時に衰えてしまう。他の王の名の治世になった時には衰えることがない，【p. 209】とパトゥージー僧伽主は夢の結果を告げました(3)。そのことを参考にして考えると，サネ王の治世には，この国にはまだ一度もサネ王〔という名の王〕が統治したことがない。それで大山，小山，大河，小河がとりまいて巡りあっていてミンウン山の山頂に突き出した岬となっている洲の上にできたヤダナープーラ黄金都は，いまだ滅んでいないのです。そこは『クリタチンターマニ *kritacintāmaṇi*』書に出ている都城の建立する場所としての土地の条件16の中で，獅子の形をした土地条件があり，その条件が整っている特別のすぐれた土地でした。

「金曜日生まれの国民から親しまれ，山脈に住んでいる王の土地は大ミンウンであろう」とか，「国の中心であるミンウンに宝の雨がどうどうとひとりでに降ってくる」とかいう文句がダバウン(4)の言葉に出ています。金曜日生まれの法王はミンウン山脈の中心である大都に住んで幸せにお過ごしになられている

こともタイサー〔遺言など隠し場所を記した詩偈や文書〕に見られ，「4，5回〔都として〕ナッ神たちのおかげで頻繁に姿を現わし有名になり」ヤダナー大都の寿命は滅んでいません。5回まで繰り返して建立されることもタイサーに出ています。

「行きますよ，このまま住んではいけない。黄金ヒンダーのつがいが美しく鳴いている」などとダバウンにあり，もう移っていくべきであるということを示唆する予告も多くありました。

ラーマニャ国のチョウピャー市を建造しようとした場所で，ワーガル〔ワーレル〕王が侵入した時に虎を捕獲したので，敵を征服するだろうと賢者たちが予告し，その通りになったということが『モン王統史』に記してあり，そのようにタドーミンビャーが侵入した時に虎の師である猫を捕まえたことも，虎と同じであるから，すべての敵，災害が鎮まって幸せに暮らすことができるという前兆となったのでした。〔それと同じように考えるべきです。〕

パトゥージー僧伽主が夢解きの予告をしたことを終わります。

註

（1）　タドーミンビャー（在位1364-68），インワ王朝初代王。なお，この王の夢とパトゥージー僧伽主の夢解きのことは，『サーサナヴァンサ』に採り上げられていない。

（2）「レッパン樹」，ワタノキ（パンヤ科）Bombax malabaricum。

（3）　タドーミンビャーの見た夢とそのパトゥージー僧伽主の夢解きについては，*Hmannan* KO HLA MAUNG R. G. N. M. D. Y. Book Depot. Vol. I, p. 395，マンナン荻原訳第6部 p.82にも言及あり。

（4）「ダバウン」，子供や芸人たち，あるいは精神異能者たちが語りだした予言で，いつの間にか世間に広まった言葉。

§73 ヤダナープーラ黄金インワ大都を改建し〔バジードー〕王[1]が灌頂を受けたこと

【p. 210】
緬暦1181（1819）年は凶事[2]16年に当たったため，金星が自分の星宿である天秤座に宿り，三角方向の星座にも宿りました。曾祖父のミンチースワーソーケー，ミンガウンジーたちが，都に登ってインワで暮らすようになった年と同様になり，徳と吉祥を増大させる時期で，占いに合致していました。緬暦年に120を加えて計算し占ったスッコリー[3]では，その年は6が余った年になりました。

「kolīcukkate[4]，コーリが残る／kāle，ときに／bahupañño，多くの智慧をもつ／rājā，法王が／bhavissati，現われてくる／」

と，「スッの占い」にあります。「スッ占い」と「王統史の占い」の両者が重なりあったため，『王統史』上で考えて，根元から栄えてくるしるしと見なされました。

このように，語られた夢告や埋蔵品の話，予兆，予告，前兆，ダーッ占い，スッ占い，『王統史』の例と，7種のことをよく調べ観察して，仏教や政治をよく行うためにヤダナープーラ都の東西南北四方，五条件，七装飾などをつけた建造物と共に，改めて都を建立したのでした。

都王宮を建立した後，緬暦1185（1823）年タバウン月黒分1日，月曜日朝1打[5]過ぎ6時頃，北パラグー星と遭遇する時に，王にふさわしい儀式を行いました。この世の初めにマハータマタ Mahāsammata 王からはじめて代々の王が灌頂式を受けた習慣に従って，三蔵や梵語の書物，王統灌頂史書類に出ている慣習通りナワダンダ，マノーハラなど白傘の銀棒の柄がついた白傘，最上等の白傘8本と共にティリーダマ・アソーカ，デーヴァーナンピヤ・ティッサ王の治世から行われていたように王位継承の5つの装飾を整え，右巻きの巻き貝3個を〔バラモン，クシャトリヤ，庶民の〕3階級の儀礼で，〔各代表の〕3人【p. 211】が常に唱えているパーリ語と，そのビルマ語訳とをすべて唱えながら〔王の〕頭頂に巻き貝を真っ直ぐ立てて清浄なる水を注ぐ灌頂式を，灌頂マンダ〔天幕〕内でイチジク材木製の玉座に座り，王妃と共に王としての灌頂式を受けました。

灌頂式を受けた後に，法王は「ティリートリバワナーディトヤパワラパンディタ・マハーダマヤーザーディヤーザー〔吉祥三界太陽最勝賢者大法王[6]〕」，第１王妃には「ティリーパワラマハーミンガラージンダヤダナーデーウィ〔吉祥最勝大幸勝利宝妃[7]〕」なる称号・徽章が授けられました。

灌頂式を受けられてから宮殿に入り王位継承をなさると，

（１）吉祥開始となる大灌頂式用御堂の開堂式祭礼

（２）倉庫受納式の祭礼

（３）議事堂受納式の祭礼

（４）王都受納式の祭礼

（５）ご正法の三蔵を集め最初に貝多羅葉に書写する祭礼

このような祭礼を順番に行ってからテーザ〔南西〕方角のマウンオンヤダナー経蔵の前に３階建ての礼拝堂を建立し，緬暦1185年タグー月黒分１日火曜日に祝祭を行い，三蔵を金，墨，鉄筆の３種の文字を用いて，その議事堂で48人により書写させました。

１週間後には経蔵において常時定めて書写させました。

インワ黄金都を再建して王の灌頂式挙行の次第を終わります。

註

（１） バジードー王（1819–37在位）。

（２） パーパダーッ pāpadhāt（ビ）。

（３）「cukkoli」，占い予告方法の一つ。

（４） kolīcukkate（パ），予告占いにおける数による呼称の一つ。

（５）「朝１打」とは，王朝時代の時刻を告げる方法として，時計台で１日に昼間４回，夜間４回大太鼓を叩いて時刻を知らせていたので，その日の最も早い大太鼓の１打pahāra（パ）を指す。

（６）「Sirītribhavanādityapawarapaṇḍita-Mahādhammarājādhirājā」

（７）「Sirīpavaramahāmaṅgalārājindāratanādevī」

§74 仏教典籍に通達し，勇気があり，表現能力のある長老方に，寺院を建立し寄進したこと

灌頂式をお受けになられる以前から〔バジードー王は,〕三蔵，アッタカター，ティーカーなどの仏典に通達し勇気ある長老を調べ選んで，称号・徽章を授与しました。

【p. 212】

（1）ボードーパヤー王の治世にミングンのサンダムニ・パゴダの礼拝堂で重臣貴族，王兄弟，王子皆そろってボードーパヤー王の面前にて，2つの『ヴィバンガ *Vibhaṅga*』(1)を暗唱できるかどうかを調べたことがありました。その時にタゾーレウェ村出身のシン・ティーラーサーラ Sīlācāra 長老は，両ヴィバンガを暗記していて明らかによどみなく唱えることができました。

大法王も大層喜んで孫の皇太子に帰依させるべく，その長老を資助しました。当時その長老の安居は13年の法臘を経たのみでしたが，それから有名になりました。マンリー宣教大長老の弟子の系統なので，パーリ三蔵，アッタカター，ティーカーに詳しかったのです。とくに律蔵を学修していました。森林住の頭陀行を修め優れた力をもっていました。ミングンに尖塔，洞窟をもつ僧院を建立し，この長老に寄進しました。

「ティーラサーラ正法最上旗大法王最勝王師(2)」という称号も授与し，また森林住サンガの管長，宣教を司る僧伽主にも任命しました。

（2）緬暦1181（1819）年王位継承の年，サリン市出身のアシン・ピンニャーシーハ Paññāsīha 長老(3)が三蔵・註釈・復註書に精通していました。勇気もあり法話にも優れていたので下流のサリン市から上流のアマラプラに招いて，アラカン大仏の楼閣から真南のアソーカ園林寺院・ヤダナーボウンジョー大寺を寄進しました。

「ムニンダ大吉祥正法旗大法王最勝王師(4)」なる称号・徽章も授与しました。

ヤダナープーラのアヴァ大都にお移りになってからも市内のシュエジーゴン・パゴダの東北方の無比なる清浄黎明なる僧院を建立なさり，「マ

【p. 213】
ハーアウンミェボンター〔大勝利地楽堂〕」という碑銘を付けて寄進しました。

「ムニンダービウンタ正法将軍大法王最勝王師(5)」という称号・徽章も授与しました。王国内における上下〔南北〕ミャンマーの布教の長であるサンガ統率の首座に任命しました。

（3）バドン都地区ニョンカン村出身の比丘僧プンニャランシー Puññaramsī 長老も三蔵，註釈・復註書類に精通し，勇敢でした。智慧学識に秀でていると非常に有名になったので，アマラプラ王都に招き，正妃・皇后大寺院アウンミェボウンジョー〔名高い大勝利地楽居〕僧院を寄進なさいました。「プンニャ大吉祥正法旗大法王最勝王法師(6)」という称号・徽章も授与しました。

アヴァ大都に移ってからも都内にあるシュエゼッティ寺院内に，皇后付きの長官が楼閣と共に煉瓦造りの大寺院を建立して「マハーアウンミェボンサン〔大勝利地楽殿〕」という名前の碑銘をつけて寄進しました。世間のありようについて尋ねたいと思った際には，王宮に師を招いて質問したのでした。

このように勇気もあり能力のある持戒者で徳の高いお方に称号・徽章を授与なさったことは数えきれないほどでした。王，王妃，王女，王子，皇族，将官それぞれに，師を預け分担し，皆が帰依したのでした。

緬暦1181年アマラプラ都にお住まいになっている間に，王宮権威筋地区のご尊父・ご母堂がご寄進なさったミンガラウェーヤン僧院境内にシーコンドウジー・パゴダを建立しました。「マハーヴィジャヤランシー(7)」という名称碑銘もつけました。

教法が5000年まで常に存続するようにと，莫大な寺領地もご寄進なさいました。

多くの長老方に僧院を建立してご寄進なさった事情を終わります。

註

（1）「ubhato vibhaṅ」（ビ），ubhato は「両方」の意で，vibhaṅ は *Vibhaṅga* すなわち律蔵の「Suttavibhaṅga 経分別」に含まれる①比丘と②比丘尼の両方の分別品を指している。
（2） “Sīlācārasadhammābhidhajamahādhammarājādhirājaguru” ＝レウェ長老（Lewei Hsayado）緬暦1131–95（1769–1833）。Hlathamin 編, *Ganthaving Puggolgyomya At-thuppat*（ビ）p. 64
（3） Paññāsīha 長老＝サリン長老（Saling Hsayadō）緬暦1121–76（1759–1814）。(cf. *G.P.A.* p. 50）
（4） “Munindābhisirīsaddhammadhajamahādhammarājādhirājaguru”
（5） “Munindābhivaṃsadahammasenapatimahādhammarājādhirājaguru”
（6） “Puññabhisirīsaddhammadhajamahādhammarājādhirājaguru”
（7） “Mahāvijayaraṃsī”

【p. 214】
§75　マハータチャティーハ(1)なる称号のついた銅像を鋳造したこと

緬暦1188（1826）年タバウン月黒分３日に銅，鉄，錫，真鍮，１万5000ペイター銀貨1000枚，金貨1000枚，これらの５種類の金属を500釜で妃と共に王自身が監督して溶解させ，無限の宇宙における無限のすべての有情それぞれの100倍の功徳より100倍も優れた功徳のために生まれた大小様々な相で輝き，帝釈天・梵天でさえ真似のできない如来の姿を明確にしブッダ自身の身長と似るようにすべきだとお考えになられて，

（１）身長として９肘尺(2)と２手尺(3)

（２）座り幅〔結跏趺坐した時の膝から膝までの長さ〕７肘尺と１手尺，指４本幅

（３）サマカン(4)〔革座布団〕一辺の長さは８肘尺と指４本の長さ

（４）高さ〔サマカンの厚さ〕は２手尺

（５）胸囲７肘尺と１手尺，指４本の長さ

（６）腕の一周〔太さ〕が３肘尺

このように『アナーガタ・ヴァンサ・アッタカター *Anāgatavaṃsa aṭṭhakathā*』における弥勒仏の大きさ〔身長〕などを参考にしながら溶解しました。造り始めた日から完成するまで３日間，天空から地面に大雨が激しく降りそうになったり，雲が重なって上がったり激しい暴風から逃れたり，さわやかな風が舞い，睡蓮の葉に乗っているかのように，濡れたい人は濡れ，濡れたくない人は濡らさないポッカラワッサの雨(5)が，ぱらぱらと降ったりして国民や子供たち【p. 215】生き物も嬉しくなり，ナッ神や人々が称賛の歓声をあげ，巻き貝の音，太鼓の音，大地震の轟音が会場全体に響き渡って賑やかになるという不思議な光景が明確に生じたのでした。

鋳造し完成させ「マハータチャティーハ」なる碑銘をつけて王城からもとの場所，マハーミャムニ・パゴダの西方にある四重楼閣僧院跡の場所に漆喰職人たちに，等しいものがなく複雑で興味をひくような階段を造らせ石の台座の上に煉瓦による楼閣を建てて，その中に奉納し信仰なさいました。

マハータチャティーハ仏を鋳造した事情についてを終わります。

註

（1） Mahāsakyasīha,「偉大な釈迦牟尼」の意であるが，“muni”（聖者の意）に当たる処に，“sīha”「獅子」が入っている。

（2） taun（ビ）肘尺，１肘尺＝肘から指の先までの長さ。４分の１尋。およそ45センチメートル。

（3） maik（ビ）拳，１拳＝拳を握って親指を立てた長さ。約15センチメートル。

（4） sammahkaṇ（<cammakhaṇḍha）獣革，革瓶。
a piece of skin used as a rug.（*The Universal Burmese-English-Pāli Dic.* p. 207）

（5） pokkharavassa（パ）蓮の雨：濡れることを好む者は濡れ，濡れたくない者は濡れないという徳をもった雨と伝えられる。*Buddhavaṃsa-aṭṭhakathā* p. 348, *Samant.* P版 Vol. Ⅲ p. 288（共に第６結集版），『緬甸仏伝』赤沼智善訳 p. 222 etc. 参照。

§76　宝石10種中に入っている大きな大理石を４軍[1]で運び込んだこと

緬暦1192（1830）年カソン月にイラワジ河東方にあるサジン山領に，厚みがあり〔奥に〕深く，体軀〔の〕高さ，幅の大きさ〔もあり〕，強固で滑らかで，不純物の混じらない美しい大きな大理石が表出しているのを〔バジードー王が知り〕[2]，４軍隊と共に王自身お運びになられました。

「（１）muttā―真珠
（２）maṇi―ルビー
（３）veluriyo―猫目石
（４）saṅkho―法螺貝
（５）silā―水晶
（６）pavālaṃ―珊瑚
（７）rajataṃ―銀
（８）jātarupaṃ―金
（９）lohitiṅko―赤色ルビー
（10）masāragallaṃ―斑入りルビー」

と律蔵健度部小品（Cūlla-vagga）中に，宝石10種が挙げられていますが，その中に水晶も含まれています[3]。

【p. 216】
“仏像の輝きは水晶で〔決まる〕，仏舎利は金の容器〔で決まる〕”と古人が言っていますが，サジンの白い大理石は水晶でした。他の国では得難いものなのに，この国のみに多いのです。四方角王宮にも好ましかったのです。それを王都に運搬し王宮の中の権威筋の場所に，屋根付きの仮建物を建造させ，その内部において石工や大工など職人たちに巧みに彫刻させました。

入安居前の経典暗唱〔会〕，安居明けミンモー〔須弥山〕祭，タザウン灯籠流し祭，カテナ〔功徳〕衣献供祭などの仏教行事を王みずから監督して途絶えることなく挙行されました。アヴァ王朝時代に建立されたマウンアウンヤダナー・パゴダの東南方にマハーヤダナーボン経蔵を改めて建立なさり，絶えることなく三蔵書写をさせました。

経文を読む人，編纂者，管理者と長老方に分担して編纂をさせたのでした。大きな大理石を４種の軍隊で運び込んだことを終わります。

註

（１） si aṅga 4 pā. 王朝時代の４軍　①象軍，②騎馬軍，③戦車軍，④歩兵軍。

（２） この大理石は，「タウンミョ・チャウットージー」とも呼ばれる古都アマラプーラに現存する有名な大石仏（高さ約6.75メートル，幅約4.35メートル）として礼拝対象となっている。バジードー王の事蹟なので原文にない王名を補った。この大仏は後に緬暦1211（1849）年パガン王により古都インワからアマラプーラに移された。

他にさらに有名な大石仏「マンダレー・チャウットージー」があるが，それとは別である。cf. Ludu Daw Ahmar *The World's Biggest Book* Translated by Dr. Than Tun〔訳本は，ルードゥ・ドー・アマー著，土橋泰子訳『ビルマの民衆文化』（新宿書房，1994年）pp. 13-38〕

（３） Vinaya Piṭaka Pācittiya-vagga p. 212

§77 仏歯40本，犬（牙）歯４本に関する判定のこと

ある時〔バジードー王は〕「仏歯40本に犬（牙）歯４本が含まれているのか，それとも含まれていないのか」と長老方にご下問なさいました。すると，

（１）ある長老方は，「含まれていない」と答えました。

（２）長老方のあるものは，「含まれている」と答えました。

長老方の話が一致しないので，還俗した78歳のミンタインビンアマ〔顧問【p. 217】官〕に尋ねると「別々であるという言葉には根拠となる文献がない。その中に含まれているということこそ文献があり根拠もある」と言って『マハーヴァッガ・アッタカター(1)』，『ヴィスッディマッガ・アッタカター(2)』等を引用して王に提出しました。

aññesaṃ paripuṇṇadantānaṃpi dvattiṃsadanta honti.
imassa pana cattālīsaṃ bhavissanti.(3)

その意味は，

aññesaṃ，他の人たちには(4)／paripuṇṇadantānaṃpi，全部の歯が完備したとして／dvattiṃsadanta，32本の歯／honti．がある。／imassa pana，この仏にまた／cattālīsaṃ，40本の歯が／bhavissanti．ある(5)。／

と，ある人たちの歯がそろっていたとして32本です。仏歯は40本あり，犬（牙）歯４本は合計40本の中に含まれていることが，「経典マハーヴァッガのアッタカター」，「経典パーテヤ(6)のアッタカター」などにいわれています。

dantāti paripuṇṇadantassa dvattiṃsadantaṭṭhikāni. tepi vaṇṇato setā. saṇṭhānato anekasaṇṭhānā. tesanhi heṭṭhimāya tāva dantapāḷiyā majjhe cattāro dantā mattikāpiṇḍe paṭipātiyā ṭhapitaalābubījasaṇṭhānā. tesaṃ ubhosu passesu ekeko ekamūlako ekakoṭhiko mallikamakula saṇṭhāno. tato ekeko dvimūlako dvikoṭhiko yānakaupatthambhini saṇṭhano. tatodvedve catumūlakā catukoṭhikāti. uparimapāliyāpi esevanayo.(7)

その意味は,

dantāti, 歯は／paripuṇṇadantassa, そろった歯のある人には／dvattiṃsadantaṭṭhikāni, 32本の歯の骨のことである。／tepi, これら歯骨のこ【p. 218】とも／vaṇṇato, 色としては／setā, 白い／saṇṭhānato, 形としては／anekasaṇṭhana, いろいろな形をしている／hi, それはそうです／tesam, これらの歯の中で／tāva, まず／hethimāyadantapāliyā, 下の歯並びの中で／majjhecattarodantā, 真ん中の４本の歯は／mattikāpiṇḍe, 粘土の塊に／patipātiyā, 並べて／thapitaalābubījasaṇḍhānā, 順番に置いた瓢簞の種の形である／

《下の歯16本のうち真ん中の歯４本のことを指しています。》

tesaṃ, これら真ん中の４本中で／ubhosupassesu, 両端にある／ekeko, １本ずつは／ekamūlako, 根は１つである／ekakoṭiko, １本の突き出たところがある〔とがった先端も１つです〕mallikamukulasaṇṭhāno, ジャスミンのつぼみの形である／

《真ん中の４本から両端の１本ずつが犬（牙）歯２本といわれています。》

tato, それら犬歯２本から／paraṃ, その奥にある／ekako, １本ずつは／dvimūlako, ２本の根／dvikoṭiko,〔つまり下に〕突き出たものが２つある／yānakaupatthambhini saṇṭhāno,〔それらは〕牛車の前方を支えている棒の形をしている／

《犬（牙）歯の外に各自１本ずつ支えている補助の犬（牙）歯２本があることを指しています。》

tato, その補助犬（牙）歯から／paraṃ, 奥に／dvedwe, ２本ずつの歯は

／timūlakā，根は３本／tikoṭikā，〔つまり〕突き出たものが３本ある／

《補助犬（牙）歯の奥にある２本ずつの臼歯４本のことを言っています。》

tato，それら臼歯４本から／paraṃ，奥に／dvedve，２本ずつ歯があり／catumūlakā，４本の根がある／catukoṭikā，〔つまり〕４本の突き出たところ〔先端〕がある／

《臼歯４本の奥に片側２本ずつの奥歯があります。》

【p. 219】
iti，このような／heṭṭhimapāliyā，下の歯並び／hoti，となっている／uparimapāliyāpi，上の歯並びも／esevanayo，下の歯並びと同様である。／

このように上の歯並びにおいて，真ん中の歯〔前歯〕４本。それから奥に犬（牙）歯２本。それから片側に１本ずつ補助犬（牙）歯２本があります。もう一方の側も同様に犬歯２本ずつ４本。それで下の歯16本。これと同様に上の歯も16本がそろっています。

歯のそろった人には，犬（牙）歯を入れて32本あることを名前と形と共に数を出して『ヴィスッディマッガ・アッタカター』に言及しているのを引用して示しているので，大聖釈尊にも犬（牙）歯４本と共に40本の歯があるということが判明します。したがって他の人たちには歯が32本あり，大聖釈尊には40本あると，他の人たちの歯のことを参考にして『マハーヴァッガ・アッタカター』をはじめとする典籍にいわれているのです。

Tassa kira uttaroṭṭha appakatāya tiriyaṃ phāletvā apanitaddhaṃ viya khāyati, cattāro dante dve ca dāṭhā nachādeti. tena oṭṭ haddhotivoharanti.(8)

その意味は，

Tassa，そのマハーリチャッヴィー王子に／uttaroṭṭha appakatāya，上の唇が小さいから／tiriyaṃ，横に／phāletvā，切り裂いて／apanitaddhaṃviya，上の唇を半分取り出されたように／khāyati，見える／cattaro dante ca，上の前歯４本も／dvecadāṭhā，上の歯２本も／nachādeti，上の唇半分で覆うことができない／tena，そのように前歯４本と犬（牙）歯２本を履うことができないので／naṃ，そのマハーリチャヴィー王子を／oṭṭhaddhoti，上唇半分だけある人と／voharanti，呼んだのです／

【p. 220】
このようにマハーリチャッヴィー王子は上唇が半分短くなっていて，前歯４本と外側の犬（牙）歯２本を上の唇で覆いきれないことが『古シーラカンダ・ティーカー』に言われているので，前歯４本の外側にある１本ずつを犬（牙）歯と呼ばれたことが知られます。

Sādhujanavilāsinī と呼ばれる『新シーラカンダ・ティーカー』にもダンマパーラ師が編んだ『古シーラカンダ・ティーカー』を参照して，

Tassa kira uttaroṭṭhassa appakatāya tiriyaṃ phāletvā apanitaddhamviya khāyati, cattāro dante dveca dāṭhā na chādeti, tena oṭṭhaddhoti voharanti.(9)

と記した古ティーカーの語句を整理するのみで解釈したのです。「ダンタ danta」という語は，犬（牙）歯と共に歯を含み，歯32本，また歯40本のことも意味します。「ダーター dāṭhā」という語は，ただ犬（牙）歯４本のことを意味するということを『アビダーナパディピカー』原本(10)とティーカーにおいて言及しています。

（１） dvijo――上下２か所において２回繰り返して歯が生じたので

（２） lapanajo―口に生じたので

（３） danto――食べ物を嚙んで砕いたので

（４） dasano――食べ物を食べ潰したので

（５） radano――食べ物をかき混ぜたので

（６） rado――食べ物を出して潰したので

《これが，歯という名称の言葉６種です。》

dāṭhātu，ダーターという語は／dantabhedasmiṃ，犬（牙）歯という歯の一種に／pavattati，なるものである／

と『アビダーナッパディーピカー』にいわれているので犬（牙）歯も歯であり，歯の中で特別の歯であると知られます。

daṃsate bhakkhamanenāti dāṭhā.[11]（犬〈牙〉歯を分解して説明した言葉がダーターです。）

《犬（牙）歯を意味したダーター dāṭhā を分析した解説》

【p. 221】
anena，この特別な歯で／bhakkhaṃ，食べ物を／daṃsate，食べた／iti tasmā，このように食べ物を食べるのに役立つ道具なので／so，この特別の歯は／dāṭhā，ダーターという／ayaṃ，このダーターという語は／itthiliṅgo，女性形です／daṃsadhātuto, daṃsa という語根の後に／ṭho, ṭha 接尾辞が生じる／daṃsassaca, daṃsa 語根も da に変化する／dāṭhā，ダーターという語は「完成した」／ayaṃ，このダーターという語は／muddhajadutiyo，舌の先に生じた第２の文字です。ビルマ文字タウンベで書くように，とティーカー〔復註〕で言われています。[12]

《このように『アビダーナッパディーピカー』原本とティーカーに言われた言葉を参考にすると，犬（牙）歯も danta という歯の中に含まれています。dāṭhā というと犬（牙）歯という歯の特別なものというだけです。あらゆる所でそのように訳しなさい。》

仏歯40本，仏犬歯４本という言葉に関しては，経典通達者である師のあいだでも見解が一致せず，意見が分かれているので，犬（牙）歯が含まれている40歯であるということが明確に分かるように種々な文献から少しく取り出して記し，枢密院顧問官〔である私[13]〕が申し出たのです。

仏歯40本，仏犬（牙）歯４本に関する判定のことを終わります。

註

（1） *Sumaṅgalavilāsinī*〔*DN Mahāvagga Aṭṭhakathā*〕Vol. II p. 41（第６結集版）。

（2） *Visuddhimagga Aṭṭhakathā* Vol. I p. 243（同上）

（3） 註（1）に同じ。

（4） これ以降ネイッタヤ Nissaya 形式をとっている箇所につけてある邦訳は，直前のパーリ語によっているものではなく，そこに付けられているビルマ語の説明を日本語に訳したものであることをお断りしておく。（したがってパーリ語の文法に則した訳ではない。）

（5） この Nissaya（ニッサヤ：ネイッタヤ）の部分〔パーリ語あるいはパーリ語句一区切り毎にビルマ語により説明をつけ加え続けて最終的にそのパーリ語文章全体の意味内容を明らかにする逐語訳もしくは逐語句訳スタイル，またそのスタイルによる典籍を指す〕およびこれ以後の同様箇所では，底本における｜（縦線１本）の区切り記号を本書にあってはコンマ符号〔,〕（そこまでパーリ語）で示し，‖（縦線２本）の記号箇所を斜線／（ビルマ語説明を日本語訳した箇所）で示してある。そのようにした理由はビルマ本形式にすると‖が多く煩わしくなるので理解の便宜をはかってのことである。

（6） *Sumaṅgalavilāsinī* Vol. III, *Pāthikavagga Aṭṭhakathā* p. 111（同上）

（7） *Visuddhimagga* Vol. I p. 243（同上）

（8） *Sīlakkhaṇḍavagga-ṭīkā* p. 339（同上）

（9） *Sīlakkhaṇḍavagga-abinavaṭīkā* p. 330（同上）

なお，この文の冒頭から３語めの uttaroṭṭhassa が古ティーカー（上記註（8）参照）の uttarottha と異なっているのみで，その他は全く同じである。

（10） *Abhidhānappadīpikāpāth* p. 23，および *Abhidhānappadīpika-ṭīkā* p. 186

『アビダーナッパディーピカー』第261偈には，「dvijo lapanajo danto / dasano radano rado / dāṭhā tu dantabhedasmiṃ / apāṅgo tvakkhikoṭisu //」（*Abhidhānappadīpikapāth* p. 23による）と説明されている。

（11） この語句は現在の第６結集版には，このままでは出ていない。

（12） *cf. Abhidhānappadīpika-ṭīkā* p. 186（同上）

（13） この４犬歯の40歯包含説は本書の著者自身の見解でもあることが，最後に表明されており，これは『サーサナヴァンサ』にもそのまま採り入れられている。

§78　寺領地や僧園寄進物に関するご下問5つにご返答のこと[1]

第1のご下問とご返答

第4次ヤダナープーラ〔インワ〕都を建立した六牙象所有主であるスィンビューミャーシン〔多白象〕王[2]〔在位1551-81〕は，「以前の王の時代に寄進された寺院やパゴダの寄進地は，廃墟〔排斥され無効〕とせず永久に保存されるべきか，存続する要がないのか」など以下の5つのことについて，僧伽主長老をはじめとする長老方に，ご下問なさいました。

「勅令通りに排斥せずに永久に存続すべきである」と，長老方は，一斉に返【p. 222】報なさいました。当時は還俗していらっしゃった78歳の枢密院顧問官にもご下問があり，5つの問いへのご返答を順番に申し上げました。

ご下問の質問5つの中で――

「他の王の時代に，寺院やパゴダへの寄進地にしようと決めて灌水供養をしながら寄進しました。その王が亡くなり他の王の時代になった時に，先に寄付した寺院やパゴダの寄進地は，寄付したままに寄進地になりますか」という第1の質問について――

ご返答は，

Saṃghikāya，サンガに寄進した／bhūmiyā，土地に／puggalikāni，個人の私有物である／bījāni，種を／ropayanti，植えつけるなら／bhagaṃ，当分わりあてを／datvā，与えて／paribhuñjitabbāni，使用されるべきである[3]／とか，また

dasakoṭṭhase，10区分に分けて／eko koṭṭhāso，一分を／bhūmisāmikānaṃ，地主にはらうべきである[4]／とか，ということです。

つまり，持ち主としてサンガに寄進したのであり，サンガの土地であるということ，この土地に作物を植えると10分の1を税として払うべきであるということは，律蔵やその註釈書に出ている言葉通りです。昔の王がすでに寄進した寺院の寄進地は，次の王の時代になっても施した通りに寄進地のままなのです。[5]

律蔵本典や註釈書において，サンガの寄進地とか地主という言及があり，寄

進されて得られた特定の地域に設けられた租税のみが寄進されたのではなく，土地と共にその所有権を寄進したので，寺院の寺領地は連続し廃絶しないで存在していると知られるべきです。

cetiye，仏塔に／padīpatthāyavā，灯明のために，あるいは／patisaṅkh-araṇatthāyavā，修理のために，あるいは／dinnārāmopi，寄進された僧【p. 223】園もまた／jaggitabbo，守護されるべきである／vetanaṃ，賃金を／datvāpi，払ってからも／jaggāpetabbo，守らせるべきである[6]／とか，cetiye，仏塔における／chattaṃvā，傘あるいは／vedikamvā，手すりとか／jiṇṇaṃvā，古ぼけ朽ちるとか／paṭisaṅkharontena，修理する人は／sudhākammādīnivā，漆喰作業などを／karontena，おこなう人は／cetiyassa，仏塔の／upanikkhepato，租税・所有物で／karetabbaṃ，作らせるべきである[7]／〔と，記されています。〕

仏塔に寄進された僧園を守らせるべきであること，仏塔の所有物で仏塔の手直ししなければならないところを修理すべきであること，漆喰作業もするべきであること，などなどを含め，律蔵，註釈書に出ている通り，以前の王たちが占有し寄進した寺領地は，後の王の治世になっても，寄進したままで仏塔の所有地なのです。

この註釈書の中に，仏塔において修理をするために寄進した，とか仏塔への租税や所有物で漆喰作業などをすべきである，とか述べられていることで，代々途切れることなく仏塔の寺領地になっているということを知ることができるのです。

《これが第１のご下問とご返答でした。》

第２のご下問とご返答

そうではなく，現に生存中の王の治世に限って寺領地にし，後の王の治世では寺領地ではない，つまり無効になってしまうということがあるのではないか，という第２のご下問について，

ご返答は，

paṭiggahakesu，受け取った寺院のサンガは／matesu，無くなると／tadañño，サンガ以外の／catuddisasaṃghoca，四方から来たサンガや／anāga-【p. 224】tasaṃghoca，やってこなかったサンガが／issaro，持ち主となる／tassa，その四方から来たサンガ，来なかったサンガの／santako，持ち物になる／tena，それら両方のサンガによって／vicāretabbo，検討すべきである(8)／

と律蔵の復註書に出ているので，寄進したもとの王が生存していても，生存していなくとも，受け取ったもとのサンガがあれば，受け取ったサンガの所有です。受け取ったもとのサンガがなければ，四方から来たサンガ・来ていないサンガの所有であるので，寄進したもとの王が生存しているか，いないかは，問題ではなく，後の王の時代に至るまで寺領地として途切れず存続するのです。

この律蔵復註において，受け取ったもとのサンガが無くなり〔その王が〕死去した場合でも，四方からすでにやってきているサンガの所有であり，そのサンガのものである，と述べているので，サンガが途切れず代々続くかぎり，寺領地として常時存在していることが知られます。

《これが第2のご下問とご返答です。》

第3のご下問とご返答

「あるひとりの王の治世に施した寄進地は，他の王の治世になって，もう一度寄進しないと，前の王が寄進した寺領地は，途切れず存続しますか」

という第3のご下問について，

ご返答は，

先に言及した律蔵本典・註釈書・復註書において，僧院，仏塔，寺領地は，寄進した王が亡くなり次の王の治世に至っても，僧院，仏塔，寺領地は代々途切れずに寄進地として存続するとある通りに，改めて寄進しないと寺領地とならないのではなく，サンガが代々途切れない限り寺領地です。このように寺領【p. 225】地となっているのに，重ねてもう一度寄進しなおすというのは，長寿のための功徳6種の中に重ねて修理するところの修理功徳を増大させたいという理由，また無くなるのを恐れて壊れてしまわないようにという願望によって改めて寄進したのです。

長寿を全うさせる功徳6種は,

（1）parissāvanadāna――水漉しの布施

（2）gilānavatthudāna――病気の患者が服用する薬の布施

（3）āvāsadāna――居住寺院の寄進

（4）jiṇṇakapaṭisaṅkharaṇa――古い寺院・仏塔を修理する功徳

（5）pañcasīla――五戒を守る功徳

（6）uposathakamma――時に布薩を守る功徳

これらの6種が長寿にする功徳6種と言われてきました(9)。この功徳6種を積んでセイロン島のワーサバ王が寿命12年であると予言されたのに，42歳まで寿命が延びたことがあると，『マハーヴァンサ 大史』に出ています(10)。

《これが第3のご下問とご返答でした。》

第4のご下問とご返答

重ねて寄進することなく以前に施与した寺領地を次の王の治世に寺領地のままにならないように定めると，その寺領地の有効性が途切れず続くのか，どうかという第4のご下問について，

ご返答は,

catuddisaṃ，四方の／saṃgham，サンガを／uddissa，目指して／bhikkhūnaṃ，比丘らに/dinnaṃ，施された／vihāraṃvā，精舎や／pariveṇaṃvā，僧房や／āvāsaṃvā，一棟の寺や／mahantaṃpi，大きいものであろうと／【p. 226】khuddakaṃpi，小さいものであろうと／abhiyuñjato，裁判を起こす人には／abhiyogo，裁判にかけても裁判は／narūhati，成立しない／acchinditvā，奪って／gaṇhituṃpi，取っても／nasakkoti，自分のものにできない／kasmā，何故ならば／sabbesaṃ，すべての四方サンガの僧侶たちが／dhuranikkhepābhāvato，諦めないからです／hisaccaṃ，諦めきれないという言葉は，正しい／ettha，このように裁判にかけて奪い取ろうとしたことにおいて／sabbe，すべての／catuddisābhikkhū，四方に住している比丘たちは／dhuranikkhepaṃ，各自諦めることを／nakaronti，しないからです。[11]——

と，四方サンガの所有している僧院，僧房，寺院を裁判にかけて奪い取ることは，成立しないということが，律蔵註釈書に出ている通りに，寺院・仏塔が所有している寺領地を，後の王の治世に無効にすることはできないし，排除しても無効とはなりません。

他人が所有する財産を壊すのは，もとの場所から動かしたり，所有者に諦めさせたりするという２つの方法のうち何れかにより成立するものです。ここでは土地と共に存在したものが時が経っているので，動かすことができません。所有者は多数ですから，すべての人それぞれに諦めさせることもできません。したがって，何れの方法もとれないので寺院・仏塔の寺領地は奪い取ったり撤去できないのです。

《これが第４のご下問とご返答でした。》

第５のご下問とご返答

「寺院・仏塔の寺領地は，言われてきた幾つもの仏塔や代々の王の中で，どの仏塔が如何なる王の治世に寄進されたのか」という第５のご下問について，

【p. 227】

ご返答は，

「スジャータ仏の時代に，私たちの菩薩〔ゴータマ仏〕が転輪聖王となって七宝と共に2000の小島，四大洲を仏に施した。そこで王国民すべてが園林守護の仕事をしなければならなかった。[12]」

と，典籍に出ていることを参考にすると，無数の仏の代々にわたる仏の時代にも，寺領地を施与してきたので，どこから始めたか，ということは説明できません。

私たちの仏の時代にも入滅した後100年を経た頃，師僧に駄菓子屋女が施した水田５ペ[13]をドゥータパウン王が没収したので，太鼓が音を出さなくなり，投擲の槍が思うように飛ばなくなってしまったと『王統史』に出ていて[14]，遠い昔から寺院・仏塔に寺領地を寄進していたことが知られます。

《これが第5のご下問とご返答でした。》

《以上が必要なご下問5案件に対し，経典に出ている通りの返答の説明です。》

（1）かつて，世間の礼儀や仏教上の務めを知悉し賢明なマハーシーラヴァンサ師も「サッダモッカーヴァバーシー Saddhamokkhāvabhāsī〔正法を語れるという語〕」で始まる詩偈を冒頭において，ヤダナーヴィマーン僧院の寺領地碑文を書いておいたものが，今でも現存しています。

（2）タールン法王の治世に，タンティー[(15)]僧伽主が管理したタンティ仏塔の寺領地は，ヴィスン・ガーマ〔独立した村[(16)]〕になっています。

この寺領地において，シーマー〔結界〕を認定すべきであると，タウンビーラ長老が申し入れたことが，「ミッダザー〔慈愛の書〕」にも明らかに載っています。

シン・マハーティーラウンタ長老，タウンビーラ長老方は，世間の礼儀，仏教上の務めを知悉した師方であって，〔このように〕寺院・仏塔の寺領地が途切れず存続しているという，かつての師方の見解もあるということを申し上げたのです。

ご下問の順序にしたがってご返答申し上げました。

【p. 228】

したがって，今までの説明で，ブッダ在世中にチューラプンナ，マハープンナ，サッチャバンダ，イシディンナをはじめ無数の禅定，神通，道果を得た聖者や聖者でない師僧代々の師資相承により多くの編纂者，経典通達者，持戒者，威徳者方によってタイェキッタヤ，パガン，タウングー，ミンザイン，ピンヤ，サガイン，アヴァ，ヤダナーティンガー〔シュエボー〕，アマラプーラ国に至るまで，王都，主要都市などミャンマー王国に仏教が発展繁栄してきました。

以上の説明で，最初の示した3方法による事情の発端と結末，その経過を智慧により表し，数珠の珠が並んでいるように，代々のことを途切れずに覚えて下さい。

正法伝承の説明においては，律蔵，註釈書を伝持して，言われた通りに恥知らずの人とは関係なく，恥を知る人のみのことを記憶しなさい。釈尊在世時代から始めてトゥナーパランタ，タンバディーパ国の中心であるミャンマー人たちの王国における〔師資相承〕次第・経緯〔すなわち〕９代ないし11代の師方によって今に至るまで尊いご正法は長期間にわたって輝き繁栄してきたということなのです。

ご下問５案件についてのご返答のことを終わります。

註

（1）ここではご下問になったことそれぞれについて，その内容と返答とをニッサヤ形式などで詳細に記している。『サーサナヴァンサ』では，それらを整理して紹介翻訳している。

（2）タウングー王朝第３代王バインナウン（1551-81在位），別称ハンターワディー・スィンビューミャーシン。

（3）*Vinaya Mahāvagga*（第６結集版）p. 348

（4）*Samantapāsādikā*（同上）Vol. Ⅲ p. 384，*Samant.* P版 Vol. Ⅴ p. 1103

（5）cf. *Sās.* 生野訳 p. 295

（6）*Samantapāsādikā*（同上）Vol. Ⅰ p. 341，*Samant.* P版 Vol. Ⅱ p. 387

（7）*Samantapāsādikā*（同上）Vol. Ⅳ p. 254，*Samant.* P版 Vol. Ⅶ p. 1406

（8）*Vinayālaṅkāra-ṭīkā*（同上）Vol. Ⅱ p. 64

（9）長寿にする功徳 cf. *Mahāvaṃsa Aṭṭhakathā* 偈文 No. 74-76

（10）cf. W. Geiger 訳 *The Mahāvaṃsa*（PTS）pp. 251-52，なお，そこでは「Vāsabha 王〔仏暦607-651，124-168A.D.〕，44年間統治した etc.」と記す。

（11）*Samantapāsādikā*（同上）Vol. Ⅳ p. 296，*Samant.* P版 Vol. Ⅱ p. 339

（12）*Buddhavaṃsa*（第６結集版）p. 349

（13）pay（ビ），面積の単位0.7ヘクタール。

（14）cf. *Hmannan* Vol. Ⅰ p. 174（1967年刊行本）

（15）Taṃtī（ビ）地名に由来する。

（16）visuṃgāma，ヴィスン・ガーマに関してビルマ代々の長老は課税のあるなしによりその境界を定めた。境界内でも課税のない土地ならば，「独立した村」とみなした。ここでは寺領地がヴィスン・ガーマとして扱われた例をあげている。したがって永遠に寺領地であると主張しているのである。

cf. Sayadaw U Vijjānanda 著「上座仏教におけるシーマー（結界）の由来とヴィスン・ガーマ（独立村）」『パーリ学仏教文化学』第20号（2006年12月）所収。

§79 師資相承次第を簡略に抜粋して明示すること(1)

パガンの都において，

（1）シン・アラハン Arahaṃ前サーサナ１派

（2）シン・ウッタラージーワ Uttarajīva，サッパダ Hsappada 方の後サーサナ１派

（3）シン・サッパダと共に来たティーワリ Thīvali１派

（4）シン・アーナンダ Ānanda１派

（5）シン・ターマリンダ Tāmalinda１派

５派に分かれていました。(2)

【p. 229】「パガンに到来した５派からどのような派の系統が，ピンヤ，サガイン，アマラプーラ都などへ伝わったか，を知りたい」という質問に応答して，ピンヤ，サガイン，アマラプーラ都などに伝えられた師資相承次第を抜粋して概略を簡潔に述べましょう。

（1）トゥーパヨン仏塔施主ナラパティジー(3)は，王になる以前，ご父君の治世から，将来の王ミンイェーチョーズワーの治世(4)に至るまで，ピー都の長ソーヤンナウンがピー都に招き帰依したシン・ターヤダッシー〔ピンヤのサガー寺出身でタウンバルー・パラッカマ系統に属する〕の弟子シン・タッダマティッティ Saddhammaṭhiti を師としました。

（2）緬暦804（1442）年〔そのソーヤンナウンは〕ピーから登ってヤダナプーラ黄金都にて王位に即きました。

（3）真ん中の王子ミンセインミャーも「ミンチースワー」なる称号と共に，ピー市を授かり統治しました。

（4）南はグートゥタヨッモー，西はボーガウン，東はコンガウン，北はマルンタウンクィンチュンドー，この４地域以内のあらゆる人々をわが子に管理させ，出家者各々は，わが師に管理させようと詔勅を出して，長老シン・タッダマティッティを僧伽主に任命しました。

（5）シン・タッダマティッティにはシン・アリヤウンタ Ariyavaṃsa，シン・マハーターミ Mahāsāmi という弟子２人があり，そのうちシン・マ

ハーターミは，先に言及したように正法伝承の師資相承をもたらそうとセイロン島に渡り，改めて授具足戒を受け直し，シン・タッダマサーリー Saddhammacārī と衆僧５人をつれてセイロン島から帰ってきて，タイェキッタヤ〔ピー市〕において，スリランカ系統の仏教繁栄に励んで過ごしていました。

【p. 230】

（6）このシン・マハーターミの弟子であるシン・アトゥラウンタ Atura-vaṃsa も，レーミェフナーで教授した後，ピー市の東方にあるクンマザージョウ〔僧院〕で布教して過ごしました。

（7）シン・アトゥラウンタの弟子シン・ヤダナーヤンティー Ratanāraṃsī も経典通達者で，ピー市で仏教の布教に努めていました。

（8）シン・ヤダナーヤンティーの弟子で，ピー領主タドー法王の師シン・アビタンケータ Abhisanketa も典籍に通達しており，ピー市にて布教に努めたお方でした。

（9）シン・アビタンケータの弟子が，シン・ムニンダゴーサ Munindag-hosa です。

木曜日生まれでしたので，沙弥名はムニンダゴーサでした。叔父であった師の名前をいただいて比丘名は，シン・ウパーリでしたが，サガイン河近くの四重楼閣僧院を寄進されてから称号・徽章を授けられ，シン・ティピダガリンガーヤ Tipiṭakālaṅkara となり，タウンビーラー Taunbhīlā の森林住僧院に移り住んでからは，タウンビーラー長老と名のりました。(5)

かつて，アヴァ〔都〕の繁栄していた時に「アリンガー〔文芸功労者〕」３名，「バゼンジョー〔著名な比丘〕」３名として著名人の中に入っていたタウンビーラ・ポウゴジョーその人でした。

緬暦970（1608）年アナウペッルン法王が，ピーを攻略して奪取した時に，彼を招来したため，〔長老は〕ヤダナープーラなるアヴァの都に来たのでした。

〔アナウペッルン法王は〕「私はピーを攻略した時に，僧１人と在家者１人だけを手に入れた」と〔言ったと〕今でも語られています。僧はタウンビーラポウゴジョー，在家者１人とはナンダヨーダ Nandayodha のことです。

僧院住みの一人前の僧になる前の若い時にも，シャン族ザロンの迫害のためアヴァからタウングーに移り住んだ時に，シン・ティタータナダザ Tisāsanadhaja の弟子の法王尊師〔アビサンケータ長老〕の許で経典の
【p. 231】
学習をしました。パーリ三蔵，註釈，復註書に通達して，若い時から『ウェタンダヤー *Vessantarā*・ビョ』(6) などを編み，世間・出世間の両方に詳しかったので，著名な沙弥，著名な若僧，著名人として有名になりました。

僧院住の住職になってからは，弟君である〔王の〕ミンイェーチョーズワーが建立寄進したサガイン河縁の四重楼閣僧院，タウンビーラ僧院などに住んで布教なさいました。緬暦1000（1638）年，満60歳になって四重楼閣僧院からタウンビーラ僧院に移り，森林住僧になられたのでした。

(10) タウンビーラポウゴジョーの弟子アミン市のマハーティッサ Mahātissa もバンジー管区サーリンジー南僧院にて経典を教示して過ごしました。

(11) シン・マハーティッサの弟子イエミン村僧院シン・サンダピンニャー Candapaññā。

(12) またその弟子は同じ僧院住のシン・グナティリー Guṇasirī。

(13) またその弟子は同じ僧院住のシン・カリヤーナダザ Kalyāṇadhaja。その師はバドン市内のマウンダウン・ニャウンガン村僧院などで教法を教示して住しました。

(14) またシン・カリヤーナダザの弟子はニョウンガン村僧院シン・インドーバータ Indobhāsa，シン・カリヤーナサッカ Kalyāṇacakka，シン・ヴィマラーサーラ Vimalāsāra，マウンダウン村僧院のシン・グナターラ Guṇasāra，シン・サンダターラ Candasāra，バドン村僧院のシン・ワラエーティー Varaesī，カンニー市町のミンオ村僧院のグナティリー Guṇasirī たちも改めて受戒して経典を学びました。三蔵，註釈書，復註書にも詳しくなりました。スッ，ソーダナー，アーボー，チャントェ，チャンテー，チャンヨー，アチェーアティン，アディッペなどの方法(7)に通達できたのでした。

(15) 前に〔述べた〕シン・カリヤーナダザの弟子でバンジー管区内のタナ

ウン村僧院のシン・ダマダラ Dhammadhara もバドゥン市管轄のパンイン村僧院にて学習教示して過ごしていました。典籍に非常によく通達していました。(8)

【p. 232】こう言われたように，師の系統10代20代は，マンレィ長老，ミンオ長老，ミンユワー長老，ソンター長老から始めて知られている持戒者，有徳者，恥を知るお方，戒を求めるお方，持法者になられたお方であり，ヤダナープーラ，アヴァ，サガイン〔などの〕王国内における比丘僧伽の師資相承次第でした。

《これが現在に至るまでの正法の始まりである9派，〔あるいは〕11派で〔あり〕，それらをもとに，セイロンから後に到着したシン・タッダマサーリー Saddhammacārī，シン・マハーターミ Mahāsāmi 方から伝承してきたとも言われる次第なのです。》

その事情は，また〔別伝で〕，

（1）セイロンに行ったことのあるパガン・シン・サッパダ系統は，その系統からシン・タッダマキッティ Saddhammakitti が，サガインに渡って来られてレージュンミェに住んでいらっしゃった。シン・マハーアリヤウンタからも典籍を学びました。後にシン・マハーアリヤウンタから指名されて，この師はゼータウン僧院へ移り住み経典を教えていらっしゃいました。

（2）そのシン・タッダマキッティの弟子は，シン・ティタータナダザ Tisāsanadhaja。

（3）またその弟子はシン・ダマヤーザグル Dhammarājaguru。

（4）またその弟子はシン・ムニンダゴーサ，タウンビーラポウゴジョーです。

（5）またその弟子はシン・マハーティッサ Mahātissa，シン・サンダパンニャー Candapaññā，シン・グナティリー Guṇasirī，シン・カリヤーナダザ Kalyāṇadhaja，シン・ダマダラ Dhammadhara，シン・インドバータ Indobhāsa，シン・カリヤーナサッカ Kalyānacakka，シン・ウィマラサーラ Vimalacāra，シン・グナターラ Guṇasāra，シン・サンダターラ Candasāra，シン・ワラエーティー Varaeisī，シン・グナティリー Guṇasirī に至るまで，この順序で師資相承がなされて伝えられてきたのです。

その師資相承次第は，その後サガイン・インワ王国内における持戒者，有徳者，有恥者，学を志す者，法説者の比丘サンガにおける師資相承の継承でした。その系統の比丘サンガは，仏法を尊重し「結界処」と呼称されていても，〔それのみで〕大・小の儀式を行わずに，信用できる根拠がある結界処〔シーマー【p. 233】(パ)〕でのみ，あらゆる儀礼を挙行しました。プエ・ジャウン系統(9)，偏袒派系統(10)の者たちには，経典教授さえなさず，つきあうことさえ避けました。

《これが現在の仏教の源となった9代あるいは11代の中で，スリランカから到着したパガンのシン・サッパダの弟子シン・タッダマキッティから引き続いてきた伝承です。》

この説明はわが師「ティピダガタッダマサーミ・マハーダマヤーザグル Tipiṭakasaddhammasāmi Mahādhammarājaguru」が編纂した『サーサナスッディディーパカー *Sāsanasuddhidīpaka*(11)』に述べています。上記のピンヤ，サガー樹七僧院が繁栄していた時に，この僧院に住んでいたサンガの師僧の系統をパガンの前サーサナ派系統，後サーサナ派系統が存在したということも明らかにし，またあらゆる次第についても系統別にして示しました。このように示した師資相承の次第で，前が原因，後は結果，前は発端，後は終末と覚えて，先の3方法によって調べ，数珠を繰るようにさかのぼって知り伝持しなさい。

『アトゥラ Atula 長老タマイン(12)』の中で，

「(1) アビタンケータの弟子は，ティビダガリンガーヤ・タウンビーラポウゴジョーです。

(2) また同じくその弟子は，アミン〔出身の〕ボーリタッ Borisat,

(3) また同じくその弟子は，サーリンジー〔出身の〕アリヤダザ Ariyadaja,

(4) また同じくその弟子は，シン・グナービリンガーヤ Guṇābhilaṅk-

āra；トン Toun〔出身の〕比丘僧です。

（５）また同じくその弟子は，タバイン〔出身の〕パンニャーラーマ Paññārāma,

（６）また同じくその弟子は，リンフラ〔出身の〕ダマゾータービターラ Dhammajotābhisāra,

（７）また同じくその弟子は，コウンバウン都造王の王師であったマハーアトゥラ長老です。」

と，長老の系譜をつくり出して述べています。〔しかし〕どの書にもこの師の系統は出ていません。タウンビーラポウゴジョーの弟子アミン〔出身の〕ボーリタッ Borisat というのも文書に言及はありません。200年間余を師僧４代のみで終わるというのも適当ではありません。

師資相承次第を簡略に抜粋して明示することを終わります。

註

（１）　*Sās*. B版（pp. 177-79）においても，パガン５派以降の長老相承による伝承が引き継がれ訳されており，§79の途中まではほぼ同様に記述されているが，後半に関しては相承次第の内容，扱い方に相違が見られる。註（８）参照。

（２）　パガンにおけるサンガ成立の歴史や当時の状況については，すでに本書§17以降に記されている。

（３）　ナラパティジー＝ナラパティ１世王（1442-68在位），モーニン・タドー王の次男。

（４）　ミンイェーチョーズワー（1438-41在位），モーニン・タドー王の長男。
なお，ここに述べられているピー市の仏教に関する状況，マハーターミ長老のセイロン渡航やタッダマサーリー（＝Sadhammacārī）長老のセイロン島からの帰国とその後のことに関してもすでに本書§17に記されている。

（５）　①Munindaghosa，②Shin Upāli，③Shin Tipiṭakāalaṅkāra，④Tonbhīlā Sayadaw，以上の４固有名詞は，同一人物を指していることに注意をうながしている。
なお，このタウンビ（ピ）ーラ長老（1587-1651A.D.）については，ウー・ペーマウンティンの『ビルマ文学史』pp. 180-82中にも「四大高僧」の１人として，文芸分野における業績が紹介されている。

（６）「ウェタンダヤー・ピョ」ジャータカの第547話，Vessantarā 物語をビルマ語のピョ形式で詩偈化した作品。日本でも『布施太子の入山』として倉田百三により戯曲化され大正14年２月に帝国劇場で上演されている。（岩波文庫，1927年）
なお，pyui（ピ）は「ピョ」と書き「ビョ」と発音。「仏典叙事詩」と和訳されたりするビルマ語文学上における四語構成のリンガー〔韻律〕詩。

（７）　ここで言及されている種々な用語は，ビルマの僧侶が問答により応答させつつ説明

学習させる方法を指す。なお

①「スッ」sou（ビ）は，「質問される〔返答を求められる〕側」を指す語。（>cudita（パ））

②「ソーダナー」sodanā（ビ）は，質問して「攻める〔返答を求める〕側」を指す語。（>codanā（パ））

③「アーボー」abho（ビ）は，質問者と応答者，両者の「観念（意図）」を指し，意味のとり方が問題とされる。（>ābhoga（パ））

④「チャントェ」kyan thwe（ビ）は，「チャンテー」に対して応答し説明すること。つまり，次の文の要点を取り出し前の文に戻ってつなぎ説明要約することをいう。

⑤「チャンテー」kyan te（ビ）は，前の文の説明不足の部分や疑問点を取り上げて問いかけながら，足らないところを入れて説明し進行させていくこと。

⑥「チャンヨー」kyan you（ビ）は，何もせずに，ただあるがままに翻訳するのみ。

⑦「アチェーアティン」の「アチェー」ahkye（ビ）は，「atin」に対して適正に答えること。「アティン」(atin)（ビ）は，「難点をとりあげ問いただすこと」とされている。

⑨「アディッペ」adhippay（ビ）は「説明すること」>adhippaya（パ）。

（8） §79の冒頭，パガン5派からここまでの諸長老による師資相承次第については，ほぼ忠実に *Sās.* B版 pp. 177–79に訳出されている。

（9） プエ・ジャウン（祭礼僧院）に関しては，本書§28に言及があるので，それを参照のこと。

（10） 偏袒派については，本書§70にも言及があり，アトゥラ長老が典拠にした『スーラガンディ』，および『三蔵鏡 *Piṭaka-hman*』も根拠がなく，誤りを認めたことが記されている。『サーサナヴァンサ』においてもボードーパヤー王が，大長老方に3度に及んで議論をさせ，アトゥラ長老の敗北を確認，通肩に統一すべく詔勅を出した詳細が語られている。（*Sās.* B版 pp. 150–57，*Sās.* 生野訳 pp. 280–90）

（11） *Sāsanasuddhidīpaka*，ただし，*Sās.* B版は *Sāsanasuddhidīpika* と綴る。同一書であろうが内容など不詳。

（12） アトゥラ Atula 長老タマインに関して，ここで語られているような師資相承次第は，『サーサナヴァンサ』には言及がなく無視されている。

【p. 234】
§80　ご教法衰退滅亡の５要因について(1)

ご教法滅亡の５要因を最後に述べると以前に約束した通りに，ご教法滅亡の要因５つを今から述べます。

ご教法滅亡の５要因というのは，

（１）三蔵典籍なる教学得達(2)の滅亡

（２）その教学による修行(3)という実践が行われなくなる

（３）道果という証悟(4)の消滅

（４）比丘たちの衣の着方〔僧の形相〕が乱れる

（５）ブッダの身体の一部である舎利の消滅

これらによる５要因です。

教法習得 Pariyattisāsanā 滅亡の様態

その５つの中で，三蔵典籍という教法の習得（パリヤッティタータナー）こそ仏教の真に存在する要因です。この言葉は間違いではありません。賢者は教法を学び，実践と証悟の２つを成就することができます。菩薩シッダッタ太子は，出家してからアーラーラ行者の許に入って五神通，七禅定すべてを聞いて即座に達成させました。

非想非非想処定における行法を修得するべくアーラーラ行者に質問しましたが返答がなかったので，ウッダカ行者の許に行き禅定方法を問い，その言葉が終わった途端に定を達成しました。このように賢者は，教法を聞き学びとって【p. 235】修行実践，証悟得達２つを共に達成することができたと，例をとりあげて示しました。

したがって，教法習得が存在すると真の仏教が存在します。教法習得が存在しなければ真の仏教は存在しないのです。

後世になり，極悪の時代カリユーガ王の治世に人々が法を守らなくなったため，天候不順となって産物が乏しくなり，教法が減少して意味あるパーリ語のことば通りに伝持できなくなりました。論蔵は，最初に「パッターナ〔発智論〕」大典籍から始まり順番に〔三蔵の後部分から逆に〕次第に滅亡します。その後，経蔵は，『アングッタラ・ニカーヤ〔増支部経典〕』の最後である11ニパータから始めて逆順に後ろから少しずつ滅亡します。

その後『サンユッタ〔相応部〕』，『マッジマ〔中部〕』，『ディーガ〔長部〕・ニカーヤ』と順次に滅亡します。

「サビヤの質問」，「アーラワカの質問」偈頌などは，迦葉仏の時代から伝承されてきていましたけれども，少しに限られていたので，真の仏教を点灯させるには至りませんでした。律蔵にしても，恥を知る人だけが唱え実践するのみです。供養を望む説法師方も，他の経典のことで法話をしても聴き手がいないので，ジャータカを唱えるのみでした。それも，ジャータカでも詳細にすべてを暗唱できず，ウェタンダヤー *Vessantarā*・ジャータカより始まり，後ろから次第に少しずつ滅びます。

しかし，ある程度の期間は，世の中に４偈のそろった一詩句でも存在すれば，その間はすべての教説が滅亡したことにはなりません。ある時，教法に熱心な王が，象の背中の上に硬貨1000枚を入れた金の容器を載せ，「一切智者のブッダが説かれた４偈のそろった詩偈を知る人がいれば，この硬貨1000枚を取ってよろしい」と都内すべてを３回まで太鼓を叩かせて回らせても，１偈くらいしか分からず，【p. 236】1000枚の硬貨を取れる人がいなくて，その硬貨1000枚を宮殿に入れ直します。そうなる時は教法習得 Pariyatti-sāsanā は，完全に滅びてしまうことになるでしょう。

《このように経典に述べられていることばと現在の状況を考え，調べて，教法習得が存在しているかどうか，を知りなさい。》

修行実践 Paṭipattisāsanā 滅亡の様態

ご教法の時代も時間が経過すると，禅定，内観，道，果などを修得できなくなって，四遍浄戒(5)のみを護持することになります。その後，時間がさらに経過して，四遍浄戒をも厳しく守ることができなくなり，業処修習に励まずに，今の時代は道・果を獲得することができないと諦め，大いに怠けて，お互いに為すべきか，為さざるべきかということを主張することもしなくなり，〔教法を〕思い起こすこともなく，反省することもなくなって，大・小様々の戒律を破るようになります。

その後さらに時間が経過して，波逸提罪 Pācittiya，偸蘭遮罪 Thullaccaya，僧残罪 Saṃghadisesa を破るようになります。四波羅夷罪 Pārājika だけが残り，その波羅夷罪を守る比丘が何千人か存在するなら修行実践が滅亡ということにはなりません。(6)

〔しかし〕それらの比丘僧の中で最後の僧が，四波羅夷罪のいずれか１つを破ったり，死亡したりすれば，その時には修行実践（パティパッティタータナー）は完全に無くなることになります。

《このように典籍に述べていることばと現在の状況を考え，調べて，修行実践が存在しているか，どうかを知りなさい。》

証悟の法 Paṭivedasāsanā 滅亡の様態

ブッダご自身が在世していらっしゃった時からご教法が繁栄していた時代には四向四果，四無碍解，三明，六神通といわれた証悟の法（パティウェーダタータナー）をすべて獲得することができました。

【p. 237】しかし，時間が経過すると四無碍解をはじめとして後ろから次第に少しずつ滅亡します。道果を得た聖者の中で最後とする預流果の聖者がお亡くなりになれば，証悟の法は，完全に滅亡することになります。

《このように典籍に述べていることばと現在の状況を考え，調べて，証悟の法が存在しているか，どうかを知りなさい。》

僧の形相 liṅga 滅亡の様態

ご教法は，時間が経過して減じ弱くなると，鉢の持ち方，着衣法，手の曲げ方，伸ばし方，正面向かっての見方，ななめに見る誤った見方などの色々な作法，動作が〔信者たちの〕信頼を失うようになります。裸形外道のように乾いた瓢簞を腕にぶら下げて往来するようになり，〔鉢の持ち歩きを〕このようにしても，比丘の姿形は，まだ失われないと言われます。その後時間を経ると，肩から降ろして手で運んだり，天秤棒でぶらさげて往来したり，衣を比丘にふさわしく適当に染めずに，ラクダの背中のようにまだらに染めたりして往来してしまいます。

その後になってくると，まったく染めずにすそのへり止めもせず，〔へりを〕切るだけで，条を縫い合わせて浄点(7)を打つのみで作り，使用することになります。さらに時間が経つと，条をつけることも浄点を打つこともせずに，ただへりかざりを切るだけで衣を作り，それを着ながら遊行者のようにあちこち往来するようになります。さらに時が経つと「この衣で，私たちに何の利益があるのか」と渋汁で染めた法衣の小さな布切れを手か首に結び付けながら，あるいは法衣の布切れで髪の毛にかぶせながら，あちこち往来するようになります。【p. 238】妻子を養うこと，田を耕すこと，農作物を栽培することなど，生計をたてる手だての中で何か一つをしながら往来するようになります。このように渋汁で染めた法衣の布切れを保持するかぎり，僧という形が消失したとは言えません。その時でもサンガに対して布施をする果報は，計り知れません。このことを指し示して『*Dakkhinavibhaṅga-sutta* 施分別経(8)』に，「Bhavissanti khopānananda〜（アーナンダよ，確実に現われてくる(9)）」などの説法を，ありとあらゆる生き物の利益のために一切知のブッダは説かれたのです。

意味〔訳〕は，

Ānanda，親愛なアーナンダよ／anāgata maddhānaṃ，将来に至って／gotrabhuno，僧の系譜になっているところの／kāsāvakaṇṭha，袈裟を首にかける／dussīlā，破戒する／pāpadhammā，悪法を犯している贋僧らは／khopana，確実に／bhavissanti，現われてくる／dussīlesu，戒のない／tesu，これらの贋僧に対し／saṃghaṃ，サンガを／uddissa，名指して／dānaṃ，布施を／dassanti，ほどこす／Ānanda，アーナンダよ／tadāpi，その時には／saṃghagataṃ，サンガを名指ししてほどこした／dakkhiṇaṃ，お布施は／asaṅkheyyaṃ，数えきれないほどの果報がある／appameyyaṃ，計りきれない果報がある／iti，このように／ahaṃ，私〔仏〕は／vadāmi，説きます。

その後，時が経つと様々な仕事をしながら過ごしている私たちにとっては，渋汁で染めた衣の布切れを〔とじ継いで衣を作り〕身に纏うのは時間がかかり面倒くさくなります。この衣の布切れが何になるというのか，と衣の布切れを破って投げ捨てるようになるのです。その時には，比丘僧の姿形は失われてしまいます。カッサパ・ブッダ〔伽葉仏〕の教法が消えてから初めてヨーナカ国民であるシャン族，ユン族，パンテー族[(10)]たちの間に俗服の着物を纏って往来するようになっています。白衣を着た僧たちの系統になっていけば，ブッダの教法を確立し末永く護持することはできないでしょう。

《このように典籍に言われていることばによって，現在おこなわれている状況を比較して，比丘僧の形があるか，ないか，を知りなさい。》

【p. 239】

仏舎利の滅亡

菩提樹下金剛の御座において1500種の煩悩を滅尽したことは①煩悩の般〔完全〕涅槃，クシナガラ都城国にてマッラー王族サーラ樹の下にて身体を棄てたのは②蘊〔身体〕の般涅槃，仏舎利が火力によってすべて残さず燃えたのは③舎利〔遺骨〕の般涅槃であり，般涅槃は３種あります。

その３つの中で「舎利の般涅槃」は，将来生じることでしょう。

生じることは

ブッダは，生きている間に「私の遺骨の舎利は礼拝供養を受けられない処から受けられる場所に移して，有情の利益が多くなるため存在するように」と，未来に悟りを得られる有情の幸福利益を末永く望みながら，決意（adhiṭṭhāna）なさいました。このようなご決意の威力により仏舎利は，常に礼拝供養を受けられない処から受けられる場所に移動して尊敬を受けています。〔ところが〕仏教も時を経ると遺産である仏舎利を尊敬，供養崇拝する地域が減少して，尊敬供養しない場所が多くなります。

（１）このように仏教が衰退する時に，〔世界中に散在しているすべての仏舎利は〕スリランカのマハー・ゼディ〔大塔〕のみに，まず一緒になって集まってくるでしょう。

（2）その後，大塔から移ってナーガディーパのリンルン樹塔に集まってきます。

（3）その後に，リンルン樹塔から，また再び移動してお悟りを開かれた大菩提樹の金剛の御座に集合してくるでしょう。

《竜界，人間界，天界，梵天界におけるあらゆる仏舎利は，菜種一粒ほどでも残らず，仏教の中心である大菩提樹のところのみに集合してくるでしょう。

大きさ３種，３色にわかれ，容量８木桶升(11)ある仏舎利は，菜種一粒ほどの仏舎利でも〔禅定の〕火力によって燃えるまで仏舎利は無くなることはない，と経典に出ている(12)のを記憶しておきなさい。》

【p. 240】

（4）このように大菩提樹のもとに集合してから仏舎利は，釈尊の姿に化作して，初めてお悟りを開かれたように，大菩提樹下に結跏趺坐しながら金色に輝き姿を見せるでしょう。

（5）〔このお姿は,〕32の大特相，80の小特相をもち，６種の色の光線が，手を上に上げ伸ばした指先から足先までの高さの範囲にまで，光線が現われているのが明らかでしょう。

（6）このように生きているブッダ自身の姿を化作〔模造〕してから水と火の２つが対で噴出する双神変 Yamaka-pāṭihāriya を現わし出して見せてくれるでしょう。

（7）６種の光線を発しつつ，その光線は，まわり一万宇宙の周辺にまで及ぶことでしょう。

（8）その時に人間は，それを拝見できず，一万宇宙からやってきた神々や梵天のみが拝謁できるでしょう。

（9）それら神々や梵天たちは，集まってきて拝謁し，今日は10種の力をもつブッダは入滅されました。今日こそは，真に仏教は滅びました。今日からはじめて世の中は暗闇になってしまうでしょう。これが最後の拝謁であると思って，ブッダが入滅した日時から極度に悲しみ，悲嘆して泣き叫ぶでしょう。

(10) その時になって，仏舎利から自ずと火が出て，仏舎利すべてを一つ残さず燃やすでしょう。

(11) この焔が梵天まで上昇します。その時に参集していた神々や梵天たちは，太鼓や琴，打楽器などを演奏し供養しながら，大菩提樹を３回右まわりに回って礼拝しつつ将来現われるブッダにお会いし参詣できるようにと祈ってから，帰去するでしょう。

【p. 241】

これらのことのみ，典籍に出ています。その時に解脱したという話は出てきませんでした。光線を放ったという言葉に付け加えて解脱したという伝説は，正しくないのです。

《このように仏舎利から火が出て燃え消えて無くなるということは，仏舎利という聖遺骨が滅したということである，と典籍に出ていることと，現在に至る経緯を考えて，仏舎利があるか，ないかを知りなさい。》

ミンガウン２世のご治世に，ダダーウー・ミンガラ・ゼディ・パゴダ(13)を建立しようとした時に得られた仏舎利，第４次アヴァ王都城を再建した六牙象君主でスインビューミャーシン大法王の治世に，アマラプーラ都マハーウィザヤランティースィーコン・大パゴダを建立した時に得られた仏舎利，それらは，

「聖仏舎利の由来は／最高の威徳／尊者の威光／盛り上がった御姿／２体に増えます／白く拡大し緑，青／黄色，黒／色が合わさりつつ／円くなったり縦横になったり／形はさまざまになる／周囲の人々／見つめている間に／心があるかのように／そろりそろりと這い進む／持つのを忘れて／手から落ちても／着ている着物／手の甲，上腕／肩，顎下／頭頂にとどまる／４種のこれを省略して説明したが／威力は強烈なり／」

と述べているように，偉大なブッダの決意（adhiṭṭhāna）によって尊崇供養される地域に戻ってきた舎利こそ間違いなく真の舎利です。スィーコン・大パゴダに安置された仏舎利を，上記の詩偈の通り，私もはっきり眼の前で明らかに見ることができました。

ご教法滅亡の５要因について，を終わります。

註

（1） これについては，『サーサナヴァンサ』には何ら言及がない。代わって，①カシミーラ・ガンダーラ国仏教史，②マヒンサカ王国仏教史，③マハーラッタ王国仏教史，④チーナ王国仏教史，が語られている。したがって，『サーサナヴァンサ』が，この *Sāsanālaṅkāra-cātam* の翻案ではあっても完全な翻訳でないことの証拠を明らかに示している。

なお，この§80に取り上げられたご教法滅亡の経緯についての内容は，『増支部経典註 *Manorathapūraṇī*』中に述べられていることである。

（2） pariyat（ビ）＞ pariyatti（パ）

（3） paṭipat（ビ）＞ paṭipatti（パ）

（4） paṭivedha（ビ）＞ paṭivedha（パ）

（5） catupārisuddhisīla 四遍浄（清浄）戒

1．Patimokkhasaṃvarasīla（波羅提木叉律儀遍浄戒)。比丘具足戒227か条をよく守ることにより清浄戒を持すること。

2．Indriyasaṃvarasīla（根律儀遍浄戒)。五根などをよく防御することにより清浄戒を持すること。

3．Ajīvaparisuddhisīla（活命遍浄戒)。四資具（食・衣・住・医薬）を正しく求めて生活し清浄戒を持すること。

4．Paccayasannissitasīla（資具依止遍浄戒)。比丘生活上の四資具の資具本来の目的を忘れず正しく依止し清浄戒を持すること。

なお詳細は『*Visuddhi-magga* 清浄道論』PTS 版 Vol. I pp.16–46, 南伝第62巻 pp. 35–83, 第６結集版 Vol. I, pp. 16–56 etc. 参照。

（6） ここで言及されている比丘具足戒（Pāṭimokkha）上の罪名のそれぞれについては，拙著『ビルマ仏教』(法藏館，1995年）p. 44 etc. 参照。

（7） 浄点を打つことについての規定は，比丘具足戒 Pātimokkha 中の Pācittiya 第58条に規定がある。そうする意図は外道の衣と区別するためという。

（8） *MN.* Vol. Ⅲ〔Uparipaṇṇāsa-pāli〕pp. 295–300（第６結集版）

（9） *MN.* Vol. Ⅲ〔Uparipaṇṇāsa-pāli〕p. 299（同上）

（10） パンテー（族)，「中国人回教徒」を指すビルマ語による呼称。(cf. 大野徹編『ビルマ（ミャンマー）語辞典』p. 395；*The Universal B.-E.-P. Dic.* p. 459）

（11） 底本「saywe」は「sayut〔pyi（緬升）の２倍〕」の誤植と思われる。sayut（ビ）の相当パーリ語は doṇa

（12） *AN.*〔Manorathapūraṇi〕Vol. I, p. 67（第６結集版）

（13） 「ダダーウー」はアヴァ（＝インワ）近郊の地名。このパゴダも現存。

このパゴダ建立の際に編まれたシン・マハーティーラウンタの「ダダーウー・テー・モーグン（ダダーウー仏塔建立記録詩，1496年作)」は，ビルマ文学史上でも有名。

ここで引用された語句がそこからのものかどうか未確認だが，同じ年にもう１人の僧であり宮廷詩人であったシン・マハーラッタターラも同名の「ダダーウー・テー・モーグン」を書いていたことが報告されているので，それらからの詩句引用がなされているかもしれない。cf. U. Pemauntin, *History of Burmese Literature*（ビ）pp. 83-86，邦訳『ビルマ文学史』大野徹監訳，池田・コウンニュン・堀田・原田分担翻訳，（勁草書房）pp. 61-64

【p. 242】
§81　ご教説を宣布浄化すべきこと

ご教説を尊重して宣布し浄化すべきことについて説明をすると以前に約束した通りに，ご教説の宣布と浄化とに関して若干述べることにいたしましょう。

（1）purāsoko dhammarājā, atulavibhavodayo,
sāsanaṃ piyatāya sa, malaṃ dassanakampito.
（かつて，似た者のいないほど裕福なアソーカ王[1]は，仏教の汚れを見て心に恐れを抱き，仏教を好んで）

（2）moggaliputtatissathera, mupanissāya sodhanaṃ,
bhikkhū channavutekāsi, uppabbājiya pāpake.
（モッガリプッタティッサ長老[2]を頼りにして，６万人の邪悪な偽僧たちを還俗させて，仏教の浄化をなさった。）

（3）laṅkadīpe sirīsaṅgha, bodhādipadanāmako,
parakkamabāhucāpi, buddhasāsanamāmako.
（ランカー島において，シリーサンガボディ[3]という称号のあるパラッカマバーフ王[4]も，仏教を信奉しているので，）

（4）malinaṃ sāsanaṃ disvā, saṃvegāpanamānaso,
pāpake bahavo bhikkhū, dhaṃsiyā dhammavādino.
（汚れた教法を見て心が動き，邪悪な多くの非法説者の比丘らを追放させて，）

（5）mahāvihāravāsinaṃ, paveṇidhammavādinaṃ,
saṃghamekanikāyañca, ṭhapetvā sodhanaṃ akā.
（マハーヴィハーラの伝統にしたがって，正法を説く比丘僧伽である１つの宗派のみを残して，他を浄化なさった。）

（6）tato pacchā puna caññо, vijayabāhu bhūpati,

parakkamarājācāpi tathā sāsanasodhanaṃ.

（その後，他のヴィジャヤバーフ王[5]やパラッカマ〔バーフ〕王[6]も同じくご教法の浄化をなさった。）

（7）amhākaṃ bodhisattopī, purento pāramī purā,

tidasālayasaggamhi, devarajja makārayi.

（私たちの菩薩も，かつて波羅蜜を満たす時に，三十三天界における天神の王として過ごされました。）

（8）tadā ānandatheropi, bārāṇasīpure akā,

rajjamusinnaro hutvā, kassapabuddhasāsane.

（その時，カッサパ・ブッダのご教法の時代に，アーナンダー長老もバーラーナシー国において，ウシッナラ[7]という王になり王位に即かれた。）

（9）malaṃ disvāpi majjhatto, na kā sāsanasodhanaṃ,

tadā sakko devarājā, dibbasukhaparaṃ mukkho.

（〔彼は仏教の〕汚れを見ても無関心で，仏教の浄化をしなかった。その時に帝釈天王も，天界の楽しみを望まずに，）

（10）kaṇhasunakhavaṇṇena, gantvā mātalinā saha,

uttāsetvāna rājānaṃ, tadusinnaranāmakaṃ.

（黒い犬の姿に化作したマータリ神[8]と共にバーラーナシーへ行って，ウシッナラという名のその王を脅迫してから，）

【p. 243】

（11）sāsanasodhanatthāya, laddhā tappatijānanaṃ,

pacchā nusāsanaṃ katvā, paccagā tidasālayaṃ.

（〔バーラーナシー王から〕ご教法浄化のための約束を得て，教誡した後で，三十三天界に帰還しました。）

訳者註

以下は，『意味内容は』として，パーリ経典その他のパーリ語による文典（詩偈集を含む）を，逐語あるいは逐語句ごとにビルマ語を用いて解説し意味内容を明らかにしていく nissasya「ニッサヤ」〔ビルマ語の発音では「ネイッタヤ」，「逐語訳」あるいは「逐語句訳」または「逐語句釈」と訳される〕形式を使って，上記11偈の意味を解説しているのだが，ここではすでに拙訳をパーリ偈文の後のかっこ中に示したので，省略することにした。それを付しても，かえって煩瑣になると考えたからである。

したがって，以下は原典の244頁の「ネイッタヤ（逐語句訳）」の終末の次の行，28行目からの日本語訳である。

【p. 244】

この11の偈頌のパーリ語とその意味の翻訳文を暗記して，ご教法を浄化すべきであることを記憶して下さい。ご教説を宣布浄化したことを終わります。

註

（1） 古代インド，マガダ Magadha 国マウリヤ王朝第3代の王（在位268-232B.C.頃)。パーリ仏典では，ここで示されているように「Asoka」と音写され，漢訳で「阿育」あるいは「無憂」などと意訳された。祖父チャンドラグプタ，父ビンドゥサーラ。彼の治世に，はじめてインド亜大陸のほぼ全域の統一支配を果たしたことでも有名。

（2） 仏滅218年誕生と伝えられる。アソーカ王の即位6年に王子マヒンダに授戒した高僧。その後アホーガンガ山に7年間幽棲するも仏教教団が混乱・紛憂するにおよび，アソーカ王の求めに応じ帰国，異流・異端を破斥し，阿育精舎で結集会（第3結集）を行う。その際「カターヴァットゥ Kathāvatthu〔論事〕」を編纂したと伝承される。

（3）「シリーサンガボディ」とパーリ語文字の綴りが想起しやすいように「ティリータンガボディ」（ビルマ語式発音表記）とはしていない。以下のパーリ語偈文中の表記も同じ。

（4） スリランカの王 Parakkamabāhu I（1153-86在位）

（5） スリランカの王 Vijayabāhu I（1059-1114在位)。ただしこれは従来のガイガー説で，メンデス，パラナヴィターナ説では1055-1110在位。cf. 森祖道「スリランカ王統年代論再考――W. ガイガー説修正の研究史――」(『仏教研究』第6号，国際仏教徒協会，1977年)

（6） 註（4）に同じ。

（7） Usinnara = Usinara. マハーカンハ・ジャータカ Mahā-Kanha-Jātaka（大黒犬本生物語：469話）に語られている Kassapa Buddha（迦葉仏）の時代におけるベナレス都城（Bārāṇasīpura）の王。

（8） Mātali（摩多梨）・マータリ神は Sakka（帝釈天）の御者。

【p. 245】

結びの言葉

ここにおよんで,『タータナー・リンガーヤ・サーダン』を編むことになった由来のいきさつについて,その事情を簡略にお伝えしつつ結びの言葉といたしましょう。

（1）rājādhirājā yo asi, sabbīsānagajappati,
ratanappure tampadīpa, ratthe sāsanajotane.
（6牙の白象の主である法王(1)は,ご教法を〔発展させ〕栄え輝き,タンバディーパという国のラタナプラ都にて王位に即きました。）

（2）mahārājasirīmahā, nandasaṅkrampanādhinā,
tassa maccena santena, sāsane hitakāminā.
（その法王の内務長官であって,善人でもありご教法の発展を望むミンジー・シリーマハーナンダティンジャンなる名前の）

（3）tassandesenajjhosito, rājamantī akāsi maṃ,
sāsanālaṅkāranāmaṃ, sāsane varamaṇḍanaṃ.
（法王の顧問は,この法王の勅令により勧められて,ご教法の優れた飾りである「タータナー・リンガーヤ」という名の,この「サーダン〔文書〕」を編みました。）

（4）yaṃ pattaṃ kusalaṃ tena, kātuṃ sāsanajotanaṃ,
samatthesu averova, rājāyaṃ no tudampati.
（その〔サーダンを編む〕善業の功徳により,私たちのこの王は,妃と共に怨みなく,ご教法を輝かすことができますように。）

（5） sabbepi satta sadāva, dhamme hontu sagāravā,
devo vassatu kālena, sattānaṃ sukhitaṃ karaṃ.
（すべての生き物たちも，常に仏法を尊敬し重んじるように，天神たちは生き物に幸せを受けさせながら，適時に雨を降らせますように。）

（6） yathā rakkhiṃsu porāṇā, surājāno tathevimaṃ,
rājā rakkhatu dhammena, attanova pajaṃ pajanti.
（昔，よい王たちが守護するように，そのように王は，この生き物たちを自分の子供の如く，仏法に従って守護するように。）

訳者註

以上，パーリ語偈文の箇所は，原文通りにローマナイズし，拙訳を付した。ただしこれ以下の上記パーリ文に対するネイタヤ nissaya 部分（33行分）は，煩瑣になるのを避けて省略する。

したがって，下記は，その後の246頁24行目以下，最後までのビルマ語文の邦訳である。

【p. 246】仏暦2375年，緬暦1193（1831A.D.）年ナヨン月の黒分５日から始めてワゴン月の黒分14日まで，様々な三蔵，碑文，『王統史』，いろいろな師長老の伝記，史書，文書などを調べ合わせてから，結集会３回までに編集された仏典をはじ【p.247】めとしてインド，スリランカ，タトン，モン国(2)，ユン国(3)，ミャンマー〔パガンを含む〕国家(4)，〔すなわち〕ミンザイン，ピンヤ，サガイン，インワ，コンバウン，アマラプーラなど多くの大王都に至る仏教の伝統・伝説を取り出して，「サーサナヴァンサ・サーダン」〔という名の〕「タータナー・リンガーヤ文書」を緬暦1193（1831）年ワゴン月黒分14日に貝多羅葉に書写し終わりました。

「御正法荘厳文書〔サーサナーランカーラ・サーダン（パ）＝タータナーリンガーヤ・サーダン（ビ）〕」を終わります。

註

（1） 当時は君主バジドー Bagyidaw 王（1819-37A.D）の治世であり，王の勅令による編述であることが，この書の冒頭に明記されている。ただし，この邦訳の最初に紹介したように，編者マハーダマティンジャン〔還俗前は第１マウンダウン長老〕には42書にのぼる著書や編書があり，この書の原本となった貝葉の存在，刊本として出版されるに至った経緯などについては，今後の研究課題と考えている。

なお，この編者の著書として *Sāsanālaṅkāra-cātam* の他に *Sāsanauaṃsa-cātaṃ* という名の刊本が1883年モールメイン（Moulmain）から出版（Ramapoora Press 全192頁）されており，2004年２月に入手した。

（２） Mun pyi, モン（民族）国。

（３） Yun pyi，ユン国。主に北部タイ，チェンマイ地方を指す語。広くシャン州を含む地方を指すこともある。

（４） Myanma taing pyi，ミャンマー国家。

ラオス
中国
N
S
E
W
インド
バングラディッシュ
ヨーナカ・ローカ（世界）
セイン国
ケーマーワラ国
カンボーザ国
マハーナガラ国
チャイントン
マインセ
コン
ソーロシャン
ティポー
ニャウンシュエ
モーネエ
バーモー
ミッチーナー
（ミートキーナ）
チンドイン河
イラワジ河
タガウン
マンダレー
アマラプーラ
（インワ）
アワ
アパランタ
ザガイン
シュエボー
モンユワー
パガン（アリマッダナ）
タンパディーパ
シッタン河
マグェー
タンドゥインジー
パカンジー
トゥナーパランタ
サリン
マン川
マルン
ガンゴー
ティーリン
ヨー
ソー
カラダン河
ダニャワディー
ウェタリー
ミャウウー

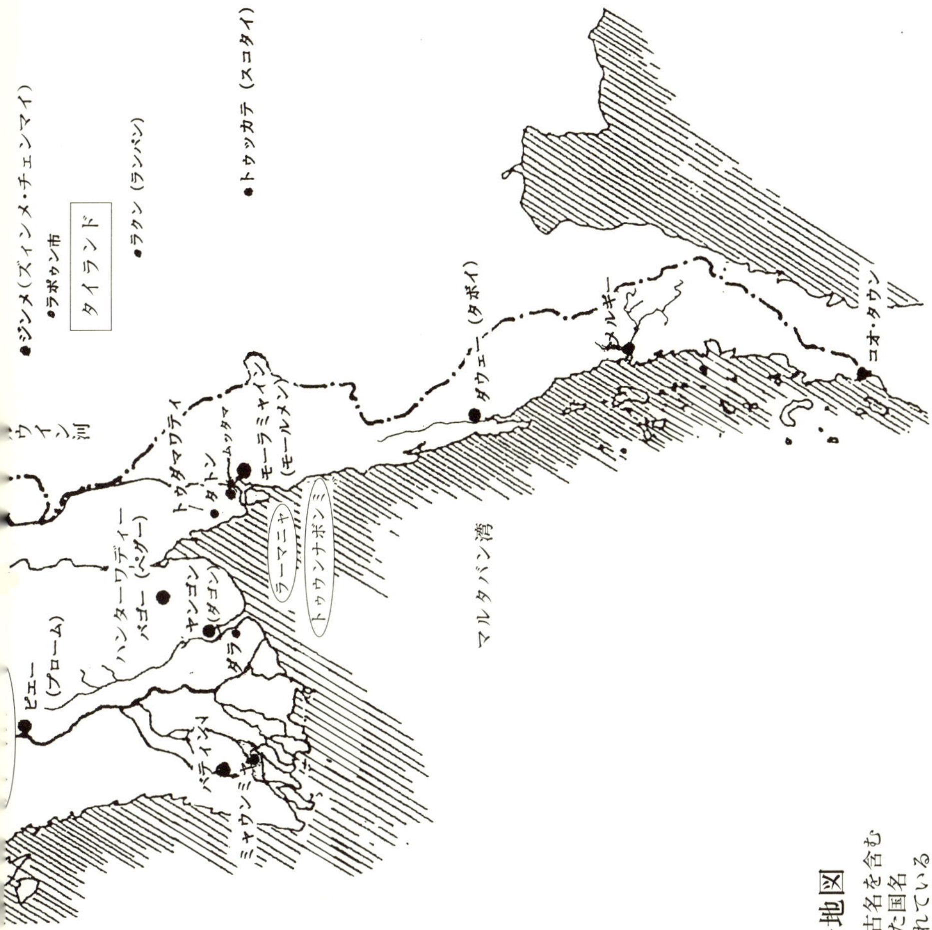

ミャンマー（ビルマ）略地図

・現在及び18世紀（本書に言及）古名を含む
・◯は，その周辺を中心とした国名あるいは支配領域名とみなされている

訳者あとがき

この書の冒頭部分の邦訳を『佛教研究　第９号』(国際佛教徒協会発行，浜松，鴨江寺）に初めて紹介させていただいたのが，昭和55（1980）年の２月のことでした。その後も「サーサナーランカーラ・サーダン（SĀSANĀLAṄKĀRA CĀTAM:）――ビルマの仏教史に関する伝承の記録――」として，『仏教研究』の第32号まで10回（第９，10，11，13，16，18，22，27，30，32号）に分けて発表させていただき，４半世紀を経過した2003年の秋，完訳に至りました。

その間には多くの師，先生方に指導，助言をいただき，私が途中で放棄もせずに続けることができましたのは，そうした周囲の方々による温情の賜物であったと，深く感謝しています。特に研究論文ではなく，パーリ語混じりとはいえビルマ語主体の拙い翻訳文を，幾度にも及んで掲載して下さった『佛教研究』編集担当森祖道先生，その他編集委員の先生方にも心からお礼申し上げたく思います。

かつてはビルマ留学僧時代の恩師故ウー・ティーラナンダヴィウンタ U. Silanandabhivamsa 長老（アメリカ・カリフォルニア州ダンマナンダ僧院にて布教活動に従事しつつ，ヤンゴンの International Theravada Buddhist Missionary University 学長を務めていらっしゃったが，2005年８月ご逝去）はじめ有縁の比丘長老様方，否，その方々と同じく托鉢の際，若輩の外国人青年僧に過ぎない私に，無言で米飯を布施して下さった数えきれぬミャンマーの人々がいたことに思い至ると，ただ，ただ，その有難さに，頭が垂れるのみです。社団法人「日本ミャンマー友好協会」の会長代行を，小生が４年間（2003－2007年）務めさせていただけたのは，そうした報恩の思念に支えられてのことでした。

また，京都に住む機縁に恵まれ，かつて北九州市世界平和パゴダ在住でいらしゃった高僧故ウー・ウェープッラ Bhaddanta Sayadaw Aggamahapandita U. Vepulla 師，および現在パゴダ在住の学僧ウー・ウィッザーナンダ師 Dhamma-cariya Vinaya-Pali-Paragu U. Vijjhananda Sayadaw. との出会いとご指導がなかったなら，とうてい最後まで翻訳できなかったに相違ありません。私の訳文に眼を通して指導助言してくださった両長老様のご慈愛に包まれてのことであり，その幸せを喜びながらも，両長老に対して何ら報いられず，無礼をはたらくのみであった自身の無知と業の深さに恥じ入るのみであります。

ここに一冊の刊本となりましたのは，一重に前著『ビルマ仏教――その歴史と儀礼・信仰――』の刊行からお世話になりました法蔵館社長西村七兵衛氏のご好意に力づけられてのことであり，心より篤くお礼申し上げます。また，上梓を勧めてくださり，関係者との交渉から編集，校正，さらには索引の作成に至るまですべてにわたりお世話下さった編集部の岩田直子女史，ご協力下さったスタッフの方々にも篤くお礼を申し上げます。

恩師大野徹先生には，本書刊行の意義と期待をこめ高次元からの序文をご寄稿いただき，心中深く感謝している次第です。誠に有難うございました。

日本におけるビルマ語による書物の翻訳は，小説類でもごく少数で，それ以外の分野となれば，各分野で1，2冊とか，まことに限られた数の書物より存在しないのが現状と言ってよいでしょう。ミャンマー（ビルマ）は熱心な仏教国ですが，ビルマ人歴史学者の英語による仏教史あるいは考古学関係の論文や少数の冊子あるいは書物はあっても，ビルマ仏教の実態，仏教信仰の思想内容，ビルマ族その他シャン・モン・カレン・カチン・チン・カヤーなど135以上の少数民族からなるミャンマーに関しては，同じアジアに位置する日本にあってすら，あまりにも知られてはいません。

最近日本国内でも，ようやく国際理解の重要性を認める声が聞かれるようになりましたが，軍事政権下のミャンマーにあっては，学問研究のみならず各分野における調査研究もあまり進展をみていないのが実情のようです。

しかしながら，困難の中にあっても自分たちで出来ることを実践していく以外に道はありません。この訳書が，少しでもミャンマーの仏教および仏教受容形態，歴史理解への手がかりになるならば，何にも増して嬉しく思います。

合掌

索　引

・分類はⅠ書名，Ⅱ人名，Ⅲ地名，Ⅳ事項名とした。

Ⅰ 書　名

あ　行

アーチャリヤヴァンサ　13
アーニカ経　230
アカウ　277
アッギカンドーパマ経　130, 131, 165
アッタサーリニー *Aṭṭhasālinī* 勝義説　78, 251
アッタサーリニー・アッタカター・ネイッタヤ　273
アッタサーリニー・ガンディ　282
アッタビャーキャーナ　86
アトゥラ *Atula* 長老タマイン　281, 344
アナーガタ・ヴァンサ・アッタカター　323
アヌダートゥカター　85
アパーダーナ　314
アビダーナッパディーピカー　86, 331
アビダーン・ティーカー　168, 203, 207, 315
アビダンマアヴァターラ　85
アビダンマッタサンガハ　85
アビダンマッタサンガハ・チャンヨー　265
アメードーボウン　251
アリヤウンタ荘厳　307
アリヤウンタ・リンガーヤ　41
アリンガー　86
アルナワティー経　273
アングッタラ・アッタカター　41
アングッタラ・チューラティーカー　85
アングッタラ・ニカーヤ　348
アングッタラニカーヤ・ティーカー　84
アングッタラ・ニカーヤのアッタカター　79
一支字宝蔵　187
イティヴッタカ・アッタカター　83
韻律古復註　186
韻律神髄義闡明　186
ヴァジラブッディガンディ　86
ヴィーサチワナナー　251
ウィジョワサナッタ・アヤカウ　261
ヴィスッディマッガ　8, 76, 77, 78
ヴィスッディマッガ・アッタカター　327
ヴィスッディマッガ・ガンティ　273
ヴィスッディマッガ・チューラティーカー　85
ヴィスッディマッガ・ディーパニー　178
ヴィスッディマッガ・マハーティーカー　84
ヴィナヤーランカーラ・ティーカー　251
ヴィナヤヴィニチャヤ・ティーカー　154
ヴィナヤサンガハ　85
ヴィバンガ　320
ヴィマーナヴァットウ・アッタカター　83
ヴィマティヴィノーダニ・ティーカー　312
ウェタンダヤー *Vessantarā*・ジャータカ　348
ウェタンダヤー太子仏典叙事詩 *Vessantarā Pyo*　249, 342

ウダーナ　83
ウダヤバッダ本生　314
ウッパータサンティ　125
ウナボーダナ　280
ウパリ・パンナーサ・アッタカター　41
エーカングッタラ・アッタカター　42
王訓誡事　307
王君主名義解明　282
王帝君精解　307
王統史 *Rājawin*　99, 189, 234, 257, 259, 318

か　行

カーラカーラーマ *Kālakārāmasuttena*（伽羅羅摩）経　120
カーリカー註釈　187
カーリカー本文　187
界説論摘要　265
戒本註　107
カヴィサーラ　114
火蘊喩経　131, 165
カターヴァットウ　36
カッチャーヤナ註釈　209
カビャー　230
カリヤーニー碑文　13, 97, 103, 138, 143, 145, 185, 186
カンカーヴィタラニー・チューラティーカー　85
カンカーヴィタラニー・ティーカー　154
カンカヴィタラニー・アッタカター・ネイッタヤ　273
ガンターバラナ *Ganthābharaṇa*　225
経義釈　185
経摂ネイッタヤ　290
経（長部）・大品註ネイッタヤ　290
教法伝承（仏教史）文書　132, 137, 141
グーラッタ・ディーパニー　273
クッダティッカー *Khuddasikkhā*　11, 85, 147
クリタチンターマニ *kritacintāmaṇi*　316
結戒荘厳　107
結界荘厳　185
語彙辞典逐語訳　282
語一滴　188
語義源考　187
語義照見　186

さ　行

サーサナヴァンサ　20, 21
サーサナスッディディーパカー　344
サーラッタ・サンガハ　62
サーラッタディーパニー・ティーカー　53, 312
サーラッタディーパニー・ティーカー Sāratthadīpanīṭīkā　25
サガー樹寺本院由来記　13
サッダニーティ（声則論）　183, 184
サティパターナ・スッタ・アッタカター　41
サマンタパーサーディカ　36
サマンタパーサーディカ・アッタカター　54
サラーアヤタナ・サンユッタ・アッタカター　41
サン　86
サンケーパヴァナナー・ディーガー・ネイタヤ　273
三蔵鏡　311, 312
三蔵荘厳 Tipiṭakālaṅkāra　249
サンブーラ本生　314
サンモーハヴィノーダニー・アッタカター　122
サンユッタ　348
サンユッタニカーヤ・ティーカー　84
師資相承系譜文書　13
師資相承史　186

師資相承次第文書　259
四沙弥事　307
四重楼閣僧院タマイン（由来記）　251
ジナーランカーラ　8, 76
ジャータカ・ヴィソーダナ *Jātakavisod-hana*　225
ジャータカ・パキンナカ・ニパータ・ネイッタヤ　307
ジャーリニー・ティーカー　203, 212
シュエダゴン讃美　307
シュエダゴン・トーマナー・サーダン　46
シュエモードー碑文　98, 145
摂阿毘達磨義論骨子　265
摂阿毘達磨義論逐語訳　265
小学（律）　147
勝義一滴　188
摂結界論　107
摂律論　107
シリーゼヤトゥーラ寺院碑文　219
新シーラカンダ・ティーカー *Sādhujana-vilāsinī*　330
信徒精解　307
スーラウィン　135, 212
スーラガンディ　278, 311, 312
スラーヴィニッチャヤ *Surāvinicchaya*　155
スルシ本生　314
施分別経 *Dakkhinavibhaṅga-sutta*　350
相応部註　181
増支部註　181
双論摘要　265
ソンター Hsounhta 僧正師資相承次第　13

た　行

ダーターダートゥヴァンサ　86
タータナー・リンガーヤ・サーダン　3, 359
ダートゥヴァンサ　86
ダートゥカター・ティーカー *Dhātukathā-ṭīkā*（界説論復註）　252
タウンドゥイン・リンガー　228
タッダー・シサウン・ネイッタヤ　261
タッダー・ネイッタヤ　265
タッダヴッティ　209
タッダターラッタジャーリニー　208, 209
タッタヤーザダマ・ウットゥ　247
タンデーサカター *Sandesakathā* 文書　309
タンビン・ティーカー　187
ダンマパダ・アッタカター　41
チャリヤーピタカ・アッタカター　83
チューラヴァンサ　71, 77, 79, 86
チューラガンディ　86
長部自歓喜 *Sampasādaniya* 経註　181
テーサクナ・ジャータカ・ネイッタヤ　307
テーラサカン・ティーカー　154
テーリーガータ・アッタカター　83
ディーガージョー　225
ディーガー・フラッ　225
ディーガー・レッタン　222, 223, 225
ディーガ（長部）・ニカーヤ　348
ディーガニカーヤ・ティーカー　84
ディーパヴァンサ　86
ディーパカッティラ・ジャータカ　36
ティーラサカン復註　62
帝王御尊号表掲解説 *Rājindarājānāmābh-idheyyadīpanī*　243
ティンジョ・ガンディ　282
ティンチャーパカータカ　124
ティンチャーパカータカ・ティーカー　125
トゥーパヴァンサ　86
ドヴァーラダサカター　85
トゥヤーヴィニッサヤ　282

な 行

ナーマルーパパリッチェーダ 85
ニダーナ 83
ニャーサ書 *Ñāsagandha*（パ） 186, 187, 188
ニャーサ（ニャッ）書開明 186
ニャーサ（ニャッ）書骨子〔伝統的教本〕 261
ニャーノーダヤ *Ñāṇodaya* 上智論 78
ニャッ・アヤカウ 287
ニャッ書 *Ñath-kham*（ビ） 186
入門精書 *Mukkamattasāra* 188
ニルッティサーラマンジューサー 263
ネッティ・アッタカター 111
ネッティ・ティーカー 237
ネッティ・ネイッタヤ 228
ネッティ・パーリドゥ・ネイッタヤ 274
ネッティパカラナ・アッタカター 84

は 行

パーラジカ・アッタカター 8, 13, 51
パーラミカン 228
パイェジー・ディーガー 269
パガン・ヤーザウィン 142
パッターナ 347
パッターナサーラディーパニー 114
パッターナ・ティーカー *Patthāna-ṭīkā*（発趣論復註） 241
パッターナ（発趣論）・アヤカウ 287
パティサンビダーマッガ・アッタカター 84
パラーヤナ・ウットゥ 228
パラマッタヴィニッチャヤー 85
パリッタ 100, 260
パリッタ・アッタカター 78
パリッタ・ニダーナ 65, 72, 132, 135, 137, 141, 168
パリワーラ 51
ビヴァンガ・アッタカター 59
比丘尼犍度律蔵註疏 180
ビダガ・タマイン 187, 209
ビバンガ・アッタカター 82
ビャーカヤイン 86
ビョヒッ書 187
ピョ（仏典叙事詩） 228, 230
復々註 84
仏教浄化灯 290
ブッダアランカーラ 228
ブッダヴァンサ 314
ブッダヴァンサ・アッタカター 83
ブッダゴースッパッティ *Buddhaghosuppatti* 仏音縁起 13, 75, 77, 79
仏典叙事詩（ピョ） 228, 230
ブラフマジャーラ経 100
プンナヴァーダ・スッタ *Puṇṇovāda-sut* 教富楼那経 13, 42
プンナヴァーダ・スッタ・アッタカター 44
分別論註 *Sammohavinodanī-aṭṭhakathā* 181
文法逐語訳 265
ペータヴァットゥ・アッタカター 84
ペータカーランカーラ *Peṭakālaṅkāra* 307
ボーディヴァンサ 86
法典 *dhammathat* 183
北宮殿寺院王統史 266
発趣論摘要 265
ポッセ・アヤカウ 287
梵網経 100

ま 行

マーティカーアヤカウ 265
マッジマガンディ 86
マッジマニカーヤ・ティーカー 84

マドゥサーラッタディーパニー　113
マドゥディーパニー　85
マニコンダラ・ウットゥ　247
マニサーラマンジューサー *Maṇisāramañjūsā*　223, 225
マニディーパ *Maṇidīpa*　225
マヌハ碑文　144
マハーヴァッガ・アッタカター　327, 329
マハーヴァンサ（大史）　8, 13, 83, 86, 260, 336
マハーヴァンサ・ティーカー　65
マハーガンディ　86
マハータッチャ・ティーハ・タマイン　212, 307
マハーニッデーサ　59
マハーニッデーサ・アッタカター　84
マハーネイッタヤ *Mahānissaya*　225
ミッダザー（慈愛の書）　338
ミリンダパンハー　71, 121, 164
ミンガラディーパニー　124, 125
ムーラシッカー・ティーカー　154
ムーラ・ディーガー *Mūlaṭīkā*　84, 225
名所行燈　185
メッタポン mettā-bhābanā「慈の修習」　238
モーハヴィチェダニー・レッタン　85
モン王統史　317
問答書　307

や　行

ヤーザウィン　132, 133, 135, 141, 212
ヤーザウィンジー　142
ヤーザビテーカ王灌頂　294
ヤタワッダナウットゥ　251
ヤマイ（双論）語義解釈　287

ら　行

律決定　107
律決定ネイッタヤ　290
律蔵・ティーカー　84
律秘義明燈　185
略疏　185
両分別　64, 304
リンガー　230
レッタン（小）・アッタカター　225
ローカゼーヤ　275
ローカターラ・ソンマザー　213, 214
ローカディーパカサーラ　*Lokadīpakasāra*（世灯精要）　105, 113
ローキーディーパニー　212
六牙象王称号　307
六牙象・ジャータカ Chaddanta-jātaka　298
論蔵・アヌティーカー　84

わ　行

ワディラブッディ・ティーカー　312
ワナボーダナ　280

Ⅱ 人　名

あ　行

アーサーラアチョー　247
アーディッサヤンティー　198
アーナンダー　10, 11, 25, 31, 95, 103, 112, 118, 146, 147, 148
阿育王　144
アゥンスィーコン・ティンガヤーザー　205
アシェ・パラッカマ　269
アジャータサットゥ王　24, 25, 26
阿闍世王　24
アシン・サッパダ　103
アソーカ王　356
アッガウンタ　183

アッガダマリンガーヤ　265, 266
アディシ〔ティ〕ーラ　9, 12, 137, 145
アディシ〔ティ〕ーラカーラ　9, 13
アティンカヤー・ソーユン　196
アトゥラウンタ　7, 341
アトゥラヤサマハーダマラージャグル　7
アトゥラ Atula 長老　311
アナーガタウィン　143
アナウ・パラッカマ長老　269
アヌラー Anulā 王妃　130
アヌルッダ　25, 85, 95
アノーマダッシ（ティ）ー　9, 12, 137, 145
アノーヤター王　9, 10, 65, 101, 132, 133, 135, 136, 137, 139, 140, 142, 143, 144, 297
アバヤ　94
アビサンケータ　7
アラウンスィードゥ　186
アラウンパヤー　284
阿羅漢アシン・ディンナ　180
アラハン（＝シン・アラハン）　13
アランニャワーティー　200
アリー僧　9, 131, 132, 135, 136, 138, 196
アリッタ　83, 94
アリヤウンタ　13, 102, 113, 137, 138, 152, 153, 224
アリヤダザ　7
アリヤリンガーヤ　252, 253
アリンガーポウゴジョー　269
アリンニャワーティ　138
アンパガハティッサ　309
イェネーナッセヤウン・ポンジー　259, 275, 276
イェンゴンポンジー（水を口に含んでいる和尚）　222, 223
イシ〔ティ〕ディンナ Isidinna　20, 44
イシ〔ティ〕ディンナ長者の息子　129, 164
イッティヤ　6, 51, 94
ウー・ジーブェ　189
ヴァジラブッディ師　86, 95
ヴァッジー族　29
ヴァッタガーマニ王　62, 64
ヴァナヴァーシーティッササーミ　110
ヴァラバーフ　242
ヴィジャヤバーフ王　66, 108, 357
ヴィマラダンマスーリヤ王　67
ヴィマラブッディ・ジー　186
ヴィマラブッディ・ンゲー　186
ヴィマラマハーラージャ王　67
ヴェーターリー王　297
ウェープッラ　186
ヴォーハーリカティッサ王　65
ウザナー法王　13, 196, 202
ウッカンタマーラー　41, 280
ウッタマラーダ　125
ウッタラ　6, 9, 11, 12, 39, 99, 100, 101, 104, 112, 113, 144
ウッタラージーワ　10, 11, 12, 13, 101, 102, 104, 145, 146, 183
ウッチェ（調理義務）村住僧　270
ウッティヤ　6, 51, 94
ウディ王　297
ウティブワー　123
ウドゥンバラギリサーミ　110
ウパーリ　25, 26, 36, 51, 93, 94
ウパセーナ　84, 95
ウパティッサ　94
ウンベーインサン法王　275
オウタマジョー　237, 238
王妃ボーメ　177

か　行

ガーマワーティー（村落住者）　199, 200
カーラ　145
カーラアソーカ王　5, 30, 31
カーラスマナ　94

ガウンパティ Gavaṃpati　98, 99, 100, 285, 296
覚者ゴータマ Rahan Gotama　24
カッサパ　85, 95
カッサパ・ブッダ　351
カドー長老　303
カラヴィカ　251
カリヤーニーティッササーミ　110
偽僧アリー　200, 203
キッティシリーメーガ（ヴァンナ）王　72
キッティシリーメーガサーミ　109
キッティスーリヤラージャシーハ王　67
クタカンナティッサ　83
グナービラーマ　198
グナービリンガーヤ Guṇābhilaṅkāra 長老　7, 277
グナラタナダラサーミ　110
クンダダーナ　41
ケーマ　94
ケーマーターラ　13
ゴッターバヤ王　65
コンソー王　297

さ 行

サーリプッタ　59, 84, 85, 95
サジョー・トーミャ　217, 219
サッダーティッサ　62
サッダンマゾーティパーラ　185
サッダンマテージャサーミ　110
サッチャバンヤディ　164
サッバカーミー　30, 31
サ〔チャ〕ッパダ Chappada 沙弥　10, 102, 146
サ〔チャ〕ッパダ長老　11, 12, 13, 183, 185
サッパドー Hsappado　185
サトゥリンガバラ　207, 208
ザブダザ　272
ザヤクンマ　98
サリン長老　303
サンガ主（タータナー・バイン）　306
サンガパーラ　76, 77
サンガミッタ長老尼　130
サンガラッキタ　95
サン僧院長老　259
サンバラ　6, 51, 94
ザンブーディーパダザ王　25
ジードー師僧　248
シーハラージャ（獅子）王　145
シーハラディーパヴィスッダサーミ　109
シーラブッディ　10
シヴァ　94
四重楼閣僧院長老　259
シッガヴァ　11, 36, 51, 93
ジナーランカーラサーミ　110
シャンジー　205
シュエダウン長老　300, 303
ジュン　194
シリーヴァナラタナサーミ　110
シリーサンガボディ王　65
シリーサンガボディサーミ　109
シリーサンガボディ・パラッカマバーフ大王　108
シリーダンタダートゥサーミ　110
シン・アラハン　10, 13, 132, 133, 134, 135, 136, 137, 139, 141, 145
シン・アリヤリンガーヤ　252, 253
シン・カーラ　137, 138
シン・カッサパ　174, 175
シン・ケーマサーラ　214
シン・スメーダー　172, 175
シン・ターガラ　188
シン・タータナダラ　200
シン・タヨッ　257
シン・ティタータナダザ　236, 238, 240
シン・ニャーナ　287
シン・ニャーナワラ　282

シン・パラッカマ　200
森林住者　138
スードゥインピッ長老　208
スーラポン　43, 129, 164
スィンビューシン　105, 112
スィンビューミャーシン大法王　124, 177, 236, 333
スジャータ　45
スバッダ比丘　24, 26
スマナ　94
スマナ沙弥　6, 52
スマナティッサ Sumanatissa 長老　9, 12
スメーダー沙弥　177
セィンデー長老　301, 303
ソーウー　202
ゾージー　143
ゾータコンマー Zotakummā 王　144
ソーナ長老　6, 9, 11, 12, 39, 99, 100, 101, 104, 112, 113, 144
ソーナカ　11, 12, 36, 51, 93
ソーヌッタラ　101
ソーパカ　12
ソービタ　9, 12
ソーフニッ　194
ソーマダッタ　9, 12
ソーヤンナウン　340
ソッカテ　112
ソンター Hsountha 大僧正　7, 300, 303

た　行

ダーサカ　11, 12, 36, 51, 93
ダーターナーガ王師　263
タードーチョーズワー　207
タードゥミンイェヤンダミッ　263
ターマリンダ　11, 12, 103, 112, 146, 147, 148
ターラダッティー　13
ターリポッタラー　123
タールン法王　255, 257, 338
タウンドゥインジョー　287
タウンバルー Tauṅbhīlū 僧正　245, 280
タウンビーラ長老　7, 169, 243, 251, 252, 272, 338
タウンビーラ・ポウゴジョー　341
ダズィーシン・ティーハトゥー　196, 202
ダッキナウン長老　261
タッサバン　131
タッサバンダ　20, 44
タッサバン Saccaban ヤディ　129, 164
タッダマーランカーラ　114
タッダマキッティ　187, 225, 233, 234, 235
タッダマグル　209
タッダマサーリー Shin Saddhammacārī 7, 13, 152, 221, 341
タッダマサッカターミ　124
タッダマティッティ　151
タッダマティリー　187
タッダマニャーナ　186
タッダンマ長老　153
タティヤアッガパンディタ　183
タドーミンソー　153
タドーミンビャー　149, 211, 212
タプッサ　44, 45, 97, 100
ダマウィラータ　104
ダマセーナパティ　187
ダマゼディ　106
ダマターミ　7
ダマブッダ　114
タモッダリッ Samuddaraj 王　132
ダンタクンマー Dantakummā 王子　72, 111
タンティー僧伽主　338
タンバディーパ　339
タンビン・アマッ　186, 187
ダンマキッティ　86, 95

ダンマキッティローカガルサーミ　110
ダンマシリー　85,95
ダンマパーラ　84,95
ダンマパーリタ　94
ダンマラーマサーミ　110
ダンマラッキタ大長老　59,165
チトラドゥータ　109
チナッパッタン Cinappaṭṭan 王　111
チャズワー王　188,189
チャンダーラティッサ　58
チャンダヴァッジー　11,12,36
チャンダナギリサーミ　110
チューラーバヤ　94
チューラーバヤティッササーミ　110
チューラデーヴァ　94
チューラナーガ　94
チューラブッダ　95
チューラプンナ　43,44,164
チョーズワー　194,196,202,203
チョーラナーガ王　83
チョアウン・サンダー長老　282
デーヴァーナンピヤティッサ　52,53,108
テーゾディーパ　269
ディーガスマナ　94
ティーハトゥー　203
ティーハヤーザー（獅子）王　98,99,145
ティーホヤウゲー　150,219
ティーホヤウジー　150,219
ティーラーサーラ　320
ティーラウンタ　232
ティーラブッディ　133,138,174
ティーワリ　11,12,103,112,146,147,148
ティタータナーリンガーヤ　255
ティタータナダザ　233,234,237,244
ディターパーモッカ　190
ティッサ　59,94
ティッサクマー　98
ティッサダッタ　94
ティッサ比丘　66
ディッバセッ長老　196
ティピダガーリンガーヤ　255
ティピダガタッダマサーミ・マハーダマヤーザグル　344
ティリータダマパーラ　275
ティリータッダマーランカーラ　149
ティリーダマ・アソーカ王　5,35,36,37,43,131,144
ティリーティーハラマハーターミ　149
ティリープンニャワーティー　198
ティリーマーソーカ王　100,145
ティリーミンガラ　125
ティリマハーナンダティンジャン　3,20,21
ティローカーリンガーヤ　255
ティローカガル長老　255,269
ティンガザー　200
ティンガヤーザー　200,215
ティンレチャウン王　72,183
テッテージー高僧　177
トーハンボァー　234
トインティン大臣ウーニョ　293
ドゥーリッ王　9
トゥウンナトーバナ　105
トゥダマターミ　13
ドゥッタバウン王　31
トゥッダマーリンガーヤ　198
トゥッダママハーターミ長老　198
ドゥティヤアッガパンディタ　183
トゥナーパランタ　339
トゥネエーカサーラ　200
トゥリンガピッスィー　172,173

な　行

ナーガ　94
ナーガセーナ尊者　70,121,122
ナーギタ　208,209

ナラティーハパテ王　189
ナラパティジー　221, 340
ナラパティスィードゥ大王　11, 104, 146, 172
ナンダマーラー　289, 290
ナンダヨーダ　341
ニグローダ Nigrodha 沙弥　35, 134
ニャーナヴィラータ　125
ニャーナダザ　198
ニャウンガン長老　300

は　行

バーガヤ長老　303
バータモ・モン族僧　247
バータモ Bhātamo 長老　252
パータンタ Pathaṃsa 長老　282
バーメアチョー　247
バインナウン　124
パウンラウンシン・カッサパ　172, 175
パッセナディー・コーサラ大王　173
バッダサーラ　6, 51
バッダサーラカ　94
バッリカ　44, 45, 97, 100
パトゥージー僧伽主　317
パトゥージー・ティンガヤーザー　211, 212
バニャーヤン　149
パラッカマバーフ王　66, 108, 356, 357
パラッカマバーフサーミ　109
パリッタ　132
バンドゥカ優婆塞　6, 52
パントゥグー・ンガスエシン大長老　172
ピッシマーウン寺長老　261
ビニャーチャン王　123
ピャーナダッシ〔ティ〕ー　9, 102, 113, 145
ピリンダワッサ　169
ピンニャーシーハ　320
ピンニャーラーマ　7
ピンヤーチー長老　270
フーヤーニョ　142, 172
フーヤービュ　142, 172
ブヴァネカバーフ　109, 110
ブヴァネカバーフサーミ　110
プエ・チャウン・ガーマワーティー　199
プッサデーヴァ　94
ブッダ（覚者）　45, 98, 118, 136, 164, 173, 296
ブッダヴァンサ　105, 112
ブッダゴーサ　8, 72, 75, 76, 77, 78, 83, 95, 145
ブッダゴーササーミ　109
ブッダゴーサ長老　183
ブッダダーサ Buddhadāsa　71
ブッダダッタ尊者　8, 76, 83, 85, 95, 183
ブッダラッキタ　94
仏音　145
プッバヨン僧院住職　273
プラーナダッシ〔ティ〕ー　13, 137
プンニャランシー　321
ヘーママーラー王女　72, 111
ベンニャーソーミンイェ Banya soming yei（王）　122

ま　行

マウンダウン長老　293, 294, 303, 304
マッジマ　6, 39
マッジャンティカ　6, 36, 37, 39
マニヤダナ僧院住職　273
マヌハ Manuha 王　101, 142, 144
マハーアッガパンディタ　183
マハーアリヤウンタ　222, 223, 225
マハーヴィジタヴィー　209
マハーヴィジャヤバーフ王　67
マハーウパヤーザー王　246
マハーカーラ　102, 113

マハーカッサパ僧正　24, 25, 26, 66, 108, 169
マハーサンマタ王　12
マハーシヴァ　94
マハーセーナ　65
マハーターミ　7, 152, 153
マハーダマガンビーラ　123
マハータマタ Mahāsammata 王　318
マハーダマティンジャン　3, 20, 212
マハーダンマラッキタ　6, 39
マハーデーヴァ　36, 37
マハーデーヴァサーミ　110
マハーティーラウンタ長老　41, 228, 338
マハーティッサ　342
マハーティピタカ　60
マハーティリーゼヤトゥーヤ王　154
マハーティンガナータ　252
マハートゥドージー　233, 234, 235
マハーナーガ　94, 105
マハーナーガセーナ　121
マハーナーマ　71, 72, 84, 95, 112, 183
マハーナンダ　113
マハーパドゥマ　94
マハーパラッカマ　154, 155
マハープンナ　19, 20, 41, 43, 44, 164
マハーポン　43, 129, 164
マハーマヒンダ　13
マハーミンガラダラ　124
マハーメーディンカーラ　123
マハーヤサ　30
マハーラージャ大王　66
マハーラーマ　247
マハーラタナーガラ　243
マハーラッキタ　6, 39, 60, 119, 120
マハーラッタターラ　228
マハーレーヴァタ　6, 39
マヒンダ　6, 9, 39, 51, 52, 82, 94
マヒンダ長老　11
マンガラッテーラサーミ　110
マンダートゥ転輪聖王　41
マンリー長老　300, 303
ミリンダ王　70, 71
ミンイェーチョーズワー　244
ミンオウ長老　300, 303
ミンガウン王　224
ミンガウンジー　205
ミンガウン2世　248
ミンジー・シリーマハーナンダティンジャン　359
ミンスエ　124
ミンタインビンアマ　327
ミンチースワー　7
ミンチースワーソーケー　213
ミンチャウン（王立寺院）・トーミャ　219
ミンナンタゥンミャー師　177
ミンユアー長老　300, 303
ムタシワ　52
無恥破戒僧　200
ムニンダゴーサ　341
ムンド長老　303
メーダンカラ　105, 113
メーディー長老　301, 303
モーニン法王　149, 219
モッガッラーナ　84, 86, 95, 108
モッガリプッタティッサ長老　6, 8, 9, 11, 12, 35, 36, 37, 39, 51, 52, 93, 94, 99, 108, 131, 164

や　行

ヤーザダリッ王　217
ヤカイン長老　213, 214
ヤサ長老　5, 29, 31
ヤダナーヤンティー　341
ヤディ　285
ヤンナインムー　249
ヤンパウン王　36

ヨーナカダンマラッキタ　6, 39, 130, 131

ら 行

ラーフラ　11, 103, 146, 147
ラーフラバッダ　106
ラーマーディパティ王　106, 107, 108, 109, 112, 113
ラーマドゥータ　109
羅漢トゥエ・（僧名）シン・ディッバセッ 180
ラタナーランカーラサーミ　110
ラタナマーリサーミ　110
ラッキタ　6, 39
ラッタターラ　232
レーヴァ　94
レーヴァタ　77, 78
レーヤービナンドゥー師　247
レッパン村住僧　270
レワタ　30, 31
ローカマンキン長老　301
ローハナ　94
六牙の白象王　297

わ 行

ワーイユー（ワーガル，ワーレル）王 112, 317
ワナラタナ　106
ワラービティンガナータ　247
ワラパッタ　198

ん 行

ンガーズィーシン　203
ンガスィングー　7, 289
ンガスエゲ　174
ンガスエシン・パントゥグージー　172, 174

Ⅲ 地　名

あ 行

アーローカ石窟　62
アヴァ　211
アウンミェボンジョ僧院　275
アウンミェローカ仏塔　297
アシェ（東）・パラッカマ　270
アシタンジャナ　46
アソーカ園僧院　297
アティジョン　217
アナウ（西）・パラッカマ　270
アヌラーダプラ　78
アバヤギリ　108
アパランタ Aparanta　6, 39, 41, 42, 130, 131
アマラプーラ　296, 298
アユタヤ Youdaya（タイ）　67
アラカン王国　297
アリマッダナ　101
アリンニャワティ（森林住）山寺　140
イェネー　258
インワ　316
ウーシンシュエ寺　150
ヴァールカ園　31
ヴァナヴァーシー　39
ヴィスン・ガーマ（独立した村）　338
ヴェサーリー　5, 29
ヴェティサ Veṭisa 市　52
ウ〔オ〕ッカラーパ　97
ウ〔オ〕ッカラーパジャナパダ　97, 106
王舎城　25
オッカラーパザナプッ　106

か 行

ガースーレージー　258

カシミール・ガンダーラ　6, 39
カランナカ Karaṇṇaka 国　98
カランブ　105
カリヤーニー・シーマー　111, 112, 113
カリヤーニー Kalyānī 川　109, 111
ガンダマーダナ山　168
カンチプラ　11, 103
カンボーザ Kamboza 国　11, 103, 119
祇陀林寺　108
北レージュンシーミー仏塔　273
キンチプラ市　147
クウェロン　119
クシナーラ Kusināyuṁ（>Kusinārā）国　24
クシナガラ都城国　351
クシマラッタ　97
クシン　103
クティマ　97
クティマラッタ　97
クティン　103
クル Kuru 国　41, 180
ケーマーワラ Khemāvara 国　119
ケーラータ Kelāsa 山山頂仏塔　100
ケトゥマティー・タウングー　154
香木楼閣寺　19
コウンバウン　285
コロンボ　109
金剛の御座　352

さ　行

サーガラ Sāgala 都　70
サーリン　7
サガー・ウーミン　236
サガー七僧院　198, 199
サガー樹寺本院　13
サガイン　12
サッチャバンダ Saccabandha 山　164
サッパダ村　102
サリン市　180, 248, 289, 320
サルウィン Tanluin 河　119
サン僧院　258
サンダー　119
サンダグーニー楼閣僧院　129, 164
ジードー黄金僧院　248
シーハラ・タンバパンニ　39
ジェータヴァナ　108
四重楼閣僧院　244, 246, 249, 252, 253, 257
七葉窟　25
シャーマ王国　43
シャン国　123
シュエウミン僧院　272
シュエジーゴン（パゴダ）　213
シュエターリャウン・パゴダ　244
シュエチェッドー・仏塔　285
シュエボ市　292
シュエモードー・パゴダ　255
上級僧院　217
スィンウー　242
ズィンメ Zinme 国　43, 118, 119, 123, 124, 125
スコータイ市　123, 138
スビンナ Subhinna 都　98
スワンナブーミ　8
ゼータウン黄金僧院　273
ゼータウン（祇園）寺　136, 137, 141
ゼータウン・シュエチャウン　236
ゼータウン僧院　236
ゼータウン・チェーダイン僧院　268
ゼータビン僧院　241
セイロン島ヴァッリ村　109
セイロン島（スリランカ）　6, 7, 8, 11, 19, 39, 52, 90, 95, 111
セインジョ・シングー結界　309
セィン Sin 国　119
赤檀香木楼閣僧院　164
セットウヤー（仏足跡）塔　272

ソーローシャン Soloushan（族の）9か国 119

た 行

ターマリッディ 103
タイェ 297
タイェキッタヤ 8, 10, 13, 136, 137, 166
タイカラー町 100
タウングー 235, 240
タウンドゥインジー市 237, 287
タウンバルー 234, 258, 269
タガウン・ティンドエ都 25
ダゴン 97
ダダーウー 215, 258
ダダーウー・ミンガラ・ゼディ・パゴダ 353
タッサバンダ Saccabandha 山 129
タトン 13, 42, 97, 98, 99, 100, 101, 102, 134, 144
タトン王国 10, 79, 142
ダニャワディ 297
タビェーター 240
タヨ 297
ダラ 97, 104
タライン 284
タンバディーパ 6, 19
チェンマイ国 43
池中寺（僧院） 153
チャインイェ 122
チャインジャイン 119
チャインティン 119
チャイントン 119
チャインヨン 119
チャンジッター 168
チョーズワー寺院 207
チョアウン・サンダー 282
ティーボー 119
ティーライシン・パゴダ 269
ティッサバン Tissaban 山 20
ティマリッディ 11
ティリーヴァッダナ 297
トーカテー市 138
トゥーパヨン仏塔 221
トゥーユイン山 172
ドヴァラヴァティ国 135
トゥウンナボンミ Suvaṇṇabhūmi 国 6, 8, 11, 39, 42, 43, 44, 46, 79, 97, 99, 100, 131, 142
トゥダマ講堂 311
トゥダマプラ Sudhammapura 42, 98
トゥダマワティー・タトン 8, 9
トゥッパーダカ港 129
トゥナーパランタ 6, 19, 41, 42
トゥナーパランタンバディーパ 97
トゥユインチェ山 246
トゥン Toun 村 7
トッカテ Thokkatei 市 123
ドワーヤーワティー Dvaravatī 市 154
トン村 277

な 行

ナーガッパッタン Nāgappaṭṭan 港 111
ナーガディーパ 352
ナンダータンソン Naṁthātanhsaun 寺院 19
ナンダグー 168
ナンダムーラ洞窟 168
ニャウンシュエ 119
ニャウンシン 278
ネーイン村 273

は 行

パーヴァー Pāvā 国 24
パータリプッタ 35, 36
バーラーナシー国 357
パガン 11, 12, 13, 102, 132, 143

パカンジー市　177, 272
パガン Pugan 国　9
バセイン　97
バダラティッタ港　84
バダラティッタ（ジードゥ棗埠頭）寺院　111
パディッパゼーヤ村　104
バティン　97, 101, 102, 103
バティン（港）　147
バモー　119
ハリボンザ Haribhounza 国　118, 119
ハンターワディー　97, 106, 113, 114
ピー市　7, 13, 149, 177
ピェケユエ山　189
火攻めの丘　10
ビデーハ Videha 国　41
ヒマラヤ　39
ヒマンター　39
ピャッダダー・パヤー　189
ピンヤ市　12, 180, 258
プエ・チャウン（祭礼僧院）　199
仏滅（厄日）仏塔　189
プローム市　13, 177
焚焼の丘　139
プンニャ・ゼディ　269
ポッカラヴァティー　46

ま　行

マインセ　119
マウンダウン　294
マガダ国　25
マッジマ洲（インド）　92, 122
マッラーユ Mallāyu 島　11, 147
マヌハ（パヤー）　144
マハーウィザヤランティースィーコン・大パゴダ　353
マハーヴィハーラ（大寺）僧院　8, 78, 356
マハー・ゼディ　351
マハーナガラ Mahānagara 国　119
マハーミャムニ・パゴダ　245
マハームニ　297
マハーヤダナーボン経蔵　325
マハーラッタ　6, 39
マヒンサカ　6, 39
マラヤ Malaya 地方　58
マランマ　マンダラ Marammamaṇḍala　43, 129, 132
マンダラアーラーマ寺　58, 59
マンダレー　296
ミータイコン　139
ミェドゥー僧院　241
ミディラー Midhilā 国　98
ミャウンミャ　97
ミャンマー Myanma 国　19, 25, 97
ミリンダ・ヴィハーラ　71
ミリンダ精舎　122
ミンガウン２世結戒　232
無畏山寺　108
ムッタマ　97, 105, 112, 113
モーネェ　119

や　行

ヤカイン　67
ヤダナー・ゼディ　150
ヤダナーティンカ　285, 292
ヤダナービマーン僧院　228
ヤダナープーラ（アワ）　12, 316
ヤダナーボウンジョー僧院　297
ユン国　123
ユン Yun（族の）９か国　119
ヨードヤー　123
ヨーナカ Yonaka 国　39, 43, 70, 97, 118, 119, 121, 122, 131
ヨドヤー国　43

ら 行

ラージャガハ国 25
ラーマニャ 46,67,97,98,99,104
ラーマニャ Rāmañña 国 19
ラグン Lakun 市 120,123
ラポゥン市 118,122
ラポゥン・ゼディ 122
ランプン市 118,123
ランプン・ゼディ 122

わ 行

ワーリカーヨン寺 30,31
ワネイザガーマ村 129

Ⅳ 事項名

あ 行

アバヤギリヴァーシー派 64
アヨンドネ・ガイン（アヨン森林住派） 277
阿羅漢の聖者方 169
インクン象 224
インジ 312
ウッキンタ（即位式） 314
縁片のない臥具 30
黄金の大瓶 151
お守り 239

か 行

カー（盾）舞いの踊りと歌 194
カーラジーを使って占い 259
カーラナアヌマーナ 21
カテナ（功徳）衣献供祭 325
灌水供養 333
ガンタンタラ Ganthantara（諸典籍） 86
ガンディ（難語句釈義） 86
偽僧 203
杵に芽が出た老比丘 190
教団外へ追放 24
拳闘士僧 205
語表示 12,148

さ 行

残食にする作法 29
３度生まれ変わってきた同じ人物 189
ジェータヴァナヴァーシー派 64
十事の非法 29
処刑された無恥僧 212
寺領地 334,335,336,337,338
寺領地碑文 338
スッの占い 318
誓願 306
誓願して慈悲の水を注ぐ 224
星座祭 52
ゾーティワーダ Jotivāda 288
双神変 352

た 行

タイサー 317
タザウン灯籠流し祭 325
タドーミンビャー王の夢 211,316
タラバー門守護番のバルー 172
着衣すること 312
長寿にする功徳 336
貯蔵の罪 29
ティタータナダザの見た夢 236
ティンダイクンミュー（雲が飛ぶ） 204
ドゥコウティン 312
トンドネ・ガイン（トン森林住派） 277

な 行

ナッ・サウンマ（女守護霊） 269

は 行

貝多羅葉に書写する祭礼 319
パラーアヌマーナ 21,93
パンテー族 351
非時食 29
非法事10か条 29
糞掃衣 152,174
ベーディン・セッチャ（占星術転輪聖王） 283
宝石10種 325
星祭り 52

ま 行

マハーヴィハーラヴァーシー派 64
マハータチャティーハ仏（銅）像 323
マハーティーホヤウジー 154
ミガパダヴァランジャナ 21,93
身表示 12
ミンモー（須弥山）祭 325
ムットウ 213
メッタポン mettā-bhābanā「慈の修習」 238

や 行

椰子汁 154
ヤディヤハン（出家行者） 200
夢解きの予告 317
ヨージャナー Yojanā（解説） 87

ら 行

ラッタピーラナ raṭṭhapīlana（王国圧迫）飯 246
レッカドウ 312
ローソク占い 258
六神通 181

わ 行

鰐 224

池田正隆（いけだ　まさたか）
1934年　北海道久遠郡セタナ町北檜山区北檜山にて生まれる
1957年　大谷大学文学部（仏教学）卒業
1957年　ビルマ政府佛教会招請留学僧として渡緬
1960年　3年間の僧院（比丘）生活を終え帰国
1961～95年　大谷中・高等学校教諭
1983～98年　大阪外国語大学非常勤講師
1995～02年　京都光華女子短期大学・天理大学・大谷大学各非常勤講師
現在　社団法人 日本ミャンマー友好協会会員

著書　『ビルマ仏教―その歴史と儀礼・信仰―』法藏館
　　　『南伝仏教の処世訓「ローカニーティ」講話』（光華叢書④）
訳稿　「縁りて起こること（縁起）」『原始仏典六　ブッダのことばIV』所収
　　　「インワ時代」ウー・ベーマウンティン著『ビルマ文学史』所収

ミャンマー上座仏教史伝
―『タータナー・リンガーヤ・サーダン』を読む―

2007年11月30日　初版第1刷発行

訳　者　池田正隆
発行者　西村七兵衛
発行所　株式会社　法藏館
〒600-8153
京都市下京区正面通烏丸東
電　話　075(343)0030(編集)
075(343)5656(営業)
装　幀　井上二三夫
印刷・製本　亜細亜印刷株式会社

ISBN978-4-8318-7432-0 C3015　*Printed in Japan*